国家社会科学基金2020年度教育学项目“教育学中国话语体系视域下
当代美育学术的演进逻辑与发展路向”（课题编号：BAA200022）结项成果

GAIGE KAIFANG YILAI
ZHONGGUO MEIYU XUESHU FAZHAN YANJIU

改革开放以来
中国美育学术发展研究

何齐宗 著

人民出版社

目　录

前言

本书是我主持的国家社会科学基金2020年度教育学项目“教育学中国话语体系视域下当代美育学术的演进逻辑与发展路向”的最终成果。

众所周知，美育是教育的重要组成部分。近年来，美育受到国家的高度重视，多个重要文件反复强调美育的重大意义，要求加强和改进美育工作。2015年，国务院办公厅印发的《关于全面加强和改进学校美育工作的意见》指出，“各地要将美育作为实现教育现代化的一项重要任务摆在突出位置，认真履行发展美育的职责”。2019年，教育部印发的《关于切实加强新时代高等学校美育工作的意见》强调指出，“学校美育是培根铸魂的工作，提高学生的审美和人文素养，全面加强和改进美育是高等教育当前和今后一个时期的重要任务”。2020年，中共中央办公厅、国务院办公厅印发的《关于全面加强和改进新时代学校美育工作的意见》进一步要求“弘扬中华美育精神，以美育人、以美化人、以美培元，把美育纳入各级各类学校人才培养全过程，贯穿学校教育各学段”。

美育理论是美育实践的先导，美育活动的有效开展无疑需要美育理论的引领。为了更好地发挥美育理论对美育实践的指导作用，有必要对改革开放以来我国美育学术的发展进行全面的回顾和系统的反思。“中国当代美育理论要想继续深入拓展，就不能……一味低头前行，而应该驻足回头看看我们过去走过了一条怎样的路，只有认清过去所走过的路才能明确将来要走的路。因此，从理论的高度回顾总结我国新时期美育研究的总体状况，概括新时期美育理论研究的学术史进程，并以此作为中国未来美育理论建设新的起点和基础，就自然而然成为摆在当代学人面前的一项迫不及待的学术使命。”①本书的目的正在于通过梳理改革开放以来年中国美育学术发展的历程，揭示这一时期美育学术研究的演进轨迹，总结这一时期美育学术研究取得的主要进展并剖析存在的问题，在此基础上对美育学术研究进行前瞻性思考，旨在为我国美育学术的未来发展提供有益的参考和启示。

我曾在2004年出版的《审美人格教育论》的前言中谈及我走过的学术道路：“我对教育与美学关系的关注和思考一直在进行着，从来没有停止过。对于我来说，‘教育与美学的关系’这个课题始终是难以忘怀和割舍的兴奋中心。当然，由于各种原因，近年来我也涉足过其他领域的一些问题。……承担过多项其他课题的研究任务。但是，一旦完成这些任务，我就迅速将注意力收回到教育与美学关系的思考上。”②这段话尽管是写于将近二十年前，但是现在看来并没有过时。近年来，我继续围绕这个中心潜心耕耘、不断前行。我最初关注的重点是中国美育思想史，20世纪80年代末至90年代初曾在《高等师范教育研究》(现为《教师教育研究》)、《教育科学》《江西教育科研》(现为《教育学术月刊》)、《江西师范大学学报(哲学社会科学版)》等刊物发表过多篇这方面的论文。20世纪90年代研究的重点转向教育美学这门新的教育学科，1991年承担了全国教育科学“八五”规划青年专项课题“教育美学研究”，1995年在重庆出版社出版了《教育美学》专著，并在《教育研究》《高等教育研究》《中国教育报》《中国教育学刊》等报刊发表10余篇系列论文。在21世纪初，主要关注审美人格教育问题，研究的问题由教育的美转向人格的美及其建构的教育策

① 潘黎勇：《中国美育学建构的新起点——评〈走向现代形态美育学的建构〉》，《中国图书评论》2008年第12期，第117页。

② 何齐宗：《审美人格教育论》，人民教育出版社2004年版，“前言”第1页。

略。2004年主持全国教育科学“十五”规划课题《中小学审美人格教育的理论与实践研究》，同年在人民教育出版社出版《审美人格教育论》专著(该书的修订本《审美人格教育新论》于2014年在教育科学出版社出版)，同时还在《中国教育学刊》《教师教育研究》《中国教育科学》《教育研究与实验》等刊物发表10余篇系列论文。随后我又重新回到了教育美学的研究上来，2014年在《教育研究》上发表题为《中国教育美学研究三十年：回顾与反思》的长文，对我国教育美学研究的历程、进展与问题进行了全面的总结和评价。《教育美学》的修订本《教育美学新论》也于2017年被人民教育出版社纳入“教育科学新探索书系”予以出版。上述成果发表和出版后还获得了较大的社会反响，先后被《新华文摘》《中国教育报》《中国教育科学》、中国人民大学报刊复印资料《教育学》《高等学校文科学报文摘》《教育文摘》《教育科学报》等10多种报刊转载及多种著作引用或评价；有10余项相关成果获省级以上奖励，其中《审美人格教育论》《中国教育美学研究三十年：回顾与反思》《教育美学新论》3项成果先后获教育部颁发的全国教育科学研究优秀成果二、三等奖，《教育美学研究》《审美人格教育论》2项成果获江西省社会科学优秀成果一等奖。

自2019年开始，我又着手继续研究教育与美学的关系这个主题。经过近一年的精心准备，2020年申报并成功获批本成果所依托的国家社会科学基金教育学课题。三十多年来，在教育与美学关系这个主题之下，我从美育思想研究转到教育美学研究，再到审美人格教育研究，后来又一次转到教育美学研究，现在则又回到了最初的美育思想研究领域。因此，教育与美学关系这个主题贯穿了迄今为止我的整个学术生涯之中。

本书所研究的中国美育学术的发展，从时间上看是从1979年到现在。我国改革开放以后的美育学术研究始于1979年，至今已走过了四十余年的历程。这是我国美育学术发展的一个非常重要的时期，在美育理论、美育实践及美育思想研究等方面均取得了不少有价值的成果，这些成果为美育学术的进一步发展奠定了良好的基础。当然，该领域的研究也还存在一些不容忽视的问题，需要在未来的研究中不断加以改进。

从研究的具体内容来看，本书大致可以分为五个部分。

第一部分为第一章“改革开放以来中国美育学术发展的历程”，目的在于对1979年以来我国美育学术发展的历程进行系统的梳理和总结。本书将这一时期中国美育学术发展的过程分为初步恢复、稳定发展和深化开拓三个阶段。美育学术初步恢复阶段（1979—1985年）的特点是：呼吁重视美育的地位和作用、开始研讨美育的理论问题、初步评介了中外美育思想、涉猎众多的美育实践问题、逐步关注美育学学科问题。美育学术稳定发展阶段（1986—1998年）的特点体现在：重申和论证美育的地位与作用、美育理论的研究有所深化、美育思想研究有新的进展、美育实践研究领域不断扩大、美育实验研究取得初步成果、美育学学科建设有较大拓展。美育学术深化开拓阶段（1999年至今）具有如下特点：深化了美育地位和作用的认识、美育理论研究水平有较大提升、美育思想研究的范围进一步拓展、美育实践研究内容得到丰富、美育的研究范式走向多元化、美育学学科建设取得新的进展。

第二部分是第二章至第七章，旨在分析自改革开放以来我国美育理论研究涉及的主要论题与取得的进展。本书将这一时期美育理论研究的论题分为美育学科、美育本质、美育特征、美育地位、美育功能和美育任务六个方面。美育理论研究在美育学术的发展中处于基础性地位，它在很大程度上影响人们对于美育实践和美育思想问题的认识，并制约美育实践和美育思想研究的水平。经过四十余年的不懈探索，我国的美育理论研究取得了丰硕的成果。关于美育学的学科问题，主要探讨了美育学的形成背景、美育学的学科性质与研究对象、美育学与相关学科的关系以及美育学研究的任务与方法。关于美育的本质，在分析和界定美育内涵的基础上，就美育的本质展开了持续的深入研讨，不少学者重申和论证了传统的美育本质观，同时还有一些学者提出了多种新的美育本质观。虽然在这个问题上尚未达成共识，但是这方面的研究成果的价值却是毋庸置疑的，它是我们未来继续探讨美育本质的重要基础。关于美育的特征，在学界基本达成共识的主要有形象性、情感性、愉悦性和自由性。同时，也有人对美育的其他特征进行了探讨，这些特征包括广泛性与深远性、体验性与实践性、陶冶性与教育性、自发性与主动性、人文性与超越性、个体性与创造性等。关于美育的地位，在改革开放之前美育在我国教育中的地位经历了从承认到忽视再到否定的曲折历程。在改革开放后，人们基本一致认可美育的作用，但在是否应当将美育列入全面发展教育的组成部分这一问题上却存在着争议。这一时期关于美育地位的认识，经历了从承认到轻视再到强调的过程。在关于美育地位的讨论中，人们提出了“包含论”“代替论”“取消论”“独立论”“决定论”等观点。不过，显而易见的是，美育地位的“独立论”获得了更多的支持和肯定，并在我国的相关教育政策文本中得到体现，在教育实践中也逐步得到具体的落实。关于美育的功能，人们主要探讨了美育功能的分类、分层及其演变，并重点研讨了美育的个体功能与社会功能。对于美育的个体功能主要从直接功能和间接功能两个角度进行了分析，对于美育的社会功能主要研究了它的经济功能和文化功能。关于美育的任务，主要从培养审美观、审美能力、创美能力和引导审美生活等几个方面进行了分析。

第三部分是第八章“美育实践论”，主要涉及这一时期学界对于美育的内容、原则与途径等美育实践问题的认识。美育的内容主要包括自然美育、社会美育和艺术美育，这在学界已达成了广泛的共识。同时，对于美育内容也进行了新的探索，受到关注较多的主要有生态美育、生活美育和生命美育等。美育原则也是人们讨论较多的美育实践问题，各种美育著作和教材基本上都会论及，还有不少论文进行了探讨。不过在这个问题上尚未达成共识，先后提出的美育原则多达近三十条。相对来说，自由性原则、交流性原则、协调性原则、审美主客体相适应的原则、理论与实践相结合原则、认识与情感统一的原则等受到的关注更多一些。早在20世纪20年代，蔡元培就曾将美育的途径分为家庭美育、学校美育和社会美育三种，当代学界在这个问题上仍然认同他的这一主张，并对这几种美育途径进行了新的阐释。

第四部分是第九章“美育思想论”，主要是评述这一时期学界对中国美育思想和外国美育思想的研究。学界对中国美育思想的考察大致有整体、个体及比较等视角：整体视角即对中国美育思想的宏观研究，如对中国古代、近代及现代美育思想的系统总结与分析等；个体视角即对中国美育思想的局部性研究，如对某个教育家或某部教育著作的美育思想的研究；比较视角即对两个及两个以上中国的美育思想流派或教育家美育思想的比较。对外国美育思想的研究也可分为整体和个体两个视角：整体视角主要是对外国美育思想发展特点的研究，个体视角则是对某个外国思想家和教育家美育思想的研究。

第五部分是第十章“中国美育学术发展的前瞻”，主要基于改革开放以来我国美育学术研究存在的问题，从美育理论、美育实践、美育思想和美育研究方法等几个方面，探索美育学术发展的未来路向。未来的美育学术研究需要深化美育基本理论认识，促进美育学的学科发展；增强美育研究的实践性，关注当前美育现实问题；强化美育思想边界意识，加强外国美育思想探讨，重视美育思想比较研究；提高美育研究的科学化水平，开展多学科的协同合作研究。

本书的写作历时近四年。由于研究内容的时间跨度达四十余年之久，需要研读和梳理的资料数量非常庞大，要对浩繁的文献做出合理的取舍并从中概括这么长时期中国美育学术发展的整体状貌，这的确是一项复杂而艰巨的工程。因此，尽管本人在研究中秉持一贯的专注与严谨学风，但是书中肯定还存在诸多缺点和问题，恳请读者提出批评意见，以便将来进一步修订时改正和完善。感谢专家的肯定和编辑的厚爱，本书的部分内容曾以论文的形式在《教育研究》《高等教育研究》《南昌大学学报（人文社会科学版)》等刊物发表。在研究和写作过程中，本人参考并吸收了大量相关的研究成果和资料，借此机会向各位作者表示衷心的感谢！

何齐宗

2022 年 7 月 1 日于凯美怡和寓所

第一章　改革开放以来中国美育学术发展的历程

我国改革开放以后的美育学术研究始于 1979 年，至今已走过了四十余年的历程。这一时期中国美育学术发展的过程大致可以分为初步恢复、稳定发展和深化开拓三个阶段。美育学术发展的这几个阶段既有前后相继的内在联系，也呈现出各自不同的特征。从总体上看，美育研究的视野与范围不断拓展，研究的内容与方法不断丰富，研究的层次和水平也在不断提升。通过对这一时期美育学术研究演进轨迹的回溯，可以展示当代中国美育学术发展的整体概貌。

第一节　美育学术的初步恢复阶段（1979—1985）

改革开放以来，我国的美育学术研究成果最早见于 1979 年。由于“文化大革命”而中断了多年的美育学术研究终于从这一年开始逐步得到恢复。陈科美的《全面发展的教育需要包括美育》① 是迄今发现的我国改革开放后最早公开发表的美育论文。该文主要探讨了美育的独特性质、特定作用及其在教育中的独立地位，其核心观点是认为美育是全面发展教育的重要

① 陈科美：《全面发展的教育需要包括美育》，《上海师范大学学报（哲学社会科学版）》1979 年第 1 期，第 157—159 页。

组成部分。这个阶段美育学术研究的主要特色是特别关注美育的地位与作用，同时其他美育问题也逐步纳入研究的视野。

一、呼吁重视美育的地位与作用

由于众所周知的历史原因和人们对美育认识的误区，再加上应试教育的消极影响，美育在我国的教育中很长时期没有取得应有的地位，美育的作用没有得到普遍的认可。本阶段美育研究最受关注的一个热点正是关于美育的地位与作用问题。学界占主导地位的观点认为，要重视美育在社会发展和学校教育中的重要地位与作用。关于美育在社会发展中的地位与作用，人们认为美育是影响社会发展的重要力量，可以促进社会主义的精神文明建设。关于美育在学校教育中的地位与作用，普遍认为美育是学校教育的重要组成部分，并初步分析了美育与教育以及美育与艺术教育、德育、智育、体育等的关系，重点探讨了美育对于德育、智育和体育的促进作用。尤其值得指出的是，一大批专家学者不断呼吁要明确美育在我国教育方针中的地位，强烈建议将美育纳入教育方针之中。专家学者的踊跃讨论和反复推动为后来达成这个目标提供了基本的舆论环境并奠定了必要的理论基础。

二、开始研讨美育的理论问题

本阶段学界关注的美育理论问题除了上面提到的美育的地位与作用①以外，还涉及美育的内涵、本质、特征、功能、任务等诸多问题。关于美育的内涵，人们给出了多种不同的界定。关于美育的本质，先后提出或评价了“情感教育说”“艺术教育说”“娱乐教育说”“立美教育说”等观点。

---

① 美育的地位与作用问题本来也是美育的重要理论问题，但由于这个问题在改革开放后相当长一段时期内具有明显的特殊性——一直成为人们讨论的主要问题，因此将它单独提出来进行分析。

关于美育的特征，主要探讨了美育的形象性、情感性、教育性和个体性。关于美育的功能，主要讨论了美育的个体功能，包括美育促进个体品德与智力发展及健康的功能，同时也初步涉及美育的社会功能，包括美育对于精神文明建设和经济发展的作用。关于美育的任务，有人认为，美育的基本任务是培养学生正确的审美观，使他们具有感受美、鉴赏美和创造美的能力。① 在有些人看来，美育除上述任务外，还要培养学生艺术活动的技能，发展艺术创作的能力；培养学生高尚的情操和文明行为习惯。② 可以说，在这个阶段美育理论的主要问题都被陆续提了出来并得到了不同程度的探讨，为后来进一步深入研讨这些问题打下了良好的基础。

三、涉猎众多的美育实践问题

这个阶段研讨的美育实践问题，首先是美育的内容、原则与途径。关于美育的内容，一般认为主要包括艺术美育、自然美育和社会美育（或日常生活美育）。③ 关于美育的原则，初步探讨了思想性与艺术性统一原则、情绪体验和逻辑思维相结合原则、理解艺术内容与掌握艺术方法相统一原则、内在美和外在美的统一原则等。④ 人的生活范围极为广泛，但大致可以分为家庭生活、学校生活和社会生活三个基本的领域。学界普遍认为，美育的实施途径也可以按照这三个领域相应地区分为家庭美育、学校美育和社会美育。其次是关于大学、中学、小学、幼儿园等各级教育中美育的实施策略与举措，其中还具体探讨了如何将美育渗透到中小学的教学之中。此外，还论及青少年美育和教师美育等问题。

---

① 南京师范大学教育系编：《教育学》，人民教育出版社 1984 年版，第 333 页。

② 华中师范学院教育系等编：《教育学》，人民教育出版社 1982 年版，第 253 页。

③ 刘寿祺主编：《教育学》，湖南人民出版社 1980 年版，第 301—309 页；华中师范学院教育系等编：《教育学》，人民教育出版社 1982 年版，第 249 页；南京师范大学教育系编：《教育学》，人民教育出版社 1984 年版，第 346 页。

④ 南京师范大学教育系编：《教育学》，人民教育出版社 1984 年版，第 343—346 页。

四、初步评介了中外美育思想

不少学者对中外一些教育家、思想家、美术家的美育思想进行了初步的评介。关于中国的美育思想，论及的对象主要包括孔子、蔡元培、鲁迅、陶行知、丰子恺等人，同时还有人对鲁迅和蔡元培的美育思想进行了初步的比较。关于外国的美育思想，评述的对象包括马卡连柯、苏霍姆林斯基等人。对上述教育家美育思想的评介，大多包括其美育思想的基本内容、主要特点及其重要价值与影响等。

五、逐步关注美育学学科问题

美育学的学科问题也是美育研究的重要问题，一般包括美育学的研究对象与学科性质、美育学研究的任务与方法、美育学与相关学科的关系、美育学的分支学科等内容。本阶段关于美育学学科研讨的问题主要包括美育学的研究对象、美育学与教育学及美学的关系、美育学的研究方法、美育学的分支学科等。关于美育学的研究对象，有人提出美育学是研究人类教育活动中的美育问题的科学。① 关于美育学与教育学及美学的关系，有人指出美育学与美学和教育学具有密切的关系，是美学与教育学相结合的产物；同时美育学又具有自身的研究对象和任务，它研究的是审美教育与其他审美活动、教育活动相区别的特殊审美教育性质和规律。② 关于美育学的研究方法，有人提出美育学的研究要以马克思主义哲学作为自己的方法论基石。③ 关于美育学的分支学科，有人初步探讨了美育心理学，

---

① 王岳川、王一川：《论审美教育学——美育系统工程概观》，《江西社会科学》1985 年第 5 期，第 106 页。

② 邹进、岳川：《审美教育学及其与美学、教育学的关系》，《教育评论》1985 年第 6 期，第 24—26 页。

③ 王岳川、王一川：《论审美教育学——美育系统工程概观》，《江西社会科学》1985 年第 5 期，第 107 页。

提出了这门学科的研究对象和任务，并着重阐述了美育与心理学的内在联系。①

第二节　美育学术的稳定发展阶段（1986—1998）

1986 年 3 月，六届全国人大四次会议通过的《中华人民共和国国民经济和社会发展第七个五年计划（1986—1990）》正式将美育列入全面发展的教育方针之中。至此，在沉寂了很长时间之后，教育方针中再提美育，使美育重新回到了全面发展教育的大家庭之中。美育学术研究也从此进入到一个新的发展阶段。本阶段美育学术研究的总体特点主要体现在，既延续了第一个阶段研究的基本内容，又对它们有进一步的探索，同时还对一些新的美育领域进行了研究。

一、重申和论证美育的地位与作用

由于在社会上和在教育领域中仍然存在较为普遍的轻视和误解美育的现象，因此不少学者通过各种方式继续倡导和呼吁重视美育的地位与作用，并对此从理论上进行了更为深入的阐释。同时，与此密切相关的是，有些学者还进一步研讨了美育与社会改革、美育与教育发展、美育与教育现代化的关系，认为美育有利于社会的改革、美育是教育改革的突破口、美育是教育现代化的关键。当然，这个阶段关注的重点是美育对于人的发展的重要作用。学界一致认为，美育有利于提高民族文化素质、可以促进人的全面发展和推动人的现代化，有助于完善人性、培养创新人才、开发

① 刘兆吉：《试论美育心理学中的几个问题》，《西南师范学院学报（自然科学版）》1983 年第 2 期，第 2—21 页。

人的智力和增强人的健康心理品质等。除继续探讨美育与德育、智育、体育的关系以及主张将美育渗透到中小学各学科教学之中以外，还有人论及美育与劳动技术教育的关系。有学者认为，美育与劳动技术教育存在非常直接而紧密的内在联系，在劳动技术教育中充分考虑美育因素具有重要的意义，是进行劳动技术教育的有效方法。因此，在全面发展的教育中要高度重视两者的相互渗透、结合和统一。①

二、美育理论的研究有所深化

在这个阶段，学界仍在继续探讨美育的内涵、本质和特征。不少学者从不同的角度对美育的内涵进行了界定。关于美育的本质，有些学者对美育与艺术教育的关系进行了辩证的分析，在肯定美育与艺术教育具有密切联系的同时，又指出两者并不是等同的关系，并对“艺术教育说”不断提出质疑；对于“美学理论教育说”，有人一方面承认它有合理之处，但同时又认为不能将两者等同起来，因为美学理论教育只是美育的内容之一；② 对于“美的教育说”，有人认为这种观点同样不够全面，它会导致美育内容的单调与贫乏，造成人的审美能力的单一和弱化；③ 对于“审美价值教育说”和“情感教育说”，既有肯定的意见，也有质疑的声音。还有人提出并论证了“审美情感教育说”“人文教育说”“生命意识教育说”“完人教育说”“生命·情感教育说”“人格·趣味·情感教育说”“感性·情感·生命教育说”“综合性教育说”等新的观点。关于美育的特征，分析的重点是美育的形象性、自由性、情感性、愉悦性、广泛性、深远性、体验性、陶冶性、自发性、主动性、个体性、创

---

① 赵子清：《美育与劳动劳动技术教育的内在联系》，《教育科学》1990 年第 1 期，第 57 页。

② 王善忠：《美感教育研究》，吉林教育出版社 1993 年版，第 14 页。

③ 李田：《美育，是“美学方面的教育”——关于美育提法的再认识》，《教育研究》1990 年第 11 期，第 7 页。

造性等。还有人开始关注美育的目标、美育的使命等新的美育问题，并且对美与美育、自然美与美育、社会美与美育、艺术美与美育、科学美与美育、美育与创新教育、家庭美育与学校美育等诸多关系进行了梳理和辨析。关于美育的功能，在美育的个体功能方面，重点研讨了美育促进人的感性发展、完善审美心理结构和培养创造型人才的作用；在美育的社会功能方面，对美育的经济功能和文化功能进行了新的探索。关于美育的任务，学界基本达成了共识，认为主要包括培养正确的审美观、提高审美能力、促进审美创造和引导审美生活。上述探讨在一定程度上深化了美育的内涵、本质、特征、功能、价值、任务等美育基本理论问题的认识。

三、美育实践研究领域不断扩大

这个阶段研讨的美育实践问题在不断增加，范围也有所扩大。在传统的美育实践问题上，关于美育的内容，主要是重申和进一步论证艺术美育、自然美育和社会美育。关于美育的原则，主要研讨了自由性原则、交流性原则、审美主客体相适应原则、理论与实践相结合原则、认识与情感统一原则等。关于美育的途径，对于家庭美育、学校美育和社会美育进行了新的阐述。关于学校美育的改革，有学者提出要加强美育意识，宣传美育的价值；加强美育立法，制订美育大纲；加强美育意识的普及工作，提高教师的审美素质；加强美育的科研工作，探索具有中国特色的社会主义美育经验；加强美育的督导和评价工作，提高全体学生的审美素质；努力解决艺术教育教师奇缺的问题。① 关于美育的课程设置，有人提出了“两系列四阶段”若干课程类型构成的课程体系的设想。“两系列”是指室内美育课程系列和室外美育课程系列。“四阶段”

① 李榷：《学校美育的回溯及改革设想》，《教育评论》1990 年第 3 期，第 22—23 页。

美育课程分别是第一阶段“美的欣赏”，为审美基础课；第二阶段“审美心理能力训练”，是专门针对审美所需要的心理要素进行逐一培养训练的课程；第三阶段“美的自我创造”，是用已获得的审美知识、观念、方法、能力和技能来塑造自身形象的指导课；第四阶段“美的技巧”，为美的表现与创造技法训练课。其中前三个阶段为必修课程，第四阶段为选修课程，每个学生可根据自己的兴趣选择两到三门。[①] 关于美育实践的探讨还涉及幼儿美育、青少年美育、职业美育、企业美育、劳动美育、教师美育、公安美育、军人美育、医学生美育、家庭美育、社会美育、自然美育、生活美育、科学美育、艺术美育、音乐美育、书法美育、身体美育、行为美育、心灵美育等不同阶段、不同职业、不同途径及不同内容的美育问题。

四、美育思想研究有新的拓展

关于中国的美育思想，除继续关注孔子、蔡元培、鲁迅、陶行知、丰子恺等人以外，还论及颜之推、嵇康、朱熹、王国维、梁启超、杨贤江、闻一多、李大钊、徐特立、叶圣陶、朱光潜、毛泽东等人以及《乐记》《吕氏春秋》等著作的美育思想。关于外国的美育思想，除继续关注马卡连柯、苏霍姆林斯基等人以外，还论及柏拉图、亚里士多德、洛克、康德、黑格尔、赫尔巴特、席勒、但丁、笛卡尔、布瓦洛、伏尔泰、夸美纽斯、卢梭、狄德罗、费尔巴哈、裴斯泰洛齐、福禄培尔、乌申斯基、杜威、马克思和恩格斯等的美育思想。同时还有学者开始从整体上对历史上的美育思想进行评析，具体的对象主要包括儒家的美育思想、先秦美育心理思想、中国古代美育思想等。美育思想的比较研究也逐渐多了起来，包括孔子与

---

① 赵伶俐：《论当代美育课程设置》，《西南师范大学学报（哲学社会科学版）》1993 年第 4 期，第 56—57 页。

柏拉图美育思想的比较①、李大钊与蔡元培美育思想的比较②、鲁迅与蔡元培美育思想的比较③等。值得注意的是，在这个阶段还出版了多部中外美育思想史的专著。④

五、美育实验研究取得初步成果

在本阶段，有学者开展了美育的实验研究，并且取得了初步的成果。美育实验研究涉及小学、中学和大学等各个教育阶段，出版了多部美育实验方面的相关著作和教材。白天佑和赵伶俐等人开展的美育实验研究较有代表性。前者的“中国儿童大美育系统的实验与研究”主要针对中国儿童美育问题进行全面的调查研究，并在反省美育问题的基础上着手开展儿童美育实验，探索儿童美育的新途径与新方法。后者主持了“审美教育对学生素质全面发展影响的实验研究”等多项课题，出版了一系列美育理论著作和实践用书，如《大美育系统论》《大美育实验研究》《幼儿园大美育系统论》《小学大美育系统论》《中学大美育系统论》《幼儿综合美育》《小学

① 黄良：《美育思想比较：孔子与柏拉图》，《重庆师院学报（哲学社会科学版）》1992 年第 2 期，第 20—26 页；程俊：《孔子和柏拉图美育理论之比较》，《舟山师专学报》1995 年第 4 期，第 31—36 页；吴海庆：《柏拉图与孔子美育思想比较》，《殷都学刊》1997 年第 2 期，第 89—93 页。

② 李耀建：《李大钊与蔡元培美育思想之比较》，《湖南师范大学社会科学学报》1990 年第 6 期，第 27—30 页。

③ 孙世哲：《蔡元培鲁迅的美育思想》，辽宁教育出版社 1990 年版；马兆掌：《论美育观上鲁迅对蔡元培的一点超越》，《绍兴师专学报》1991 年第 3 期，第 87—93 页。

④ 涂途：《西方美育史话》，红旗出版社 1988 年版；许有为：《中国美育简史》，甘肃科学技术出版社 1988 年版；姚全兴：《中国现代美育思想述评》，湖北教育出版社 1989 年版；董学文：《马克思主义经典作家论审美教育》，河南教育出版社 1989 年版；孙世哲：《蔡元培鲁迅的美育思想》，辽宁教育出版社 1990 年版；单世联、徐林祥：《中国美育史导论》，广西教育出版社 1992 年版；姚全兴：《审美教育的历程》，上海社会科学院出版社 1992 年版；聂振斌：《中国美育思想述要》，暨南大学出版社 1993 年版；涂途：《欧洲美育思想简史》，暨南大学出版社 1995 年版；陈育德：《西方美育思想简史》，安徽教育出版社 1998 年版。

生美育》《中学生美育》《高校美育》等。赵伶俐等人的审美教育实验研究涉及范围较广，贯穿教育的各个阶段，在调查、实践和实验的基础上，初步建构了一套大美育的理论与实践体系。

六、美育学学科建设有较大进展

美育学的学科建设在本阶段取得了较大的进展。关于美育学的形成背景，主要从学科发展趋势和现实的需要两个维度进行了论证。关于美育学的学科性质，一般认为它主要表现为交叉性（或边缘性）和实践性。所谓边缘性，是指美育学是美学和教育学相互渗透、交叉的结果；所谓实践性，是指美育学来源于美育实践的需要，又有力地指导着美育的实践活动。① 关于美育学的研究对象，提出了众多内涵相近但表述却各异的观点。关于美育学与相关学科的关系，主要研讨了美育学与美学、美育学与教育学、美育学与社会学等的关系。关于美育学的任务，主要从促进美育理论的发展和指导美育实践的开展两个方面进行了探讨。关于美育学的研究方法，一致认为要以马克思主义理论为指导，坚持理论与实践、继承与借鉴相结合的原则，并对美育学的具体研究方法进行了初步的探讨。

这个阶段美育学学科建设方面的成果数量增长明显，尤其值得指出的是出版了多部以“美育学”命名的著作。这些著作包括蒋冰海的《美育学导论》（上海人民出版社 1990 年版）、谷辅林的《美育学》（中国广播电视出版社 1991 年版）、赵永耀等的《美育学概论》（科学普及出版社 1991 年版）、杜卫主编的《现代美育学导论》（暨南大学出版社 1992 年版）和《美育学概论》（高等教育出版社 1997 年版）、王秀芳等主编

① 胡俊林：《审美教育学学科性质刍议》，《内江师范学院学报》1987 年第 1 期，第 27—32 页。

的《美育学教程》（北京广播学院出版社 1992 年版）、向东方的《学校美育学》（西南师范大学出版社 1993 年版）、尚德平的《审美教育学》（大连出版社 1997 年版）、赵和兴的《美育学》（陕西师范大学出版社 1997 年版）等。这些著作大多建立了具有自身特色的美育学学科内容体系，并对该学科的基本问题进行了阐述。同时，美育学的多个分支学科也受到关注，在美育学的分支学科中对美育心理学的关注相对较多，研究的重点是审美心理与审美教育的关系、美育心理过程的特点、美育过程中的心理问题及美育心理学的学科体系等，① 而且该分支学科还出版了多部专著。② 此外，出版了著作的分支学科还有教师美育学 ③ 和语文美育学 ④ 等。

---

① 杨文群：《试议美育心理学的某些基本观点》，《应用心理学》1986 年第 1 期，第 16—20 页；刘健儿：《美育心理过程的几个特点和原则》，《教育理论与实践》1986 年第 6 期，第 49—54 页；刘兆吉：《创造美育心理学刍议》，《心理学探新》1987 年第 2 期，第 34—39 页；刘兆吉：《美育心理学在学校教育中的实践意义》，《上海高教研究》1989 年第 4 期，第 46—48 页；蔡正非：《美育心理发展史上的二杰——论席勒、赫尔巴特的美育心理思想》，《云南师范大学学报（哲学社会科学版）》1989 年第 4 期，第 42—48 页；晋劲敏：《美育心理》，中国和平出版社 1989 年版。

② 刘兆吉：《美育心理学》，西南师范大学出版社 1990 年版；彭华生、翟启明：《语文美育心理研究》，四川大学出版社 1998 年版；刘兆吉：《美育心理研究》，四川教育出版社 1993 年版；刘兆吉：《中学美育心理学十二讲》，四川民族出版社 1994 年版；郭成、赵伶俐：《美育心理学　让教与学充满美感和生机》，警官教育出版社 1998 年版。

③ 蒋冰海：《教师美育手册》，湖南文艺出版社 1992 年版；张长青：《师范美育教程》，兰州大学出版社 1993 年版；杨为珍：《教师美育学》，济南出版社 1996 年版。

④ 王钦韶：《语文美育研究》，河南大学出版社 1991 年版；熊忠武等：《中学语文美育》，海南摄影美术出版社 1991 年版；王启帆：《语文审美教育概论》，浙江美术学院出版社 1993 年版；杨德如等：《语文美育学导论》，中国科学技术大学出版社 1993 年版；许理绚、夏太富：《中学语文审美教育研究》，上海教育出版社 1994 年版；程钧：《语文审美教育论》，江苏教育出版社 1995 年版；张天喜：《语文美育简论》，西北大学出版社 1995 年版；张永昊、周均平：《感应与塑造　语文审美教育论》，青岛海洋大学出版社 1998 年版。

第三节 美育学术的深化开拓阶段（1999 年至今）

美育在我国教育中的地位真正发生明显的变化是在 1999 年，这一年美育再一次被明确列入我国的教育方针之中。1999 年 3 月，九届全国人大二次会议通过的《政府工作报告》明确指出，要“大力推进素质教育，注重创新精神和实践能力的培养，使学生在德、智、体、美等方面全面发展”。这个提法意味着我国在世纪之交已正式将美育列入教育方针之中，从而结束了我国教育方针中长期无“美育”表述的历史。从这时开始，美育在教育方针中的地位已得到了巩固，并不断得到强化。1999 年 6 月 13 日，中共中央、国务院发布《关于深化教育改革全面推进素质教育的决定》，第一次从素质教育的高度将美育同德育、智育、体育一起纳入教育方针中，明确提出要造就“德智体美等全面发展的社会主义事业建设者和接班人”，并强调美育对于促进学生的全面发展具有不可替代的作用；要求尽快改变学校美育工作薄弱的状况，将美育融入学校教育的全过程。从此，美育在教育中的地位一直较为稳定，在教育方针的表述中美育作为全面发展教育的组成部分也已固定下来。美育被纳入到全面发展教育的范畴，并正式写入国家的教育方针，确立了美育在教育中的重要地位。这对于我国美育的发展具有极其重要的意义，它预示着我国的美育事业从此进入了一个新的发展时期。我国的美育学术研究也随之进入了一个新的发展阶段。

本阶段美育学术研究的特点在于，一方面继续关注并进一步深化了对前两个阶段美育研究的基本问题的认识，另一方面又开拓了不少新的美育研究领域。

一、深化了美育地位与作用的认识

美育的地位与作用一直是学界关注的重要问题，本阶段对这个问题的认识有明显的深化。人们主要研讨了美育的独特地位和时代意义，并对美育与社会、美育与教育及美育与人的发展的关系有新的阐释。关于美育与社会的关系，重点关注了美育与社会改造、美育与社会经济发展、美育与和谐社会构建的关系，尤其是从多个角度探讨了美育的经济价值。关于美育与教育的关系，除继续探讨美育与德育、智育、体育、劳动教育的关系外，还重点研讨了美育与素质教育、美育与创新教育、美育与艺术教育的关系，对于学科教学中的美育的探讨从此前的部分学科扩展到中小学几乎所有的学科。关于美育与人的发展的关系，进一步研讨了美育与人生、美育与人的生存发展、美育与人的全面发展、美育与人的自由、美育与人的完善、美育与人格发展、美育与人的审美需要、美育与人的美学生成以及美育与创新人才、创造个性、创造能力（含想象力）的培养等的关系。

二、美育理论研究水平有较大提升

本阶段美育理论研究水平的提升，首先体现在对美育内涵、美育本质、美育特征、美育功能等问题有新的认识和诠释。在对美育内涵的认识上，有些学者主张将美育分为广义和狭义两种含义，并分别进行了界定。关于美育的本质，提出了“感性教育说”“审美素质教育说”“中和美育论”等新的观点，同时还对以往提出的“情感教育说”“审美情感教育说”“人文教育说”“娱乐教育说”“完人教育说”“立美教育说”“生命教育说”等众多观点作了进一步的分析。还提出了几种美育本质的“多质说”，如“感性・趣味・人格教育说”“感性・人格・创造教育说”“感美・审美・立美教育说”等。关于美育的特征，有学者提出并论证了美育的渗透性、人文性、超越性等特性，同时还有不少学者对以往提出的美育的形象性、自由性、情感性、愉悦性、体验性、陶冶性等进行了新的分析。关于美育的功能，重点研讨了美育对于人的创造性发展的作用，并从心理学的角度分析了美育促进创造力发展的机制。同时对美育的经济功能和文化功能也给予了一定的关注。此外，还有学者对当代美育的目的、美育的心理效应、美育的话语体系等新的问题进行了研讨。关于当代美育的目的，有人认为是“追求人生的艺术化”。关于美育的心理效应，有人将其分为直接心理效应和间接心理效应，前者指美育对个体的审美心理结构的形成、发展和完善的影响，后者指美育对个体其他心理结构的效应。关于美育的话语体系，有人指出新时代的美育话语建设需要凸显自身的“人文”价值，将树立人文精神作为自身的核心任务。还有人提出，新时代中华美育话语体系的建构，首先必须促进礼乐传统和心性传统的当代融合。值得肯定的是，这个阶段还有一些学者对以往的美育理论研究进行了总结、反思和评价，并对未来的美育研究趋势进行了展望。

三、美育实践研究内容得到丰富

本阶段关于美育实践研究的内容有明显的丰富和扩展。从美育场域的研究看，包括了学校美育、家庭美育和社会美育；从美育对象的研究看，涉及胎教中的美育、幼儿美育、儿童美育、青少年美育和成人美育；从美育阶段的研究看，探讨了幼儿园美育、中小学美育和大学美育；从美育内容的研究看，除继续关注教师美育、艺术美育、生活美育、身体美育外，还研讨了生态美育、生命美育、礼仪美育、媒介美育、音乐美育、绘画美育、舞蹈美育和景观美育等。此外，还就美育政策、美育课程、美育原则、美育途径与方法以及美育发展的过程、美育实施面临的困难与障碍等问题进行了研究。

四、美育思想研究的范围进一步拓展

从中国美育思想的研究来看，这个阶段除继续关注孔子、道家（含庄子）、《吕氏春秋》《礼记》（含《乐记》）、嵇康、颜之推、朱熹、王国维、梁启超、蔡元培、鲁迅、陶行知、朱光潜、丰子恺、毛泽东等的美育思想外，还探讨了老子、墨子、孟子、荀子、商鞅、韩非、贾谊、董仲舒、《淮南子》、扬雄、王充、王符、陶渊明、刘勰、韩愈、柳宗元、白居易、王阳明、李贽、王夫之、颜元、石涛、王安石、周敦颐、张载、郑板桥、康有为、陈鹤琴、朱谦之、周扬、蒋孔阳、李泽厚、现代新儒家等的美育思想。从外国美育思想的研究来看，除继续关注柏拉图、卢梭、黑格尔、席勒、马克思、恩格斯、杜威等的美育思想外，也有人研讨了康德、鲍姆嘉滕、怀特海等的美育思想。同时，还有人对孔子与柏拉图、孔子与亚里士多德、孔子与席勒、王国维与蔡元培、蔡元培与杨贤江、朱光潜与宗白华、席勒与蔡元培、蔡元培与小原国芳的美育思想以及中西古代美育、中西美育思想进行了比较研究。另外，还从总体上研究了中国美育观念的演变、中国美育形态的转换与变迁、中国近现代美育的特点、先秦儒家的美育思想、中国古代美育思想、中华美育精神、中国美育思想的特征、中国传统音乐美育思想等，并对中国传统美育史和陶行知美育思想等的研究进行了总结和反思。[①] 这个阶段还出版了 20 余部中外美育思想史的著作[②]，尤其值得指出的是山东人民出版社于 2017 年出版了曾繁仁主编的 9

---

① 赵强：《中国传统美育史研究中的若干问题》，《当代文坛》2017 年第 5 期，第 84—87 页；周红：《陶行知美育思想研究述评》，《江苏师范大学学报（哲学社会科学版）》2017 年第 6 期，第 142—146 页。

② 杨平：《多维视野中的美育》，安徽教育出版社 2000 年版；祁海文：《礼乐教化：先秦美育思想研究》，齐鲁书社 2001 年版；曾繁仁：《中外美育思想家评传》，广西师范大学出版社 2002 年版；袁济喜：《传统美育与当代人格》，人民文学出版社 2002 年版；尚莲霞：《王国维美育思想及其现代意义》，南京师范大学出版社 2003 年版；杜卫：《审美功利主义：中国现代美育理论研究》，人民出版社 2004 年版；祁海文：《儒家乐教论》，河南人民出版社 2004 年版；聂振斌：《中国古代美育思想史纲》，河南人民出版社 2004 年版；涂途：《欧洲美育思想简史》，暨南大学出版社 2004 年版；谭好哲等：《美育的意义：中国现代美育思想发展史论》，首都师范大学出版社 2005 年版；钟仕伦：《魏晋南北朝美育思想研究》，中国社会科学出版社 2006 年版；赵伶俐：《百年中国美育》，高等教育出版社 2006 年版；李天道等：《西方美育思想简史》，中国社会科学出版社 2007 年版；刘彦顺：《走向现代形态美育学的建构》，山东文艺出版社 2007 年版；钟仕伦等：《中国美育思想简史》，中国社会科学出版社 2008 年版；杨家友：《席勒与蔡元培的审

卷本的《中国美育思想通史》①。这部中国美育思想通史对自先秦以来一直到当代的中国美育思想的整个发展历程进行了全面的总结和评价。与此同时，美育思想史的资料建设也取得了较大的进展，江苏凤凰教育出版社于2015年出版了朱立元主编的4卷本的《西方审美教育经典论著选》。

五、美育的研究范式走向多元化

本阶段美育的跨学科研究进一步受到重视。有学者将我国新时期美育的跨学科研究概括为人类学、心理学、文化学和生态学四种范式。人类学美育观以建立"主体性"为价值旨归，主张回归人，回归个体的人、感性的人、情感的人，充分肯定美育在人的"心理本体""情感本体"以及"新感性"建构过程中所发挥的功能，探讨了美感的生成机制和审美经验对于心性结构的影响。一些学者从不同角度和层面探讨了审美经验的性质与特征、审美心理的结构与过程、审美心理的各个要素及其相互关系、审美欣赏的心理、艺术创造与个性心理等问题。审美心理学的发展有力地促进了美育研究方法和观念的更新，促使新时期美育研究朝着纵深的方向发展。有人以美育的文化批判为基点，提出审美教育的当务之急在于引导大众走出感性沉沦

美教育思想比较研究》，湖北人民出版社2009年版；郭勇：《蔡元培美育思想研究》，华中师范大学出版社2011年版；金雅等：《蔡元培梁启超与中国现代美育》，中国言实出版社2014年版；吴丹：《丰子恺与中国现代美育研究》，湖南人民出版社2014年版；卢政等：《魏晋南北朝美育思想研究》，齐鲁书社2015年版；李清聚：《蔡元培"以美育代宗教"思想研究》，中央编译出版社2017年版。

① 包括祁海文：《中国美育思想通史》（先秦卷），山东人民出版社2017年版；祁海文：《中国美育思想通史》（秦汉卷），山东人民出版社2017年版；卢政：《中国美育思想通史》（魏晋南北朝卷），山东人民出版社2017年版；杨宝春：《中国美育思想通史》（隋唐卷），山东人民出版社2017年版；李飞：《中国美育思想通史》（宋辽金元卷），山东人民出版社2017年版；潘黎勇：《中国美育思想通史》（明代卷），山东人民出版社2017年版；刘彦顺、潘黎勇：《中国美育思想通史》（清代卷），山东人民出版社2017年版；刘彦顺：《中国美育思想通史》（现代卷），山东人民出版社2017年版；刘彦顺：《中国美育思想通史》（当代卷），山东人民出版社2017年版。

的误区，超越单纯的快感享乐，转向感性与理性的协调发展。同时还提出如果从转型期对审美文化建设的要求来看，审美教育需要着眼于培养新一代的审美文化的创造者，他们应该是感性与理性、判断与创造、现实与理想全面发展的新人。近年来，生态美育在我国广受关注。生态审美观主张美育活动与智识、伦理及日常行为融为一体，强调人与自然、人与社会、人与自我的和谐共生。① 实际上这一阶段的美育研究除了以上范式以外，还有生理学范式，发表了多篇从生理学（主要是脑科学）视角研究美育的成果。②

六、美育学学科建设取得新进展

在本阶段，美育学的学科建设又取得不少新的进展。这些进展主要表现在三个方面：一是原来基础较好的美育学科或领域继续受到重视并取得了丰富的成果，不但相关论文有较大增长，而且分别出版了多部著作。这些领域主要有美育学原理③、美育心理学④、教师美育学⑤、语文美

① 徐国超：《新时期美育跨学科研究的四种范式》，《中州学刊》2011年第3期，第239—242页。

② 曾繁仁：《美育与脑科学关系初探》，《文史哲》2001年第4期，第64—69页；曾繁仁：《探讨美育与脑科学关系，实现美育学科突破》，《福州师专学报》2001年第4期，第69—72页；冉祥华：《美育心理神经机制研究视角》，《心理科学》2009年第2期，第401—403页；于建玮、赵丽丽：《美育概念的脑科学考察》，《美育学刊》2017年第2期，第57—62页；邓佳、黄雪：《美育的神经基础》，《华东师范大学学报（教育科学版）》2017年第5期，第100—108页。

③ 祁嘉华：《审美教育学》，西北大学出版社2000年版；蒋冰海：《美育学导论》（修订本），上海人民出版社2001年版；杜卫主编：《美育学概论》，高等教育出版社2001年版；杜卫主编：《美育学概论》，高等教育出版社2006年版；刘彦顺：《走向现代形态美育学的建构》，山东文艺出版社2007年版；王晓鸣：《美育学》，中国矿业大学出版社2007年版；杜卫主编：《美育学概论》，河南大学出版社2013年版。

④ 蔡正非：《美育心理学》，中国社会科学出版社1999年版；《刘兆吉文集》编委会：《刘兆吉美育心理文艺心理研究文选》，西南师范大学出版社2003年版；郭成、赵伶俐：《美育心理学　让教与学充满美感和生机》，警官教育出版社2008年版；刘兆吉：《美育心理研究（选编本）》，北京师范大学出版社2016年版。

⑤ 杜汉生：《师范美育引论》，湖北教育出版社1999年版；李公健：《高师美育学》，内蒙

育学[①]等。二是一些新的美育分支学科日益受到关注，相关的成果不断涌现。这些分支学科主要包括美育哲学[②]、艺术教育论[③]、生态美育论[④]、生命美

古大学出版社 1999 年版；赵火根、赵传栋：《教师美育概论》，江西高校出版社 2006 年版；王丽娟：《教师的审美人格与审美化教育》，吉林文史出版社 2013 年版；张立勇：《教师美育理论与实践》，广西师范大学出版社 2016 年版。

① 彭天翼：《语文美育论》，湖南师范大学出版社 1999 年版；钟仕伦等：《语文美育》，四川人民出版社 2000 年版；何兆一：《语文美育散论》，中国文史出版社 2001 年版；潘纪平：《语文审美教育概论》，湖北人民出版社 2005 年版；杨斌：《语文美育叙论》，南京师范大学出版社 2005 年版；杨云萍：《语文美育和谐论》，湖南人民出版社 2010 年版；徐林祥、郑昀：《语文美育学》，广西教育出版社 2018 年版。

② 叶学良：《美育价值论》，重庆大学出版社 1999 年版；黄卫星：《审美价值观的传播与建构　当代美育中的对话与交往》，人民出版社 2012 年版；段虹：《审美教育价值论》，黑龙江人民出版社 2012 年版。

③ 郭声健：《艺术教育论》，上海教育出版社 1999 年版；陈明德主编：《现代中小学艺术教育论》，江苏美术出版社 1999 年版；史影、陈红：《艺术教育审美化研究》，西南师范大学出版社 2001 年版；贺志朴、姜敏：《艺术教育学》，人民出版社 2001 年版；曾繁仁：《中西交流对话中的审美与艺术教育》，山东大学出版社 2003 年版；郭声健：《艺术教育的审美品格》，湖南师范大学出版社 2005 年版；尹爱青：《音乐审美教育的人学研究》，东北师范大学出版社 2015 年版；黄作星：《绘画艺术审美教育》，大众文艺出版社 2018 年版；刘华：《舞蹈教育与美育探析》，九州出版社 2018 年版。

④ 陈国雄：《论生态美学的美育》，《云梦学刊》2002 年第 6 期，第 57—59 页；丁永祥、李新生：《生态美育》，河南美术出版社 2004 年版；祁海文：《走向生态美育——对生态美学发展的一种思考》，《陕西师范大学学报（哲学社会科学版）》2004 年第 5 期，第 70—74 页；秦初生：《论生态美育的基本特征》，《教育观察》2018 年第 19 期，第 130—133 页；申扶民、李玉玲：《生态美育与两个共同体的重构》，《哈尔滨工业大学学报（社会科学版）》2019 年第 4 期，第 107—111 页；龙静云、崔晋文：《生态美育：重要价值与实施路径》，《中州学刊》2019 年第 11 期，第 95—101 页。

育论①、人格美育论②、礼仪美育论③和媒介美育论④等。三是对美育学的学科性质有新的认识。除继续探讨美育学的交叉性和实践性以外，有人提出美育学还具有人文性，认为美育学是一门人文科学。

以上所述是改革开放以来我国美育学术发展的基本情况。综观这一时期美育学术研究的演进历程，可以看出我国美育学术从初步恢复到稳定发展再到深化开拓的基本轨迹及取得的主要进展。从研究的范围来看，各个阶段论及的主题都包括了美育理论、美育实践和美育思想三个方面。当然，从研究的内容来看，无论是美育理论、美育实践，还是美育思想，都有一个逐步拓展的过程。美育理论研究的主题从开始时的美育的内涵、本质、特征、功能、任务、价值、规律等拓展到美育的目标、使命、境界、心理效应及美育的话语体系，美育与其他教育及其他社会现象的关系等。美育实践研究关注的问题从学校教育中的部分学段和少数学科的美育、个别行业的美育逐步拓展到所有学段和各个学科以及众多行业的美育问题，同时还对不少新的美育实践领域进行了研讨。美育思想研究的演变主要体现在研究的对象在不断拓展，同时加强了美育思想的比较研究，且比较的对象也在不断增加。从研究的水平来看，随着时间的推移，我国的美育学术研究也在不断深化。以关于美育地位的研究为例，刚开始时主要是基于

① 姚全兴:《生命美育》，上海教育出版社 2001 年版；王立科:《生命美育：青少年教育的一个重大课题》，《中国青年研究》2003 年第 9 期，第 82—85 页；杨光、邓丽娟:《生命审美教育》，山西教育出版社 2004 年版；陈兆金:《生命美育价值初探》，《湖南社会科学》2007 年第 2 期，第 174—176 页；陈爱武:《对生命美育的理解和思考》，《思想理论教育》2008 年第 20 期，第 19—21 页；刘晓萍:《生命美育产生的背景及其内涵》，《学理论》2010 年第 35 期，第 215—217 页；袁国超:《生命美育论》，《现代教育科学》2018 年第 10 期，第 11—17 页。

② 何齐宗:《审美人格教育论》，人民教育出版社 2004 年版；何齐宗:《审美人格教育新论》，教育科学出版社 2014 年版。

③ 曹家正、庄志民:《中学生礼仪美育》，上海教育出版社 1999 年版；贝新莅:《中小学礼仪美育教育理论与实践研究》，金城出版社 2004 年版。

④ 霍美辰:《媒介美育通论》，中国社会科学出版社 2018 年版。

美育的现实困境而对提高美育的地位予以倡导和呼吁，后来逐渐转入到学理性的分析与论证。对其他美育问题的探讨也同样体现了逐步深化的特点。在不断拓展研究范围和深化研究主题的过程中，当代中国的美育学术成果不断丰富，学术水准也逐步得到提升。

第二章　美育学科论

“美育学”[①]这一提法在我国虽然最早出现在王国维《论教育的宗旨》(1903年）一文中,[②]但现代美育理论自西方引进之始就一直被当作美学的附属成分而存在，并没有作为一门独立的学科而获得发展。[③]从总体上看，在当代中国美育学术研究中，关于美育学的学科研究还相对较为薄弱。“对美育学理论体系及其学科体制进行专门的研究，在国内学术界尚属寥寥之音。”[④]从现在掌握的资料来看，国内明确论述美育学学科问题的成果最早见于1985年,[⑤]最

① “美育学”又被称为“审美教育学”，本书一般采用“美育学”的表述，但在引用别人观点的时候则保持其原有的用法。

② 王国维在《论教育的宗旨》一文中指出:“希腊古代之以音乐为普通学之一科，及近世希痕林、敬尔列尔等之重美育学，实非偶然也。要之，美育者一面使人感情发达，以达完美之域；一面又为德育与智育之手段，此又教育者所不可不留意也。”(参见舒新城编:《中国近代教育史资料》下册，人民教育出版社1961年版，第1009页。)

③ 潘黎勇:《中国美育学建构的新起点——评〈走向现代形态美育学的建构〉》,《中国图书评论》2008年第12期，第117—118页。

④ 刘彦顺:《论美育学学科的三维构成及内在机制》,《美育学刊》2012年第1期，第6页。

⑤ 王岳川、王一川发表在《江西社会科学》1985年第5期的论文《论审美教育学——美育系统工程概观》阐述了审美教育学建立的必要性并对该学科的研究对象进行了界定。该文指出:“审美教育，以陶冶人的灵魂为特质，但它的本质、结构和功能，它的对象、方法和价值究竟如何，却也言人人殊。我们感到，有必要对审美教育这一领域进行具有有机整体意识的系统研究，并通过对审美教育与人类文明发展、人的全面发展联系起来进行‘总体’考察，建立一门新的边缘学科——审美教育学，使审美教育系统工程的研究，能够突破原有的范围，上升到马克思人的全面发展这一哲学高度。”(参见该文第102页）关于该学科的研究对象，该文提出:“审美教育学是研究人类教育活动中的美育问题的科学。……是从总体上研究审美教育活动的本质特征，探索人

早出现的美育学方面的教材是在 1987 年,[①] 而最早以《美育学》冠名的著作则是出版于 1990 年。[②]40 余年来，关于美育学学科的成果尽管不是很丰富，不过应当承认还是取得了一些进展。毫无疑问，系统地梳理这方面的成果有利于该学科未来的顺利发展。

第一节　关于美育学的形成背景

关于美育学形成的背景，学界主要从科学发展、社会进步、个体成长和教育实践等方面进行了探讨。

一、科学发展的必然

现代科学发展的一个重要趋势是学科之间相互渗透，其结果是交叉性边缘学科大量涌现。这种趋势在美学的发展中同样具有明显的体现。杨恩寰主编的《审美教育学》指出，美学也在不断分化和综合，各美学分支日益发展。诸如哲学美学、心理学美学、技术美学、社会美学、文艺美学、信息论美学、符号论美学，都是各学科相互渗透的结果。而教育学之向美学渗透则早已存在。教育学也正经历着美学那样的分化和综合历程。哲学、心理学、伦理学、社会学、人格学已与教育学处在不可分割的联系之中，美学也早已渗入教育学之中。因而出现许多分支学科，如教育哲学、教育心理学、教育经济学、教育管理学、教育技术学等等。美学与教育学的相互渗透，终于导致审美教育学的形成，这是科学发展

的审美教育发展规律的科学，是理论化、系统化的美育科学观。”（参见该文第 106 页）该文还初步探讨了审美教育学的体系结构。

① 杨恩寰主编：《审美教育学》，辽宁大学出版社 1987 年版。

② 蒋冰海：《美育学导论》，上海人民出版社 1990 年版。

的必然结果。①

还有学者主要从学科分化趋势的角度分析了美育学产生的必然性。如祁嘉华认为，在科学发展史上，始终存在着学科不断分化的趋势。当新学科发展到了旧学科母体容纳不下的时候，它就要从旧的母体中分离出来，形成自己的学科体系，由此推动科学的进步。他认为，这种情况反映了人类对客观世界认识的不断深化。美育学也是顺应学科发展的这种趋势而产生和发展起来的。②

二、社会进步的要求

社会的需要是科学发展的重要动力。学界认为，美育学的产生与发展也是社会进步的客观要求。杨恩寰主编的《审美教育学》指出，社会主义现代化建设要求现代教育培养全面发展的一代新人，而在培养全面发展的人的过程中，审美教育是必不可少的一环，占有特殊的地位，是其他教育所不能代替的。在这方面虽然积累了大量的经验，但需要从理论上给予总结和提高，以便形成一个具有一定科学性的理论体系。该书认为，社会主义现代化建设需要审美教育学，审美教育学的建立已势在必行。③

蒋冰海也指出，一门科学的形成与发展，最根本的还是时代的需要程度。就这方面来说，我国现在的美育形势比过去任何时候都好。人们越来越深切地认识到美育在建设社会主义物质文明和精神文明中的重要作用，迫切需要建构自己的美育学，以使美育得到更好的发展。④

---

① 杨恩寰主编：《审美教育学》，辽宁大学出版社 1987 年版，第 2—3 页。

② 祁嘉华：《审美教育学》，西北大学出版社 2000 年版，第 45 页。

③ 杨恩寰主编：《审美教育学》，辽宁大学出版社 1987 年版，第 2 页。

④ 蒋冰海：《美育学导论》（修订本），上海人民出版社 2001 年版，第 2 页。

三、个体发展的需要

美育对于个体的发展具有重要的促进作用，而美育学的建立则无疑可以使美育的作用能得到更好的发挥。蒋冰海指出，美育是人类实现自我发展的需要，是个体进行自身建设的一个重要方面。美育就是运用人类实践所创造的一切美，反过来对人自身进行审美教育，以全面提高人的精神面貌。因此，美育也就是人类美化自身的教育。人类也只有在改造客观世界的过程中，同时注意美化自身，不断提高自己的精神素质，才能更有成效地改造与美化客观世界。在他看来，美育主要包括审美情感、审美形态和审美观念三个方面的教育，其目的在于将人的审美情感与审美创造引向更高和更加自觉的水平。他认为，这也就是美育学所要探讨和解决的问题。①

四、教育实践的需求

美育学不是一门纯理论的学科，它与美育实践具有密切的关联。它的产生与发展除了促进美育理论的发展以外，也是为了更好地指导美育活动的开展和解决美育实践中的问题。杨恩寰主编的《审美教育学》指出，美学一方面受到外部学科的渗透，一方面受到生活实践的挑战，走向各个生活领域，从而形成各类应用美学，如戏剧美学、电影美学、书法美学等。教育领域也是美学应用与落实的一个重要领域，除了审美教育自身的规律之外，广泛的社会生活教育、艺术教育以及德育、智育、体育和劳动技术教育中的美学问题，都是美学应解决的课题。该书认为，由教育实践提出的种种美学问题，要求美学理论结合教育实践具体加以论列和解决。因此，审美教育学的建立已是当务之急，以便用以指导审美

---

① 蒋冰海：《美育学导论》（修订本），上海人民出版社 2001 年版，第 5—8 页。

教育实践。①

从以上所述可以看出，学界关于美育学形成的背景主要是从学科发展趋势和现实的需要两个维度予以论证，其中现实的需要又包括社会进步、个体发展和教育实践等方面。

第二节　关于美育学的性质与对象

美育学的性质指的是美育学这门学科的特性，而美育学的对象是指美育学研究的内容范围。任何一门学科都应明晰自身的性质和研究对象，美育学也不例外。正因为如此，所以有不少学者参与了这两个问题的探讨。

一、美育学的学科性质

美育学的学科性质是一个重要的美育基本理论问题。有人甚至指出，“学科性质问题是建立与发展美育学学科最关键的理论命题之一”②。这是该问题受到学界较多关注的重要原因。迄今人们关于美育学学科性质的认识主要集中在交叉性、实践性和人文性等三个方面。

（一）美育学的交叉性

美育学学科的“交叉性”，又称为“边缘性”，也有人称之为“综合性”，指的是美育学是两门或多门学科之间相互交叉而形成的学科。对于美育学是一门交叉学科，这在学界已经达成了共识，区别只在于它是一门怎样的交叉学科，也即它是由哪几门学科交叉而成的学科。有人认为它是由美学和教育学这两门学科交叉的产物，但更多的人则认为它是由多门学科交叉

① 杨恩寰主编：《审美教育学》，辽宁大学出版社 1987 年版，第 3—4 页。

② 刘彦顺：《中国美育学学科产生与发展的三个层面》，《文学前沿》2002 年第 2 期，第 116 页。

而成。

杨恩寰主编的《审美教育学》指出，审美教育学是美学和教育学相互渗透的产物，同时它又是美学理论在教育领域的应用和落实，因而应从两方面去考察和确定它的学科性质。就美学与教育学的相互渗透来说，审美教育学是社会科学之间的相互渗透而形成的一门交叉性学科。它涉及或包括审美中的教育学问题，又涉及或包括教育中的美学问题。美学和教育学都涉及审美教育问题，它们都讲审美教育，互相借重，互相渗透，看不出明显界限。这正从一个侧面反映出审美教育学的交叉性质以及走向独立发展的趋势。审美教育学的交叉性既包括审美中的教育学问题，又包括教育中的美学问题。可见，审美教育学是美学与教育学交叉、重合、渗透而形成的一门学科，它是属于社会科学领域的一个交叉性学科。①

谷辅林主编的《美育学》也认为，美育学既不同于一般的美学理论，也不同于一般的教育理论，而是两者相互渗透的产物，是介于两者之间的一门交叉性学科。美育学作为一门交叉性学科，它一方面要受制于美学基本理论，另一方面又受制于教育理论。从美学的角度来看，美学研究的鉴别美、欣赏美也构成了美育学的重要内容；从教育学的角度来看，教育学其中就包括审美教育，而这正是美育学研究的主要课题。同时，该书也指出，美育学不仅应该从原有的美学理论和教育学理论中汲取营养，而且还要吸收哲学、社会学、文化人类学、心理学、伦理学、体育学和艺术心理学等多学科的有机成分，在丰富、发展和超越已有理论的基础上，建构自己独特的思想视野和理论框架。②

还有不少学者在认同美育学的交叉性质的前提下，进一步明确指出美育学不仅是由美学和教育学这两个学科交叉而成，而是由多个学科交叉的

① 杨恩寰主编:《审美教育学》，辽宁大学出版社 1987 年版，第 4—5 页。

② 谷辅林主编:《美育学》，中国广播电视出版社 1991 年版，第 1—2 页。

结果。胡俊林将审美教育学的交叉性称为边缘性。他认为，审美教育学的边缘性是认识这门学科的根本特点和性质的必要前提。审美教育学受美学、教育学、生理学、心理学、伦理学、文艺学、社会学、历史学等众多学科的影响，与它们发生联系。这种联系不仅表现在各种学科为它提供理论依据或技术手段上，更表现在挖掘各科教学中的审美因素和培养各种人才的审美创造力方面；这种联系在知识来源上表现为跨学科性，在知识结构上表现为横向性，在知识性能上表现为应用性。在他看来，上述种种边缘性的特点，正是审美教育学的活力和优势之所在。①

尚德平将审美教育学的交叉性称为“综合性”。他指出，审美教育不仅仅限于某一具体的审美方面，而是普泛地存在于各个学科之中。如它涉及哲学美学、文艺美学、教育美学、生活美学、建筑美学和其他许多艺术门类美学的内容。所以，审美教育学一经建立，就可能在十分广泛的审美领域衍生出诸多审美教育的问题。因此，审美教育学是一门多学科内容交叉的教育学科。② 祁嘉华也指出，审美教育学并不是一门单纯的人文科学，而是一门综合性很强的边缘学科，需要借助各门类学科的研究成果。这些学科主要包括艺术学、心理学、教育心理学、行为学、生理学、社会学、组织环境学、伦理学、人际关系学等。③ 蒋冰海同样认为，美育学是一门交叉学科，它的发展必然受到有关学科发展水平的制约，特别是教育学、心理学、艺术社会学、伦理学对美育学有着重要的关系。美育学只有更好地吸收有关学科的成就，才能形成自己坚实的发展基础。④

从以上所述可以看出，学界对于美育学是由多门学科交叉而成，可以

① 胡俊林：《审美教育学学科性质刍议》，《内江师范学院学报》1987 年第 1 期，第 27—29 页。

② 尚德平：《审美教育学》，大连出版社 1997 年版，第 19—20 页。

③ 祁嘉华：《审美教育学》，西北大学出版社 2000 年版，第 47—48 页。

④ 蒋冰海：《美育学导论》（修订本），上海人民出版社 2001 年版，第 2 页。

说已达成了广泛的共识。但对于哪些学科在其中处于主体地位，则存在不同的意见。

有的学者强调教育学和美学这两门学科的重要地位。如杜卫主编的《美育学概论》既承认美育学的多学科交叉性质，又强调教育学和美学在多学科交叉中的主体地位。该书指出，美育学是一个多学科探讨的领域，涉及教育学、美学、伦理学、社会学等，由这些学科的一部分综合起来构成一个学科，这就是所谓的"边缘性"。这里的"边缘"是指跨越了多学科边界的意思。美育既涉及审美又涉及教育活动，它还同道德活动、心理活动和社会活动等有不可分割的联系，因此，对美育的研究必定涉及多种学科。当然，美育学并不是几门学科生硬的拼凑，而是以教育学和美学的有机融合为主体的多学科知识和方法的综合。①

有的学者在重视教育学和美学的同时，也将心理学置于同等的地位。如刘彦顺认为，美学、心理学和教育学这三门学科在交叉中处于主体地位。② 他指出，美育学是介于美学、教育学、心理学、社会学、思维科学、文化学以及脑科学之间的一门交叉学科。从学科定性来说，它因侧重的不同既可以成为教育学的一个分支学科，也可以成为美学的一个分支学科，而且主要是由这两个学科来构成的；在美学和教育学之间，由心理学学科作为自然的过渡与连接，作为以美为对象的教育学与以教育为目的的美学在心理学维度上是统一的。但同时它又是一门相对独立的学科，即这样一种交叉并不是机械的简单复合：美感与审美鉴赏能力的教育是与真、善的教育相并立的。他还对此作了进一步的阐述，认为美育学首先应该是美学的，或者更确切地说是关于美感的教育，否则就容易过多强调作为普泛意义的教育学。其次，美育学科又是教育学的，它服从教育学的一般规律，

① 杜卫主编：《美育学概论》，高等教育出版社 2001 年版，第 10—11 页。

② 刘彦顺：《中国美育学学科产生与发展的三个层面》，《文学前沿》2002 年第 2 期，第 116—119 页。

必须具有与自身相应的教育目标系统、内容系统、课程系统、教材系统、教法系统、管理系统、评价系统。其三，美育学与社会现实的文化精神密切相关，它从自觉诞生的那一刻起就具有极强的济世精神，与社会学、文化学息息相通；美育学要展开自己的学术视野，必须与社会学、文化学在学科意义上相沟通。其四，美育学在审美经验的心理学与脑科学背景上的进展，势必给美育学学科建设提供重要的科学资料，从而为学科奠定坚实的实证根基。刘彦顺在关于美育学是一门交叉学科的后续研究中，将交叉性学科集中在美学、心理学和教育学这三门学科上，并对此进行了较为系统的分析。他认为，美育学主要是由美学、心理学、教育学交叉而成的一门综合性学科，但是其“综合性”并不意味着研究对象的割裂，也不意味着三个学科的机械交叉与累加。高质量的审美生活的获得是美育学研究的重要对象，有必要探讨在美育学知识体系中保持这一对象的完整性与独特性，在此前提下进行美学、心理学与教育学三维的内在联结，从而使得美育学知识体系能够合乎逻辑地生成。① 第一，就美育学的美学维度来看，它为美育学提供基本的逻辑上的保障。第二，在教育学之维，审美教育作为一种教育活动，在现代教育日益成为国家政策、制度与意识形态体制之一的情势下，它必须具有可操作性的机制。第三，以上两者的连接，都需要最终在心理学上的落实。心理学在美育学学科中处于美学与教育学的交叉点上，它所要完成的是个体的审美发展。所以，合乎美育学学科体系建构的理想就体现在以下两个维度之中：其一在保全审美生活这一对象的前提下，探讨不同于科学教育与道德教育的审美教育理论体系。其二在美育对象与美育主体之间的交互的复杂联系中，对于审美个体的心理类型，在审美心理发展的角度予以展开——在对审美心理类型作实证的分析与总结，尤其是对于中国的各民族的审美心理类型作划时代的概括之后，最终

① 刘彦顺：《论美育学学科的三维构成及内在机制》，《美育学刊》2012 年第 1 期，第 5 页。

才能够实现审美教育的本土化，才会实现美育学在学科构成上的成熟。①

（二）美育学的人文性

美育学的人文性以往没有受到应有的重视，这种情况只是在21世纪初以来才得到改变。2000年，杨平在谈及当时美育学学科发展存在的问题时指出，20世纪80年代以来，美育以一种知识论形态的面目重新回到教育生活中，尽管人们呼唤在教育中张扬人性、人情、人道主义，但在美育中却难以寻找到它们的踪影。"虽然美育的理论阐释呈现丰富多彩的面貌，但美育（此处'美育'应为'美育学'——引者注）作为一门认识论学科却得到了强化"②。而作为知识性学科的美育学实际上抹杀了美育在情感、想象、创造等领域的独特作用，美育的知识性思维遮蔽了美育学作为人文学科的地位和价值。他认为，纠正这种美育偏向成为当下美育领域的严峻课题，"只有站在人文学科的立场上审视美育，我们才能真正进入美育的堂奥"③。他呼吁美育研究要走出知识论的误区，要在美育的人文学科的定位中，深入探讨美育所具有的人文价值和人文内涵，从情感的角度恢复美育的感性之维。

此后，学界陆续有人重申美育学的人文性。如杜卫主编的《美育学概论》认为，美育学是一门具有人文性的学科。该书指出，人文性是指美育学的价值追求，它始终围绕人这个中心，始终贯穿着对人的成长和培养的关切，体现出以人性完善为内在目的的精神态度。美育学所关心的焦点是使人通过一定的教养而成为相对完善的人，它以人性的理想为出发点和归宿，把美育活动看作一个引导和促进学生步入理想境界的过程。④

① 刘彦顺：《论美育学学科的三维构成及内在机制》，《美育学刊》2012年第1期，第8—10页。

② 杨平：《多维视野中的美育》，安徽教育出版社2000年版，第7页。

③ 杨平：《多维视野中的美育》，安徽教育出版社2000年版，第8页。

④ 杜卫主编：《美育学概论》，高等教育出版社2001年版，第9页。

（三）美育学的实践性

美育学学科的“实践性”，也有人称之为“应用性”，指美育学与美育实践具有密切的联系，是对美育实践具有指导意义的学科。

早在20世纪80年代，杨恩寰主编的《审美教育学》就明确指出，美育学这门学科具有应用性。该书认为，就美学理论在教育实践领域的应用和落实来说，审美教育学是一门应用学科，它要解决教育中的美学问题。广义地说，生活领域中的美学问题，也是教育中的美学问题；狭义地说，学校教育中的美学问题，更是教育中的美学问题，所有这些都是美学结合实际所要研究和解决的。美学提供美和审美的理论知识，落实于教育，从而形成应用于教育实践的审美教育学。审美教育学是美学、教育学与审美教育实践的中介，它是审美教育实践的经验总结，又是美学理论在教育领域的应用和落实。就后一种意义来说，审美教育学则是一门应用学科。关于美育学的应用性，该书最后总结道：审美教育学作为美学与教育学相互渗透的结果，作为美学与教育学在审美教育实践中的落实，乃是一门交叉性的应用学科。①

胡俊林也认为审美教育学具有实践性，并指出审美教育学的实践性是建立和发展审美教育学的缘起和动力。他从美和美育的产生与发展的历程对此进行了具体的阐述，并明确指出审美教育学来源于美育实践的需要，也必将有力地指导美育实践活动。② 谷辅林主编的《美育学》指出，美育学是一门应用科学，它必须同具体的美育实践相结合，指导美育实践并接受美育实践的检验。③ 杜卫主编的《美育学概论》同样主张美育学具有应用性的特点。该书指出，美育学的应用性是指它对美育的实际操作提供原

---

① 杨恩寰主编：《审美教育学》，辽宁大学出版社1987年版，第5—6页。

② 胡俊林：《审美教育学学科性质刍议》，《内江师范学院学报》1987年第1期，第29—32页。

③ 谷辅林主编：《美育学》，中国广播电视出版社1991年版，第2页。

则性的指导。美育学不仅要回答美育是什么、为什么等理论问题，而且要给出如何实施美育、从哪些方面入手完成美育任务的操作性原则。这些应用原则一方面受美育的性质、功能、任务的规定和制约，另一方面它又是对美育实践经验的规律性总结和理论性升华，能够为美育的实施提供一定的指导。①

以上所述说明，学界对于美育学的实践性已达成共识。那么，美育学为什么具有实践性？尚德平认为，美育学的实践性特征是由审美教育的实践特点所决定的。审美教育的这一特征是由于人们感受和领悟美的内涵的时候，大多不是从理性的角度出发，而是从美的实践出发的。美育学也追求这种实践重于理论的特征，美育学理论本身也是美育实践的理论性概括。②

二、美育学的研究对象

任何一门学科的独立存在，首先取决于它具有特定的研究对象。美育学也不例外。正如有的学者所指出的，“美育学与其他学科一样，只有找到专属于己的研究对象，才有可能找到与之对应的研究方法，才能获得合乎逻辑的知识生产的基本条件；尤其是对象的确立，在保全对象原初特性的前提下，才有可能觅得其特有的方法”③。那么，美育学的研究对象是什么？学界对此持续开展了探讨，发表了不少看法，是研究较为深入的一个美育学学科问题。这里拟按照各种有代表性的观点提出的时间顺序予以展示并进行简要的评析。

早在 1985 年，王岳川等就对审美教育学的研究对象提出过明确的观点。他们认为，审美教育学是研究人类教育活动中的美育问题的科学，主

① 杜卫主编：《美育学概论》，高等教育出版社 2001 年版，第 10 页。

② 尚德平：《审美教育学》，大连出版社 1997 年版，第 21 页。

③ 刘彦顺：《论美育学学科的三维构成及内在机制》，《美育学刊》2012 年第 1 期，第 6 页。

要包括对人高度发展的美感和审美趣味形成的普遍原则及其人的全面发展等根本问题。审美教育学是从总体上研究审美教育活动的本质特征，探索人的审美教育发展规律的科学，是理论化、系统化的美育科学观。① 这是迄今发现的改革开放后对美育学研究对象的最早界定。作为早期关于美育学研究对象的认识，应该说这是难能可贵的。这个界定基本上揭示了美育学区别于其他学科的独特的研究对象，对后来人们理解和阐释美育学的研究对象具有重要的参考和启示意义。

1987 年，胡俊林提出，审美教育学是从审美角度研究教育的专门之学，或者说是专门研究审美教育的学问。他还进一步解释说，审美教育学是研究教育领域中美的表现和探讨如何进行美的教育的学科，前者是出发点，后者是落脚点。因为教育领域中的美的表现及其规律得到较充分的揭示，受教育者的审美观和审美力才能更扎实地养成，全面发展的目标的实现也才有可靠的保证。不过他认为，这仅仅是对审美教育学的通俗解释，还不能说是定义。那么，应该如何定义审美教育学呢？他指出，审美教育学是以教育实践活动中的审美现象为对象而研究其中美的规律的表现和应用，以指导我们更好地树立教育理想，掌握教育艺术，培养人的审美力和创造力，促进其全面发展的科学。② 这个定义可以说是部分地揭示了美育学的研究对象，不过它同时也存在夸大美育学研究范围的问题，混淆了审美教育学与教育美学的关系。事实上，审美教育学并不是以所有的教育实践活动中的审美现象为对象，而只是以教育中的美育实践活动为研究对象。

同年，杨恩寰主编的《审美教育学》指出，审美教育学研究的对象就是各种审美活动的教育结构、功能和规律。它的目的在于揭示和运用审美

---

① 王岳川、王一川：《论审美教育学——美育系统工程概观》，《江西社会科学》1985 年第 5 期，第 106 页。

② 胡俊林：《审美教育学学科性质刍议》，《内江师范学院学报》1987 年第 1 期，第 27 页。

教育功能和规律，去自觉塑造、建构个体的审美心理结构，使人性结构达到完善，以便与外在物质文明相对应，同步发展。就此可以说，审美教育学就是探讨审美教育结构、功能和规律的科学，就是研究如何自觉培养、塑造个体审美心理结构的科学。[①] 该书还进一步阐述了审美教育学的研究范围，认为审美教育学是审美教育的理论体系、知识结构，也是审美教育的技术和方法。因此，围绕它的研究对象所涉及的范围，可以分为理论和应用两大部分，前者可称为审美教育理论，后者可称为审美教育实施。审美教育理论主要研究审美教育基本理论问题，包括审美教育学的对象、任务、方法，审美教育学的学科性质以及与相关学科的关系，审美教育理论的历史演变，审美教育的实质、结构、过程、功能、原则，审美教育在全面发展教育中的地位及与智育、德育、体育、艺术教育的关系，审美教育的年龄特征；还包括审美教育与审美意识、审美实践的关系，以及审美教育的自觉形态，即审美修养。其中有些问题也不只是理论研究，而是具有很强的应用性，如审美教育与审美意识、审美实践、审美修养，就不是纯理论的问题，而是包括技术和方法问题，可以视为理论与应用的结合。关于审美教育的实施主要研究审美教育的实践、应用，探索各种领域审美教育活动的规律，提出相应的技术和方法。审美教育实施就是依赖审美教育理论，采取相应的技术手段和方法，指导审美教育活动，充分发挥审美教育功能，使审美教育的实施者同审美教育媒介、审美教育的接受者构成一个对应协调的系统结构，以达到最好的审美教育效应。同时，系统总结审美教育实施的经验，上升为理论，以补充、丰富或修正、改革审美教育理论。审美教育理论和审美教育实施是审美教育学不可分割的两个部分，虽然各有侧重，但是总的说都是应用性的，可以说一个是应用理论，一个是应用技术，二者是不可分的。同时，审美教育学的这两个部分不是截然分

---

① 杨恩寰主编：《审美教育学》，辽宁大学出版社 1987 年版，第 8 页。

开的，其中还包括一定的过渡部分。该书关于美育学研究对象的阐释，是当代学界早期对于美育学研究对象的相对较为全面而具体的理解。后来人们关于美育学研究对象的认识大多受到该书的影响，甚至基本上沿用了该书的观点。

1991 年，谷辅林主编的《美育学》对美育学研究对象的界定是：美育学是在美育实践的基础上，运用美学和教育学的基本理论，研究美育的本质、特点及其规律的一门学科。① 这个定义值得肯定的地方是简明扼要，也基本上揭示了该学科研究对象的特点。其不足之处是在给美育学的研究对象进行定义后，没有对其中涉及的核心概念作进一步的解释。

1992 年，王秀芳等主编的《美育学教程》将美育学的研究对象界定为社会的审美教育现象，但又认为还要对此作进一步的分析。② 因为以审美教育现象作为研究对象的并非只有美育学。从不同角度和不同的侧重面来研究审美教育现象形成了审美教育科学的不同门类和分支。如，从历史的角度来探索美育及其思想发展的状况和规律，形成审美教育史的分支学科；从审美教育的应用角度，即从审美教育实施的媒介或途径的角度研究某一方面的美育现象和规律，形成诸如艺术教育学、生活美育学、劳动美育学、学校美育学、社会美育学和家庭美育学等各个分支学科。而美育学研究的角度和侧重面与上述各分支学科不同，它是从整体的角度而不是局部的方面来研究美育现象，此其一。其二，它研究的是审美教育现象中带有共同性和普遍性的理论与实践的问题，如美育的性质、目的、任务，美育在教育中的作用以及美育实施中的基本规律等问题。因此，可以将美育学界定为：一门研究人类社会审美教育现象及其普遍规律的社会科学。③

① 谷辅林主编：《美育学》，中国广播电视出版社 1991 年版，第 1 页。

② 王秀芳、张永昌主编：《美育学教程》，北京广播学院出版社 1992 年版，第 23—24 页。

③ 李范主编的《美育基础》对美育学研究对象的认识与此基本相同，认为美育学是研究人类社会的审美教育现象及其普遍规律的科学。该书还进一步解释了审美教育现象和

如果说一切以审美教育现象为对象的学科可统称为审美教育科学的话，那么，美育学则是审美教育科学体系的一个重要组成部分，它与其他美育分支学科有区别也有密切的联系。一方面，美育学的研究要依赖和吸取美育史及其他各美育分支学科研究的成果与资料；另一方面，美育学的研究成果又为其他分支学科的研究提供理论上的指导。从以上所述可以看出，该书不仅对美育学的研究对象进行了一般的界定，同时还对美育学与其他美育分支学科的关系进行了具体的辨析。这无疑有助于我们深化对美育学研究对象的认识和理解。

1997 年，杜卫主编的《美育学概论》对美育学研究对象的界定是：美育学是研究和论述美育的性质、功能、任务和途径以及学生的审美发展和教师的审美修养的学科。① 有些学者对该定义给予了充分的肯定，认为它“突出了美育学的教育学性质，将美育学的研究对象不仅定位于美育活动本身，而且明确指向参与该活动的学生和教师，并从始至终紧扣这一学科定义对美育学的理论系统进行阐述，构思严谨”②。该教材后来的修订版基本上沿用了这个说法，只是在个别地方作了一点补充。2001 年版《美育学概论》对美育学研究对象的界定是：美育学是研究和论述美育的性质、功能、任务、方法和途径以及学生的审美发展和教师的审美修养的学科。③ 这个界定只是在美育的“途径”前面加上了美育的“方法”。如果我们仔细分析这个定义，就可以发现它其实是存在问题的。作为一个概念

审美教育规律的内涵。该书指出，审美教育现象是指人类各种审美教育活动的外在表现形式，这种外在表现形式是可以被人感知和认识的客观存在，其中包括各种形式、各种类型的审美教育活动、审美教育问题、审美教育理论研究等等。审美教育的规律是指审美教育现象之间本质的、必然的关系。（参见该书第 3—4 页，该书于 1999 年由中国人民大学出版社出版）

① 杜卫主编：《美育学概论》，高等教育出版社 1997 年版，第 19 页。

② 赵伶俐：《21 世纪中国美育学教材建设的新起点——读教育部“九五”立项重点教材〈美育学概论〉》，《中国大学教学》1999 年第 5 期，第 44—45 页。

③ 杜卫主编：《美育学概论》，高等教育出版社 2001 年版，第 19 页。

的界定，应当尽量简明扼要，去除任何多余的文字或词句。同时要避免使用列举该概念所涉及的具体内容的表达方式，而采用抽象和概括的形式。因为列举总是免不了有遗漏，且显得啰唆冗长。因此，该书关于美育学研究对象的界定，一是可以删去其中的“论述”的表述，只用“研究”即可；二是不必列举研究的具体内容。至于美育学研究的具体内容则可以在对定义作进一步的解释时再予以说明。

1998 年，顾明远主编的《教育大辞典》收录了审美教育学的词条。① 该辞典对审美教育学对象的界定是：研究审美教育规律的科学。它以各种审美活动的教育结构、功能及规律为研究对象。该词条还对审美教育学的研究内容作了进一步的解释，认为审美教育学的研究内容包括以下三个方面：一是审美教育理论。如审美教育研究的对象、性质、任务、方法等；审美教育学与相关学科，如伦理学、心理学、教育实验科学、艺术等的关系；审美教育在全面发展教育中的地位及作用；审美教育的年龄特征；审美教育与审美意识、审美实践的关系等。二是审美教育实施。探索审美教育的实践、应用及各种领域审美教育活动（如生产美学、商品美学、生活美学、科学美学、艺术美学等）的规律，并提供相应的技术和方法。根据审美教育功能，使审美教育的施教者、审美媒介及受教育者构成一个协调的系统结构，以达到最佳的审美教育效应。在实践的基础上总结经验，不断充实和完善审美教育理论。三是审美教育的历史发展。包括中外审美教育学说的历史演变及其发展。从总体上看，这个定义是迄今为止对美育学研究对象较为科学的界定，它基本上符合上文提到的给概念下定义的要求。而且它将这门学科研究的内容归纳为审美教育理论、审美教育实施和审美教育的历史三个大的方面，也是比较合理的。当然，这个定义关于该

---

① 顾明远主编：《教育大辞典》（增订合编本 · 下），上海教育出版社 1998 年版，第 1376 页。

学科研究的具体内容的表述，也还有值得讨论和改进之处。比如，在审美教育学研究内容的第一个方面“审美教育理论”部分的开始处将“审美教育学”误用为“审美教育”，正确的表述应该是“审美教育学研究的对象、性质、任务、方法等”。同时，这个部分所列举的与审美教育学相关的学科也不合理，将教育学和美学这两门最重要的相关学科遗漏了。另外，在阐述“审美教育实施”时列举的所谓各种领域的审美教育活动，其实它们并非美育活动，而只是美学的部分分支学科。

2001 年，蒋冰海的《美育学导论》（修订本）提出，美育学是研究人类审美活动与审美创造的发展规律及其特点的一门科学。[①] 这个界定的问题更大，其中只字不提美育或审美教育，因此它不是关于美育学研究对象的定义。从其内容来看，这实际上是对美学或审美学的内涵的界定。

以上是改革开放以来我国学界对于美育学研究对象较有代表性的观点。从这些界定来看，虽然在表述上存在各种差异，但实质上却大多是一致的，基本上反映了美育学研究对象的内涵。当然，它们也存在各自的问题，有的问题还较为严重，需要作进一步的思考和完善。

三、美育学的内容体系

美育学的内容体系是对美育学研究对象的具体展开。有学者指出，“美育学在我国是一门新兴的边缘学科，它的理论框架和范畴体系正处在创建和完善阶段”[②]。事实的确如此，美育学的内容体系远没有达到成熟和完善的程度。这里拟就该学科内容体系的现状与发展进行简要的评介。

（一）当前美育学的内容体系概览

自 20 世纪 80 年代以来，我国出版了大量美育方面的著作和教材。限

① 蒋冰海：《美育学导论》（修订本），上海人民出版社 2001 年版，第 5 页。

② 杜卫主编：《美育学概论》，高等教育出版社 2001 年版，第 1 页。

于篇幅，这里重点提及以“美育学”或“美育原理”命名的几种有代表性的著作和教材。对这些美育学著作和教材内容体系的评介主要按其出版的时间先后顺序予以展开。

杨恩寰主编的《审美教育学》① 共设有 15 章，分别是绪论，审美教育思想的历史演变，审美教育的实质、结构和功能，审美教育的目的、特点和原则，不同年龄阶段的审美教育，审美教育与道德教育，审美教育与智力教育，审美教育与体质教育，审美教育与艺术教育，生活环境的审美教育，生活活动的审美教育，教学活动的审美教育，审美教育与审美意识，审美教育与审美实施，审美修养。这是我国改革开放后最早以“审美教育学”命名的教材，也是早期最有代表性的美育学著作，其最大特点和优点是内容全面，对美育理论与实践问题阐述相当详尽。不过从另一个方面看这也是该书的问题所在，也即它的内容过于庞杂，有的内容并不属于美育学的范畴；思路不是很清晰，逻辑关系也不够严密，美育理论和美育实践的内容没有相对分开。正如有的学者所指出的，该书作为一本美育教科书，它重在进行审美教育理论与实践的介绍，而不是建构美育理论，因此普及美育理论知识的动机有余，而建构美育理论的力度不足。②

仇春霖主编的《美育原理》③ 提出，美育学的内容体系应包括以下几个组成部分：美育史、美育的性质、美育的特点和规律、美育的功能和任务、美育的途径和方法。按照这一思路，该书的内容安排除导论以外，共包括 10 章，分别是美育思想的产生和发展、美育的性质、美育的特点、美育的基本原则、美育的功能、美育的任务、美育的实施、家庭美育、学校美育和社会美育。该书的内容结构总体上较为合理，思路也较清晰，但在内容编排上也存在逻辑关系不够严密的问题。如将美育的原则这个美育

① 杨恩寰主编：《审美教育学》，辽宁大学出版社 1987 年版。

② 杨平：《多维视野中的美育》，安徽教育出版社 2000 年版，第 294 页。

③ 仇春霖主编：《美育原理》，中国青年出版社 1988 年版。

实践问题插在美育的特点和美育的功能这两个美育理论问题之间；又将这个美育实践问题与美育的实施及家庭美育、学校美育、社会美育并列，实际上美育的实施包括美育的原则，而家庭美育、学校美育和社会美育不过是美育实践或实施的具体途径，也即它们不是并列关系，而是包含与被包含的关系，也即美育实践或实施包括美育的原则与途径。

谷辅林主编的《美育学》① 将美育学的内容分为美育基本理论和美育的实施途径两部分。全书包括 7 章，分别是绪论、美是什么、美育基础理论、人格修养、生活的艺术、学校内外的美育、艺术美的欣赏。该书存在的问题更为严重：一是大部分内容不属于美育的范畴，而只是一般的美学内容；二是逻辑关系混乱，没有明确的思路，各章内容之间没有内在的关联。

王秀芳等主编的《美育学教程》② 也是将美育学的内容体系分为审美教育的基本理论和审美教育的实施两个部分。全书除绪论外，包括审美教育的基本理论、审美教育的媒介和审美教育的途径三编，共 15 章。第一编审美教育的基本理论包括审美教育的性质和特征、美育的根本目的、审美教育的任务、审美教育的功能与实施原则、美育在教育方针中的地位和作用、师范教育必须重视和加强美育；第二编和第三编属于审美教育的实施，具体包括自然美及其美育功能、社会美及其美育功能、艺术美及其美育功能、科学美及其美育功能、家庭美育、学校美育、社会美育。将美育学的内容分为审美教育的基本理论和审美教育的实施当然也具有合理性，但在具体编排上分为审美教育的基本理论、审美教育的媒介和审美教育的途径三编却有问题。因为审美教育的媒介和审美教育的途径都属于审美教育实施的范畴，它们三者并不是并列关系。从具体的章节安排来看，也存

① 谷辅林主编：《美育学》，中国广播电视出版社 1991 年版。

② 王秀芳、张永昌主编：《美育学教程》，北京广播学院出版社 1992 年版。

在不少问题。如在第一编中将本来应该放在前面的美育的地位和作用这个内容放在该编的后面，还莫名其妙地安排了师范教育必须重视和加强美育这个内容；又将审美教育的实施原则这个明显属于审美教育实践或实施范畴的内容放在审美教育的基本理论中。审美教育的实施部分在阐述各种美育媒介（自然美、社会美、艺术美、科学美）时又阐述它们的美育功能，各种美育媒介的美育功能属于美育理论的范畴，而不应放在美育实施之中。

向东方的《学校美育学》① 以学校美育为重点建构了美育学的内容体系。全书包括绪论和上篇、中篇、下篇、末篇，共 17 章。其中上篇为学校美育的理性形态，包括美、审美鉴赏标准、审美心态、美育的性质、美育的特点和规律、美育的功能、学校美育的任务等；中篇为学校美育的显性形态，包括学校物态、文化环境的建设与利用，学校人际环境的审美要求，课外艺术欣赏活动等；下篇为学校美育的隐性形态，包括教学过程的审美感、文科教学中的美育、理科教学中的美育、体音美教学中的美育、各种教育活动中的美育等；末篇为学校美育的管理，包括学校美育管理的意义、原理，学校美育管理的内容与方法。该书值得肯定之处是有专篇论及学校美育的管理，这是其他美育学著作和教材中均未涉及的内容。但是它存在的问题也不少。首先它将学校美育分为理性、显性与隐性三种形态缺少根据，同时将理性与显性、隐性并列也不符合逻辑要求。没有学校美育的理性形态这种说法，按规范的表述应该是学校美育的理论。退一步说，即使学校美育真有所谓的理性形态，那么按道理也应该有感性形态，但却没有看到这个内容。再说在学校美育的理性形态中所列的美、审美鉴赏标准、审美心态等并不属于美育（含学校美育）的范畴，而是一般的美学内容。学校人际环境的审美要求很明显属于学校美育的隐性形态，但却

① 向东方：《学校美育学》，西南师范大学出版社 1993 年版。

将它归于学校美育的显性形态中。教学过程的审美感是教学艺术的体现，也不属于学校美育的范畴。将学校美育的隐性形态分为文科教学中的美育、理科教学中的美育和体音美教学中的美育也不科学，因为它们并不是并列关系，体育教学包含在理科教学中，而音乐和美术教学则属于文科教学的范畴。

祁嘉华的《审美教育学》① 共有 9 章，分别是审美教育的学科性质、审美教育的基本特征、审美教育的历史沿革、审美教育的具体内容、审美教育在家庭中的实现、审美教育在教学实践中的实现、审美教育中的情与理、实施审美教育的基本途径、审美教育风格的形成。该书主要存在以下问题：首先，审美教育的学科性质这个说法是错误的，审美教育是一种教育活动而不是一门学科，因而也就不存在什么学科性质的问题。这里所谓的审美教育明显是审美教育学之误，应该改为审美教育学的学科性质。其次，审美教育在家庭中的实现和审美教育在教学实践中的实现这两个内容均属于审美教育的途径，应当归于实施审美教育的基本途径中。再次，从逻辑关系来看，审美教育的历史沿革这一章应该置于审美教育的基本特征之前。

蒋冰海的《美育学导论》（修订本）② 包括绪论、上篇、中篇和下篇，共 15 章。其中绪论主要阐述美育的学科问题、美育的作用、美育研究的方法等。上篇包括 5 章，分别是美育的对象、美育的性质、美育的任务、美育的特点、美育的历史发展；中篇包括 5 章，分别是美育与德育、美育与智育、美育与体育、美育与劳育、美育与性育；下篇也是 5 章，分别是家庭美育、学校美育、社会美育、艺术美育和自然美育。杨平在评价该书时指出，作者是把美育作为一门学问来研究，在该书中显示了他在新的历

① 祁嘉华：《审美教育学》，西北大学出版社 2000 年版。

② 蒋冰海：《美育学导论》（修订本），上海人民出版社 2001 年版。

史条件下建构美育理论的学术思路。他对美育学的建构是与现实贯通的，他对美育的探讨在某种意义上也是对现实问题的回应与反省，这就使得他的美育学与实践之间保持了一种张力。他把美育理论与时代的精神状况结合起来研究，体现了美育学的时代性和现实性。这种美育学的建构方向是值得肯定的。①该书在构建美育学内容体系上的确做出了有益的尝试，其总体上的合理性应当予以肯定。但其中也存在一些需要改进的问题，如本应置于上篇中的美育的作用放在了绪论中；中篇里的美育与性育这个内容与其他几章内容似乎不是并列关系；下篇中将美育的内容与美育的途径这两个不同的内容平列在一起，应当予以区分。

杜卫主编的《美育学概论》（第二版）②由绪论和12章构成，分别为美育的性质、美育的功能、美育的任务、美育的操作原则、不同审美形态的美育、艺术美育、景观美育、人文学科的美育、自然学科的美育、校园文化的美育、青少年的审美发展和教师的审美修养。绪论主要阐述美育学这门学科的基本问题，如美育学的历史与现状，美育学的对象、范围和特点，美育学的学科依据。作者还对该书的内容结构进行了解释，指出该书大致可以分为三个部分：第一部分由第一、二、三、四章构成，主要论述美育的基本理论问题；第二部分由第五、六、七、八、九、十章构成，主要根据美育所采用的不同审美材料，论述美育的各种途径；第三部分由第十一、十二章构成，主要论述美育活动的两个方面——学生与教师。③该书值得肯定之处是，作者对于美育学的内容体系结构有明确的意识，并试图建构合理的美育学的内容体系。当然，这部教材在内容结构上也存在需要改进的地方。一是美育的操作原则不应置于美育的基本理论部分，它属于美育的实践范畴，应置于第二部分中；二是第二部分的内容并不都属于

---

① 杨平：《多维视野中的美育》，安徽教育出版社2000年版，第294—295页。

② 杜卫主编：《美育学概论》，高等教育出版社2001年版。

③ 杜卫主编：《美育学概论》，高等教育出版社2001年版，第8—9页。

美育途径的范畴，有的是美育的内容，有的属于美育的形态；三是美育活动的两个方面——学生与教师，这个内容可以置于第一部分中，因为它属于美育的基本理论的范畴，可以统称为“美育的主体”。

从以上所述可以看出，我国美育学著作和教材的内容体系存在较大的差异。从章节数量看，绝大多数著作和教材在十章以上，最多的有十七章，少的只有七章；从内容范围看，绝大多数著作和教材都是围绕美育来展开，但也有少数教材除美育以外还论及美和审美问题；从内容构成来看，所有的著作和教材都涉及美育理论与美育实践两大部分，也有少数教材除此以外还阐述了美育或美育思想的发展历史。再具体从美育理论部分来看，大多数美育学著作和教材论及美育学的学科问题、美育的性质、美育的特点与规律、美育的地位、美育的功能或作用、美育的任务、美育与其他几种教育的关系；从美育实践部分来看，一般包括美育的内容、美育的原则和美育的途径，有的还论及美育的管理等。从美育学著作和教材的质量来看，可以说是参差不齐，有的质量较高，有的水平偏低。当然，即使是质量较高的美育学著作和教材，也还存在各自的问题，都有待进一步完善。

（二）现代美育学理论体系的构建

最早提出建构美育学理论体系设想的是王岳川等人。1985 年，他们提出，审美教育学的内容由三个部分组成，即审美教育理论、审美教育实践和审美教育史。（1）审美教育理论。它主要研究作为全面发展的人的重要组成部分的审美教育的规律问题。这部分可以分为两个方面：一是基础理论的审美教育学，它是研究审美教育学与哲学、心理学、社会学、生理学、人类学关系的科学，包括审美教育哲学（研究审美教育的本质、对象、任务、功能和审美观念等）；审美教育心理学（主要有审美感知、体验、审美情感逻辑、审美想象力和创造力的研究和审美能力及其审美心理结构序列的研究）；审美教育社会学（包括社会审美场、社会审美流、艺术社会学、家庭美育社会学的研究）；审美教育生理学（即人的审美器官的生成研究、人的大脑两半球与形象思维研究、人的审美情感的个性特征研究)。二是审美教育方法论，主要研究对象和范围是：审美教育学在整个科学体系中的地位；审美教育与控制论、系统论、信息论；审美教育中的比较研究方法、审美教育的宏观与微观统一的方法等。(2) 审美教育实践。这部分也分为两个方面：一是艺术审美教育，几乎包括所有艺术领域的审美教育活动，如文学审美教育，音乐、绘画、电影、戏剧、舞蹈审美教育，以及书法、摄影、建筑、园林审美教育等，主要把探讨艺术审美教育的独特规律和自身特征作为出发点。二是研究现实生活的审美教育，主要是指自然美、社会美以及科学美、劳动美方面的审美教育，包括自然审美教育、社会审美教育、科学美学教育、劳动审美教育、环境审美教育以及美育与真善的关系等。(3) 审美教育史。这一部分同样分为两个方面：一是普通审美教育史，包括中国古代美育史、中国近代美育史、中国现代美育史、外国美育史、审美教育未来学、审美教育与信息时代。普通审美教育史主要对美育这一现象进行纵向的、历史的考察，探索其发生、发展和演进的过程，从而揭示出内在的规律性。二是发展审美教育史，包括胎儿、婴幼儿审美教育，儿童、青少年审美教育，成人、老年人审美教育，以及家庭审美教育、中小学审美教育、大学审美教育、终身审美教育，特殊儿童审美教育。发展审美教育史主要从横向考察中寻绎出在个体成长发展中美育的功能效用以及在不同年龄阶段施行美育的特殊性。① 以上关于审美教育学体系结构的设想，将审美教育学的知识结构分为审美教育的理论、实践与历史三个部分，这当然是合理的。但在论及每个部分的具体内容时就有问题了，主要的问题在于内容过于庞杂，面面俱到，包罗万

① 王岳川、王一川：《论审美教育学——美育系统工程概观》，《江西社会科学》1985 年第 5 期，第 106—107 页。

象，一门学科怎么能容纳这么多东西？作为一门基础性学科的美育学，固然要涉及美育的理论、实践与历史等问题，但却只能是其中的主要的和基本的内容。其他更为具体、细致的内容则要留给美育学的各个分支学科来阐释。

李田对于以往的美育理论提出了批评，并在此基础上阐述了现代美育理论体系的建构问题。① 他提出，长期以来对于美育的提法有两种偏颇：一是单纯地把美育囿于教育自身来理解，消溶掉来自美学方面的特性，成为纯教育的美育。致使美育混淆于其他诸育，在教育学体系中只占一个微弱的从属部分，没有相对独立的专章地位上的特定阐释。二是单纯把美育放在美学中来理解，当作美学理论体系的组成部分来论述。这种美育乃是美学家讲的美育而不是教育家讲的美育，这种美育是一种高高在上的美育。一方面它缺少来自教育实践经验的感性基础，难以满足美育实施对应用理论的需要，因而它是远离教育、与实施无关的美育；另一方面也说明，我国美学研究对国民审美素质的基础建设工程缺乏足够的关注，不能把美学研究与人的培育结合起来，使美学脱离教育，这种美育也就不能成为美学与教育结合的美育。他承认，纯教育学的美育和纯美学的美育都有自己体系结构本身的合理性，也有作为美育基础理论的存在价值。但问题在于建构独立的现代美育科学理论体系，却必须克服上述两种倾向，它不能是纯教育学的美育理论，也不能是纯美学的美育理论。因为这两种倾向都远离美育自身，都难以体现美育的特定本质。那么，美育的特定本质是什么呢？李田认为，美育的特定本质就在于美学与教育的融为一体。不立足于美学与教育高度统一的基点，就难以形成体现美育本质的、作为美育科学特定范畴和命题的美育提法。有鉴于此，他提出，作为现代的独立形

① 李田：《美育，是“美学方面的教育”——关于美育提法的再认识》，《教育研究》1990年第11期，第3—4页。

态的美育科学，应在美学和教育学两重基础上构筑自身，改变美育理论作为单纯美学的或单纯教育学的附庸形态，对美学和教育学构成一体化包容关系，在关于人的审美素质的基础建设工程上实现三元统一，即建立“美育、美学与教育三元一体”的现代美育科学理论体系。

对于李田的上述观点，陆建农提出了不同的意见。他认为，实际上并不存在“纯教育学的美育”与“纯美学的美育”的问题。美育既然成为教育学和美学共同研究的对象，当然要从各自学科本身的特点来研究问题，这必然使得教育学所研究的美育与美学所研究的美育都带有各自的个性特点。教育学所研究的美育，其重点是学校美育，研究学校美育作为教育组成部分的理论依据，研究学校美育与德育、智育、体育之间的区别与联系、地位与作用，研究学校美育的特点、任务以及实施的途径与方法等。教育学所论及的学校美育，其根本宗旨是为了造就德智体美全面和谐发展的一代新人。陆建农认为，我们不能只看到教育学所研究的美育与美学所研究的美育的个性，而看不到它们之间实际存在的共性，更不能把两者对立起来，称这一方为“纯教育学的美育”，而称另一方为“美学的美育”。其实，教育学要研究美育，是离不开美学，也不可能离开美学的；美学要研究美育，同样离不开教育学，也不可能离开教育学。教育学与美学的研究成果都将是建立现代美育科学必不可少的基础。此外，陆建农也不同意关于“美育、美学与教育三元一体”的现代美育科学理论体系的提法，认为要想构建现代美育理论体系，仅仅以美学与教育学的理论研究成果为基础是远远不够的，应当综合吸收教育学、美学、心理学、社会学、伦理学、艺术学等众多学科理论研究的成果。①

杜卫在阐述美育本体论的研究对于发展美育学的重要价值的基础上，

---

① 陆建农：《对〈美育，是“美学方面的教育”〉的几点质疑》，《教育研究》1992 年第 9 期，第 61—62 页。

也就现代美育学理论体系的建构提出了具体的建议。他指出，美育本体论研究旨在探求美育对人类自身生存发展的内在价值，这种探求对于美育学研究具有关键意义。美育与人类自身的生存发展有着直接的内在联系，其根本意义不在于授人以寻求外在价值的手段或本领，而是直接满足人的某种生存需求，并促进人的某种内在素质和力量的提升。所以，唯有在本体论的基础上，我们才能把握美育的最基本性质和功能，从而找到美育的基本规律和方法。杜卫指出，我国当代美育研究虽有一定进展但难以深入下去，而且也不能对美育实践提供科学有效的指导。究其原因，他认为，首先在于缺乏深切的人文关怀，忽略了美育促进人的生存完满的基本价值。于是，无从确立美育的自身价值和目的，只能把它归之于某种教育类型的手段或补充，对美育自身规律和方法的全面深入研究和建立系统的美育学也就无从谈起了。再则，由于丢失了美育的本体论意义，所以也极大地忽略了个体审美需要、审美能力和审美意识及其个性类型与发展阶段，这造成美育研究对现代心理学成果与方法的漠视。但是，没有美育心理学的研究，就无从依照人的内在要求与发展可能来建立尊重人、爱护人的美育学；同时，由于对人的审美心理结构及其发展规律缺乏研究，也不可能建立科学的、对实践有指导意义的美育学。因此，美育研究的发展与突破，首先就要确立美育的本体论意义。那么，什么是美育的本体论意义呢？杜卫认为，美育的本体论意义在于：通过解放与提高审美表现、创造与悟理的能力，使人能直接深刻地感受到自我的生存状态，从而使人的情感生活需要得到实现与提升。① 以上是杜卫关于美育学建构与发展的指导思想或方法论原则。现代美育学的理论体系究竟应当如何来建构？杜卫认为，现代美育学的理论体系主要包括三个方面的内容：一是美育的哲学问题。美育的哲学问题属于美育学中的基础性问题，它主要包括美育的本质特征、

① 杜卫：《追问美育的本体论意义》，《天津社会科学》1991 年第 2 期，第 55—56 页。

美育功能、美育形态等基本范畴。二是美育的心理学问题。美育的心理学研究以个体审美心理结构的一般性和差异性以及随年龄增长的发展为主要对象，研究内容可具体分为审美能力、审美意识、审美个性差异和审美发展四个范畴。三是美育方法论问题。杜卫认为，美育方法论是完成美育任务、实现美育功能的实践原则，是美育理论与美育实践相结合、对美育实践提供理论指导的直接中介环节。在抽象上升到具体的现代美育学理论体系中，它是从美育哲学和美育心理学两大范畴自然逻辑过渡而产生的又一逻辑范畴，也是上述两大范畴的逻辑综合和具体化。①

赵伶俐从美育理论系统化的视角探讨了美育理论的构建问题。她将美育理论系统化分为三个水平：一是概念化水平，即对美育及与美育密切相关的现象进行本质的抽象概括，并一一加以严格定义，由此产生出一系列与其他教育领域不同的属于美育自身的新概念；二是初步结构化水平，即对美育涉及的若干现象之间的关系进行抽象概括，形成由若干概念构成的一系列美育原理或规律，也可看成是由现象及概念按某种结构关系组成的一些相互联系的概念串，具有较高的运用和推演价值；三是层次结构化水平，即由若干概念和原理相互联系、互为支持而形成的逻辑层次清晰的有机联系的美育理论整体，这个理论整体就是以高度协调和系统化的水平建构起来的美育科学的理论大厦。她还就美育理论系统化进行了尝试，在美育理论的建构中提出了一些基本概念和专有概念，如美育主要目标、美育同时目标、综合美育课、美育综合课、美育课基本教学模式、美育渗透课变式等。同时还归纳出了一系列实施美育应遵循的原理或规律，如科学与审美和谐统一、逻辑与美感和谐统一、教育内在美与外在美和谐统一、德智体美劳五育和谐统一、师生审美互动等。②

---

① 杜卫：《论现代美育学的理论构架》，《文艺研究》1993 年第 5 期，第 4—13 页。

② 赵伶俐：《论美育的科学化——兼论整个教育构成的科学化》，《西南师范大学学报（人文社会科学版）》2002 年第 2 期，第 67 页。

刘彦顺以“审美生活”概念作为建构美育学的逻辑起点，并据此建构了其美育学的理论体系。他指出，新时期以来对美育学学科的探讨由于缺乏明确而坚定的逻辑起点，或者对这一逻辑起点的确立没有达到相应的理论高度，使得美育学一直无法在知识学意义上作为一种独立完备的学科体系而存在。所以，他强调指出：“在美育学作为一个学科的意义上，其逻辑起点的确立是至关重要的。”① 于是，他基于对传统美学研究主客二分模式的突破以及使审美价值能够作为美育实践中一种独立价值得以集中、强烈地凸显这样一种学科建构方面的考虑，提出应该明确地以“审美生活”概念作为建立美育学体系的逻辑出发点。他在《走向现代形态美育学的建构》一书中以“审美生活”为逻辑出发点，从学科的内在逻辑构成和整体历史演进两个向度对“美育学”展开了宏观与微观、动态与静态相结合的双重阐释，提出了“美育学”的学科三维说（美学、教育学、心理学）和中国美育学发展的三期说（古典形态美育学、准现代形态美育学、带有后现代色彩的现代形态美育学），并以美学、教育学、心理学这样一种三维视界系统考察了中国新时期美育学的学术发展进程。关于该书对于美育学学科发展的价值，有学者给予了充分的肯定，认为它“为将来中国美育理论的深入发展和全面繁荣作了一次很好的历史性总结。所以，不管从理论创新还是从学术史总结的意义上来说，我们都可以将本书视为中国美育学建构与发展的新起点”②。

美育学理论体系的建构是一个重要的课题和一项基础性的工程，对于美育学学科的发展具有重要的意义。从总体上看，人们对这一问题的关注度还不高、重视度还不够，主要体现在参与研讨的人较少，创新性的成果也不多。这说明，美育学的学科自觉水平亟待强化和提升。

---

① 刘彦顺：《走向现代形态美育学的建构》，山东文艺出版社 2007 年版，第 1 页。

② 潘黎勇：《中国美育学建构的新起点——评〈走向现代形态美育学的建构〉》，《中国图书评论》2008 年第 12 期，第 121 页。

第三节　关于美育学与相关学科的关系

美育学既是一门独立的学科，又是一门与多种学科相关的交叉性学科。与美育学相关的学科很多，如美学、教育学、心理学、社会学、艺术学、哲学、伦理学、文化学、人类学、教育美学及生理学、脑科学等。这里拟就学界关注相对较多的对美育学与美学、教育学、心理学、社会学及教育美学的关系的认识进行简要的梳理和分析。

一、美育学与美学的关系

早在 20 世纪 80 年代，邹进等就探讨了美育学与美学的关系。他们指出，关于美学的对象和范围有不少争论，但趋向于统一的看法是它大致包括三个方面，即哲学美学、心理学美学和社会学美学。它们都以人类的整个审美活动作为自己的研究对象，因而在人的审美观念、美感和审美欣赏的社会功用等内容上与审美教育学研究的人的审美心理结构的构成及培育相互交叉，相互渗透，紧密相连，使得审美教育学属于美学。但美学并不就是审美教育学。美学主要研究包括审美教育在内的人类审美活动共有的审美普遍规律。哲学美学主要研究审美活动中的审美客体，探索审美客体的美的本质，弄清自然美、社会美、艺术美共有的性质，因而它首先是美的哲学，当然它还要研究丑、崇高和滑稽、悲和喜等范畴。心理学美学研究审美主体的心理活动的本质和规律，揭示审美心理和非审美心理的联系与区别。在审美活动中，审美主体对审美客体进行审美体验，其心理过程非常复杂。审美心理学研究审美体验的过程和状态，其中当然包括审美主体的获得美的陶冶的审美规律。但是审美心理学并不能穷尽审美教育的所有心理规律，而只是研究人的审美心理活动共有的规律。社会学美学则探索人类社会的审美创造的本质和规律，研究人怎样从实践上去创造社会美，审美主体怎样改造审美客体产生新的审美价值。而审美教育学除了以上各点与之相联系外，却以自己独特的研究对象，即研究审美主体怎样被改造而产生的最高的审美价值——全面发展的人——而与美的哲学、审美心理学和艺术社会学区分开来。①

杨恩寰主编的《审美教育学》也分析了审美教育学与美学的关系。②该书指出，一般说来，基础美学包括美的哲学、审美心理学、艺术社会学、审美教育学的基本理论。它对审美教育学的理论研究主要从哲学、心理学、教育学的理论和实证的角度，去揭示和确定审美教育的实质、结构、原则和任务。就这方面来说，审美教育学是基础美学的一个组成部分，它建立在基础美学的理论之上。而作为一门独立分支的审美教育学则与基础美学不同。在学科性质上，基础美学是理论性的学科，具有哲学性质，而审美教育学则是应用性的学科，具有经验实证性质；在学科内容上，基础美学涉及总体、整体，而审美教育学则是基础美学局部、部分的扩展和延伸；在研究方法上，基础美学重在宏观的总体把握，而审美教育学则重在微观的具体把握。可以说，审美教育学是基础美学在个体审美教育中的应用、落实和发展。

还有学者认为，美育学与美学的关系最直接，也最密切。美育学是在美学理论中发育、形成并逐步分化出来的一个分支学科。美学一般都包括美育的内容。从这个意义上说，美育学是美学理论的一个组成部分，是美学中审美教育理论的深化和扩展。从研究对象来看，美学以整个审美活动为其对象，而美育学则以审美活动中的审美教育现象为对象，因而美学与美育学又是整体与局部的关系。美学作为一门高度概括的理论科学为美育学提供理论的基础。而美学的理论价值也只有通过美育活动为人们所接受

① 邹进、岳川：《审美教育学及其与美学、教育学的关系》，《教育评论》1985年第6期，第24页。

② 杨恩寰主编：《审美教育学》，辽宁大学出版社1987年版，第10页。

时才能得以实现。因此，美育学又可以说是美学理论在美育活动中的应用与落实。[①]蒋冰海也指出，基础美学包括美的哲学、审美心理学、艺术社会学与美育学等部分。美学为部门美学提供一般的理论原则与方法，而部门美学的展开与发展，也将充实和提高整个美学的水平。美育学作为美学的一个分支，它既有依赖于美学的一面，同时也有相对的独立性。美育也是美学的归宿。美学如果不落实到美育上来，就必然缺乏扎实的根基，也就难以存在与发展。[②]

从以上所述可以看出，当代学界在美育学与美学的关系问题上已经达成共识，都认为这两门学科之间的关系既直接又密切；美学的内容包括美育学，它们两者是整体与局部的关系，美学为美育学提供理论基础和指导，美育学反过来可以充实和提高美学的水平。

二、美育学与教育学的关系

邹进等指出，教育学是以人的教育作为自己独立的、特定的研究对象的一门科学。它的中心任务是研究如何塑造全面发展的人，它把人的审美能力的培育作为一项重要内容。这样美育学与教育学就互相联系在一起，使得美育与德育、智育、体育被教育学作为“教育论”总体研究着。但是教育学并不能穷尽美育学的内容。美育学所专门研究人在审美活动中的审美体验、审美意象活动、审美情感逻辑和审美心理结构序列等重要内容，以及美育所不同于德育、智育、体育的直观性、可感性和以情感为中介的自由自觉教化陶冶形式等，均不能为教育学所包括，而这些内容却处于美育学中最核心的层次，具有特殊的地位，是美学和教育学相结合的产物。美育学就是研究美育与其他审美活动、教育活动相区别的特殊美育性质和

---

① 王秀芳、张永昌主编：《美育学教程》，北京广播学院出版社 1992 年版，第 27 页；李范主编：《美育基础》，中国人民大学出版社 1999 年版，第 4—5 页。

② 蒋冰海：《美育学导论》（修订本），上海人民出版社 2001 年版，第 5—6 页。

规律的学科。①

有不少学者指出，审美教育学也是教育学的一个分支，因为教育学是审美教育学的又一个理论支柱，教育学提供的一般教育规律，确定的一般教育原则、方针、方法，构成了审美教育学的理论前提，并且教育学规定的全面教育，也包括审美教育。就这方面来说，审美教育学是普通教育学的一个组成部分，它是建立在教育学的理论之上的。但是作为一个独立分支的审美教育学，又与普通教育学有区别。普通教育学论述教育的性质、方针、目标、任务、体制、管理及教学等。而审美教育学只论及其中的局部问题，即审美教育问题。它与普通教育学是局部、部分与整体、总体的关系，可以说是局部的延伸和放大；又是一般与特殊的关系，因为教育学强调教育的一般规律，而审美教育学则强调审美教育的特殊规律。此外，审美教育学又包括超出一般教育学的内容，如生活环境和活动中的审美教育，艺术活动中的审美教育等。教育学与美育学这两门学科的发展是相辅相成、相互促进的。美育学的发展必须借助于教育学研究的成果作为理论支柱，反过来它的研究成果又会丰富与深化教育学的研究。②

从以上所述来看，美育学与教育学关系的密切程度并不亚于美育学与美学的关系。对于这一点学界同样达成了广泛的共识，都认为美育学是教育学的重要内容，它们是部分与整体的关系；教育学对美育学发挥指导作用，美育学反过来可以促进教育学的发展。

---

① 邹进、岳川：《审美教育学及其与美学、教育学的关系》，《教育评论》1985 年第 6 期，第 25 页。

② 杨恩寰主编：《审美教育学》，辽宁大学出版社 1987 年版，第 10—11 页；王秀芳、张永昌主编：《美育学教程》，北京广播学院出版社 1992 年版，第 27—28 页；谷辅林主编：《美育学》，中国广播电视出版社 1991 年版，第 9 页。

三、美育学与心理学的关系

美育学与心理学具有密切的关系，学界对此也取得了共识。杨恩寰主编的《审美教育学》指出，如果说美学必须以心理学作为审美的理论基础，教育学必须以心理学作为教育的理论前提，那么审美教育学则必须以审美心理学作为理论依据。审美心理学研究的诸多问题，如审美心理的结构、功能、过程、形态、效应，实质上也是属于审美教育学的问题。可见，审美心理学和审美教育学的关系也是十分密切的。二者是一个问题的两个侧面，比如审美心理过程，也就是审美心理塑造、培养的过程，审美能力、审美意识提高的过程；又如审美心理效应，也就是审美教育的结果。该书同时也承认，审美教育学与审美心理学也有区别。审美心理学有关审美心理的起源、本质、特征以及审美心理结构的研究和解答，必须从人类社会实践中去找根源，它并不是一个审美教育学的问题。审美教育学只是利用审美心理学所揭示的审美心理规律用于审美教育。①

王秀芳等主编的《美育学教程》也认为，美育学与心理学的关系十分密切。美育学所研究的审美教育现象在本质上是一种情感教育。陶冶人的性情，培养人的健全的心理结构，使人的感知力、想象力、情感力、理解力等心理功能得到全面协调的发展乃是审美教育的主要目的。这就使审美教育的研究必须借助于心理学的材料与成果。从这方面说，心理学，特别是审美心理学是美育研究的科学依据。美育学是心理学所揭示的心理规律在审美教育中的具体运用。同时，美育研究以及由心理学在审美教育中的应用而提供的材料和成果又必将扩大与深化心理学研究的内容。②向东方也指出，美育是凭借审美活动进行的教育，必然有着各种复杂的心理现象

---

① 杨恩寰主编：《审美教育学》，辽宁大学出版社 1987 年版，第 11—12 页。

② 王秀芳、张永昌主编：《美育学教程》，北京广播学院出版社 1992 年版，第 28 页。

和心理过程。无论是欣赏美还是表现美、创造美，感知、想象、情感、理解等心理因素都将积极参与其中并发挥重要的作用。心理学中的审美心理学揭示的关于审美心理活动的一般规律，可以为审美教育提供心理科学的依据。①

四、美育学与社会学的关系

美育学与社会学的关系相对来说受到学界关注的程度不高，但这并不意味着它们之间没有联系。有人认为，审美教育作为一种社会教育，也是一种社会现象、社会行为，它必然受到一定时代的社会生产和科学发展的影响，受社会制度、规范、风俗、习惯、道德，特别是审美观念、趣味、理想以及教育观念的影响，因此审美教育学要借助和依赖社会学，以便从宏观上对审美教育进行调节和控制，求得审美教育与社会结构、运行相协调一致。就这个角度说，审美教育学乃是社会学的一个侧面。它们的区别在于，社会学涉及的是全社会这个大系统，研究社会结构以及各方面的关系，主要是群体的组织和行为的协调，而审美教育学则着重于个体感性教育，使个体与社会、感性与理性相统一，求得个体与群体协调发展，并且主要通过审美心理结构的塑造来达到这种统一。②

五、美育学与教育美学的关系

美育学与教育美学都是美学与教育学交叉而形成的学科，它们之间具有密切的联系，当然两者也有不同的地方。在这个问题上，学界也基本上达成了共识。冉铁星认为，美育学与教育美学既有相同之处，也有区别。它们的相同之处在于，其对象都是美的教育，是教育活动及其意识现象。

---

① 向东方:《学校美育学》，西南师范大学出版社 1993 年版，第 9 页。

② 杨恩寰主编:《审美教育学》，辽宁大学出版社 1987 年版，第 12 页。

两者的区别是，审美教育学中的“美的教育”就是审美教育，而教育美学中的“美的教育”既有审美教育，又有“美学教育”，还有“教育的美”。因此，教育美学的对象与审美教育学的对象在一定层次上是相通的、一致的，但前者的内涵和外延显然要比后者丰富而宽泛，二者的关系是前者包容后者，所以教育美学与审美教育学是大系统与小系统的关系。①

我也曾对美育学与教育美学的关系进行过较为具体的探讨。②在我看来，美育学和教育美学都是教育学与美学相互渗透的结晶。因此，它们之间具有诸多相同或相似的地方。美育学和教育美学在研究目标上是一致的，它们都是试图通过揭示培养人的规律以指导教育实践，为培养全面发展的人服务。同时，它们各自的发展对于对方都具有制约作用：一方面，美育学的研究成果及其对某些教育问题的探讨，将为教育美学的研究提供有益的借鉴和启示；另一方面，美育是教育的一个组成部分，而教育美学又是以整个教育领域的审美问题作为自己的研究对象。这样一来，教育美学就不可避免地要把美育问题纳入自己的视野，要研究美育本身的审美化问题。这种研究当然会深化人们对美育的认识，从而促进现代美育理论的发展与完善。但是，美育学与教育美学的区别也是客观存在的。首先，从研究对象来看，美育学是研究如何运用自然美、社会美，尤其是艺术美对学生进行美育，归根到底它是研究如何“借美育人”的。而教育美学则是研究教育自身的美的特点及其创造的规律，它研究的中心问题是如何立足于教育本身的美来培养人，即研究如何“立美育人”。其次，从研究范围来看，教育美学是从美学的角度，将教育总体作为审美对象来审视，它研究全部教育（含德育、智育、体育、美育和劳动教育等）的审美化问题。教育美学要研究教育的各个方面和各个环节如何按照美的规律来组织和实

---

① 冉铁星：《教育美学与审美教育学的对象异同》，《湖南师范大学教育科学学报》2002年第2期，第29页。

② 何齐宗：《教育美学新论》，人民教育出版社2017年版，第12—13页。

施。而美育学则只是涉及美育这一种教育活动，它是从教育学的角度在教育内部探讨某些审美对象的教育价值。再次，从各自承担的任务来看，虽然美育学和教育美学都研究如何培养人，但两者的重点却并不一样。美育学主要是为指导各门艺术学科和某些特定的美育活动服务，目的是培养个体的审美素质。教育美学的任务则是指导学校各门学科的教学、各种教育活动与各个教育环节的开展，目的是更好地建构个体的全面的素质结构（当然也包括审美素质结构）。因此，与美育学相比，教育美学更具有整体性和综合性的特征。

与美育学有关的除了上述学科以外，还有艺术教育学。艺术教育学是研究艺术教育现象及其规律的科学。艺术是美的集中表现，也是美育的主要内容。但是，并不能因此而认为美育就是艺术教育，美育比艺术教育的范围更宽泛。除了艺术教育以外，美育还包括自然美、社会美、科技美的教育。如果把美育仅视为艺术教育，就缩小了美育的范围。同样的道理，美育学的研究对象也比艺术教育学的研究对象更为广泛，内容更丰富，它除了要研究艺术教育以外，还要研究自然美、社会美、科技美的教育等。因此，不能将艺术教育学与美育学等同，不能以艺术教育学来代替美育学。

第四节　关于美育学的任务与方法

任何学科都有自己特定的任务，也有与此相适应的研究方法，这是一门学科得以独立的重要条件和标志。在当代中国美育学术研究中，美育学的任务与方法也得到学界较多的关注。

一、美育学研究的任务

当代学界认为，美育学具有理论建设和实践应用两个方面的任务：前者是探索与揭示美育规律，促进美育理论的发展；后者在于总结与概括美育的实践经验，为美育实践的开展提供理论的指导。

（一）促进美育理论的发展

任何一门学科都有促进理论发展的任务，美育学也不例外。美育学研究的重要任务之一，同样在于推动美育理论的发展。有学者认为，审美教育学可否作为一门独立学科而存在，除了依据它的研究对象的客观性之外，关键在于审美教育学自身研究的深入和扩展，在一定程度上揭示出审美教育的规律，并以理论形态表述出来，构成一个理论知识的逻辑体系。这种理论知识的逻辑体系的建立，首先要广泛搜集和归纳整理审美教育实践的经验材料；然后经过分析和综合，阐明审美教育活动各个因素、各个环节和各个层次的关系，揭示审美教育活动的规律，从而确立审美教育的原则和方法；最后以一定的概念、范畴加以表述，使经验上升到理论高度，组成一个客观表述审美教育活动实际过程的逻辑形式。①

对美育规律的认识是美育理论的重要内容，当然也是美育学研究的基本任务。王秀芳等将探索和揭示美育规律看成是美育学研究的首要任务。他们认为，认真研究美育活动的经验并通过科学的分析、概括和抽象，使之上升为反映美育规律的逻辑体系是当前乃至今后一段相当长的时间内的迫切任务。同时，还要看到，即使将来美育理论体系趋于成熟以后，随着美育实践的不断发展还会有新的问题与新的经验需要研究和总结，美育的理论体系也会随之充实新的内容，形成新的观点。这将是一个永无终结的过程。②

（二）指导美育实践的开展

前面在评述美育学的学科性质的研究时曾提到，学界普遍认为美育学

① 杨恩寰主编：《审美教育学》，辽宁大学出版社 1987 年版，第 13—14 页。

② 王秀芳、张永昌主编：《美育学教程》，北京广播学院出版社 1992 年版，第 29 页。

具有实践性，美育学是一门实践性很强的学科。这里所说的实践性，实际上也内在地包含着美育学指导美育实践的内涵。在美育学的任务问题上，学界认为除了促进美育理论的发展以外，指导美育实践也是其重要职责所在。有学者指出，作为一门应用学科，审美教育学的理论知识本身就应当是一种用于审美教育实践的技术和方法。审美教育学要同审美教育实践直接结合，回到审美教育实践中去指导审美教育的实施。审美教育学要为审美教育提供某种规律性的东西，提供某些实施的原则和方法。①

理论来源和依赖于实践，但理论一旦经实践的检验被证明是正确的，就会反过来对实践活动发挥指导的作用。美育理论也是同样的道理。王秀芳等主编的《美育学教程》认为，美育学作为一门理论性和实践性都很强的科学，它与美育的实践活动有着直接而密切的关系。它一方面以其对美育的性质、特点、任务及其在教育体系中的地位等美育基本规律的揭示，为美育工作者提供理论指导，使他们对美育的认识从日常经验的水平提高到系统的科学理论水平；另一方面又以其对美育实施原则与方法的成果，直接指导美育实践活动的开展。②

二、美育学研究的方法

关于美育学的研究方法，当代学界既有学者关注美育学研究的方法论原则，也有人论及美育学研究的具体方法。

（一）美育学研究的方法论原则

1. 以马克思主义理论为指导

一般认为，马克思主义哲学方法论为我们研究任何科学提供了根本的方法。对于不同学科的研究来说，人们需要解决的问题是如何把马克思主

① 杨恩寰主编：《审美教育学》，辽宁大学出版社 1987 年版，第 14 页。

② 王秀芳、张永昌主编：《美育学教程》，北京广播学院出版社 1992 年版，第 29—30 页。

义哲学的方法论具体运用到自己所研究的科学中去的问题。①

在美育学的研究中要以马克思主义理论为指导，这一观点得到学界的普遍认同。王岳川等明确提出，审美教育学的研究要以马克思主义哲学作为自己的方法论基石。② 杨恩寰主编的《审美教育学》也指出，审美教育学的研究方法必须以马克思主义哲学方法论为基础。马克思主义哲学认为，客观世界是有秩序和可以预测的。客观世界中的各种现象无论多么偶然陈杂和变化无常，在它们的背后总凝结着一定的因果规律性，它们总具有某种基本的共同性和一致性。这种现象背后的因果规律性和一致性，又总是可以认识和预测的，一旦被认识和掌握之后，就可以利用它来为实践服务。审美教育活动作为客观的社会历史现象，也是有秩序和有规律的，同样也是可以认识、预测乃至控制的。这种观点运用于审美教育的研究，便成为审美教育学的方法论原则。它强调认识与实践的一致，认识的逻辑形式与实践的实际历史过程的一致。③

仇春霖主编的《美育原理》也强调马克思主义对于美育研究的指导作用，并对此作了较具体的阐述。④ 该书指出，马克思主义是科学的世界观和方法论，也是美育研究的唯一正确的指导思想。在马克思主义的经典著作中，具有丰富而深刻的哲学思想、美学思想、教育思想、文艺思想，对美育研究具有指导意义。马克思主义的历史唯物主义是我们揭示美育本质的一把钥匙。马克思主义关于人的本质力量的对象化、自然的人化，以及“人也按照美的规律来建造”的论述，不仅含有审美活动的积极因素，同时又使我们认识到审美是提高人的本质、塑造“完全的人性”的必要条件。

---

① 尚德平：《审美教育学》，大连出版社 1997 年版，第 23 页。

② 王岳川、王一川：《论审美教育学——美育系统工程概观》，《江西社会科学》1985 年第 5 期，第 107 页。

③ 杨恩寰主编：《审美教育学》，辽宁大学出版社 1987 年版，第 15 页。

④ 仇春霖主编：《美育原理》，中国青年出版社 1988 年版，第 26—27 页。

马克思主义关于人的全面发展和人的发展与社会生活的关系的论述，既揭示了人的全面发展的内涵，阐明了实现人的全面发展的必要条件，又规定了美育的方向和任务。马克思主义的这些基本原理，都是美育研究的根本指导思想。该书认为，按照马克思主义的观点，美育是人类长期社会实践的产物，又影响和作用于人类的社会实践。美育研究如果脱离历史的进程，脱离人类的社会实践，不了解美育思想的演变是一个不断丰富和完善的历史过程，不懂得从人们长期积累的实践经验中去探索美育的规律，也不善于从实际出发具体地历史地去分析现实生活中出现的问题，只凭借抽象的概念、主观的想象、空洞的思辨和单纯的逻辑推理，这样对美育的基本理论问题就难以做出科学的判断。该书还运用马克思主义关于世界是一个有机的整体的思想阐述了美育的系统性，认为任何事物都是一个有机的整体，构成这个事物的诸要素之间是相互联系、相互渗透、相互制约和相互影响的。每一个有机整体都是一个系统。社会是一个大系统，教育也是一个系统。就教育而言，美育是一个子系统。各个系统内部和系统之间也是相互联系和相互制约的。蒋冰海同样强调在美育研究中应坚持马克思主义的指导。他提出，只有坚持马克思主义的指导，才有可能把握问题的本质。美育理论研究要真正有所前进，就离不开马克思主义的指导作用。最重要的是要善于把马克思主义与我国的社会实际结合起来。如果以美育是情感教育与形象教育为由，来否定马克思主义在美育中的指导作用，这是错误的。情感并不是抽象的东西，而是一定社会现实生活的反映，离开了社会实践与生活，就无法认识情感的本质。不过他同时又指出，美育学也有自身的理论体系和特点，不能用一般的马克思主义教育学说来代替美育理论。①

杜卫从建构现代美育学理论体系的角度重点阐述了马克思主义关于人

① 蒋冰海:《美育学导论》(修订本)，上海人民出版社 2001 年版，第 19 页。

的全面发展学说的重要价值。他认为，建立现代美育学理论体系应当以马克思主义关于人的全面发展学说作为哲学基础。在马克思主义的理论中，与现代美育学关系最密切、对现代美育学研究最具有直接指导意义的是关于人的全面发展学说。马克思和恩格斯在论述审美、艺术和教育的基本问题时，总是从人的全面发展观出发的。马克思主义关于人的全面发展学说对于确立现代美育学的逻辑起点，深刻把握现代美育的本质特征和功能价值，确定现代美育学的研究对象与范围，均具有十分重要的意义。①

2. 坚持理论与实践相结合

美育理论与实践的关系是一个重要的课题，前面在阐述学界关于美育学的学科性质和任务的观点时曾有所涉及。这也是美育学研究方法中的一个基本问题，有不少学者对此进行了探讨。

为什么在美育学研究中要坚持理论与实践相结合的原则？换句话说，在美育学研究中坚持理论与实践相结合具有什么意义？有学者认为，任何理论都来源于实践，得到实践的孕育和滋润。同时，理论又能指导实践，接受实践的检验。美育学作为一门学科，既有很强的理论性，又有很强的实践性。在研究美育学的过程中，要善于把美育理论与美育实践结合起来。② 在美育学的研究中如何做到理论与实践相结合？有学者指出，这个原则要求美育理论的研究必须从生活实践出发，用实践的观点来说明美育的现象及其规律；同时要求美育的理论研究紧密联系美育的实践，重视对美育实际经验的研究与概括。③ 还有学者认为，运用理论与实践相结合的方法来研究审美教育，就是要求我们把审美教育学理论的研究与人们的审美教育活动紧密地结合起来。从实际出发，详细地占有第一手审美教育的资料，从大量的审美教育事实中寻找出规律性的内容来上升为理论认识，

---

① 杜卫：《论现代美育学的理论构架》，《文艺研究》1993 年第 5 期，第 4 页。

② 谷辅林主编：《美育学》，中国广播电视出版社 1991 年版，第 12 页。

③ 王秀芳、张永昌主编：《美育学教程》，北京广播学院出版社 1992 年版，第 32 页。

然后再将它放到指导实践的活动中去接受检验，以证实和发展审美教育学。我们之所以这样做，是因为审美教育学理论本来就是从大量的审美教育实践中提炼出来的。①

冉祥华在谈到美育研究的发展趋势时指出，从根本意义上讲，美育首先是一种具体的教育实践活动。美育理论研究必须为美育实践服务，这是美育理论研究的最终归宿。他认为，当前美育理论研究要着重探讨美育的具体实践问题，即探讨教育对象审美发展的阶段性特征以及学校和教师怎样进行美育的问题。简言之，美育理论研究要向实践深化。美育作为一项具体的实践活动，有很多问题都需要理论给予指导，如教育对象的审美发展，美育的目标体系、内容体系、课程体系、教材体系、教法体系、评价体系等具体问题。对这些问题的深入研究，有助于各级各类学校更好地实施美育。这就要求美育理论研究应该向教学实践所提出的理论与实践问题深化，向教师怎样“教”、学生怎样“学”的具体问题深化。②

3. 在继承与借鉴中发展

任何学科的发展都不能忘记和割断历史，都需要从自己的历史中获得必要的资源和吸取有益的养分。美育学的发展也离不开对传统的继承与借鉴。杜卫指出，中国传统美学一向注重审美的人生价值和社会功能，它在与人生哲学的内在统一中，对人的生存、人格的完善、情感的升华、生活的艺术化、艺术与道德的协调等问题予以特别的关注。他认为，中国美学的这种人文精神在今天不仅没有过时，而且日益体现出它特有的价值，现代美育学应该充分发扬传统美学的这种精神。传统教育理论中注重个人内心修养、情理协调等思想，也是建构现代美育学的重要思想资源。同时，当代美育学术研究应具备世界性视野，应当将国外的一些优秀学术成果有

① 尚德平：《审美教育学》，大连出版社 1997 年版，第 24 页。

② 冉祥华：《当代中国美育研究的发展趋势及主要课题》，《山东社会科学》2008 年第 6 期，第 134 页。

选择、有改造地吸收到现代美育学理论中来。特别应该注意的是 20 世纪世界审美教育理论研究的发展动向。例如，一些发达国家的美育研究比较重视在科技、经济高速发展状态下，探讨美育的独特价值和新任务。另一方面，美育心理学的研究被置于突出的地位，极大地开拓了美育理论研究的领域，加强了美育理论与美育实践的联系。杜卫认为，继承和借鉴是为了创新，现代美育学应立足于当代中国，寻求我国美育的本质和规律，回答目前美育实践中存在和不断产生的理论问题。只有这样才能建立起有现代意义和中国特色的现代美育学。①

祁嘉华提出的中西结合和古今结合的原则，实际上也是强调在美育研究要重视美育思想的继承与借鉴。② 他指出，所谓中西结合，实质上就是坚持“洋为中用”。具体来说，就是在美育研究中不能忽略西方审美教育思想，要将西方的审美教育理论与中国的美育实际相结合，形成具有中国特色的审美教育体系。同时，通过对西方审美教育理论的借鉴，不断丰富和完善中国的审美教育理论。当然，在借鉴西方美育理论的过程中，也要采取慎重的态度，不能不加选择地盲目照搬。所谓古今结合，实质上就是“古为今用”。我国在漫长的美育实践中形成了丰富的审美教育思想，这些美育思想对于现代审美教育理论的发展无疑具有重要的意义。我们要充分发掘美育文化遗产中的有益成分，整理传统文化中有关审美教育的思想，并加以总结、提炼，剔除糟粕，吸取精华，以丰富和充实当代审美教育理论。

除了上述主张外，还有人提出，美育学的研究要运用历史与逻辑相统一的方法论，同时慎重地吸收系统论、信息论、控制论、符合学方法，心理学方法、接受美学方法、比较法、层次论的方法论等，作为自己研究方

① 杜卫：《论现代美育学的理论构架》，《文艺研究》1993 年第 5 期，第 6 页。

② 祁嘉华：《审美教育学》，西北大学出版社 2000 年版，第 54—56 页。

法的有机组成部分，从而形成一套自己所独有的方法论系统。①

（二）美育学的具体研究方法

上文所述是学界对于美育学研究的方法论原则的认识。那么，美育学研究应当采用哪些具体的方法？杨恩寰主编的《审美教育学》将美育研究的具体方法分为两大类，即经验的方法和理性的方法。②前者包括观察法、实验法、调查法、个案法等。后者主要是借助哲学、社会学、心理学、美学、教育学的观点去分析、综合、概括审美教育经验，使经验上升为理论的方法。该书提出，在审美教育学研究中，始终要把经验考察的方法和理性论证的方法结合起来，统一运用。其大体程序如下：(1) 利用观察、问卷、谈话、个案研究、实验控制等经验考察即调查研究的方法，搜集审美教育的经验材料，凭直觉或预感去发现其中明显的一致性或规律性；(2) 运用理性的方法，借助各相关学科的知识，就这些明显的规律性概括（归纳）出一般法则，并进行推论（演绎）；(3) 再做进一步观察、实验，以证实这些概括和推论是否正确、真实；(4) 排除未经证实的那些结论，接受得到证实的结论，并提高到理论高度，以构成一个理论知识体系。这种研究程序并不是一次性的，而要反复系统地进行，也不是运用一种学科知识，而是要借助各种学科知识进行综合研究才可望获得真实的结果。

在众多的美育研究方法中，王秀芳等主编的《美育学教程》重点阐述了观察法、个案研究法、调查法和实验法等四种方法。③该书指出，观察法作为美育研究的方法，就是要对现实发生的美育现象，如美育的实施及其所产生的效果进行直接的观察与记录，然后进行分析，从中得出某种结论。在美育研究中，个案研究法可以重点观察对象在一定时期内进行审美

① 王岳川、王一川：《论审美教育学——美育系统工程概观》，《江西社会科学》1985 年第 5 期，第 107 页。

② 杨恩寰主编：《审美教育学》，辽宁大学出版社 1987 年版，第 15—18 页。

③ 王秀芳、张永昌主编：《美育学教程》，北京广播学院出版社 1992 年版，第 33—35 页。

活动的心理表现或在某个环节上审美心理的变化；也可以就某一种审美教育现象，从各个不同角度进行观察与研究，以弄清其过程与特点。美育研究的调查法一般包括谈话法、问卷法和文献法等。谈话法是指通过与个别人当面谈话了解情况的方法。问卷法即研究者将需要了解的问题印制出来，让调查对象以书面的形式回答。① 文献法即通过查阅有关的文献获得所需的情况和资料。实验法是一种有控制的观察、研究的方法。在美育研究中，可以根据美育的设想组成实验组和控制组，进行有计划的教育实践，观察、比较、分析实践的效果，从而得出某种结论。该书认为，上述方法各有长短，通过这些方法所获得的事实、材料还需要经过进一步的理性分析与综合才能得出规律性的认识。

以上所述是改革开放以来中国美育学术研究中关于美育学学科问题研讨的情况。从总体上来看，一般关于学科研究涉及的基本问题，如学科形成的背景、学科的性质与对象、与其他学科的关系、学科研究的任务与方法等，在美育学的学科研究中都无一例外地受到了关注，得到了探讨。当然，人们对这些问题的关注程度存在一定的差异，有的问题探讨得多一些，也深入一些，如美育学的性质与对象、美育学与其他学科的关系等；而美育学的形成背景，尤其是美育学的任务与方法等问题的研究，需要给予更多的关注，对这些问题的认识有待进一步深化。

① 调查问卷除书面形式外，近年来还涌现了一种新的形式，即问卷星。这是一个专业的在线问卷调查平台，可以为用户提供在线设计问卷、采集数据、调查结果分析等服务。与传统调查方式相比，问卷星具有快捷、易用、低成本的明显优势，已经被广泛使用。

第三章　美育本质论

美育本质是一个非常重要的美育基本理论问题。正如有人所指出的："美育本质论在美育理论知识体系中起决定性的作用，是构成美育理论知识体系的基础与核心，因为美育理论的首要问题是要解决美育活动自身的价值所在，以及与其他教育活动及其价值之间的差异。"① 对美育本质的认识在很大程度上影响人们对于其他美育问题的理解和把握。正因为如此，它成为改革开放以来我国美育学界关注和研讨的热点问题。本章旨在系统梳理和总结这方面的研究成果，除评述美育本质的争鸣外，还将分析人们关于美育内涵的研讨。因为美育的内涵与美育本质问题密切相关，对它的认识将有助于更好地理解美育的本质。

第一节　关于美育的内涵

美育的内涵是美育本质研究首先遇到和需要理解的一个问题。而与美育内涵相关的问题是美育一词的来源及其称谓。

---

① 刘彦顺：《中国美育思想通史》（当代卷），山东人民出版社 2017 年版，第 395 页。

一、美育的词源

“美育”一词在我国经历了一个漫长的演变过程。熊贤君等对这一过程进行了具体的考察和分析。[①]他们指出，我国自遥远的古代开始，就形成了“乐教”的传统，并在以后形成了独具特色的“六艺之教”和“诗教”。但这些只是包含了美育的元素，不能与现代“美育”一词所承载的丰富内容相比。他们认为，中国古代文献中也出现过“美育”一词，但与现代意义的“美育”有着质的差别。在古代文献中，“美”和“育”最早是单独使用的。据他们考证，“美育”作为一个合成词，在古代文献中仅见过两次。第一次是汉末魏初“建安七子”之一的徐干所著《中论》一书的第七篇《艺纪》，其中有言：“……既见君子，乐且有仪，美育□材[②]，其犹人之于艺乎！既修其质，且加其文，文质著然后体全，体全然后登乎清庙。”[③]第二次是晋人孙楚在其《题羊太傅羊祜碑》中亦将此两字联用：“……乃进据险处，开建五城，收膏腴之地，夺敌人之资。……是以才晋绅之士，鳞集仰化，云翔衡门，虽泮宫之泳鲁侯，菁莪之美育才，无以过也。”[④]他们认为，这两篇文章中都出现了“美育”二字，但这里的“美育”与现代意义上的“美育”却有天壤之别。此处的“美育”二字并不是一个整体，“美”可以理解为育人材之事的美好之义，而“育”则是培养、栽培之义。自从“美育”在汉末魏晋时期两次出现后直到清末，再未见踪影。

我国现代意义的“美育”一词是西方舶来品。一般认为，“美育”

---

① 熊贤君、吴丹：《现代“美育”源流考》，《贵州师范大学学报（社会科学版）》2009年第3期，第59—63页。

② “美育□材”中的方框为脱字，作者疑脱一“群”字。

③ 徐干：《中论·艺纪第七》，《申鉴·中论·傅子》，上海古籍出版社1990年版，第19页。

④ 孙楚：《题羊太傅羊祜碑》，严可均辑：《全晋文：中》，卷六〇，商务印书馆1999年版，第631页。

一词是德国作家和美学家席勒（Johann Christoph Friedrich von Schiller，1759—1805）在献给丹麦王子奥克斯丁堡公爵的书简中提出的。① 他在第二封信中说："我们为了在经验中解决政治问题，就必须通过审美教育的途径，因为正是通过美，人们才可以达到自由。"② 有的译者将 Ästhetische Erziehung 译为"美感教育"或"美育"，也有人译为"审美教育"。在德文或法文中，ästhetisch 或 aesthetic 既有美的、美学的，又可指人的审美的、美感的，还有指物的令人喜爱的等多种含义。由于译者和使用者的理解不同，所以译名也不尽一样。在各种文献中，我国学者大多使用"美育""审美教育"或"美感教育"。目前使用"审美教育"和"美感教育"的仍大有人在，他们都将"美育"作为各自使用的术语的简称或代称。席勒在该书中不仅提出了"美育"的概念，而且阐释了美育的功能和目的，为人们广泛认同和应用，并被译介到中国。

在近现代中国，最早使用现代意义的"美育"一词的人是蔡元培。他在《二十五年来中国之美育》一文中指出："美育的名词，是民国元年我从德文的 Ästhetische Erziehung 译出，为从前所未有。"③ 在学术界，有不少人认为美育一词的最早使用者是王国维，因为他 1903 年就在《论教育之宗旨》一文中将美育列入了教育宗旨，1904 年发表的《孔子之美育主义》和 1907 年发表的《霍恩式之美育说》更是两次将"美育"置于文章的标题之中。不过可能是蔡元培记忆有误，实际上他自己早在 1901 年撰写的《哲学总论》一书中就使用了"美育"一词。他在该书中指出："心理学虽心象之学，而心象有情感、智力、意志之三种。心理学者，考定此各种之性质、作用而已，故为理论学。其说此各种之应用者，为论理、伦理、审

① 这组书信写于 1793 年 5 月至 1794 年 7 月，发表时题为《关于对人进行美感教育的书简》，现在通常简称为《美育书简》或《审美教育书简》。

② ［德］席勒著，徐恒醇译：《美育书简》，中国文联出版公司 1984 年版，第 39 页。

③ 高平叔编：《蔡元培美育论集》，湖南教育出版社 1987 年版，第 216 页。

美之三学。伦理学说心象中意志之应用；论理学示智力之应用；审美学论情感之应用。故此三学者，为适合心理学之理论于实地，而称应用学也。其他有教育学之一科，则亦心理之应用，即教育学中，智育者教智力之应用，德育者教意志之应用，美育者教情感之应用是也。”[①]因此，从现在掌握的资料来看，中国近现代意义上的“美育”一词的翻译者和最早的使用者是蔡元培。[②]

中国古代美育虽然具有比较鲜明的东方特色，但并没有出现现代意义上的美育概念，而且在内容上也不够丰富、系统，理论也不够完善。到了近代，随着西方美育理论被译介过来，美育的地位和功能等逐渐被人们认识，促使中国传统美育向近现代美育转型。蔡元培在清末和民国初年曾两度留学德国，对德国哲学和西方美育情有独钟。他除了费尽心力研究和译介西方美育以外，还在民国初教育总长和后来大学院院长任内大力推进美育，以推进美育为自己毕生职志，极大地促进了现代美育概念的形成和发展，也使美育成为当时的一桩盛事。比蔡元培稍晚的王国维则最早系统阐述了美育的价值和功能。从 1902 年王国维翻译日本学者牧濑五一郎的《教育学》开始其引用“美育”起，至 1907 年间，他相继发表了一系列文章，论述了美育及其功用。特别是他于 1903 年发表的《论教育之宗旨》，不但论述了实施美育的必要性和重要性，还论及美育与德育、智育、体育的关系。王国维的美育研究为传统美育向现代美育转型起到了极为重要的作用。蔡元培在王国维的研究的基础上，揭示了美育的本质、特点、地位、功能、内容诸问题。后来吴梦非、丰子恺等也投身于美育的研究、宣传和实践，形成了“美感教育思潮”和“美育救国思潮”。综观“美育”一词的产生与发展过程，不难发现，古代虽有“美育”二字出现在著述中，但

① 《蔡元培全集》第一卷，浙江教育出版社 1997 年版，第 357 页。

② 熊贤君、吴丹：《现代“美育”源流考》，《贵州师范大学学报（社会科学版）》2009 年第 3 期，第 62 页。

却不是现代意义上的“美育”。现代意义的“美育”最早由蔡元培提出，更因王国维的研究与宣传，以及蔡元培的进一步研究与实施，完成了“美育”一词进入现代中国人的视野，并逐渐深入人心。①

二、美育的称谓

前面说过，关于美育的称谓，除了一般所说的“美育”外，还有两种较为常见的说法，即“审美教育”和“美感教育”，其中“审美教育”的术语使用相对更为普遍。

但有人对“审美教育”的提法提出了不同的看法。王善忠认为，在谈到美感的某些情况(如强调个人的感受，或从主体角度来谈对美的体验等)时，使用“审美”一词并无不可，但把“美育”称为“审美教育”，作为一个专门的学术名词，尚需斟酌。因为“审美”这一概念应该是从人的、从主体的角度讲的，是属于个人的、自己的东西。如果把美育称作“审美教育”，容易使人感到它只强调了个人的主观的感受方面，而忽略引起主体内在的情感活动的美的对象（客体）的作用。按道理或按字面理解，“审美”应该是包括两方面的内容，即“审”和“美”，也就是主体与客体。但近几年可能由于人们特别看重“主体性的”缘故，“审美”一词完全变成了主观、主体或“审美主体”的通用或同义词。在美感活动中，似乎事物的美不美是靠“主体”“审”出来的，而不是由于客观事物原本具有的性质。这样一来，审美的主观随意性就成了评价美的事物的标准。王善忠认为，用这种观点是不能得到真正有益的美感教育的。在他看来，美育的实施首先是以美的对象的客观存在为先决条件的，其次才是人的正当的美感能力。他赞同美感教育的说法，认为这个称谓道出了美育的关键所在，

① 熊贤君、吴丹:《现代“美育”源流考》,《贵州师范大学学报（社会科学版)》2009年第3期，第62—63页。

既融洽地解决了美育实施过程中的客体（美的对象）与主体（受教育者）的主次关系，又道出了美感教育的陶养性质。应该说，美感教育的命名比审美教育更严谨、更符合美育的实际情况，因而更具科学性。①

也有人对于将美育称为“审美教育”或“美感教育”均提出了质疑，认为美育的内涵绝不仅仅限于“审美”（即认识美）或“美感”（即感受美），美育的内容要广泛得多，它有主体感受能力、认识能力的培养问题，也有主体在实践中创造美的能力以及自我完善的追求等更加重要的问题。因此，如果采用人们习惯的称谓，把美育叫作“审美教育”或“美感教育”的话，就一定要明确美育作为人类全面发展的一部分，作为人类实现自我发展的需要的重要途径所包括的全部丰富内容。②

关于美育的称谓问题，这里还有必要指出一种较为常见的错误说法，即“美育教育”。就像“德育教育”“体育教育”等提法很明显是错误的一样，“美育教育”的提法也是不正确的。其实道理并不复杂，无论是“美育”，还是“德育”“体育”，它们本身就是指一种教育，在它们之后再加上“教育”二字，岂非画蛇添足？这本是一个简单的问题，但却屡屡看到这种低级的错误。

三、美育的界定

对美育内涵的界定是美育学术研究的一项基础性的工作，各种美育学的著作和教材以及不少论文都对此进行了阐释。这里拟按成果发表或出版的时间为序，列出改革开放以来具有代表性的美育定义，并有选择性地进行一定的分析。

从目前掌握的资料来看，改革开放以来我国最早的美育定义出自刘寿

① 王善忠：《美感教育研究》，吉林教育出版社 1993 年版，第 20—21 页。

② 刘叔成、夏之放、楼昔勇等：《美学基本原理》（修订本），上海人民出版社 1989 年版，第 433 页。

祺主编并于 1980 年出版的《教育学》。该书对美育的定义是："所谓美育，就是通过文学、艺术和借助大自然、现实生活环境中的美，对儿童青少年进行美的教育，形成他们正确的审美观点，发展艺术才能和进行思想品德教育。"① 作为早期对美育内涵的具有代表性的界定，我们应当肯定其地位和意义。当然，现在看来，这个定义存在的不足也是显而易见的。如它将美育的对象局限于儿童和青少年；关于美育的目的或任务只是提到审美观点和艺术才能；此外还将思想品德教育置于其中，给人以不伦不类之感。

1981 年，王炳仁在《美育简论》一文中对美育的内涵作了如下界定："美育，也叫审美教育，是教育者根据一定社会或阶级的要求，有目的、有计划地培养和提高学生的感受美、鉴赏美、表达和创作美的能力，使学生具有一定的审美情趣，掌握一定的审美观点和审美标准的教育活动过程。"②这个定义从文字表述来看，是借鉴了当时人们对于教育内涵的界定，当然在内容上又体现了美育的独特目的和任务。它的问题在于文字表述过于冗长，不够精练。

1982 年华中师范学院教育系等编的《教育学》、1984 年南京师范大学教育系编的《教育学》和 1985 年出版的《中国大百科全书・教育》均是从美育目的的角度对美育的内涵作出解释，且存在较多的一致性。它们对美育的界定分别是："美育，是培养学生具有正确的审美观点和鉴赏美、创造美的能力的教育。"③"美育是美学教育，又称审美教育。学校中的美育是形成年轻一代正确的审美观，培养感受美、鉴赏美和创造美的能力的教育活动。"④"美育也称审美教育或美感教育，是培养学生认识美、爱好

① 刘寿祺主编：《教育学》，湖南人民出版社 1980 年版，第 295 页。

② 王炳仁：《美育简论》，《杭州大学学报（哲学社会科学版）》1981 年第 2 期，第 16 页。

③ 华中师范学院教育系等编：《教育学》，人民教育出版社 1982 年版，第 249 页。

④ 南京师范大学教育系编：《教育学》，人民教育出版社 1984 年版，第 327 页。

美和创造美的能力的教育。”①

1987年，顾明远、黄济主编的《教育学》从美育的内容和目的角度对美育进行了界定：“美育就是审美教育，它通过文学艺术、社会生活和大自然的美的教育，培养学生正确的审美观点，并具有感受美、欣赏美、创造美和体现美的能力。”②这个界定具有一定的代表性，后来人们关于美育的定义大多都与此存在相似之处。

同年，杨恩寰主编的《审美教育学》主要从美育的依据、手段和目的角度对美育进行了定义，这个定义相对来说要素更多，对美育内涵的解释也更为具体：“审美教育，简称美育，它是施教者按照一定时代的审美意识（审美观念、审美趣味、审美理想），借助各种各样的审美媒介（美的事物，也包括美的艺术），向受教育者施加审美影响，愉悦他们的性情，从而达到性情和心灵的陶冶、塑造的目的。”③

1997年，顾明远主编的《教育大辞典》主要从美育任务的角度对美育的内涵进行了界定：“美育亦称‘审美教育’。使学生掌握审美基础知识、形成一定的审美能力，培养正确的审美观点，美化其心灵、行为、语言、体态，提高道德与智慧水平的教育。”④这个界定除了阐述美育自身独特的任务外，还提到了提高道德和智慧水平的任务，这显然有将美育任务泛化的倾向。

1998年，滕守尧在《审美心理描述》一书中从审美形态教育和美感教育两个方面对审美教育进行了界定：“审美教育包括审美形态教育和美感教育两个方面。审美形态教育主要培养人们对自然中千变万化的美的形

---

① 中国大百科全书总编辑委员会《教育》编辑委员会、中国大百科全书出版社编辑部编：《中国大百科全书·教育》，中国大百科全书出版社1985年版，第250页。

② 顾明远、黄济主编：《教育学》，人民教育出版社1987年版，第303页。

③ 杨恩寰主编：《审美教育学》，辽宁大学出版社1987年版，第67—68页。

④ 顾明远主编：《教育大辞典》增订合编本（上），上海教育出版社1997年版，第1075页。

态和结构（包括艺术品的形态、形式、风格）的鉴赏、识辨能力，它侧重于对象之客观形态的描述和认识；美感教育主要培养人们健全的审美心理结构，包括感觉、知觉、情感、想象、理解诸心理能力的提高和相互协调。最终落实为某种敏锐的审美知觉和对美的欣赏力和创造力（包括艺术欣赏和艺术创造能力）。”① 这个界定从其具体的解释来看，与以往人们对美育内涵的理解其实是一致的，审美形态教育可以包括在一般所说的美感教育之中。

1999 年版《辞海》界定美育概念的角度主要是美育的内容和目的：“美育亦称‘审美教育’、‘美感教育’。关于审美与创造美的教育。通过对艺术美、自然美、社会美的审美活动和理性的美学教育，使人树立正确的审美观念，培养健康的审美趣味，提高对于美的欣赏力与创造力。”②

2001 年，袁济喜从美育的依据、作用对象与目标角度对美育的内涵进行了界定：“从一般的意义来说，美育是指依据一定的美学价值观，来对个体的人与社会进行教育与熏陶，提高人的审美趣味，树立高尚的审美观念，最终达到造就高尚人格的一种特殊教育。”③

2005 年出版的《现代汉语词典》（第 5 版）主要从美育任务的角度对美育进行了界定：美育是“以培养审美的能力、美的情操和对艺术的兴趣为主要任务的教育。”④ 这个定义可以说是对美育内涵的最简要的阐释，当然它也存在对美育任务理解偏狭隘的问题。

2010 年，朱立元从美育的手段、方式、对象和效用等视角对美育进行了定义：“审美教育是以艺术和各种美的形态作为具体的媒介手段，通

① 滕守尧：《审美心理描述》，四川人民出版社 1998 年版，第 320 页。

② 辞海编辑委员会：《辞海》(1999 年版缩印本)，上海辞书出版社 2000 年版，第 2311 页。

③ 袁济喜：《传统美育与当代人格》，人民文学出版社 2001 年版，第 8 页。

④ 中国社会科学院语言研究所词典编辑室编：《现代汉语词典》（第 5 版），商务印书馆 2005 年版，第 930 页。

过审美活动展示审美对象丰富的价值意味，直接作用于受教者的情感世界，从而潜移默化地塑造和优化人的心理结构，铸造完美人性，提升人生境界的一种有组织有目的的定向教育方式。”①这个定义的问题在于文字过于冗长，且夸大了美育的价值。

2016年，易晓明主要从美育的方式和目的的角度对美育内涵进行了界定：“美育是引导人们在对形式和内容相统一的美的感受、鉴赏和创造中，激发和丰富他们以情感、想象为核心的审美经验，发展他们创造美的能力，提升他们的审美情趣，促进他们身心和谐、自由发展的教育。”②这个定义同样存在文字表述不够简练和夸大美育意义的问题。

以上就是当代学界关于美育内涵的具有代表性的界定。从这些界定中我们可以看出，人们对美育内涵的理解尚未完全达成共识，还存在一定的差异。当然，透过这些不同的表述，我们也可以发现其中具有相同或相似之处。这些定义的差异主要体现在两个方面：一是对美育构成要素有不同的理解。美育的构成要素主要包括美育的主体（含美育者和受美育者）、美育的依据或根据、美育的内容、美育的手段或媒介、美育的方式、美育的目的或任务、美育的效用等。在上述美育定义中，有的对于美育的要素列得多一些，包括美育的主体、手段、方式和效用等；有的则列得少一些，最简练的只是提到美育的目的或任务。二是对美育各构成要素的具体内容的表述具有不同之处。比如关于美育的依据，早期有的定义是定位为社会或阶级的要求，后来有的定义则定位为美学价值观。关于美育的目的，有的定义提得比较全面，包括培养感受美、鉴赏美、表达和创作美的能力，具有审美情趣，掌握审美观点和审美标准等；有的定义提得相对少一些，包括树立审美观念，培养审美趣味，提高美的欣赏力与创造力；还

① 朱立元：《谈谈美学与美育》，《美与时代（下）》2010年第7期，第12页。

② 易晓明：《论美育的本质及其当代使命》，《美育学刊》2016年第3期，第5页。

有的定义只是提到培养认识美、爱好美和创造美的能力。上述美育定义的相同或相似之处，主要体现在都提到了美育的目的，且大多都认同美育的目的在于培养受教育者感受美、鉴赏美和创造美的能力。同时多数美育定义都提到了美育的手段，且基本上都认同美育的主要手段是艺术美、自然美和社会美。

在对美育内涵的认识上，也有一些学者主张将美育区分为广义和狭义两种含义，但在具体的理解上又不完全一致。

第一种观点：主要从美育手段或途径的角度阐释广义的美育和狭义的美育。

余墨指出，狭义的美育又称“艺术教育”，指通过文学理论的讲解，文学艺术作品的鉴赏来提高学生对艺术的感受、理解和评价的能力。广义的美育则是通过艺术和现实生活本身的美这样多种途径来进行。它不仅要通过艺术教育，还要借助于社会生活、自然等许多现实生活中的美的形象和事物，对人们进行美育。①

章新建对美育内涵的理解与余墨的观点相似。他认为，狭义的美育，又称“艺术教育”，也就是通过艺术理论的学习和文艺作品的鉴赏来提高学生对艺术的感受、理解和评价的能力。广义的美育，即通常所说的“审美教育”，要比上述理解广泛得多。它要通过艺术和现实的多种途径来进行。不仅要通过艺术教育、也要通过心理教育、伦理教育，还要借助社会生活、大自然中的许多现实的美的形象对人们进行审美教育。不仅要提高人们对艺术的审美能力，而且要培养人们对生活、自然的审美能力和高尚的审美情趣，使人们逐步树立正确的审美观念。②

彭富春提出，广义的审美教育是运用自然、社会与精神中一切美的形

① 余墨：《审美教育与师范教育》，《包头师专学报》1983 年第 2 期，第 126 页。

② 章新建：《美育的地位与作用》，《美育》1987 年第 1 期，第 38 页。

态对于人的陶冶，而达到人的身心的美化。狭义的美育主要是通过艺术手段对人进行美的教育。①

第二种观点：主要从美育目的的角度来区分广义的美育与狭义的美育。

高建平认为，广义的美育指对人的性格的全面培养，造就心智健全、全面发展的人，从而造就健全的社会。狭义的美育指对艺术和自然的审美教育，主要指对艺术欣赏能力的教育，其目的是培养懂艺术的人。②

吴时红的观点与此相似。她指出，广义的美育一般是指培养精神与身体协调和谐的完人的理想教育，它的要旨在于培养完整的人、完善的人格和完美的人性等方面，因而它是通过造就健全的人，进而造就健全的社会的教育。狭义的美育一般是指“专人”（与“完人”相对）的现实教育，它的要义在于培养艺术专门技能和专门人才等方面，因而它是培养人的艺术欣赏能力的教育。③

第三种观点：从美育的目的界定狭义的美育，而从美育的手段和美育的目的综合起来理解广义的美育。

许书明指出，狭义的美育通常称为审美教育，指以陶冶人的情感、培养人的审美能力为目的的一种教育。而广义的美育则指美的教育，是运用美学理论和美的现象，在审美关系中实施教育以培养人爱美、审美、创美素质及能力的一种教育活动。④

第四种观点：从美育的内容、形式等角度理解狭义的美育，而从美育

---

① 彭富春：《技术时代的审美教育》，《郑州大学学报（哲学社会科学版）》2008 年第 6 期，第 98 页。

② 高建平：《美育与社会改造》，《郑州大学学报（哲学社会科学版）》2008 年第 6 期，第 100 页。

③ 吴时红：《论美育在人生论美学中的“目的论”地位》，《美育学刊》2019 年第 2 期，第 10 页。

④ 许书明：《美育的性质新探》，《佳木斯教育学院学报》2001 年第 3 期，第 39 页。

的目的和教育的审美特征（即教育艺术）的角度界定广义的美育。

陈建翔指出，狭义的美育是整个教育的一个独立序列，与体、智、德三育并立。但是在扩展的理解上，美育的真正含义是“立美育人”，即按照美的规律来建造人，它体现于一切教育形式之中，是教育的灵魂和本义。①

檀传宝认为，狭义美育的极端形式为“艺术教育”，其一般形式为“美感教育”“审美教育”“审美立美教育”“审美观和美学素养教育”等；而广义美育则是指美育要追求人生的美学趣味和教育的美学精神。他还指出，美育定义由狭义而广义的过程中夹杂的另一个维度的变化就是：由形式美育走向了实质美育。所谓“形式美育”指的是以培养对象的审美素养（如审美观、欣赏美和创造美的能力等）为目标的教育活动。而“实质美育”则以上述目标为手段，追求美育的象外之旨：人生的美学趣味和教育的美学精神。②

这种观点将教育的审美特征或者说是教育艺术纳入美育之中，显然这是对美育的泛化，混淆了美育与教育美或教育艺术的关系。美育与教育美或教育艺术的界限清晰，不容混同。美育是教育的一个组成部分，是一种教育活动，它与德育、智育、体育、劳动教育相并列；而教育美或教育艺术则是众多的美或艺术中的一种，它与其他美或艺术相并列，指的是教育的一种特征——审美特征或艺术特性。

第二节　美育本质的“单质论”

美育本质是对美育活动最一般和最抽象的规定，也是决定整个美育

① 陈建翔：《人的生命节奏与“立美育人”》，《高等师范教育研究》1991 年第 3 期，第 27 页。
② 檀传宝：《美育三议题》，《江西教育科研》1997 年第 5 期，第 14—15 页。

理论体系的逻辑根据。关于美育本质，也有人称之为美育性质①或美育实质②。人们对于美育本质的认识，时至今日尚未达成共识。黑格尔在其《美学》中谈到对美的认识的分歧时曾指出："乍看起来，美好像是一个很简单的观点。但是不久我们就会发现：美可以有许多方面，这个人抓住的是这一方面，那个人抓住的是那一方面；纵然都是从一个观点去看，究竟哪一方面是本质的，也还是一个引起争论的问题。"③其实人们对于美育本质的认识又何尝不是如此呢！在当代中国美育学术研究中，关于美育本质的讨论始于20世纪80年代初，一直持续至今，先后形成了众多不同的观点。这些观点大致可分为四大类，即"单质论""双质论""多质论"和"综合论"。这里先分析美育本质的"单质论"，另外三种观点后面再述。

美育本质的"单质论"主张美育只有一种本质或性质。具体来说，这类美育本质论又大致包括美育目的、美育内容和美育方式等几种不同的考察角度。

一、美育目的的视角

所谓美育目的的视角，是指主要从美育的目的、效果或效应的角度来考察美育的本质。这种视角的美育本质观包括审美价值教育说、审美素质教育说、感性教育说、情感教育说、审美情感教育说、人文教育说、生命意识教育说、完人教育说、中和美育论等。

（一）审美价值教育说

持这种观点的学者，主要是从哲学认识论和伦理价值观相统一的角

---

① 仇春霖主编：《美育原理》，中国青年出版社1988年版，第83页；蒋冰海：《美育学导论》（修订本），上海人民出版社2001年版，第42页；杜卫主编：《美育学概论》，高等教育出版社2001年版，第20页。

② 杨恩寰主编：《审美教育学》，辽宁大学出版社1987年版，第65页。

③ ［德］黑格尔：《美学》第一卷，朱光潜译，商务印书馆1979年版，第21页。

度，着眼于审美主体和客体的相互关系，来探讨美对人和社会的意义，认为美是一种价值。凡在自然界、社会生活以及人们创造的物质产品、精神产品中，能引起人们的审美感受，满足人们的审美需要，给人以美的享受的事物和现象，就具有一定的审美价值。价值目标是人们从事实践活动的直接动因，它可以影响人的情感和行为，审美活动也是如此。而审美价值目标的认定，又是受一定的审美观念支配的。因此，审美观念的教育和审美价值的教育是一致的。没有正确的审美观念，就无法正确认识客体的审美价值。开展美育实践活动为的是培养科学的审美观，而这也正是为了更好地认识和创造审美价值。因此，他们认为美育是关于审美价值的教育。①

有人认为，这种观点的可取之处在于强调了美育的“综合价值”，即通过美育实践活动，可起到认识深化、道德感化、情感净化、智力开发和心理平衡等作用，可以提高人的精神境界，健全人的审美心理结构，培养个性和谐、全面发展的人。但是，将美育仅仅限于审美价值的教育，无法涵盖美育的丰富内容。同时，这一说法也过于空泛、笼统，概念不够清晰。因为审美价值有肯定性的价值和否定性的价值之分。到底指的是哪种价值，这两种价值之间又是什么关系？这种观点都未对此做出说明。因此，关于美育是审美价值教育的说法不够确切，也没有真正揭示出美育的本质属性。②应该说，对“审美价值教育说”的这种评价是中肯的，审美价值教育只是美育的部分内容而不是其全部，不能以偏概全。

（二）感性教育说

这种观点的主要代表人物是杜卫和冉祥华。

杜卫在系统阐释感性的内涵及其与美育的关联的基础上，将美育的本

① 仇春霖主编：《美育原理》，中国青年出版社 1988 年版，第 88 页。

② 仇春霖主编：《美育原理》，中国青年出版社 1988 年版，第 88—89 页。

质定位于感性教育。① 他认为，从人学的意义上来看，感性乃是对人的生存状况以及人性、人格而言的。第一，感性意味着生存的具体性，即个体性。人的生存都是具体的、个别的。感性意味着重申以人为目的，而且强调个体的人的重要性，即要求尊重个体，发展个性，充分调动和发挥个体的能动性。这可以说是美育作为感性教育的最基本、最关键的宗旨。第二，感性意味着人的“肉体性”。这里所说的“肉体性”不是纯生理学范畴，而是指人性、人格中与生理有关联的方面，如感觉、知觉、想象、情感、直觉等。当然，人的一切活动都有生理基础，但是理性活动与生理的关联是间接的；而在审美和艺术活动中，精神性因素总是直接与生理因素相贯通，是一种内在的关联。我们这里讲感性，就是充分地肯定美育与个体生理、心理的直接联系，强调美育对个体从无意识、本能欲望到纯粹精神意识的贯通式的整体性影响。第三，感性意味着生命活力。感性以人的本能冲动和情感过程为特征，感性的发达意味着生命活力的充沛。我们这里讲感性教育，就是充分强调美育对于保护和提升个体原发性的生命活力的意义。第四，感性意味着以情感为核心的一种心理能力。人的感性方面的能力主要包括感觉、知觉、想象、情感、直觉，它们在审美、艺术活动中作为综合性的直觉体验能力和情感交流能力而起作用。这些能力的高低直接关系到个体的生活质量。我们讲美育是一种感性教育，就是要在理性教育的同时展开一种与之相协调的感性教育，在开发人的理性能力的同时，促进人的感性能力的发展。第五，感性意味着体现于直观形式中的观念意识。观念意识并不仅仅体现于概念之中，它还体现于形象、话语等直观形式，从而有别于理论形态。直观形式中的观念意识往往比概念形式中的观念意识更丰富、更真实，而且经常先于理论概念而对人们的心灵和风尚产生深入细微的影响。我们讲美育是一种感性教育，就是强调美育以其特殊

① 杜卫：《美育论》（第二版），教育科学出版社 2014 年版，第 70—72 页。

的方式对个体的感性观念意识的影响。通过对感性的以上分析，杜卫最后总结道：“感性是一个贯通了肉体和精神的个体性概念，它以情感为核心，突出地表现为个体的直觉体验能力，所以美育被不少学者界定为‘情感教育’。但是，由于从严格的意义上讲，情感只是感性的一种形式，不可能包含感性这个概念的丰富内涵，因此，还是把美育界定为感性教育更为合适。由于感性涵盖了贯通肉体与精神的广阔领域，因此，作为感性教育的美育具有丰富的内涵与外延。”①

杜卫还指出，与传统的美育“陶冶论”不同，作为感性教育的美育应该是一种发展论。他认为，美育的“陶冶论”是教育伦理化、内敛化的一种表征。它抓住了美育对于培养人的高尚性情的积极作用，这是其合理的一面。但是，它很不全面，它只注重规范个体的性情，片面强调美育对个体心理的内聚性和趋同性作用，忽视甚至排斥美育对于个体心理的解放功能和个性强化作用。因此，有必要提出从“陶冶论”向“发展论”转变。美育发展论强调美育在开发个体的感性能力、激发生命活力、发展创造性等方面的积极作用，重视个体的审美需要，注重个体审美素质的提高。简单地说，美育就是以促进个体的审美发展（感性发展）为基本任务的。这里所说的审美发展，既包括满足感性的要求，也包括感性的提升，前者主要是相对于美育的个体性而言，后者则主要是相对于美育的社会性而言。所以，美育发展论是一种以感性为基点、又面向个体整体人格的美育观。②

冉祥华也指出，从“感性”的维度研究美育的本质问题是一条比较可行的学术方向。他从双重规定性的视角阐述了美育的感性教育本质。他认为，美育首先是感性教育，它通过审美能力的培养，发展人的感性。这是

① 杜卫：《美育论》（第二版），教育科学出版社 2014 年版，第 72 页。
② 杜卫：《美育论》（第二版），教育科学出版社 2014 年版，第 74—75 页。

美育本质的第一层规定性。美育以发展感性为目的，它就不同于德育和智育。德育和智育以发展理性为目的，这样就把美育与德育、智育区别开来，美育因此可以作为一种独立的教育成分，与德育、智育、体育相并列。另外，美育还有第二层规定性，即通过发展人的感性，促进感性与理性的协调发展。这就是说，美育作为感性教育，“发展感性”既是目的也是手段。在第一个层面，“发展感性”是目的，在第二个层面，“发展感性”则是以塑造完美人性的手段出现的。不过，他同时又指出，美育的基本任务是通过审美能力的培养来发展人的感性，但是美育的终极目的却又不在于发展人的感性，不在于人的“感性的发达”，而在于通过发展感性促进感性与理性的协调发展，以此来塑造完美的人性。这正是作为感性教育的美育的特殊性之所在。①

（三）情感教育说

关于美育属于情感教育的思想观点可以说是由来已久。孔子讲“诗，可以兴”②。而“兴”就是审美情感的激发；荀子强调音乐的乐情作用，他说：“夫乐者乐也，人情之所必不免也。”③《乐记》关于音乐对于情感的作用有更具体、更深入的阐述。梁启超、王国维等也从各自的立场论及情感与情感教育问题。

在我国明确将美育定位为情感教育则最早可以追溯到王国维和蔡元培。1903 年，王国维在《论教育之宗旨》一文中说：“教育之宗旨何在？在使人为完全之人物而已。”④所谓完全之人物，就是既有健康的体魄，又有健全的精神。王国维指出，精神能力有三种，即知力、感情和意志；与

① 冉祥华：《美育本质的双重规定性》，《郑州大学学报（哲学社会科学版）》2009 年第 2 期，第 100 页。

② 《论语·阳货》。

③ 《荀子·乐论》。

④ 王国维：《论教育之宗旨》，参见俞玉滋、张援编：《中国近现代美育论文选（1840—1949）》，上海教育出版社 1999 年版，第 10 页。

这三种精神能力相对应，需有三种教育，即智育、美育和德育；“美育即情育”，美育的功能是“使人之感情发达，以达完美之域”。① 上述三育，加上体育，四育并行，方能培养出“完全之人物”。1930年，蔡元培在为《教育大辞书》所写的“美育”条目中也明确指出：“美育者，应用美学之理论于教育，以陶冶感情为目的者也。”② 次年他在《美育与人生》一文中再次提出：“人人都有感情，而并非都有伟大而高尚的行为，这由于感情推动力的薄弱。要转弱而为强，转薄而为厚，有待于陶养。陶养的工具，为美的对象；陶养的作用，叫作美育。”③

由于王国维和蔡元培都是声名卓著的大学者，所以他们提出的美育就是情感教育的观点颇具权威性，至今仍得到广泛的认同。

朱光潜在《谈美感教育》一文中说：“美感教育是一种情感教育。它的重要我们的古代儒家是知道的。儒家教育特重诗，以为它可以兴观群怨；又特重礼乐，以为‘礼以制其宜，乐以导其和’。《论语》有一段话总述儒家教育宗旨说：‘兴于诗，立于礼，成于乐。’诗、礼、乐三项可以说都属于美感教育。诗与乐相关，目的在怡情养性，养成内心的和谐（harmony）；礼重仪节，目的在使行为仪表就规范，养成生活上的秩序(order)。蕴于中的是性情，受诗与乐的陶冶而达到和谐；发于外的是行为仪表，受礼的调节而进到秩序，内具和谐而外具秩序的生活，从伦理观点看，是最善的；从美感观点看，也是最美的。”④

---

① 王国维：《论教育之宗旨》，参见俞玉滋、张援编：《中国近现代美育论文选（1840—1949)》，上海教育出版社1999年版，第11页。

② 蔡元培：《美育》，参见俞玉滋、张援编：《中国近现代美育论文选（1840—1949)》，上海教育出版社1999年版，第207页。

③ 蔡元培：《美育与人生》，参见俞玉滋、张援编：《中国近现代美育论文选（1840—949)》，上海教育出版社1999年版，第235页。

④ 《朱光潜全集》编辑委员会编：《朱光潜全集》第四卷，安徽教育出版社1987年版，第145页。

滕守尧认为，“美育，归根结底是一种情感教育，它所要得到的，是一种使人格变高尚的内在情感。”① 曾繁仁也认可这一观点。他说“我们在美育的本质问题上也力主‘情感教育论’”②。他还指出：“将美育的本质归结为‘情感教育’的基本思想则是可取的。如果更全面地说，美育就是借助于美的形象的手段（包括自然美、社会美和艺术美）达到培养人的崇高情感的目的。”③ 在他看来，将情感教育看成是美育的本质，就从根本上为美育确定了独立的领域，即“情感教育”的领域，将美育与德、智、体三育区别开来，从而使美育具有了独立的意义和地位。王元骧认为，教育的内容可分为“心育”和“体育”两个部分。“如果说体育是为了增强体魄，那么心育则是为了塑造人格，而人的心理结构是由知（理智）、意（意志）、情（情感）三个部分组成的，所以就‘心育’而言，也应该涵盖知育、德育、美育，即知识教育、道德教育和情感教育三个方面，唯此才能使人的心灵得到全面而协调的发展，使人能为‘整全的人’。”④ 很明显，王元骧在这里也是将美育看成情感教育。实际上，他接着还进一步强调指出：“美育之所以重要，就在于它是情感的教育。”⑤

为什么将美育的本质归结为情感教育？人们对这个问题的回答并不一样，不少学者从各自的角度进行了分析。

孙世哲认为，美育所以是情感教育，首先是由美感的心理机制及其性质所决定的。美感是带有明显的情感体验的特征，以情感贯穿全过程，兼有感知、想象、理解等多种因素的一种心理活动形式。他认为，在审美实

---

① 滕守尧：《审美心理描述》，四川人民出版社 1998 年版，第 327 页。

② 曾繁仁：《试论美育的本质》，《文史哲》1985 年第 1 期，第 54 页。

③ 曾繁仁：《试论美育的本质》，《文史哲》1985 年第 1 期，第 52 页。

④ 王元骧：《审美教育与人格塑造》，载杨河主编：《中国美育年鉴（2013）》，北京大学出版社 2014 年版，第 16 页。

⑤ 王元骧：《审美教育与人格塑造》，载杨河主编：《中国美育年鉴（2013）》，北京大学出版社 2014 年版，第 16 页。

践中如果没有了审美主体的情感体验，那么美感也就不存在了。美感的这种性质和特点，决定了审美教育只能是一种情感教育，美育的过程就是人的情感理性化的过程。在美育过程中，用各种美的形象来触发人的情感，以美感人，以情动人，从而对受教育者起到潜移默化的感染和教育作用，进而达到情感的陶冶。①

李范对这个问题的分析视角是审美活动的性质。她认为，审美教育之所以是“情感的教育”，最根本的还是由于审美活动的性质决定的。在她看来，审美活动是由审美主体和审美客体相互作用而产生的一种特殊的精神活动，它具有区别于认知活动和道德活动的鲜明的特点。首先，审美活动是一种直觉性的活动。人们在欣赏美的事物时，不需要经过周密的思索和抽象的推理，而主要是依靠直观性的直觉，对于对象在一瞬间迅速地做出反应。其次，审美活动是一种超功利的活动。人在审美境界中，摆脱了物质的欲求和功利的束缚，达到了人与宇宙的和谐一致，实现了精神的自由和解放。再次，审美活动是一种情感活动。人在审美活动中，自始至终都伴随着强烈的情感体验，充满了情感的激动，从而获得极大的审美愉快。审美愉快与科学愉快、道德愉快、宗教愉快的本质区别在于，它既有感性的特征，又具有超感性的性质，它是感性和理性相互渗透、相互融合的产物，是多种心理功能（感知、联想、想象、情感、理解）综合起作用的结果。总之，它是一种具有高度综合性心理效应的特殊情感愉快。审美教育对人的情感的作用表现在，它可以激发人的情感、宣泄人的情感、净化人的情感和丰富人的情感。②

还有人从“情感的人化”的角度阐述美育的情感教育本质。如樊美筠认为，美育就是情感教育，情感教育就是情感的人化。情感的人化包括两

① 孙世哲：《美育是什么?》，《辽宁大学学报（哲学社会科学版）》1990 年第 4 期，第 62—63 页。

② 李范：《美育的性质及其独特功能》，《中国音乐教育》1993 年第 1 期，第 11—12 页。

层含义：第一层含义是，从动物的七情六欲向人的情感的升华。动物的七情六欲与其生存活动密切相关，它具有直接的功利性，当动物满足了自己的生活欲望时，就会产生快感，否则就会产生痛感。正因为动物的七情六欲受其生理本能的直接支配，因而动物的七情六欲就显得片面贫乏和单调。而人之所以为人，一个重要的标志就在于其情感摆脱了本能的直接支配，因而获得了丰富性、全面性和复杂性。可见，所谓情感的人化就是从动物的七情六欲的片面性、贫乏性和单调性上升为人的情感的丰富性、全面性和复杂性，而这只有使情感摆脱生理本能的直接支配才可能做到。第二层含义是，感性与理性的协调发展。动物没有理性，但光靠理性也不能塑造完善的人性。过分强调理性反而会使人丧失人性，使人成为机器。另一方面，过分强调感性也会使人丧失人性，人欲横流，情感泛滥，使人成为动物。因此，感性还必须和理性统一起来，这种统一既不是用理性来压抑感性，也不是将感性凌驾于理性之上，而是在感性中渗透着理性，在理性中不排除感性，使外在的理性原则受到内在的情感欲望的支撑，转为人的内在欲望，使人对情感欲望的满足合乎理性的规范。至此，理性和感性圆融一体，处处是感性，又处处是理性。① 李长风等人也持类似的观点，认为情感教育是美育最深层的本质。而情感的人化并非将人的情感逐渐理性化，情感的人化强调人的感性与理性的协调发展、和谐统一。作为情感教育的美育既反对感性的泛滥，也反对理性的极度扩张，寻求的是感性与理性的协调发展。②

对于“情感教育说”，学界既有肯定的意见，也有质疑的声音。

有人认为它有其合理之处，但也存在问题。因为艺术凝注着情感，作用于情感，各种审美活动无不表现为情感活动，审美本身兴发于情感。美

① 樊美筠：《审美教育与人的现代化》，《黑龙江高教研究》1991 年第 4 期，第 93 页。

② 李长风、姚传志：《美育概论》，山东人民出版社 1998 年版，第 2—4 页。

育也必须通过情感并作用于情感而进入心灵的塑造，这也是美育不同于其他诸育的特性所在。但这种提法仍有其片面性。因为人的情感并非完全是审美情感，而且审美也并非只有情感，还有理性判断。① 有人进一步指出，情感当然是美育的重要方面，但我们不能忽视美感活动中理性认识的作用，甚至情感的熏陶、感染只有在理智作用下才会更深沉、更浓厚、更持久。② 还有人指出，道德与宗教等也有陶冶人的情感的作用。因此，不能把美育仅仅看成是个人修身养性的一种手段。美育确有陶冶人的情感的作用，而且美育也必须从陶冶人的情感着手，但它的根本目的在于全面地培养人，塑造人的完善的理想人格。③

潘必新从两个方面对“情感教育说”提出了质疑。一方面，他认为将美育定性为情感教育不算有错，但不准确。④ 他说，情感教育确实十分重要，但是把情感教育归到美育的名下就发生了概念与内容不符的问题。把美育定性为情感教育，就把主要不应由美育负担的任务交给了美育，却把美育所应负担的、不可替代的作用冲淡以至掩盖起来了。常言道，没有无缘无故的爱，也没有无缘无故的恨。需要教人懂得什么东西值得爱，什么东西应该恨，这就是教人树立正确的世界观、人生观和价值观。显然，这是德育所应担当的任务，美育可以起辅助作用，但这不是美育的主要职责。情感教育还有一项非常重要的任务，就是教人学会用理智去引导和控制感情。这样就不难看出，情感教育同美育并不是一回事。美育的使命是培养对美、对艺术的鉴赏力。美育的功能是多样性的，而且是多层次的。促进鉴赏力乃是它的原始的、基本的、第一位的、第一层次的功能。在此

① 李田：《美育，是“美学方面的教育”——关于美育提法的再认识》，《教育研究》1990年第11期，第6页。

② 王善忠：《美感教育研究》，吉林教育出版社1993年版，第15页。

③ 蒋冰海：《美育学导论》（修订本），上海人民出版社2001年版，第46页。

④ 潘必新：《“美育即情育说”商榷》，《美育学刊》2012年第4期，第1—5页。

基础上，它能发挥辅助德育和情感教育的功能，这是它的派生的、第二层次的功能。美育同德育、智育、体育互相结合和配合，合力促进人的全面发展，以造就完人，这是美育的第三层次的功能。之所以说把美育定性为情感教育不算有错，但不准确，就是因为这个观点把美育功能的层次搞乱了，搞错了，把它的第一位的基本功能撇开了，把它的第二位或第三位功能摆到第一的位置上。因此，说美育就是情感教育这个提法是不恰当、不准确的。另一方面，潘必新还认为情感教育没有办法实施。① 他指出，情感的含义是非常丰富、复杂的，我们对情感尚无法做出明确的定义。既然人们对于情感究竟是什么都还没有一个共同的、统一的认识，那末要进行所谓的情感教育，试问从何着手呢？他进一步指出，情感有丰富的内涵，那么其内涵中的哪一方面需要或宜于进行教育呢？先看情感的生理基础，那是神经系统、内分泌系统和循环系统之类的生理机能，教育对这一切恐怕鞭长莫及。再看情感体验，就是喜怒哀乐之类的感情，这都是与生俱来无需教育的。看来在情感领域之内，容许教育有用武之地的大概只有两个方面：第一，使情感同信念、道德联系起来，从而使情感有明确的指向，这就是教人懂得爱什么，恨什么。第二，发展控制情绪表现的方法，使人的情绪表现在社会上可以令人接受。这两种教育都由来已久了，而且确实是行之有效的。但是这两种情感教育都超出美育的范围了。前一种属于思想道德教育，后一种属于行为规范教育，这都不是美育所应负担和所能负担的。由此可见，美育是情感教育的观点并不是对美育的科学规定。

杨杰也表达了类似的观点。他说，“情感”一词的厘定存在差异，笼统地将美育认定为“情感教育”显然不妥；退一步说，即使假定今天对“情感”的含义已经有了初步的界定，那么，美育究竟培养了什么样的情感，是情感的全部还是其中的哪一个部分？情绪具有先天生理的机制，是

① 潘必新：《论美育的使命》，《哲学研究》2000 年第 6 期，第 40—41 页。

与生俱有的，不需要通过审美教育就能产生。而情感是由情绪长期稳定的发展，经过社会化的规范而培养出来的稳固的、习惯的表达方式，包括道德感、美感和理智感等。在这其中，道德感和理智感均与认知相关联，前者要通过道德教育来培养，后者则离不开理智教育。由此可见，即使是在高级的情感中，属于审美教育的成分只有美感，而其他的都不属于美育范畴。①

针对有人从历史上寻找美育是情感教育的支持证据，有学者表达了不同的看法，认为在美学史上不少人都把美育的性质看成是情感教育，但这只能当作历史上存在过的人们对美育的看法，并不能作为美育就是情感教育的理论依据和科学证明。

（四）审美情感教育说

这种观点是“情感教育说”的进一步的发展。持此观点的人认为“情感教育说”尚未看到美育与德育、智育等的区别，还没有真正揭示出美育的本质。美育不是一般的情感教育，而是一种审美情感的教育。

杜卫提出，根据真、善、美和知、情、意三分法，美育是一种情感教育。但是情感的含义广泛，至少包括理智感、道德感和审美感，而美育主要是审美情感的教育，这就是美育最基本的性质。② 他认为，作为审美情感教育，美育通过培养人的审美能力和审美意识，促进其全面发展。

前面提到，曾繁仁也曾主张美育是情感教育。但是他的观点后来有所转变，倾向于“审美情感教育说”。他在与高旭东合著的《审美教育新论》一书中指出，将审美教育大致划定在情感教育的大范围之中是有道理的，但是若要这一概念经得起推敲，还需加上许多限定词进一步阐发。该书指出，“审美教育作为‘情感教育’中的‘情感’，不是一般的情感，而是‘审

① 杨杰：《当前美育研究中亟待澄清的两个问题》，《江西师范大学学报（哲学社会科学版）》2004 年第 6 期，第 89—90 页。

② 杜卫：《论现代美育学的理论构架》，《文艺研究》1993 年第 5 期，第 6 页。

美情感'。"[①] 情感大体上可以分为三种：一种是以情感本身为目的的审美情感，一种是以伦理实践为目的的道德情感，还有一种就是为追求真理的认知服务的认识情感。由此可知，审美情感区别于道德情感和认识情感的地方在于，它只是为了满足人的情感需求。审美情感因为摆脱了现实的利害、直接的功利主义和科学认知的束缚，所以自由性成为审美情感的一个重要特点。[②] 与审美情感的自由特性相联系，它的另一个特性就是创造力。只有在审美情感领域，才始终伴随着创造性活动。基于以上分析，该书最后总结道："美育作为情感教育，不同于一般的情感教育，而是一种非功利非认识而以自由和创造力为特征的情感教育。"[③]

彭祝斌认为，将美育视为情感教育的传统观点忽视了情感的审美规定性，因而也主张美育是一种审美情感教育。[④] 他指出，把美育看作情感教育并不算错，它着眼于美育的过程和侧重面，将美育跟德育、智育和体育区别开来。它注意到智育是一个认知过程，侧重知识、能力的培养；德育是一个意志过程，侧重于对道德伦理的规范；体育是一个肌体运动过程，侧重体格、体质的训练；而美育则主要是一个情感过程，侧重于对情感的熏陶和培养。所以他说，这样的美育观比起那种将美育仅仅归结为艺术教育的狭隘观点以及那些抹杀美育自身的特点，将美育或包容或从属于其他教育的极端论调远为高明，它在相当程度上揭示了美育的本质。但是他又认为，这种观点仍然显得笼统、含混。他也认为"情感教育"是一个相当宽泛的概念，它既包括审美情感教育，也包括道德感、理智感、运动感等多种情感教育。所有这些情感教育的实施，是由美育、德育、智育、体育

---

① 曾繁仁、高旭东：《审美教育新论》，北京大学出版社 1997 年版，第 100—101 页。

② 曾繁仁、高旭东：《审美教育新论》，北京大学出版社 1997 年版，第 105 页。

③ 曾繁仁、高旭东：《审美教育新论》，北京大学出版社 1997 年版，第 123 页。

④ 彭祝斌：《论美育中情感教育的审美规定性——关于美育本质问题的思考》，《湖南大学学报（社会科学版）》1997 年第 4 期，第 43—45 页。

等多种教育形式来实现的。因此，“情感教育”并不能严格界定美育的本质内涵。美育的实施必须借助多种审美手段（如艺术作品、自然风光、人文景观的观赏等），来引导受教育者以审美的态度对待世界，通过对美的感受和体验，使个体的内在精神和情感升华到崇高的境界。审美情感是人类审美活动中出现的一种独特的情感形式——它能超越主体个人利害的精神愉悦，并能将审美主体引入摆脱一切物质束缚和道德强制的心灵自由的崇高境界。因而，美育是在对世界的审美关系中的情感教育，也即美育是一种审美情感教育。

还有学者指出，笼统地把审美教育界定为情感教育，并不能将其与道德教育、宗教教育严格区分开来。因为在道德教育中有道德情感的教育，在宗教教育中有宗教情感的教育。王旭晓认为，审美教育所指的情感教育是指审美情感的教育。审美情感是多种心理功能的产物，是个体的、感性的、有欲望功利的情感与社会的、理性的、非欲望功利的情感协调运作的结果。审美情感具有超越性，它是感性与理性和谐交融的结果，是一种自由的体验。在这种情感的支配下，主体既不会有像在道德领域中所感受到的那种来自社会的强迫，也不会有像在理智领域内所感受到的那种来自理性的强迫。审美情感虽具有超越性，但也不等同于宗教中那种迫于无奈的虚幻的超越。审美情感是主体的一种积极主动的建构。审美教育就是培养这样一种情感的教育，但它的目的并不仅在于此，它的最终目的是要通过对人的审美情感的激发和培养，建立起一种全面和谐发展的健康人格。①

姚晓南也认可美育是审美情感教育的观点。他从人与现实的特殊关系以及人对现实的掌握能力的角度对此进行了分析。他认为，人与现实之间存在着种种关系，这些关系最终都可归结为认识关系、功利(意志、道德)关系和审美关系。面对纷繁复杂的现实世界，人们必然地产生并形成了反

---

① 王旭晓：《美学原理》，上海人民出版社 2000 年版，第 327 页。

映和把握它们的相应的心理能力。德国哲学家康德把人的这些心理能力分为知、意、情三种形式，认为“知”属于认知领域，“意”属于道德意志领域，“情”则属于审美的领域，相应地人就具有三种能力：认识力、道德意志力和审美力。“情”（审美力）对于沟通“知”（认知能力）和“意”（道德意志力）具有中介和桥梁作用。那么，对应于人与现实的审美关系的，就是人的审美能力，亦称情感判断力。作为情感教育的美育，就是审美情感教育。美育借助于艺术美、自然美、社会美等各种美的形象，通过培养人的审美能力即情感判断力，陶冶人的高尚情感，达到使人的个性获得全面发展的目标。①

对于这种观点，也有人表示了质疑，认为以审美情感来界定审美教育的本质也不科学。因为就审美教育的任务而言，培养审美观和审美理想、掌握美学理论以及塑造审美人格等都是它的任务范围；就审美活动而言，除了情感这一重要因素以外，还有感知、想象和理解等一系列心理因素。此外，从教育活动整体来看，情感教育也不是审美教育的专利，道德教育和宗教教育都包含有情感教育。② 这种质疑是有道理的。应当承认，审美情感教育说比情感教育说的合理成分更多一些，它揭示了美育中的情感与其他的教育中的情感的差异。但是，它确实也存在以偏概全的问题。实际上，除了培养审美情感，美育还有其他的任务；同时，美育活动除了审美情感，还有其他的因素参与其中。

（五）人文教育说

这种观点的代表人物是叶朗和姚文放。叶朗认为美育属于人文教育，其目标是发展完满的人性。他指出，人不同于动物，人不仅有物质的需求，而且有精神的需求。这是人性的完满性。如果不满足人的精神需求，

① 姚晓南：《论现代美育的本质特征》，《广东教育学院学报》1995 年第 4 期，第 62—63 页。

② 杜汉生：《美育本质研讨的回顾与探新》，《湖北师范学院学报（哲学社会科学版）》2001 年第 4 期，第 3 页。

人性就不是完满的，人就不是完满意义即真正意义上的人。人的精神的需求也是多方面的，其中一个重要方面就是人要真正感受到自己活在这个世界上是有意思的，有味道的。这就是蔡元培说的人“在保持生存之外，还能去享受人生”①。这个享受不是物质享受，而是精神享受，是精神的满足和愉悦。审美活动给予人的正是这种精神享受。由于审美活动的核心是审美意象的生成，所以审美活动可以摆脱实用功利的和理性逻辑的束缚，获得一种精神的自由。审美活动又可以使人超越个体生命的有限存在和有限意义，获得一种精神的解放。这种自由和解放使人得到一种欢乐，一种享受，因为它使人回到万物一体的精神家园，从而感到自己是一个真正的人。审美教育就是引导人们去追求人性的完满，这就是美育的最根本的性质。②

姚文放提出，审美教育是美学这门人的哲学在教育领域中的具体应用，充分体现着美学的人文精神。美学以对于人生真谛的思索、追踪和破解为使命，表现出对人类命运的终极关怀，对存在价值的不断追问，对生命意义的最高阐释，对精神极限的顽强挑战，从而为人类进步提供有力的人文导向，为历史进步输送巨大的精神动力。他认为，美学的这种丰富、深湛的人文内涵使审美教育的人文理想定位有了内在的根据。审美教育应张扬人文理想的内涵，去照亮人们的思想，启迪人们的心灵，对人们的趣味格调发挥积极的陶冶、引导和感召作用。③

（六）生命意识教育说

在这种观点看来，人生的基础和前提是生命；没有良好的生命意识，就很难建构起健康积极的人生观。这里所说的生命，包括自我生命、他人

① 蔡元培：《与〈时代画报〉记者谈话》，参见高平叔编：《蔡元培美育论集》，湖南教育出版社 1987 年版，第 215 页。

② 叶朗：《美学原理》，北京大学出版社 2009 年版，第 402—405 页。

③ 姚文放：《当代审美文化与审美教育新概念》，《益阳师专学报》1998 年第 1 期，第 27 页。

生命、群体生命乃至包含这些在内的整个世界的生命。这里所谓的意识，包括直接的感性体验和间接的理性认识。生命意识是人首先区别于动物的地方，也是人性的基本内涵。生命意识的培养旨在形成一种健康积极的生命意识。美育对于人的健康发展和积极人生的建构具有十分重要的作用。在这种观点看来，美育是与生命意识最为贴近的教育，从某种意义上讲美育就是生命意识的教育，其作用在于培养同情怜悯之心和积极的人生态度，提升人生境界，促进人的“诗意的栖居”。[①]

王德胜则从人的全面发展的角度系统阐述了美育的生命意识教育本质。他认为，当代审美教育的根本目的在于全面开发人的生命意识。他说：“在传统形式上，‘寓教于乐’或‘技能至上’倾向的审美教育，说到底，无非片面规定了审美教育的单一功能；或者是人的道德精神的教化，或者是个体艺术技能的训练。由此，审美教育成了一种规范教育，一种对个体道德观念与行为的规范和个体形式化能力的规范。”[②]针对当代中国文化审美化进程所产生的感性多元化趋向，他认为这在事实上已经打破了审美教育活动的单一功能，而在多元综合方向上确立了人的全面发展意识的要求。人的全面发展从根本上来说是以人的自我生命意识的发现和强化为核心的。审美教育之于人的自我生命意识的全面开发，突出了人的主体性存在，提高了人对于自我生命的自觉意识和对于自我生命发展的积极要求。也就是说，在当代审美教育中，人的自我生命意识的全面开发，不以个体能力的单一局部发展为目标，不以个体活动的现实形式为满足，亦即不以外在规定性力量为自身形式。相反，在全面开发生命意识的过程中，当代审美教育活动将人的内在自我生命意识直接理解为人的现实活动的主导机制；人的自我生命意识的全面开发

① 王文革、袁一宁：《美育：生命意识的教育》，《北京教育（高教）》2018 年第 3 期，第 6—9 页。

② 王德胜：《当代中国文化景观中的审美教育》，《文史哲》1996 年第 6 期，第 69 页。

过程，成为由审美教育活动所引导的人的自我发现和发展活动的整体实现。由此，通过审美教育的实施，人的自我生命意识的全面开发，既是对有限现实的突破，同时又是对外在规定性力量的突破，而人的全面发展也只有在这一过程中才得到了积极的体现。基于以上分析，王德胜最后指出，当代审美教育朝人的自我生命意识全面开发的转向，实际就是对作为确定价值体系的规范性力量的突破。在自内而外的层面上，以人的自我生命意识全面开发为目标的当代审美教育，通过对道德教化形式和艺术技能训练形式的有限性的否定，具体指向了人的发展的完整领域。①

（七）完人教育说

持这种观点的人认为，人类历史是一个不断趋向于自由的无限历程。美育就是使受教育者获得自由，并不断趋向更高自由的教育。以获取自由为目的的美育，必然要求受教育者的全面发展。具体而言，即是要使人在身体结构—功能、智力结构—功能、人格结构—功能、审美心理结构—功能等方面都得到发展。全面发展是美育的原则。从这一意义上来说，美育是一种完整人格的培养和塑造，是一种完人教育。②

这种观点显然夸大了美育的价值。完人或完整人格的培养有赖多方面的教育，仅靠美育是不可能完成这个重任的。正如潘必新所指出的，德、智、体、美几个方面都得到发展的人，才能称得上完人；四育并行的教育才配称为完人教育。美育只是把人塑造为完人的多种教育之一，把美育称为完人教育，或许是为了强调美育的重要性。但是这种说法模糊了美育的性质，夸大了美育的作用，把美育担当不起的任务加到了美育身上，实际上也无助于美育的实施。③

① 王德胜：《当代中国文化景观中的审美教育》，《文史哲》1996 年第 6 期，第 69—70 页。
② 李满：《美育涵义新探》，《长沙水电师范学报（社会科学版）》1987 年第 2 期，第 69 页。
③ 潘必新：《论美育的使命》，《哲学研究》2000 年第 6 期，第 41 页。

（八）中和美育论

这是由曾繁仁提出的一种观点。他认为，“情感教育说”从总体上把握了美育不同于智育与德育的本质特征，但仍有其局限，那就是仅侧重于美育的对象与手段而对其整体特征缺乏更深层次的把握。于是，他在“情感教育论”的基础上，提出了“中和美育论”。他指出，美育的本质是通过培养协调和谐的情感，进而塑造协调和谐的人格，达到人与自然、社会的协调和谐。他由“中和美育论”出发明确提出，美育的目的决不是单纯的培养某种审美的技巧、艺术的技能，而是培养审美的人生观，亦即培养“生活的艺术家”，自觉地以审美的态度对待人类，对待社会、自然、人生与自我。美育是通过审美感受力与欣赏美、创造美的能力的培养，进而培养一种健康高尚的审美情感，由此塑造和谐协调的人格，确立和谐协调的审美的世界观、人生观。这种审美的世界观和人生观，就包含以审美的态度对待自然、社会和人生，而最终的审美理想就是为建立一个和谐协调的审美的人类社会而奋斗。在此，审美的理想与人的理想、社会理想，完全统一。①这种所谓的“中和美育论”，从其具体内容来看，也许称之为“和谐美育论”更为合适，也更易于理解。因为它的意思很明显，就是主张美育是培养和谐人格的教育。

（九）审美素质教育说

这种观点的代表人物是杜汉生。他将审美教育看成是审美素质教育。什么是审美素质？他指出，从狭义上说，审美素质是人们为了开展审美活动，满足自己审美需求所必须具备的主体素质。为此，它不但要求人们应该具备从审美感知到审美情感等一系列心理——生理特质，而且为此要求人们应该自觉进行有关美学知识的学习以及相应的艺术训练。因为善于辨别音律的耳朵和把握形式美的眼睛作为人化的自然，并非完全的天赋的自

① 曾繁仁：《走到社会与学科前沿的中国美育》，《文艺研究》2001年第2期，第15—16页。

然物。审美感知如此，审美情感等亦然。从广义上看，审美素质作为人所具备的主体素质之一，它是人类所拥有的本质力量，是人与一般动物相区别的标志之一。审美需求作为人的行为动机属于高层次需求，审美素质作为审美需求所驱动的审美实践的成果，应该是人的主体素质中较为晚进也较为高层的素质。因此，审美素质非但不与其他素质相对立，而且有赖于其他素质的具备和成熟。也就是说，审美素质与人的智力素质、身体素质等是有依赖关系的。这就决定了审美素质的培育本身就是一种全面教育，既要个体主体全方位参与各种教育活动和社会活动，也需要学校乃至社会全方位参与对个人主体的审美素质的培育。

在杜汉生看来，以审美素质的教育来界定审美教育，可以取代以前对审美教育的种种界定。因为它涵盖了美学知识教育说、美感教育说、艺术教育说和情感教育说等审美教育界说的见解与主张。他还指出，按照哲学和逻辑的看法，事物所具有的普遍性越强，其抽象程度越高，距离自己的本质也就越近。过去的审美教育本质诸说之所以各有合理之处而又相互之间争持不下，其重要原因之一就在于它们处在相同的层面上，彼此之间无法取代。如果采取审美素质教育说，就有可能将上述诸说的基本主张内化为自己的一个部分，从而在整体上明显地高出以往诸说的层次。因此，这种取代是可以成立的。同时，由于这种取代又是对以往诸说的包容，因而它还意味着对以往诸说合理内核的继承，所以这种取代又是可取的。①

以上是审美素质教育说的基本看法。这种美育本质观应该说还是较为合理的。以往的美育目的视角的各种美育本质观要么失之过狭，窄化了美育的目的，如只是列举审美观念（价值观）、感性、情感、审美情感等美育的某一种目的；要么失之过宽，如将美育目的抽象为人文、生命、完

① 杜汉生：《美育本质研讨的回顾与探新》，《湖北师范学院学报（哲学社会科学版）》2001 年第 4 期，第 1—6 页。

人、和谐协调等内容，这显然拔高了美育的目的，抹杀了其他教育在人的培养中的贡献，没有体现美育的独特性质。审美素质教育说的可取之处在于，它首先具有较高的抽象程度，可以将以往人们提及的那些美育目的囊括其中，从而解决了只是列举美育某一种目的的窄化问题；其次，它的抽象程度又不过度，比较恰当地揭示了美育区别于其他教育的独特之处。

二、美育内容的视角

所谓美育内容的视角，是指主要从美育内容的角度来考察美育的本质。这种视角的美育本质论包括艺术教育说、美学理论教育说和美的教育说等。

（一）艺术教育说

美育与艺术教育的关系也是一个重要的美育基本理论问题，同时又是学界一直在研讨的一个热点问题。正如有人所指出的：美育与艺术教育的关系问题关乎对美育的基本认识，因此在美育基本理论研究中一直占有重要的一席之地。尽管从理论上说，教育学界长久以来就警惕以艺术教育化为代表的美育狭隘化倾向，然而在美育实践中由于艺术教育的可操作性较强，艺术教育在教学安排中仍然无可避免地成了美育的最主要和最直接的实施手段。而关于美育与艺术教育之间关系的探讨和争议，也就一直没有停止过。① 在讨论中出现的一种影响较大的代表性的观点是认为“美育即艺术教育”，当然对这种观点也有不少反对的意见。

持这种观点的人认为，美学是关于艺术的科学，它的研究对象主要是艺术，因而作为美学理论的具体实践和最后归宿的美育，自然是艺术教育。也由于艺术是美的典型样式，所以不少学者认为美育就是艺术教育。在这种观点看来，审美教育是旨在培养受教育者的艺术感受力和艺术创造

① 林清凉：《2014 年中国美育研究述评》，《美育学刊》2015 年第 4 期，第 43—44 页。

力的教育活动。

其实将美育看成是艺术教育的观点早已存在。1921年，天民就提出“艺术教育（一名美育）不论东洋西洋，都是从古倡导的”①。这说明他是将美育和艺术教育看成是同等的概念。1930年，冰弦在《艺术教育的意义和功用》一文中更是非常明确地将美育等同于艺术教育。他说：“美育，不能说是‘美的教育’的省词。‘美的教育’，就是‘艺术教育’。……美的所在，就是艺术的所在，他们的范围，可说是完全一致。所谓美的教育，就是艺术教育，实不必以名词不同，而强分区别。”②在现当代，也还有人主张这种观点。1984年，蒋孔阳曾经指出，“审美教育归根到底还是一种艺术的教育。”③他还对此观点作了进一步的解释：“娱乐、爱美、情感和人品等方面的教育，固然可以通过各种途径来进行，但却最集中地落实到艺术的教育上。艺术给人以最充分最完满的美的享受，最充分地表现了人对现实的审美态度，最能陶冶人的情感，培养人的品格。”④

对于这种观点，也有不少人表示否定。早在1981年，洪毅然在《论美育》一文中就表达过反对的意见。他说，因为艺术是人类审美实践的集中体现，所以实施美育的基本手段主要是艺术。通过各种各样艺术品的创作实践和欣赏实践而培养人们的审美兴趣，提高人们的审美能力，增进人们的审美素养，端正人们的审美思想，无疑是很有效的。“然而，必须明确：美育与艺术教育还不应当简单地等同起来，因为美育不仅通过各种艺术，亦可以通过自然事物与日常生活而实施。忽视后两者，美育便不

---

① 天民：《艺术教育学的思潮及批判》，《北京大学日刊》第841号，1921年2月23日。

② 冰弦：《艺术教育的意义和功用》，《湖南教育》1930年第5期；转引自吴东胜：《中国美育形态的古今转换和历史变迁》，《求索》2004年第7期，第148页。

③ 蒋孔阳：《谈谈审美教育》，《红旗》1984年第22期；参见瞿葆奎主编：《教育学文集·美育》，人民教育出版社1989年版，第14页。

④ 蒋孔阳：《谈谈审美教育》，《红旗》1984年第22期；参见瞿葆奎主编：《教育学文集·美育》，人民教育出版社1989年版，第14页。

全面。”①

蒋孔阳后来对于自己原来的观点也进行了修正。他从目的视角对美育和艺术教育进行了区分。他说，艺术教育的目的是培养艺术人才，培养画家、音乐家、舞蹈家、戏剧家等，其所着重的是艺术的技巧、才能和实践。而美育固然离不开艺术，但它的目的不在于培养艺术人才，而在于全面地培养人。②

那么，“艺术教育说”到底存在什么问题？徐碧辉指出，这种观点有两个方面的欠缺。其一，把美育局限于艺术教育，缩小了美育的范围，局限了美育的视野。美育是一种范围宽广、弹性很强的教育形式，其手段和途径是多种多样的，艺术教育只是其中的一种。其二，它又把艺术教育等同于艺术知识和技巧的教育。艺术教育从根本上说是要培养人的艺术心灵和人格，使之保持赤子之心，培养和发展其丰富的感受力和想象力，而仅仅局限于艺术知识和技巧培训的艺术教育恰好忽视了这一点。她认为，在这种所谓的艺术教育中，艺术知识成了与其他门类知识并列的一种知识，这就给功课本来就已经繁重不堪的学生增加了负担。即使学生不怕负担繁重，出于对艺术的天然兴趣而接受这种教育，它也顶多只能培养出一些出色的艺匠而已。更有甚者，某些学校在功利思想的驱动下，还使艺术教育变成了参赛获奖的手段。这样，学生一边学习空灵无欲的艺术，一边却希望以这种艺术给他们带来荣誉和利益。这种功利主义浸染下的“艺术教育”与美育的初衷可谓南辕北辙。③

张泽鸿在反思中国美育思想演进的历史时也指出，百年来有一个最大的概念混淆就是将“美育”与“艺术教育”看成是一回事，二者在大多数

① 洪毅然：《论美育》，《美学》（年刊）第 3 期，上海文艺出版社 1981 年版；参见瞿葆奎主编：《教育学文集 · 美育》，人民教育出版社 1989 年版，第 22 页。

② 见蒋冰海：《美育学导论》（修订本），上海人民出版社 2001 年版，序第 2 页。

③ 徐碧辉：《美育：一种生命和情感教育》，《哲学研究》1996 年第 12 期，第 58—59 页。

情况下被通用和混用。他认为，美育与艺术教育是有本质区别的，一般意义上的艺术（音乐、绘画等）教育与审美教育存在本体性差异。艺术教育与审美教育有交叉，但无法重合，审美教育需要借助艺术教育，艺术教育是美育的途径之一，艺术教育的过程也需借助审美手段。但二者的目标是不同的，艺术教育的目标在于艺术技能与艺术创造、艺术感受，而审美教育的目标在于审美经验与审美能力。他还进一步指出，从本体论看，艺术教育的本体是“创造”之维，关心的是人与艺术的关系，人与自我、人与群体、人与世界都围绕艺术这一人造物进行活动，如果离开了艺术，艺术教育的目标和手段都无法存在；而审美教育的本体是人格之维，关心的是人对世界的态度，人与自我、人与群体、人与世界都围绕着审美经验来展开，美育只有在审美经验中才有实施的可行性。这是可以交叉却永远无法重合的两条线。在他看来，正是由于美育与艺术教育的混淆，也导致了美育的学科边界模糊（跨界）和美育自身的困境，美育的诸多功能被艺术教育所僭越，而失去自身的价值定位和目标预设。①

此后还不断有人继续分析和质疑“艺术教育说”。如王旭晓指出，毫无疑问，美育与艺术教育有着最密切的联系。在历史上，最早的美育实际上就是艺术教育，而且艺术教育至今还是美育的最重要的教育手段之一。但艺术教育与审美教育也不能完全等同。艺术教育中有很大一部分是艺术技巧的教育，并以培养人的艺术感受力和创造力为主。审美教育却不一定涉及艺术技巧的培养，对艺术的感受力的培养也是为主体形成完善的审美心理结构和健康人格服务的。艺术教育以艺术作品为教育手段，而审美教育除艺术作品之外，还以广泛的审美活动为教育手段。所以审美教育并不等同于艺术教育。② 仇春霖和蒋冰海也指出，艺术是社会审美意识的集中

① 张泽鸿：《百年西方美育中国化的理论反思》，《安徽电气工程职业技术学院学报》2013年第2期，第8页。

② 王旭晓：《美学原理》，上海人民出版社2000年版，第326页。

表现。艺术美是美的典型形态，它较之现实美更集中、更纯粹、更理想，而且可使瞬息万变的现实美得到长久的保存。实施美育离不开艺术，艺术和艺术美在美育中具有特别重要的地位。艺术教育是美育的重要内容，艺术和艺术美是实施美育的基本手段。然而，我们却不能因此而将美育的性质简单地归结为艺术教育。因为艺术教育只是美育内容的一部分，美育比艺术教育的内容和范围更为宽广。人类的生活是丰富多彩的，美也是多方面的，除了艺术美以外，还有自然美、社会美、科学美和技术美，它们都是美育的重要内容和手段。所以，美育离不开艺术教育，但又不限于艺术教育。因而，我们不可将美育等同于艺术教育。①

杜卫同样既肯定美育与艺术教育具有密切的联系，又指出两者并不是等同的关系。②他说，艺术是审美的集中、典型形态，作为审美教育的美育当然也是以艺术教育为主要途径。但是，美育和艺术教育并不是等同的关系，而是交叉关系，它们有相互重合的部分，又有不同的部分，不能用艺术教育替代美育。不过他同时又指出，美育的主要途径是艺术教育。首先，尽管审美活动不限于艺术范围，但是艺术却是审美最集中、最典型的形态，而且人们平时的审美活动也多数是在艺术范围之内。因此，艺术教育也是美育的主要实施形式。其次，在学校教育中，艺术课程是学校实施美育的专门课程，也是实施美育最为便利的途径。尽管美育还应该渗透到其他课程中，但是艺术课程是实施美育毋庸置疑的主渠道。只有通过艺术课程才能使学生得到审美体验，培养他们的审美兴趣和能力，进而提升他们的审美和人文素养。再次，美育的基础是艺术教育。从个体的发展来讲，人们是从学习艺术开始，然后再学会观赏自然的，所以艺术教育是循

① 仇春霖主编：《美育原理》，中国青年出版社 1988 年版，第 86—88 页；蒋冰海：《美育学导论》（修订本），上海人民出版社 2001 年版，第 46 页。

② 杜卫：《当前美育和艺术教育关系的若干认识问题》，《美育学刊》2019 年第 3 期，第 1—4 页。

序渐进地培养人的审美能力和审美素养最有效的途径。由此可见，离开了艺术教育，美育就很难得到落实。当然，艺术教育也包含了一些传统美育观念所不能涵盖的方面，特别是近年来国内外艺术教育内涵和外延在不断拓展，艺术教育已延伸至心理健康、精神疗愈、社区文化融合、创意能力培养等方面。由于对美育和艺术教育关系的认识还存在某些误区，影响了美育教学的成效。其中有一个认识误区，就是把作为通识教育的艺术教育混同于专业艺术教育。他认为，我国的“艺术教育”概念至少包含两个意思：一个是专业艺术教育，一个是通识艺术教育（也可以称作“普通艺术教育”）。前者是以培养艺术专门人才为目标的，按艺术门类分为音乐教育、舞蹈教育、美术教育、设计教育、戏剧教育、影视教育等专业，分门别类培养从事艺术创作、制作、表演等方面的人才。在这类艺术教育中，也需要培养学生的审美和人文素养，也有促进学生全面发展的任务，但同时大量的艺术专门知识和技能的教学是为培养专门人才服务的。后者则是面向全体学生的通识教育，以美育为主要目标导向，以提升学生的审美和人文素养为主要目标。他认为，作为美育主要途径的艺术教育指的是这类艺术教育。这类艺术教育也需要有一些艺术知识和技能的教学，但那是为了培养学生的艺术兴趣和艺术理解力服务的。因此，这两种艺术教育虽然有重合之处，但是它们的目标不同，其特点、规律、内容和方法也相应不同。作为美育的艺术教育，就必须遵循美育的特点和规律，紧扣美育的目标。然而目前的实际情况恰恰是经常混淆这两种艺术教育，而且专业艺术教育的许多做法被“移植”到作为美育的艺术教育课程中。在他看来，普通艺术教育和专业艺术教育是有区别的，普通艺术教育中艺术知识和技能的教学根本上是为激发学生的艺术兴趣、深入体验艺术作品的深层内涵服务的。这种教学是必要的，但不是目的。因为普通艺术教育的目的不是培养专业艺术人才，而是提高学生的审美和人文素养。因此，美育教学中的艺术知识和技能教学要导向帮助学生培养艺术兴趣、提高审美能力、具备初步的艺术创作能力这些目标，而不是单纯的知识和技能学习。

周星在评述当代中国艺术教育热点问题时，对艺术教育与美育的关系作了新的梳理。他指出，艺术教育是美育的重要组成部分，也是美育的主要实施途径，但美育却不只是艺术教育，尤其是技巧性艺术教育显然还不是美育的全部。美育除了通过艺术教育来实现，还有更为扩大的范畴。他认为，艺术教育和美育最大的公约数是艺术技能技巧和审美之间的关系。艺术教育在精神哲学层面上和具体的技巧之间的关系需要和谐宽容，没有审美理论的引导和提升，艺术技能教育就不能实现美育的完善化；没有艺术教育依托的美育，也会拘泥于理论界域的阐释而失去审美最为重要的依托形式。他最后强调说，让艺术工作者具有审美精神来提升技巧效能和方向，让审美教育更多落实在多样艺术的实践中而得到印证落实，是新时代美育的重要任务，需要做更多的探讨。①

（二）美学理论教育说

持这种观点的人认为，美育主要是对受教育者进行美学理论和普及美学知识的教育，旨在提高人的美学素养和审美文化水平。

人们一般将这种观点的源头追溯到蔡元培那里。因为蔡元培曾对美育作过如下解释："美育者，应用美学之理论于教育，以陶养感情为目的者也。"②也有人从恩格斯那里找到所谓根据，因为恩格斯在《反杜林论》中曾经说过："至于美学方面的教育，杜林先生不得不一切重新做起，从前的诗对此都不适用。"③当然，也有人对此提出不同意见，认为这些援引都不足为据，以此立论也显得有些牵强附会。

对于"美学理论教育说"，有的学者首先承认它有合理之处。如王善

① 周星：《2017年中国艺术教育热点问题概评》，《艺术评论》2018年第5期，第106—107页。

② 高平叔编：《蔡元培美育论集》，湖南教育出版社1987年版，第208页。

③ ［德］恩格斯：《反杜林论》，人民出版社1958年版，第315页。

忠指出，从总体或广义上讲，这种主张也不是完全没有道理，因为美育的确离不开美学知识，而从理论构成上说美育也是美学研究的一个组成部分。① 还有人认为这种观点的正确之处在于它揭示了美育与美学的不可分割的联系。美育是美学研究的重要组成部分，是美学的具体实践和最后归宿。美学研究只有落实到美育上来，以培养具有健全的审美心理结构、个性全面发展的人为根本目的，才有发展前途。美育的基本任务之一，就是普及美学知识，让人们树立正确的审美观。所以，美育是美学理论的普及和应用的基本途径，是美学理论在教育领域的具体实践。但是，不能由此就将美育归结为美学理论的教育。因为美育不是主要依靠理性的说教和概念、判断、推理，让人们掌握知识，而是通过丰富多彩的审美活动，以鲜明、具体的形象来感染人、打动人，激发人们的审美情感，以达到潜移默化的教育效果。美育虽然要向人们进行美学理论和普及美学知识的教育，但它不是为学理论而学理论，为学知识而学知识，只不过是以此为手段，其目的是为了美化人们的心灵和提高人的感受、鉴赏、评价、创造美的能力。而且，美育的内容和范围非常广泛，进行美学理论教育只是其中的部分内容。因此，如果将美育同美学理论教育或美学知识普及教育完全等同起来，必然会出现以偏概全的弊端，没有揭示美育的根本属性。② 还有人进一步指出，这种美育观把美育狭隘地等同于美学知识教育，导致美育不关乎艺术与人生，从根本上将美育与智育等同起来，以至于在学科定位上把美育视为智育的一种。③ 同时，在教育目的上，美学教育主要使受教育者形成一种理论素养，而美育的目的在于使个人的情感和价值得到保护和肯定，个体的艺术修养和人生获得丰富与拓展，即造就艺术的人生，或者

---

① 王善忠：《美感教育研究》，吉林教育出版社 1993 年版，第 14 页。
② 仇春霖主编：《美育原理》，中国青年出版社 1988 年版，第 84—85 页。
③ 杨平：《多维视野中的美育》，安徽教育出版社 2000 年版，第 8 页。

使人生艺术化。①

王善忠在承认这种观点有其合理性的同时，也表示不能将美育等同于美学理论教育。值得注意的是，他关于美育与美学关系的认识，正好与一般的理解颠倒了过来。正如上文所述，一般认为美学知识教育只是美育的部分内容，除了美学知识以外，美育还有其他的内容。而王善忠对此的理解却相反，他认为无论从美学的构成部分来说，还是从美学研究的对象来说，美学的含义、范围远远大于美育。从美学构成来说，它至少应包含美学理论、美学史、美学实践活动等几方面的内容；而从美学的研究对象来说，它应探讨美的本质、美的认识、美的创造和美感教育。在这两种情况中，美育都只是其中的一部分。所以，美育与美学的位置不在同一层次上，美育不能等同于美学。美学方面的教育与美感方面的教育的关系犹如整体与部分的关系。②

之所以会出现这种认识差异，问题出在立足点不同。一般的理解是将美育看成一种教育活动或一门课程，而将美学理论或美学知识看成是美育活动或美育课程内容的一部分，因而得出美育包括但却不限于美学理论或美学知识的教育的结论。而王善忠主要是将美学看成是一门学科或一部著作（教材），美育只是美学学科或美学著作（教材）内容的一部分，除了美育之外还有其他的内容，因而得出美学包括但却不限于美育这个内容的结论。不过，我们还是要回到对美育的一般理解上来，讨论美育的本质问题当然应当是将美育看成是一种教育活动。而美育作为一种教育活动，除了要传授美学理论或美学知识外，还有其他的内容和任务。

（三）美的教育说

“美的教育说”强调用美来教育，认为美育就是以美为中心的教育。

① 杨平：《多维视野中的美育》，安徽教育出版社 2000 年版，第 30 页

② 王善忠：《美感教育研究》，吉林教育出版社 1993 年版，第 14 页。

比如，陈科美指出，“美育的性质就在体现美的性质，美育的作用就在发挥美的作用。”①

对于这种观点，李田认为，它的合理性在于抓住了美育所不可缺少的重要内容——美，有利于对学生进行美的正面教育和对学生的心灵进行美的塑造。但是在美育中单纯强调美，容易忽视丑、崇高、幽默、荒诞、悲剧、喜剧等范畴应有的审美地位和作用，并导致美育内容的单调与贫乏，造成学生审美能力的单一性和软弱性。因为无论在现实生活还是在艺术世界，审美都是全息性的。美并不是孤立存在的，美与丑等多种审美范畴都始终是时时处处交混并存，相互作用，不断转化，构成了复杂、多元、流动的审美现象。然而单纯美的教育却使学生只有对应美的能力，而对美与丑、崇高与渺小、幽默与严肃、荒诞与正经等审美差异则无力分辨，在复杂、多元、流动的审美现象面前显得软弱无力。所以，单纯美的教育不符合全息性的审美实际，也不利于培养学生全面的审美素质。②

王善忠也认为这种观点不够确切。因为美的教育主要是关于美的学说的教育，虽然它也涉及美育的部分，但它的重点却在于使人从理论上理解什么是美，什么是美的本质以及美的特征、美的形态及与之有关的内容，它并没有突出对人的诸种美感能力的培养和发展方面的内容。③

以上学者对“美的教育说”的评价是正确的，美育的内容的确并不只有美，还有诸多其他的内容。杜卫主编的《美育学概论》在阐述不同审美形态的美育时指出，在美育系统中，不同审美形态的教育具有重要的价值和意义。通过优美、崇高、悲剧、喜剧、丑和荒诞等形态的多样性的欣赏、把握，有利于丰富情感体验，开阔审美趣味，增强审美能力。美育应

① 陈科美：《美育应作为全面发展教育的组成部分》，《文汇报》1961年5月30日。

② 李田：《美育，是“美学方面的教育”——关于美育提法的再认识》，《教育研究》1990年第11期，第7页。

③ 王善忠：《美感教育研究》，吉林教育出版社1993年版，第14—15页。

使受教育者把握更多的审美形态，因为不同的审美形态对应着欣赏者不同的审美心理机制，通过多种审美形态的教育可以有针对性、有所侧重而又全面地培养人们的审美能力。审美形态具有范式性，通过不同审美形态的教育，可以使人们掌握这些审美形态的审美规律、审美标准，以此去衡量、鉴别审美对象的性质。对不同审美形态鉴赏力的提高，更有利于人们认识、把握、分析艺术思潮和审美风尚的历史发展规律。①

三、美育方式的视角

所谓美育方式的视角，是指主要从美育的方式来考察美育的本质。这种视角的美育本质论主要包括“娱乐教育说”和“立美教育说”。

（一）娱乐教育说

这是蒋孔阳提出的观点。1984 年，蒋孔阳在《谈谈审美教育》一文中从多个角度论述了美育的本质，其中首先提到美育是一种娱乐教育。他摆脱当时我国美学界对苏联美学理论的依赖，开始借鉴现代西方美学理论来探讨美育的本质问题。他在该文中将人的尊严和幸福置于最突出的位置，来思考美育的本质和价值。他指出，审美教育首先应当是一种娱乐的教育。“人的生活，主要包括工作与学习、休息与娱乐的两个方面。……一个全面发展的人，既要懂得工作与学习，也要懂得休息与娱乐。”②他呼吁要重视人的娱乐生活，审美教育应当在娱乐生活中去培养人的审美爱好，去引导人，将人提高。他认为，美育的内涵非常丰富，它既是爱美的教育，又是情感的教育、人品的教育，还是艺术的教育，但是它“首先应当是一种娱乐的教育”。

对于蒋孔阳的这一观点，学界既有肯定的看法，也有不同的意见。李

---

① 杜卫主编：《美育学概论》，高等教育出版社 2001 年版，第 127 页。

② 蒋孔阳：《谈谈审美教育》，《红旗》1984 年第 22 期；参见瞿葆奎主编：《教育学文集 · 美育》，人民教育出版社 1989 年版，第 11 页。

修建指出，蒋孔阳关于“娱乐教育”的观点，在此前严肃得近于刻板的文化环境之下，实发人之未敢发，令人耳目一新。又加之当前关于“休闲文化”、“日常生活审美化”等问题与之相关，所以它成为关于审美教育本质的一种观点。① 刘彦顺认为，从这一角度提出的美育本质论是极为独到的，其重大意义就在于把审美活动的本原性的、本然性的性质还原。审美活动是一种快感，是一种享受，不管对此有多少种限定，但是审美活动首先是作为最为直接的幸福感来呈现的。另外，这一观点对于美育本质论思想中存在的过于“沉重化”“严肃化”等刻板倾向，也是一种反拨。因为审美活动与审美教育活动往往被赋予了过多的沉重的使命与包袱，这些倾向使得审美活动与美育活动离生活愈来愈远，甚至会愈来愈走向玄奥的比喻化的空洞追求。② 他还联系李泽厚关于休闲、自由时间与教育学的看法以及曾繁仁所提出的西方现代美学的人生论转向与美育转向，认为它们之间具有密切的联系，并提出“这意味着美育本质论中的娱乐说必将受到愈来愈多的重视与认可，因为在这一思想中包含着对于未来美好人生尤其是审美生活的期待，而且我国经济的发展尤其是小康社会的建设更为这一美育本质说提供了坚实的现实基础”③。

（二）立美教育说

“立美教育说”认为，美育是一种立足于自身美化的教育。赵宋光是这种观点的最早提出者和主要代表人物。他在《论美育的功能》一文中对此进行了系统的阐述。他说：“美育远远不仅是艺术教育，它有更重要的基础部分，关系到引导受教育者主动建立美的形式。建立美的形式的教育活动，是人类‘按照美的规律来塑造物体’的宏伟历史在教育领域中的

① 李修建：《当代中国美育研究概观：主要成果与基本思路》，《河南教育学院学报（哲学社会科学版）》2012 年第 2 期，第 80 页。

② 刘彦顺：《中国美育思想通史》（当代卷），山东人民出版社 2017 年版，第 418 页。

③ 刘彦顺：《中国美育思想通史》（当代卷），山东人民出版社 2017 年版，第 420 页。

缩影，我称之为立美教育。正如人类必须按照美的规律才能成功地进行生产，要成功地进行教育也必须遵循美的规律，受教育者要得到全面均衡的发展也离不开美的形式。无论智育、德育、体育中的哪个方面，教育过程中所建立的形式，都会碰到一个美不美的问题，这问题也就是，这形式能不能把认识规律（真）与造福社会（善）统一起来，和谐地结为一体。没有立美的活动，智育、德育、体育都不能收到应有的成效。由于这个缘故，立美教育是各育的良好形式中必不可少的组成因素。在各育交融以培养完美人格的活动中……立美教育就处于协调各方的地位。”①

郭声健对赵宋光的观点基本上表示同意。他说，赵宋光所说的“美育”，与我们今天教育学中的“美育”相比，具有更广泛的含义。它实际上包括两个不同的方面：即“立美教育”和“审美教育”。前者强调的是教育的形式美，目的是使智、德、体三育都能收到应有的成效，以利教育更好地培养出完美自由的人。而后者强调通过最能显示人类征服自然的本质力量的现实事物（社会美）和自然界固有奇景（自然美）的观赏，特别是通过对艺术品欣赏、表演和创作来发展受教育者的审美能力。因此，赵宋光所说的“立美教育”，实际上相当于我们平常所指的“教育艺术”，而“审美教育”才是特指的我们教育学中的“美育”。如此，把“美育”分为“立美教育”和“审美教育”两个方面，既重视了教育自身的育人功能（“立美育人”），又强调了艺术与审美的育人功能（“借美育人”），应该说是完全可以的。尽管它与教育学中“约定俗成”的分法具有一定的差别。②这种看法显然是不对的。赵宋光将美育分为立美教育和审美教育两个方面，也即把立美教育（教育艺术）纳入到审美教育之中，很明显这是将审美教育泛化和扩大化了。教育艺术与审美教育是两个不同的概念，不能将它们

---

① 赵宋光：《论美育的功能》，《美学》1981年第3期，第31页。

② 郭声健：《美育不等同于教育艺术——试评一种“新美育观”》，《教育理论与实践》1993年第5期，第55页。

两者混为一谈。教育学中对美育的“约定俗成”的理解自有其道理，不可随意改变。

仇春霖主编的《美育原理》对赵宋光的“立美育人”的观点既有肯定也有质疑。该书指出，如果说审美教育主要是培养和提高人们发现美、感受美、鉴赏美、领悟美、评价美的能力，那么立美教育则主要是培养提高人们表现美和创造美的能力。一般说来，审美属于认识过程，立美则属于实践过程。在审美教育中不但要提高人们欣赏美的能力，而且还要培养人们创造美的能力，要帮助人们按照美的规律创造物质产品和精神产品，美化人类自身。过去美育实施过程中的主要问题之一，就是过分强调培养美的欣赏能力，而忽视了美的创造能力的培养。因此，提出美育应包括立美教育的内容是很有见地的，在当前很有现实意义。但是该书认为，这个观点也有其问题。如将“美的规律”理解为美的形式，认为立美教育就是“引导受教育者主动建立美的形式”，似欠全面。所谓美的规律，指的是物种的自然尺度和人的“内在固有的尺度”的统一，即客观的必然性和人的自由性的统一，客观自然规律（真）和人的目的性（善）的统一。概括地说，也就是人的本质力量的对象化。由此可见，美的规律涉及对美的本质的理解，它主要是从美的内容上说的，因而不能简单地归之于美的形式。还有，如果全面地理解审美教育这一概念的内涵，它实际上已经包括了培养和提高受教育者表现美、创造美的能力。同时，主张美育应包括立美教育和审美教育两个方面，这里指的是美育应包括的内容和任务，并不是在揭示美育的本质属性，不能将二者混淆起来。① 从以上所述可以看出，该书的作者并没有真正理解“立美育人”的内涵。赵宋光所说的“立美育人”主要不是指培养和提高受教育者表现美和创造美的能力，而是指教育自身要按照美的规律来进行，使教育具有美的特质或特征，这其实指的就是教

① 仇春霖主编:《美育原理》，中国青年出版社 1988 年版，第 89—90 页。

育美，或者说是“教育艺术”。

刘彦顺在批评赵宋光关于美的内涵的理解基础上，也质疑了其立美教育的观点。他说，赵宋光将美看成是自由运用客观规律（真）以保证实现社会目的（善）的中介结构形式，而在中介结构的外化方面，美以真为形式而以善为内容，在中介结构的能动方面，美以善为形式而以真为内容。刘彦顺认为，这样的一种表述实际上是取消了真、善、美之间的基本区别，把美消解在真、善之中了，在逻辑与概念上是混乱的。同时，他还对赵宋光关于教育中的立美方法的观点提出了不同意见，认为这是对审美活动的无限放大，而无限放大意味着价值之间的互相僭越。①

除赵宋光以外，陈建翔和崔金赋的“新美育观”、檀传宝的“教育美育观”和向东方的“艺术化教育观”也属于“立美教育说”的范畴。

陈建翔提出的“新美育观”，其主要内涵也是“立美育人”。他指出，所谓“立美育人”，是针对以往美育的缺陷提出来的。他认为，以往的美育只注意把现成的艺术美、自然美或社会美作为教育内容搬用到教育中来，没有对它们做“教育化”的改造加工，更不重视教育自身的操作形式是否美，这样它对美的关系还是外在的，还是“借美育人”。在他看来，真正的美育应该是“立美育人”，即教育自身是美的，在内容和形式上都用美的标准来要求自己，成为合目的性与合规律性、善与真相统一的实践活动，以培养具有美的品质和特性的人。“立美育人”不仅是美育的要求，而且适用于全部教育活动，这是广义的“美育”。他还对“立美育人”作了进一步的解释。他说，对“立美育人”的“立美”，可以从手段和目的两方面去理解。从手段方面去理解，就是要立客体之美，把人类实践已经创造出的美的形式做“教育化”的再度创造，使之成为教育的有机部分，为受教育者的发展服务；从目的方面去理解，就是要立主体之美，把受教

① 刘彦顺：《中国美育思想通史》（当代卷），山东人民出版社 2017 年版，第 444—445 页。

育者固有的天赋潜能加以发挥和塑造，使它具有全面和谐的特点和美好的形象。这两方面结合起来，可以说是古代希腊思想家所憧憬的“从美到美”①的教育理想的实现，也正符合席勒提出的“通过自由去给予自由”②的审美王国的法则。不过，由客体到主体的立美，既不是柏拉图的“理念”的“回忆”，也不是席勒静观的“形式游戏”，而是一个社会实践过程。对这一过程本质的概括，就是马克思所说的：“人也按照美的规律来构造。”③陈建翔认为，“美的规律”是在实践基础上主体尺度与客体尺度相统一的规律；从客体到主体的立美，是“美的规律”在教育中的要求和体现，是教育建立内在美的途径。④

崔金赋首先对以往的美育观进行了检讨，认为它只把教育教学活动所利用的外部对象的美——诸如自然界、书法、绘画、文学、音乐、舞蹈等事物所含的美放在自己的视野之内，而把自身存在与运行中的美遗忘了。即只注意采用各种各样的美来培养人，而忽视了这种培养过程本身是否美的问题。这种美育观把美育或视为与德、智、体“三育”相并列或从属的特殊内容，或视为单纯的艺术教育、审美教育或情感教育，均仅仅限于“借他物之美”而非自身“立美”，也即没有阐述教育过程本身怎样进行才美的问题。⑤他认为，教育中有三个层次的美，即教育影响的美、教育活动的美和教育产品的美。其中，教育影响的美是现成的和固有的，是由社会根据一定的标准已经确定好了的，它应该是既符合一定的规律又符合一定的目的，也是教育者根据一定的社会委托期望在受教育者身上再现出来的内容。教育的活动美则是被创造出来的，它是教育者自觉创造的活动美

---

① ［古希腊］柏拉图：《会饮篇》，载苗力田主编：《古希腊哲学》，中国人民大学出版社1989年版，第283页。

② ［德］席勒著，徐恒醇译：《美育书简》，中国文联出版公司1984年版，第145页。

③ ［德］马克思：《1844年经济学哲学手稿》，人民出版社2000年版，第58页。

④ 陈建翔：《人的生命节奏与“立美育人”》，《高等师范教育研究》1991年第3期，第28页。

⑤ 崔金赋：《试论情景教学的新美育观》，《教育研究与实验》1993年第1期，第37页。

与受教育者自由自主的活动美的统一，具体表现为受教育者能够在活动中和谐地表现自我，身心活动状态处于最佳，体现教育影响在自己身上的内化过程。教育产品的美则是由教育活动美的程度来决定的一种教育效果，是受教育者将从教育者那里承接而来的自主活动对象化，并使对象（教育影响）内化的双向统一体。他认为，这种三位一体的观念从根本上保证了教育的整体美，使教育教学从借外在的美来修饰自身变成以美规定自身，注重发挥自身的美的潜能。①

对于上述“新美育观”，郭声健提出了质疑。他认为，陈建翔和崔金赋提出的“新美育观”的实质是教育按照“美的规律”来实施，它强调的是教育自身的美，即教育美。这种“新美育观”实际上就是他们所说的“立美育人”。郭声健指出，这种新美育观实际上是把“立美育人”的教育艺术等同于“借美育人”的美育，并进而用“立美育人”来否定或排斥“借美育人”，也即用教育艺术来否定或排斥美育。在他看来，“立美育人”与“借美育人”二者是同等重要的，同时也是互相支撑的。“立美”与“借美”，对于整个教育来说是缺一不可的，不能将它们对立起来，更不能否定“借美”在教育中的价值。②

檀传宝也是持“立美育人”的观点，并且为此提出了一个新的概念——“教育美育”。什么是教育美育？他说：“所谓教育美育，就是利用‘教育美’进行的美育，即通过建立审美化的教育活动而实现的存在于全部教育过程之中的一种大美育。”③如果说这个界定还比较抽象，较难把握其内涵的话，我们再来看他的进一步的解释。他认为，目前我国教育理论界对于美育途径的说明，一般都是依据美学界对于美的表现形态的划分，也即将

① 崔金赋：《试论情景教学的新美育观》，《教育研究与实验》1993年第1期，第40页。

② 郭声健：《美育不等同于教育艺术——试评一种“新美育观”》，《教育理论与实践》1993年第5期，第56—57页。

③ 檀传宝：《论教育美育》，《教育研究》2000年第12期，第30页。

美分为艺术美、社会美、自然美，而将美育的开展划分为艺术美育、社会美育、自然美育三个主要领域。在这样一种美育理念之中，美育实践或者是一种狭隘的艺术课程的教学，或者是一种“课外活动”。近来虽然有人在美育途径上有所扩展，提到了“人文学科的美育”、“自然学科的美育”等。但他认为，这一拓展了的“美育”理解也不过仅仅增加了美育活动对于人文学科、自然学科之中既有的科学美、艺术美的发掘与利用，而不是指整个教育活动，尤其是全部教育过程本身的审美化改造。他同意陈建翔的“立美育人”的观点，认为美育事业的进一步和真正的拓展不仅在于艺术美育、社会美育、自然美育等常规渠道的落实，而且在于美育精神在全部教育活动中的渗透。在谈到教育美育应当如何实践时，他直接使用了“教育美”和“教育艺术”的提法。他说：“教育美育的实践实际上就是运用教育美去进行美育的实践。教育美主要包括教育活动的形式美、作品美和师表美三种表现形态。”而教育活动形式美的创造“即创造自由的教育活动形式，展现教育主体合乎教育规律地实现‘目的性’的教育艺术。”①

向东方的观点可以称为“艺术化教育观”。他将学校美育分为三种形态，即理性形态、显性形态和隐性形态。他认为，理性形态的美育即进行美的知识、美育理论教育，提高学生的美学理论水准，帮助他们增强正确的审美观念，增进辨别真善美与假恶丑的能力，提高其欣赏美、开展审美实践、进行审美创造的理论自觉性。显性形态的美育是直呈式美育。它所涵盖的是学校内部的物态环境、人际环境、文化艺术氛围的建设与校外生态自然、人化自然、文化艺术生活等的利用。这直接涉及自然美、社会美、艺术美的诸多方面。隐性形态的美育是指“隐”于各种教育教学活动中的美育，是指一切教育教学活动中的美育。但在学校并非任何层次、任何水平、任何质量的教育教学活动都能显现出美而构成美育。学校的教育

① 檀传宝：《论教育美育》，《教育研究》2000 年第 12 期，第 32 页。

教学活动只有当它是以其符合规律的、成功的、卓见成效的特质来展现其高品位、高格调时，即只有当它确能在受教育者中唤起“是艺术的享受”、“是美的熏陶”的赞许声以展现其高妙的“艺术性”时，它才是作为美的使者来实现其美育意愿的。他还认为，学校美育的主渠道应是“艺术”化了的教育教学活动，是整个学校的教育教学艺术。①

从以上所述可以清楚地看出，“立美教育说”的问题在于混淆了美育与教育美或教育（教学）艺术的关系，将美育简单地等同于教育美或教育（教学）艺术。美育与教育美或教育（教学）艺术的区别是显而易见的，前者是教育的一个组成部分，是一种教育活动；而后者是指教育活动的一种特征，也即它的美的特征或艺术特征，美的特征或艺术特征是教育活动众多特征中的一种。从大的方面看，教育活动具有美的特征或艺术特征以外，还具有科学特征和伦理特征等。教育活动与教育活动的特征尽管具有联系，但毕竟不是一回事，不能将它们简单地等同起来。

第三节　美育本质的“双质论”

美育本质的“双质论”主张美育具有双重本质或性质。这类美育本质论主要包括以下两种具体的观点。

一、生命·情感教育说

这种观点的代表人物是徐碧辉。她认为，审美教育本质上是一种生命教育和情感教育。它通过最直接的生命活动——审美活动的激发、培养和

① 向东方：《试论教育教学艺术与学校美育的主渠道》，《首都师范大学学报（社会科学版）》1998 年第 6 期，第 107—108 页。

引导，直达生命的本源，从根本上对生命存在加以影响和引导，使生命中的那些不受理性控制的因素能够符合理性的要求，朝着健康、美好、高尚的方向驱动。同时，它也是对生命的潜在能力的发展和挖掘，是对生命的感悟、鉴赏和创造。在她看来，作为生命教育和情感教育的审美教育，其核心是培养受教育者的生命意识。所谓生命意识是人作为一种生命存在的自我意识，其内涵是对生命的社会意义的发掘和把握、培育与塑造。具有生命意识的人，才能珍惜自己的生命，了解自己生命的价值，懂得如何最大限度地发掘这种价值，并充分利用它创造新的价值。而只有当一个人具有生命意识、能够珍惜和尊重所有生命存在时，他才能真正具有宽广无私的胸怀，才能不为世俗的和眼前的功利所遮蔽而发现生命真正的美。①

有人认为这种看法颇有见地。但同时又提出，还可以进一步深究。美育与其说是生命教育，不如说是生命意义的教育。因为在生命意义的追寻与沉思上，美育更能显出它的内在价值。②

二、生命·体验教育说

美育本质的“双质论”的另一种观点是“生命·体验教育说”。关于美育的生命教育性质，这种观点与“生命·情感教育说”一样，认为美育是通过对自由自觉的活动的激发与培养，从根本上对生命存在加以影响和引导，以发扬人性中美好的一面，使人变得更加完善，使生命朝着健康、美好、高尚的方向发展。同时，美育作为生命教育，能够激发和引导人的生命活动，挖掘和发展人的生命潜能，培养和提升人的生命境界。同时，这种观点认为，作为体验教育，美育是一种主体全身心投入的体验过程，它是注重生命体验、关照生命的整体性的教育。体验是一种主体和对象之

---

① 徐碧辉：《美育：一种生命和情感教育》，《哲学研究》1996 年第 12 期，第 59—60 页。

② 杨平：《多维视野中的美育》，安徽教育出版社 2000 年版，第 73 页。

间的关系，体验者与其对象不可分割地融合在一起，主体全身心地并入客体之中，客体也以全新的意义与主体构成新的关系。此时，无客体也无所谓主体，主客体的这种活生生的关系成为体验的关键，对象对主体的意义不在于它是可以认识的物，而在于在对象上面凝聚了主体的客体化了的生活和精神。①

“生命·情感教育说”与“生命·体验教育说”的共同之处在于，它也承认美育的生命教育性质，其区别在于它不像“生命·情感教育说”那样重视美育中的情感的价值，而是更为强调美育的体验的性质。其实，从全面的观点来看，美育作为一种生命教育，情感和体验都具有重要的地位，它们在美育中都发挥着不可或缺的作用。不过，这两种观点都没有真正揭示出美育的本质。因为无论是生命、还是情感和体验，它们都非美育所特有。除美育以外，德育、智育、体育、劳动教育也与生命、情感及体验有关，它们也是对生命的影响、促进和提升，也需要情感的参与，也要采用体验的方式。另外，还有一个问题需要思考，即美育的本质或性质是否有两种？一般来说，一个事物的本质只有一种，否则就不是本质。

第四节　美育本质的“多质论”

美育本质的“多质论”认为美育具有多重本质或性质。这类美育本质论也包括多种既有共同之处又有一定差异的观点，这些观点大致可以概括为“三质论”和“五质论”两类。

① 汪远德、田汉族：《美育：一种完整的生命体验教育》，《美育学刊》2014 年第 6 期，第 109—110 页。

一、美育本质的“三质论”

（一）人格·趣味·情感教育说

这是樊美筠提出的观点。她认为，美育首先能够协调和发展人的感性与理性。美育通过种种特殊手段使感性具有文明的内容，具有人性的内容，使理性得到滋润，理性因为有了感性的支撑而立足于现实的根基之上，感性因为有了理性的提携而获得文明的特质。正因为如此，我们才把美育称为连接感性和理性的桥梁。美育因此而与时代的理想人格发生了直接的关联，并在时代中找到了自己的用武之地，它成为一种人格教育。在她看来，美育也是一种趣味教育，它表现为通过文化来确立和改造趣味。具体来说则是通过各种大众传媒对人们的审美趣味进行引导，从而确立社会的审美趣味。如果社会的审美趣味出现了误区并由此导致出现了“畸趣”现象的产生，就要通过引导人们的欣赏来改造文化，这样才能克服“畸趣”现象。而美育作为一种情感教育，它具有解放和升华情感两种功能。她认为，对于情感既不能采取压抑的方式也不能采取放任的方式，它应当有正常的宣泄渠道，这条渠道就是审美，即将情感的自由表现限制在审美的、艺术的领域。通过美育可以将人们内心过分强烈的情感正确无害地释放出来。这即是美育的情感解放功能。在审美活动中，情感明显摆脱了功利性和实用性，从而避免了片面性，获得其全面性、丰富性和深刻性，使情感得到了升华。情感的升华不仅指从低级的情感向高级情感的升华，从动物式的情感向人的情感的升华，而且还指从无序的、混乱的情感向有序的、清晰的情感升华。①

（二）感性·趣味·人格教育说

这是杜卫主编的《美育学概论》一书中提出的观点。该书指出，从总

① 樊美筠：《论美育的现代使命》，《求是学刊》1995年第4期，第71—75页。

体上说，美育是感性与理性、情感与理智相协调的教育。但是，相对而言在各种教育形态中，美育比较偏重于感性与情感。作为感性教育，美育既是对人的感性方面进行教育，是理性教育（如德育、智育）不可缺少的补充；同时，它又是运用形象化的手段来对人进行教育，始终保持着感性的生动性和直接性。更为重要的是，美育是一种通过解放和提升人的感性来塑造健康人格，改善人的生存质量的教育。美育的这种特性又具体体现在感性泄导和感性升华两个方面。所谓“感性泄导”，就是在美育过程中引导受教育者通过文明、健康的方式释放感性，使它得到自由。所谓“感性升华”主要指将人的感性从兽性的层面提升到人性的层面，使感性真正成为人的感性。美育又是一种趣味教育。趣味教育是指针对人的趣味所做的引导工作，即将人的趣味从低级引向高级。趣味作为一种鉴赏力或美感，对它的引导与教化实际上就是对人的审美鉴赏力的培养。审美教育还是一种人格教育。审美教育通过促进人的感性发展和促进理性与感性的协调发展而切入到健康人格的塑造中来。该书最后总结说，美育不是单一的和平面的，它是一个综合的有机体，它既是感性教育，也是趣味教育，又是人格教育。其中，感性教育是基础，趣味教育是中介，人格教育是目的，三者相辅相成，缺一不可。①

（三）感性·人格·创造教育说

这是杜卫后来在《美育三义》一文中提出的观点。这与他主编的《美育学概论》中的观点相比有一个变化，即在保留感性教育和人格教育的同时，用创造教育代替了趣味教育。在他看来，美育的基本意义是感性教育，即保护和提升与理性相协调的丰厚的感性，促进人的全面发展。美育是培养整体人格的教育，感性发展有利于整体人格的健康成长。美育又是创造教育，旨在激发生命活力，培养独创性和创造性直觉。他认为，美育

① 杜卫主编：《美育学概论》，高等教育出版社 2001 年版，第 20—40 页。

的这三层意义相互有内在的关联。首先，美育最基本的含义就是感性教育。把美育定位于情感教育是有其合理性的，但情感教育相对于感性教育，意思虽然很相近，可是范围有所缩小。特别是“情感教育”的提法不能标示美育的现代性意义，即针对感性受压抑、人性脱离自然而要求恢复人的感性，实现人性的内在和谐。因此他认为，还是提“感性教育”更合适，也能体现美育话语的现代性。美育作为感性教育，着眼于促进个体的审美（感性）发展，提升情感境界、培养创造力，最终与其他教育一起服务于人的全面发展目标。这是美育区别于其他教育的根本特征。其次，美育的根本目标是培养人格。他认为，如果说以感性教育界说美育是偏重于美育的根本特征，那么以人格教育界说美育则是偏重于美育的根本目标。美育的特殊性在于，它不仅能够促进人的感性发展，而且有助于人的其他方面的发展，特别是道德发展。而且，美育能够为人的各种精神能力和素质的充分发展提供基础和助力。只有在个性生命完整和谐的状态下，各种精神能力才可能充分健康地发展起来，并达到互相协调。再次，美育对培养人的创新意识和能力具有重要作用。他指出，审美和艺术是人类创造性发挥得最为充分的领域之一。美育，特别是其中的艺术教育，是开发和培养儿童青少年创造性的最佳教育形态。美育发展创造力的功能主要在于激发和丰富个体生命，使之具有自发涌现的创造欲望和动力、高度灵敏与发达的创造能力和自觉的创新意识。他认为，培养儿童创造力的最佳途径是美育。因为以自由创造为本性的审美、艺术活动可以充分保障儿童创造性的表现，并促进其发展。①

（四）感性·情感·生命教育说

这种观点以黄宝富和易健为代表。黄宝富认为，首先，美育是一种以精神愉悦为特征的感性教育。他提出，感知形象是进入审美教育的必由之

---

① 杜卫：《美育三义》，《文艺研究》2016 年第 11 期，第 9—20 页。

路，而精神愉悦则是审美教育的魅力所在。审美是主体对具体事物的直观形象进行超功利、无现实欲求的直觉把握和观照活动。如果离开了生动的美的感性形象，审美就无法发生。因而现实生活中美的事物、现象或形态的存在，为审美教育的进行提供了可能。同时，美的形象往往具有具体、鲜明、独特、生动等特征，因而审美一般就具备享受的性质。审美教育就是在享受美、追求美，从而创造美的良性循环中，使受教育者成为完整的人。其次，美育是一种以潜移默化为方式的情感教育。他提出，情感教育是远离理性教训的内心感染活动，以“寓教于乐”为外在要求，以“潜移默化”为内在效果。审美教育在不知不觉中美化一个人的精神和灵魂。再次，美育是一种塑造自我的生命教育。他指出，审美教育是一种崇尚参与的创造性活动，受教育者在审美过程中开放自我、丰富自我、修养自我和塑造自我。①

易健指出，首先美育是一种感性教育。人具有自然属性、又具有社会属性，是灵与肉、感性与理性的统一体。作为完整的教育，不仅应当有提高人的素质的理性方面的教育，也应当有提高人的品位的感性方面的教育。它让生动、可感的美的事物直接呈现在受教育者面前，运用形象化的手段教育人。它通过宣泄、引导和升华感性来对人进行教育。其次美育是一种情感教育。美育的过程是一个审美活动的过程，也是一个情感活动的过程。情感是一切审美活动的血液，有了情感血液的流动与浇灌，各种审美心理因素才会鲜活起来。美育的力量取决于情感的力量，美育的效果取决于以情感人的效果。再次美育是一种生命教育。审美活动与人类的生命活动有着内在的联系。审美活动之所以能够进行，所依赖的一个重要的条件是作为主体的人，具有能够感知对象、传递情感、进行想象与理解活动

---

① 黄宝富:《让美走在自由之前——美育本质的一种看法》,《浙江师大学报（社会科学版)》1998 年第 2 期，第 87—90 页。

的生理、心理机制。这种生理、心理机制正是人类生命活动的重要组成部分。同时，人类审美活动是人的生命的需要，审美的追求、体验、享受是人对生命的追求、体验和享受。一句话，审美活动是自由地展开人的生命的活动。审美活动既是自由地展示人的生命的活动，那么通过审美活动作中介所实施的审美教育，就应当是对人的这种生命活动所实施的教育，即对人的生命的教育。审美教育的宗旨是培养、塑造人的生命意识，引导受教育者用审美的态度对待生活。总之，美育就其性质来说，是一种感性的情感的生命的教育。①

（五）感美·审美·立美教育说

程岭立足于美育“新境界说”，主张美育是一种感美教育、审美教育和立美教育。② 他提出，开展美育需要拓展视野，要把美育扩展到教育全局，树立“以美立人”的旗帜，以立人成才为核心旨归，走向美育“新境界”。他提出的美育“新境界说”包括感美、审美和立美三个层次，容纳了美的唤醒、美的目标、美的追求、美的学习和美的教学等多重意蕴。“新境界说”之美育对美育进行了阶梯性的层次划分：感美、审美和立美。感美层次的美育的内涵是“感受美→发现美”，审美层次的美育的内涵是“鉴赏美→体悟美”，立美层次的美育的内涵是“表现美→创造美”。他认为，如此划分，既表现了美育谱系上的层次性和阶梯性，也呈现了美育实践上的运动性和生成性。

这个观点可以说是关于美育的传统观点与新的观点的一种综合。其中的“感美教育”和“审美教育”是一种传统的观点，在学界早已达成了共识；而“立美教育”则相对来说是对美育的一种新的认识。当然这种新的观点

① 易健：《现代美育是一种感性的情感的生命教育》，《湖南教育学院学报》1999 年第 4 期，第 15—20 页。

② 程岭：《“以美立人”：美育“新境界说”的价值意蕴和实践路径》，《教育理论与实践》2018 年第 13 期，第 4—5 页。

并非程岭所首倡，它最早由赵宋光提出，后来又为多位学者所认同，这一点在前面已有阐述。

二、美育本质的“五质论”

这种观点是由蒋孔阳提出的，前面曾提到他主张美育是一种娱乐教育。但他又认为审美教育虽然主要是一种娱乐教育，同时也是一种爱美的教育、情感教育、人品的教育和艺术的教育。(1）审美教育是一种娱乐教育。对于培养一个人的爱好、情趣与品德方面来说，娱乐性的教育具有其他教育形式不可代替的作用。他认为，应当重视人的娱乐生活，在娱乐生活中去培养人的审美爱好，去引导人，将人提高，应当是审美教育的一个重要内容。(2）审美教育是一种爱美的教育。人类的创造性是和人对于美的爱好和追求分不开的。因为人能够爱美，所以他要求超过动物，超越自己，提高自己。当一个人还会爱美、追求美，他就不会失去生活的信心和希望。因此，鼓舞人们去爱美，欣赏美，追求美，应当是审美教育的另一个重要任务。(3）审美教育是一种情感教育。美和感情是联系在一起的，美不美就在于能不能调动人的感情。审美教育是感情的教育，就是说要通过对于美的热爱来培养人的高尚的感情，使人不仅懂得美，喜爱美，而且感情灌注，为美而倾倒，为美而奋斗。陶冶和锻炼人的感情，因而成了审美教育的一个重要内容。(4）审美教育是人品的教育。人品的形成是在人与人的关系和现实的生活中，经过多方面的教育，长期的磨炼和努力塑造而成，审美教育在其中起着重要的作用。它在人们的爱好和娱乐中，在处世接物中，在艺术欣赏中，不知不觉地潜移默化，把人们塑造成为具有不同人品的人。(5）审美教育是艺术的教育。他认为，审美教育最集中地落实到艺术的教育上。艺术给人们以最充分最完满的美的享受，最充分地表现了人对现实的审美态度，最能陶冶人的情感，培养人的品格。①

蒋孔阳的这个观点是从美育的目的、内容和形式等角度综合考察美育的本质，将美育看成是爱美的教育、情感的教育和人品的教育，其考察的主要视角是美育的目的；将美育看成是艺术教育，其考察的视角主要是美育的内容；将美育看成是娱乐教育，其考察的视角则主要是美育的形式。

无论是美育本质的“三质论”还是“五质论”，都存在上文提到的需要进一步思考的一个问题，即美育的本质是一个，还是有多个？这些观点所提出的哪些所谓的美育的本质，究竟是美育的本质，还是只是美育的特点？前面已说过，一般认为，一个事物的本质只有一个，而不是多个，否则就不是其本质。美育的本质是否也应该这样来认识？

第五节　美育本质的“综合论”

美育本质的“综合论”认为美育是一种综合性的教育。它具体包括两种观点，即“综合性教育说”和“美学方面内容的多元综合教育说”。

一、综合性教育说

“综合性教育说”是由陈孝尉提出的。其理由如下：首先，美育的内容具有综合性或全面性。美是真、善、美（形式）的统一。在美包含的这三个因素中，真与善是指美的社会内容，再加上美的形式。美育的内容包括美的内容和美的形式两个方面，而“真”作为合规律性的认识本来属于智育的对象，“善”作为合目的性的认识应当属于德育的对象，但审美教

① 蒋孔阳：《谈谈审美教育》，《红旗》1984 年第 22 期；参见瞿葆奎主编：《教育学文集 · 美育》，人民教育出版社 1989 年版，第 11—17 页。

育却不能离开“真”和“善”，从这种意义上看，美育是包涵德育和智育的成分的，因而表现出综合性或全面性。其次，美育的作用具有综合性或全面性。美育具有伦理教化、认识、愉悦等多种作用。美育的这些作用比德育和智育更为丰富多样。再次，美育的综合性或全面性还表现在，它无所不在，涉及人的一生，渗透到各个生活领域。最后，美育的综合性或全面性还表现为教育形式的多样性。美育作为美学理论体系的组成部分，应该包括审美理论教育的内容，从而采取说理的方式进行；美育离不开艺术教育，因而在教育形式上还必须进行实际操作的训练。此外，美育可以通过学校、社会、家庭等多种形式进行。①

“综合性教育说”其实并没有揭示出美育的本质。说美育具有综合性，它包含德育和智育的成分，这固然不错，但问题在于难道只有美育才具有综合性，其他教育就没有综合性？德育、智育、体育、劳动教育难道就是完全孤立，与其他教育没有任何关系？回答显然是否定的。因为每一种教育其实都在某种程度上含有其他教育的成分，各种教育之间都存在一定的交叉和重合之处，并不存在与其他教育相割裂的、纯而又纯的某种教育。从教育的作用来看，不但美育的作用具有综合性，其他教育同样也具有综合性。任何一种教育都不完全只是针对人的某一个方面发生影响，而是对人的整体素质产生作用。美育是这样，其他教育亦然。说美育无所不在，涉及人的一生，渗透到各个生活领域，难道其他教育就只存在于某个生活领域，就只涉及人的某一个阶段？回答显然也是否定的。其他任何教育同样都具有终身的性质，也会渗透到生活的各个领域之中。说美育的形式具有多样性，其实各种教育的形式都不是单一的。不管是哪一种教育，如果想要取得理想的效果，其教育形式都需要丰富多样。说美育可以通过学

① 陈孝尉：《论审美教育的性质、特点和意义》，《贵州师范大学学报（社会科学版）》1990 年第 3 期，第 88—89 页。

校、社会、家庭等多种形式进行，其实所有的教育都可以通过这几种途径进行，这早已经成为一种常识。

二、美学方面内容的多元综合教育说

这种观点是由李田提出的。他最初提出的看法是“美育是美学方面的教育”。他说，以往关于美育的各种提法都不能全面体现美育完整的内涵。只有把美育、美学、教育三个方面有机地结合起来，即把“美育”理解为“美学方面的教育”，才能科学地、完整地表明美育的特定本质，才能在实施中构成一个有机的整体，真正实现美育的目的。在他看来，这里所说的“美学方面”绝不是美学的某一个方面，而是所有方面。在总体上它包括一切美学知识方面，一切审美方面和一切艺术方面。这就保证了美育内容原来就有的全面性、丰富性、多样性和广泛性。这样的美育才能完成对人的审美素质的全面培育。①李田还表示，美育是“美学方面的教育”的提法，具有对历来各种提法的规范化条件和新的综合化品格，它应该成为各种提法的最终的总归宿。

陆建农对于这种观点提出了质疑。他首先批评了其观点的极端性，认为他提出的培育全面发展的人，只有作为“美学方面的教育”的美育才能最终实现，只有美学方面的教育才是最完全的教育，这种说法过于极端。陆建农认为，如果只有“美学方面的教育”的美育，而忽视或丢掉了德育、智育与体育，就是违背了“人也按照美的规律来建造”的全面发展的学说，是塑造不出全面发展的一代新人的。他指出，美育是“美学方面的教育”的提法，只是有关美育的众多提法中的一种观点而已。它提出的角度是属于美学的，它的实施常常容易局限在美学理论与美学知识方面。这种提法

① 李田：《美育，是“美学方面的教育”——关于美育提法的再认识》，《教育研究》1990年第11期，第5页。

像其他有关美育的种种提法一样，有助于我们从不同角度来认识与理解美育的本质。因而它并不“具有对历来各种提法的规范化条件和新的综合化品格”，不可能“成为各种提法的最终的总归宿”①。

李田后来又发表《再论美育的本质》一文，其中回应了陆建农对他的观点的质疑。他对于美育本质的认识其实并没有实质的变化，只是在具体表述上略有调整。他对美育本质的新的提法是：“美育是美学方面内容的多元综合教育”。他说：“美育是美学方面内容的多元综合教育，只有把握住美育这一结构整体的本体事实，诉诸综合分析方法，才能全面、准确地揭示出美育的本质。而肢解美育整体、只执一个方面的美育本质论，则陷入了本体论和方法论误区，无法找到真正的美育本质之所在。”②他对美育本质内涵的解释是：“所谓美育的本质，是指美育这种教育的本体存在及其特殊质的规定性。美育的本质取决于美育本体存在的性质，即它的诸要素的内部结构方式、属性、规律和功能。也就是说，美育，这一概念它体现的应是其本体存在的内部联系。因此，要全面、准确地把握美育的本质，就必须以全面、准确地把握美育本体这一整体存在及其内部联系为前提。”③他认为，如果我们历史地客观地考察人类全部美育的历史事实，就不难发现美育的本体存在，首先是一个整体的存在，一个由各个方面（部分、要素）组成的多元综合结构整体（系统）的存在。“这个整体的明显标志，就是作为美学方面内容的教育，而美学方面内容又是由美、美感(情感)、艺术、审美（审美活动、审美意识、审美经验、审美判断、审美价值取向)、美学理论知识（美学原理、美学观念、美学史）等各个方面构成的，美学方面内容的教育，实际就是由这些方面内容的教育构成的一

① 陆建农：《对〈美育，是“美学方面的教育”〉的几点质疑》，《教育研究》1992 年第 9 期，第 64 页。

② 李田：《再论美育的本质》，《教育研究》1994 年第 11 期，第 67 页。

③ 李田：《再论美育的本质》，《教育研究》1994 年第 11 期，第 67 页。

个多元综合教育的结构整体。”①

李田的观点看上去比较复杂，也有创新。但仔细琢磨以后，就会发现它其实很简单。我们将他所说的“美育是美学方面内容的多元综合教育”简化一下，就成了“美育是美学教育”。这样一来我们就看得更明白了，也更容易理解了。不管在“美学教育”之前加上多少修饰，但终归还是“美学教育”，不会也不能超出“美学教育”的范围。换句话说，哪怕在“美学教育”之前加上再多的修饰，也只是对“美学教育”的具体内容或特点的进一步说明，并不能改变它是“美学教育”的实质。如此看来，这并不是一种全新的观点，因为以往就有“美育是美学理论教育”的观点，这在前面已经进行过分析。它与以往的相关观点的区别主要是在“美学教育”前面加上了自己的修饰，但实质上却并没有什么突破。

以上所述是改革开放以来我国学者对于美育本质探索的基本情况。从中可以看出，人们对于美育本质这个重要的美育基本理论问题给予了特别的关注，认识非常活跃，交锋较为激烈，观点也多种多样。可以说，无论是研讨的广度，还是认识的深度，在美育理论领域中都是前所未有的。虽然学界在这个问题上还没有达成共识，但毫无疑问的是各种观点在一定程度上都有其自身的价值，都可以为我们进一步探讨美育的本质问题提供有益的参考和启示。

① 李田：《再论美育的本质》，《教育研究》1994 年第 11 期，第 67 页。

第四章　美育特征论

美育特征是指美育区别于其他教育的显著的征象、标志。对美育特征的探讨有助于深化和拓展关于美育内涵与本质的认识，因此它也受到学界的普遍关注，同样成为改革开放以来我国美育学术研究的一个热点。在这个问题上，有不少观点已被美育学界所公认，也有一些还只是少数学者的看法。但不管是属于哪种情况，对于进一步理解美育的特征乃至于整个美育学学术的发展都是必要的和有价值的。

第一节　关于美育的形象性

形象性是美育学界公认的美育的基本特征。不过人们对美育形象性的探讨视角却存在一定的差异，主要有以下两种情况：

一、从美与美感的特点分析美育的形象性

美育为什么具有形象性？学界普遍认为，美育的形象性是由美和美感的特点所决定的。曾成平将美育的“形象性”称为“形象感染性”。他说，美育以具体、鲜明、生动的可感的美的形象感染学生，引起学生的美感，达到教育的目的。他认为，美育的这个特点来自美育的内容和形式。美育的内容是把“真与善”的东西，通过美的具体、鲜明、生动的形象，反映

客观事物的有益性。美育以美的形象反映人类和社会发展有益的事物来感染学生，起到深刻的教育作用。学生在欣赏和享受各种事物的美而产生美感的时候，总是从直觉的形象开始。比如学生欣赏绘画时，总是透过画面上的线条、色彩所构成的那个或那些事物的具体形象，从中获得一种美的享受。①

李范和蒋冰海进一步明确指出，美育的形象性特征是由美和美感的特点决定的。李范说，各种不同类型的美都是以具体的可感的形象的方式表现出来的，美离开了具体形象就无所附丽。人们在欣赏各种美的事物而产生美感的时候，总是从直观的形象开始的。只有通过生动具体的形象，才能深入领悟、意会它的内在本质，从而获得情感的愉悦。因此，她认为，美育是一种以形感人的教育。② 蒋冰海也指出，美育的以情动人是通过审美形象为手段来实现的。美是一种能够体现人类生活本质与理想的感人形象。美感的心理过程是从对美的形象直接感知开始的，美感的知觉与表象等都是在对美的形象直接感知的基础上形成的。脱离对美的形象的直接感知，审美便无从谈起。审美的形象性决定着美育必须以美的形象为手段。这是因为我们的感情总是被美的动人的形象所引起的，而不是被一般的概念所引起的。③

林有祥将美育的形象性称为“形象直觉性”。他也认为，美育的形象直觉性是由美本身所具有的特性决定的。美的事物一般都具有形象，也即美通常是通过形象（和谐的形象）显现出来的。正因为美是具体形象的，而美育又正是通过美来影响学生。所以，美育活动本身也具有形象性。学

① 曾成平：《论美育的基本特点和职能》，《西南师范大学学报（人文社会科学版）》1985年第2期，第123页。

② 李范：《论审美教育的性质、任务和作用》，《河北大学学报（哲学社会科学版）》1986年第1期，第100页。

③ 蒋冰海：《美育学导论》（修订本），上海人民出版社2001年版，第88—90页。

生通过对美的观赏，可以直觉地看到或想象到众多感人的形象。美育通常是以具有美的形象的对象作为主要内容的。①

仇春霖主编的《美育原理》在谈到美育的形象性时也指出，美育所使用的工具、手段、方式，不是抽象的理论、道德的说教、概念的演绎，而是具体可感、生动鲜明的形象。在审美教育中，培养和提高人们的审美能力、审美情趣和审美理想，是用具体生动的美的事物，诉诸人们的视觉和听觉，引起审美心理变化，而逐步完成的。当然，其中包含着真和善、知识和道德等理性的因素，但是理性、概念、规范等都已融合在美的形象之中，化为美的感性形象体系。因此，审美教育主要不是用说理的、逻辑的形式，不是用概念体系去引导教育对象作抽象的思考、推断，而是通过展现美的感性形象体系，来引导教育对象感受美、欣赏美和理解美，从而达到"怡情养性"的目的。②

杨辛和甘霖主编的《美学原理新编》同样采用这种思路来分析美育的形象性特征。该书指出，美育中以情感人是通过形象的手段来实现的。不论是美的欣赏和美的创造都离不开形象。美育的这个特点是与美本身的特点相联系的，因为美的事物都是具体可感的个别形象，个体性是美的重要特征。人们在欣赏美的时候，不论是社会美、自然美还是艺术美，都是以其鲜明生动的形象（由色彩、线条、形体、声音等形式因素构成）诉诸人的感官，影响人的思想情感。③

二、从比较的视角分析美育的形象性

所谓比较的视角，是指通过将美育与德育、智育等进行比较的角度来

---

① 林有祥：《美育在人的全面发展中的作用》，《长沙水电师院学报（社会科学版）》1986年第2期，第36—37页。

② 仇春霖主编：《美育原理》，中国青年出版社1988年版，第116—117页。

③ 杨辛、甘霖：《美学原理新编》，北京大学出版社1996年版，第387—388页。

分析美育的形象性特征。

张武升提出，美育是一种形象教育，它与德育、智育的一个不同点在于它不是抽象的逻辑推理和说教，而是以具体鲜明的美的形象来教育人。从美育的内容来说，它不是抽象的理论知识，不是概念的组合，而是美的具体形象。这种美的具体形象包括艺术美的具体形象、自然美的具体形象和社会美的具体形象。从美育的过程来看，学生的心理活动主要是“心理形象”活动。所谓“心理形象”，是指学生接受美育始终是以形象为心理活动的内容的。也就是说，美育是以形象感人，以形象育人，引起学生的心理形象变化的活动，在心理形象活动中激发情感，把握美的本质和创造。①

很明显，在张武升看来只有美育才具有形象性，而德育和智育却不具有形象性。但有人却认为德育和智育也要求具有形象性，不过美育的形象性与德育、智育的形象性相比具有不同的特点。张连捷指出，形象并不是美育的专有品，德育、智育等也要求具有形象性。但形象在美育中，同在德育、智育等其他教育形式中的性质、地位和作用都是根本不同的。他从四个方面对它们之间的区别进行了比较。首先，德育和智育虽然也需要从现实事物具体可感的现象形态入手，然而形象只是帮助学生掌握概念、范畴和理论体系的过渡手段与辅助工具而已。一旦学生理解并熟练掌握了上述知识，形象便退居其次了。美育则不然，它所选择的形象，既是具体可感的现象形态，又是事物本质规律的直观形式。这样的形象自始至终是学生认识、反映和体验的主要对象，学生对美的鉴赏只有通过对这些形象的比较和分析才能完成，学生对美的创造也只有通过具体的形象才能体现出来。因此，形象既是美育的出发点之一，又是美育的归宿之一。它贯穿了

① 张武升:《美育与人的全面发展》,《西南师范大学学报（人文社会科学版)》1987 年第 S2 期，第 4 页。

美育的全过程。其次，德育、智育在引导学生认识世界时，着眼点不在于个别事物的个别现象形态，而在于众多现象中的普遍规律。在现实事物共性与个性的统一中，德育、智育将其共性抽取出来作为自己教学的主要内容。所以在它们运用形象时，强调个性从属于共性，强调以个性说明共性，融个性于共性之中。而美育的着眼点却是典型化了的个性形象。它强调用个性反映共性，寓共性于个性之中。所以在美育中，丰满充实的个性形象不但具有独立存在的价值，而且总是构成审美的客体。再次，德育、智育在对学生进行社会科学和自然科学的教学时，一般只满足于复述或再现现实生活中适合需要的某些事物的形象，不能也不允许虚构、夸大或随意增减。美育则要引导学生对生活进行集中概括和加工改造，并融进学生自己的感情色彩和个性特征。最后，德育、智育中的形象并不总是具有审美价值，而美育中的形象却必须具有审美价值。①

杨恩寰主编的《审美教育学》一书也是通过比较美育与德育、智育在形象性方面的区别来揭示美育的形象性特征。该书指出，审美教育和智育、德育有明显的区别。智育主要是运用概念、判断和推理，它离不开抽象与概括；尽管在智育中会运用一定的形象，但这形象主要是作为理论知识、定理、法则的例证，而不是用作审美教育。德育主要是道德观念、道德规范的教育，并要求受教育者形成符合道德观念和道德规范的行为习惯。它注重理性说教和行为意志品质的培养。审美教育与智育、德育不同，它总是和特定的审美对象相联系，它是借助审美对象的具体可感的形象来激发受教者。作为审美教育媒介、工具的审美对象都是以具体可感的形象方式而存在的，离开了具体的感性形象就不成其为审美对象。不论什么样的审美对象作为审美教育的媒介，都是它的形象诉诸受教者的感官而引起强烈的感受。审美感受不是单纯的官能感受，也不是单纯的理性认

---

① 张连捷：《美育特点浅析》，《山西教育科研通讯》1983年第2期，第21—23页。

识，而是感知、理解、想象、情绪等各种心理功能共同发生作用的结果。它是对形象的把握、领悟。因此，即使简单的审美感知已经包含了比较、联想、想象等理性认识的因素，它是在感性形式中积累着理性的内容，但又不同于抽象的、概念的东西，是理性内容溶化于感性形式之中，因而是感性和理性的和谐统一。在审美感受中，感性的作用是明显的，始终不能脱离具体形象的感受，它所包含的理性内容是以感知的形式呈现出来的，它不是抽象的理性活动。正因为这样，无论从审美教育作用的媒介、工具看，还是从它引起的受教育者的审美感受看，以及从最终达到的审美教育的目的看，审美教育始终离不开感性的形象，这是它所独具的特点。①

王旭晓也指出，形象教育并不是美育专有的，在智育中人们也经常使用。但他认为，智育主要是通过概念、判断、推理的逻辑形式施行于受教育者，它追求概念的明晰性、判断的准确性与推理的严密性，并不要求在受教育者的情感上激起波澜。它的客观有效性也不会因为受教育者的接受与否而有丝毫的改变。因此，它直接作用于人的理性能力，不完全以形象为媒介。而美育则自始至终都是形象教育。更重要的是，不能把美育对智育的促进作用看作就是美育本身，把美育等同于智育。智育最后的目的是求真，因而要求从形象到抽象，要求形象为说理服务。当达到获得真知的目的之后，过程就会被扬弃、淡忘。显然，智育与美育是可以区分的。德育的主要方式是说理，通过理性的教育使人们接受一种某个社会共同体的所有成员都必须遵守的行为规范，并逐步在实践中内化为人的道德意识。在德育过程中也可以有形象，特别是使用艺术形象，往往能起到说理所达不到的效果。可见，美育的手段对德育也有重要的作用，而且美育对人的情感的陶冶往往也能起到道德上的净化作用，进而使人达到高尚的人格境界。正因为如此，才有了把美育等同于德育的说法。但德育最后的目的是

① 杨恩寰主编：《审美教育学》，辽宁大学出版社 1987 年版，第 87—88 页。

求善，也要求从形象到抽象，要求形象为说理服务。而且形象也不是德育的主要手段，因此德育与美育也是可以区分的。①

第二节　关于美育的自由性

自由性也是学界普遍认可的美育的基本特征。人们主要围绕美育的自由性的内涵、美育的自由性的产生原因等问题展开探讨。

一、何为美育的自由性

有学者认为，美育的自由性指美育是以自由的方式进行的，在美育中不需要强迫、灌输，也不需要借助于意志、毅力。换句话说，美育过程是一个自由自觉的教育过程，是一个激发受教育者的情感进行自我运动的过程，是受教育者被美的事物所吸引，主动地、愉快地、自觉地追求美的人生境界的过程。② 人们接受审美教育完全是出于本身的自觉自愿，是凭本人的心理需要和兴趣爱好，是出于对美的渴求和向往，摆脱了物质欲念的追求，不夹杂个人功利的目的，完全专注于美的观照之中，精神处于自由的状态。③ 蒋冰海还就美育的自由性与智育、德育进行了比较。他说，智育和德育固然也要注意调动受教育者的积极性与自觉性，但学科本身的严肃性与逻辑性决定了受教育者必须克制自己的情感，接受与适应理性思维的训练。他认为，只有当主体在自由的状态下才能发挥最大的创造性。美的创造如此，对美的教育、欣赏也是如此。同时，他也指出，审美虽然具

① 王旭晓：《美学原理》，上海人民出版社 2000 年版，第 330—331 页。

② 朱桐伟：《美育特征析说》，《中国石油大学学报（社会科学版）》1998 年第 1 期，第 53 页。

③ 李范：《论审美教育的性质、任务和作用》，《河北大学学报（哲学社会科学版）》1986 年第 1 期，第 100 页。

有自由性，但对一个审美主体来说，要把这种潜在的自由变为一种现实，还要通过自己主观的努力。一个人的审美自由是建立在一定的文化基础之上的，这说明审美教育要注重提高人的精神文化的素质。①

胡经之主要以艺术教育为中心考察了美育的自由性。他认为，审美教育是一种自由自觉的教育过程，是在倾心赏美中表现出的乐意受教。审美教育活动使得主体能通过艺术形象直接同作者对话。通过这一主客体反复运动，主体可以在潜移默化中将自己的审美意识升华到作者的审美意识高度。在美育过程中，受教育者不再是受教师支配的教育的对象，而是能动地去获得教育的主体。这是一种由“教”达到“不教”的高度的精神自觉，是充分唤醒主体自我意识的情感思想自我运动。②

二、美育为什么具有自由性

一般认为，美育的自由性是由审美的自由本质决定的。姚晓南指出，人虽然受到自然和社会的制约，但人们还是能够在改造自然和社会的活动中获得许多相对自由的生活形式。审美作为人们的特殊活动，就是这样的自由形式之一。人类通过实践，在劳动对象、劳动产品（包括艺术品）中打上了人的意志、愿望、理想等本质力量的印记，当人们观照、欣赏这些包含了自身本质力量的对象时，就会产生赏心悦目的愉悦感，这就是一种审美状态。审美心理本质上就是主体处于不受任何束缚的自由状态引起的一种情感愉悦，这种愉悦感体现了人类摆脱自然和社会束缚、实现自由的一种精神状态。他认为，审美的自由本质决定了审美教育的自由性特征。在美育中，受教育者会以主动、热切的情感形式来接受甚至享受美的对象，人的想象力、接受选择方向都是自由的，一切以情感是否能获得最大

① 蒋冰海：《美育学导论》（修订本），上海人民出版社 2001 年版，第 97—100 页。

② 胡经之：《精神文化与审美教育》，《深圳大学学报（人文社会科学版）》1989 年第 2 期，第 65 页。

享受为标准。这就决定了美育接受主体在受教育过程中的主动性和愉快性特点，受教育者在情感的愉悦中获得自身的提高与完善。因而在美育过程中，必须尊重受教育者的兴趣、爱好和选择的自由。①

第三节　关于美育的情感性

关于美育具有情感性，这在学界也已经达成了广泛的共识。人们主要从以下两个角度分析美育的情感性。

一、从审美和创造美的视角分析美育的情感性

美育为什么具有情感性？学界主要从审美和创造美的视角对此进行了分析。张武升提出，在美育中无论是审美还是创造美都离不开情感。情感是美育的中介和桥梁。美的情感既是美育的手段，又是美育的目的。只有通过情感的激发，才能触发对美的追求的动力，才能点燃美的创造的炽热火焰。在他看来，美育中的情感活动主要方式之一是“移情”。所谓“移情”是指审美主体把自己的感情对象化或赋予客体，使客体具有和主体一样的感情，从而产生主客体之间的情感共鸣与交流。他认为，美育要善于通过“移情”来激发学生的美的情感，造成情感的共鸣与交流。②

也有人将美育的情感性称为“情绪感染性”。林有祥认为，正因为美育多是以美的形象——和谐的形象来影响学生，而和谐的形象又最容易与人的心灵、情感产生共鸣。更何况许多具有艺术美的作品都是作家情感的直接反映。所以美育能感染人的情感，可以给人带来巨大的惬意和愉快。

---

① 姚晓南：《论现代美育的本质特征》，《广东教育学院学报》1995年第4期，第63—64页。

② 张武升：《美育与人的全面发展》，《西南师范大学学报（人文社会科学版）》1987年第S2期，第4—5页。

因此，人们都喜爱美的事物，对它产生爱慕之情，并能被美的事物深深感动。①

王旭晓主要从受教者的受教方式考察了审美教育的情感特征。他指出，美育活动中的审美不是传授知识，传授技艺，也不是向人们提供某种行为规范，而是给予接受者以情感的定向——或爱、或憎、或好、或恶，审美中的理性内容也是通过情感而起作用的。也就是说，审美教育是以情感人而不是以理服人，是通情而不是达理，是理容于情而不是情容于理。因此，美育对于人的情感的塑造起着最直接的作用。美育的体验性特征决定了它能促进人类超感性情感的塑造，即能使人类情感得到理性的引导，使它从本能的欲望、冲动升华为高尚、纯洁的人类情感。这体现着对人的内在本质的丰富。②

二、从比较的视角分析美育的情感性

也有不少学者从比较的视角分析美育的情感性。情感对于人类不同领域活动的作用具有怎样的区别？胡家祥对此进行了富有启发的探讨。他说，诚然人类所有的文化创造都需要情感，但情感在不同文化领域中的地位却大不一样。追求真理也需要热情，但科学活动一般只需要情感作为动力，在研究结果中则尽量排除情感成分，以期客观公正。道德活动中情感的地位相对突出一些，它被看作是维持某种人伦关系的纽带，不过道德旨在建立人的族类内部的秩序，群体性的利益压倒个体性的需求，所以情感在一定范围内又不能不受到贬抑。他认为，只有在审美活动中，情感不仅是开展活动的动力，不仅参与评价对象，而且最后与对象凝为一体，构成

① 林有祥：《美育在人的全面发展中的作用》，《长沙水电师院学报（社会科学版）》1986年第2期，第36页。

② 王旭晓：《美育与艺术教育的异同——对以艺术教育取代美育现象的一点思考》，《河北师范大学学报（哲学社会科学版）》2005年第4期，第131页。

美的形象本身。在这种意义上可以说，审美王国是情感的王国。①

审美情感与其他情感有何不同？审美教育对于人的情感的培养有什么作用？蒋冰海和杨恩寰等人对此进行了系统的分析。蒋冰海指出，情感是为人所专有的，是人对认识对象的一种体验和态度，是主体对客体的一种反映形式。情感按其不同性质与作用，可分为美感、理智感和道德感。审美情感不同于一般的情感。他从三个方面对此进行了阐释：首先，它是由美的形象所引起的。美的形象之所以能引起人们的审美情感，是由于其体现了人的本质力量，凝结着人的创造智慧与理想，所以最容易与人的情感相沟通，给人带来欢乐与鼓舞。其次，审美情感能超越狭隘的功利主义。只有当人们冲破个人的欲念，才能真正获得美的享受。再次，审美情感使理性渗透于感性的个体存在之中，是情感与意志的高度有机统一。在科学与道德的实践中虽离不开情感的作用，但都不像在审美活动中情感显得如此重要。一个人情感的培养与提高，途径虽然是多方面的，但审美教育有着特别重要的作用。② 杨恩寰主编的《审美教育学》也充分肯定了美育的情感特征，认为美育是一种情感教育，并具体指出它是以审美对象激发人的审美情感，使受教育者通过亲身的情绪体验，产生肯定或否定的审美评价，从而获得心理的满足，情感的共鸣，使情绪得到陶冶。该书也认为审美情感与其他的情感有区别：它不是日常生活的情感，也不是科学研究中的理智感、道德生活中的道德感，而是渗透着理性的超个人欲念和功利目的的情感。科学认识的任务是探求事物的本质和规律，相对来说它是对事物客观的、冷静的反映。科学研究中的主观情感体验和对客观事物本质规律的认识并不是完全交织在一起的。在道德意识中，人们对于善恶的认识和评价也是带有情感的。但善恶观念和评价主要是表现为一种社会意识形

① 胡家祥：《审美学》，北京大学出版社 2000 年版，第 205—206 页。

② 蒋冰海：《美育学导论》（修订本），上海人民出版社 2001 年版，第 83—86 页。

态，是以道德观念和规范来评价人们的各种行为和调整人们之间的关系。所以，无论在科学认识中，还是在道德意识中，情感的作用都不像在审美活动中显得那样重要和突出。美感总是与以独特的感性形式充分表现着普遍理性内容的形象联系在一起，必然伴有各种复杂的情感活动。这种情感不是来自对象的欲念、功利、目的，而是来自对象形式，来自对包含理性内容的形式的直觉感受。在美感中之所以往往体验到情绪激动和愉悦而不明显意识到理性内容，那是因为理性内容已经渗透、融合在情感之中，或者说理性内容已化为特有的情感形式，二者契合无间，呈现为统一整体的美感形态。①

情感在美育中的作用具有什么样的特点？张连捷对此进行了具体的阐释。他指出，人类的任何认识活动都同时伴随着情感活动。但是，在德育、智育或其他教育形式中，尽管学生也是带着情感进行学习的，然而情感一般并不能在学习的成果中得到充分和具体的表现。而在美育中，情感活动却不但作为一种推动力量在起作用，而且它们本身也在学习成果中反映出来。情感在美育中究竟起什么作用？张连捷从动力、途径和目的三个方面进行了分析。首先，情感是美育的动力之一。情感不仅是感知认识的产物，同时又是感知认识的动力。在美育中，情感的这种动力功能更加明显。正确实施的美育总是把美好的形象和高尚的情感熔为一炉。它把学生引入纯洁、高尚、积极、健康的感情世界，使他们不仅耳濡目染，明辨真伪、善恶和美丑，而且赏心怡神，获得感情上的升华。这样的学习，既是一种智力活动，更是一种精神的享受。其次，情感交流是美育的重要途径。美育提供的是富有感情色彩的认识内容。学生在感知客观存在的美的形象时，随着表象的不断完善，他们首先会从中得到一种美的情绪体验。当形象所包含的思想感情以及节奏、旋律和色彩形式浸入学生心灵的最深

① 杨恩寰主编：《审美教育学》，辽宁大学出版社 1987 年版，第 88—91 页。

处，引发他们的共鸣，引发了他们自己的主观情感时，他们才有可能真正领会形象所反映的深刻内容，并从中得到教益。他们的审美观念、审美趣味以及欣赏、鉴别和创造美的能力才能得到相应的提高。如果说在德育、智育中对学生的教育是先“晓之以理”，后“动之以情”的话，那么在美育中这个顺序正好倒了过来。它是先“动之以情”，而后才在“动情”的基础上，使学生自己悟出其中的道理。再次，净化感情是美育的主要目的之一。美育与德育、智育的另一个不同点是：在德育和智育中，情感教育只是一种附带的过程或附产品；而美育则把陶冶情感作为主要目的之一。美育从形象入手，通过情感的交流和共鸣，在潜移默化中改变学生的感情素质，净化他们的感情。①

第四节　关于美育的愉悦性

美育的“愉悦性”，有人也称之为美育的“享受性”“娱乐性”“趣味性”。学界也普遍认可美育具有愉悦性的特征。

一、什么是美育的愉悦性

美育的愉悦性是从受教者的受教效果上来看的。王旭晓指出，审美活动是一种高级的精神享受，审美教育也一样。人们接受审美教育的过程，同时也是获得高尚的精神享受、精神愉悦的过程。审美教育如果不能给人以精神上的享受与愉悦，就说明没有取得预期的效果。因此，审美教育从不采取强制的方式，受教育者却会自觉自愿地参与。美育是寓教于乐，在美的享受中受到教育。教寓于“乐”之中，这种“教”无疑就带有享受的

① 张连捷：《美育特点浅析》，《山西教育科研通讯》1983 年第 2 期，第 23—24 页。

性质，是在愉悦中接受教育。①

朱桐伟认为，美育的愉悦性是指美育能使人在情感上感到快乐、舒畅。审美教育依靠美的事物的感染力，激起人们感情上的共鸣，从而产生审美愉快，并在美的享受中使情感得到净化，心灵得到升华。②蒋冰海指出，美育的愉悦性就是要使人在情感上感到自由、舒畅，既给人以快乐，又给人以启迪。他还进一步分析了愉悦或享受的不同性质。他说，美育强调愉悦性，要给人以美的享受，这和那种享乐至上、享乐主义有着原则的区别。享乐主义是把享乐看成是人生的目的，享乐高于一切，而为了自己的享乐，可以不择手段，不管别人的痛苦，甚至把自己的欢乐建立在别人的痛苦之上。我们所讲的美育的愉悦性，给人以美的享受，是一种高尚的健康的生活，它本身就是建立在审美基础之上，所以它将成为一种精神动力，引导人们为创造更加美好的新生活而奋斗。③

也有学者将美育的愉悦性称为“娱乐性”或“趣味性”。杨辛等人指出，美育是在个人爱好兴趣的形式中、在娱乐中接受教育。这种教育形式使受教育者身心都处在愉快、自由的状态中。美育的娱乐性，就是要使人在情感上感到自由、舒畅。④叶朗和张武升也主张美育是一种娱乐性教育。叶朗认为美育的娱乐性是指在审美教育的实施过程中，个体明显地感受到某种程度的愉悦，因而获得某种满足，感到意趣盎然。⑤张武升指出，美育的娱乐性是指美育经常是在欢快、愉乐的形式和气氛中使人受到教育。美育使审美者在美的境界和气氛中，获得精神娱乐和享受，在娱乐享受中情不自禁地受到美的陶冶和教育。因此，美育充满美的情趣和兴致。⑥

---

① 王旭晓：《美学原理》，上海人民出版社 2000 年版，第 332—333 页。

② 朱桐伟：《美育特征析说》，《石油大学学报（社会科学版）》1998 年第 1 期，第 53 页。

③ 蒋冰海：《美育学导论》（修订本），上海人民出版社 2001 年版，第 93—96 页。

④ 杨辛、甘霖：《美学原理新编》，北京大学出版社 1996 年版，第 388—389 页。

⑤ 叶朗主编：《现代美学体系》，北京大学出版社 1999 年版，第 318 页。

⑥ 张武升：《美育与人的全面发展》，《西南师范大学学报（人文社会科学版）》1987 年第

杜卫将美育的愉悦性称为“趣味性”，他说，美育的趣味性是指美育过程对受教育者应具有的吸引力，使其始终对审美的创作与欣赏保持浓厚的兴趣。①

二、美育为什么具有愉悦性

美育的愉悦性从何而来？一般认为，美育的愉悦性是由美的本质属性和审美活动的特点所决定的。有学者指出，美是人的本质力量的感性显现。因此，美不仅具有形象性，而且由于它肯定了人的本质力量，因而还具有巨大的感染力。美的事物使人看到了自身的力量，人们从观赏中得到极大的愉悦和满足，激起感情的波澜。美育正是用体现了人的本质力量的美的事物、美的形象作为教育手段和教育材料的。因此，美育充满着情感，充满着愉悦。这是美育和其他教育的显著的不同之处。美育的愉悦性同时也同美的感性形式密切相关，它是从对美的形象的具体感受开始的。美的形象让人悦目愉耳，进而赏心怡神，人们从美的形象中获得了感受、体验、领悟和理解。这是一个充满着美的享受的审美过程。人们正是在这个充满着美的享受的过程中经历了感情的变化、升华，受到了教育。②林有祥也认为美育的愉悦性是由美的本质决定的。他说，美给人带来心灵的欢愉。因为“美是和谐”，是客体内部诸要素之间的和谐，是和谐客体与心灵主体（思想、情感、意趣、理念）之间的和谐。美育把和谐的形象展现在人们面前并与他们的审美认识、情趣、爱好等保持和谐一致。美的客体与心灵交织共鸣并统一，愉悦之感油然而生。③姚晓南也是持相似的观点。他认为，

S2 期，第 5 页。

① 杜卫：《美育论》（第二版），教育科学出版社 2014 年版，第 86—87 页。

② 仇春霖主编：《美育原理》，中国青年出版社 1988 年版，第 126—128 页。

③ 林有祥：《美育在人的全面发展中的作用》，《长沙水电师院学报（社会科学版）》1986 年第 2 期，第 36 页。

美育运用生动具体的美的形象材料诉诸人的情感，以激发情感的活动来实现教育目的，而审美总是令人愉快的活动，因而美育具体愉快教育的特征。美育的愉快教育特征体现在教育过程中，就是“寓教于乐”。无论是社会美、自然美、艺术美，还是其他教育形式的美育因素，首先都是必须能给受教育者以美的享受，然后才能激起他们的情感力量，达到美育的目的。①

还有学者主要从审美活动的特点来分析美育的愉悦性。如叶朗认为，美育的娱乐性是由审美活动作为人类的一种特殊活动的本性所决定的。他说，在审美活动中，任何个体都要暂时排除实用利害的功利关系。在这种审美态度制导下，个体感到一种摆脱个人利害考虑的轻松之感。另外，审美教育具有一定的操作性，培养个体运用审美的媒介来表达审美意象和审美理想。在这种操作活动中，个体逐渐掌握了审美表达的创造规则，并在接受教育的过程中实现了自由表达的欲望。这就在一定程度上产生了一种确证自身创造力的自我实现的喜悦，获得一种极大的满足。② 杜卫指出，从主体方面看，美育的趣味性源自美育过程对个性差异的充分尊重，它满足每一个受教育者的个性情感生活需要，鼓励个性和独创性的充分发展。美育的趣味性还意味着审美活动中个性的探索性与尝试性，美育过程是一个不断探索与尝试的过程。美育正是由于鼓励探索和尝试而显得趣味盎然，使受教育者积极主动地接受教育，乐此不疲。③

第五节　关于美育的其他特征

关于美育的特征，除上述学界已经达成共识的形象性、自由性、情感

① 姚晓南：《论现代美育的本质特征》，《广东教育学院学报》1995 年第 4 期，第 65 页。

② 叶朗主编：《现代美学体系》，北京大学出版社 1999 年版，第 318 页。

③ 杜卫：《美育论》（第二版），教育科学出版社 2014 年版，第 86—87 页。

性和愉悦性以外，还有一些学者进行了自己的探索，提出了不少其他的观点。这些观点对于我们进一步理解美育的特征也具有参考和启示价值。

一、美育的广泛性与深远性

美育的广泛性是指美育的存在特征，即美育存在的领域或发生的范围十分广泛；美育的深远性是指美育的效果特征，即美育产生的效应深刻而持久。

美育为什么具有广泛性？朱桐伟指出，美育的广泛性根源于美的普遍性。美是到处都存在的，美的这种普遍性必然导致美育具有广泛性的特征。美育是人类社会实践的产物，也是人类社会实践的一部分。人类社会实践活动的范围是广阔丰富的，纵贯人类历史发展的各个时期，横向植根于社会的各个领域。因此，美育存在的领域必然十分广泛。只要有人类活动的地方，就会有美育的存在。从纵向看，美育既存在于人类文明社会的各个阶段，也存在于人的生命的各个时刻。人类早在远古时期，随着劳动所创造的美的出现，美感也就随之产生了，也就有了美育的萌芽。进入文明社会以后，虽然在不同的社会阶段，美育的内容和形式有很大的差异，但却始终存在着和发展着。对于人的整个一生来说，美育是实实在在的终身教育。从生命的诞生到垂暮之年，美育存在于人生的每个阶段，贯穿于生命的每一时刻。从横向看，美育存在于人类文明社会的各个方面，存在于生产、生活、环境、教育和科学技术等一切社会实践中。①

关于美育的广泛性特征，仇春霖主编的《美育原理》将其称为“美育的普遍性”、王秀芳等主编的《美育学教程》称之为“美育时空无限的普遍性”。他们也认为美育的普遍性是由美的普遍性决定的。世界是美的，生活是美的，美无时不有，美无处不在。美的普遍性决定了美育的普遍

---

①　朱桐伟：《美育特征析说》，《石油大学学报（社会科学版）》1998 年第 1 期，第 54 页。

性，审美教育可以不受时间、地点、对象、条件的局限，可以采取多种多样的方式加以实施。但是，他们也指出，这并不等于说美育不要引导、组织就可自发实现。美育的实施效果取决于人们对于美育的自觉性。人有了自觉性，就能随时随地实施美育，自觉性程度越高，收效也就越大。①

美育为什么具有深远性？杨恩寰主编的《审美教育学》指出，审美教育对受教者的陶冶，其审美效应是深刻而持久的。这是因为审美教育以形象唤起情感激动，其痕迹深刻烙印在脑中，留下持久的影响。一般概念知识往往随着时光的消逝而逐渐遗忘，唯独那曾经扣人心弦、触动情感的形象，常常终生难忘。该书还引用梁启超的观点作了进一步的说明：梁启超在《论小说与群治之关系》一文中，谈到小说具有“熏”和“浸”的感染力量。“熏也者，如入云烟中而为其所烘，如近朱墨处而为其所染。”“浸也者，入而与之俱化者也。”②“熏”与“浸”正是形象感染、化入心灵的力量。该书指出，不独小说如此，所有审美对象都有这种感染化入力量，因而其效应总是深远的，会转变为新的审美需要和期望，对受教育者的全部精神生活发生影响，甚至对他终生起着作用。③

二、美育的体验性与实践性

美育的体验性与实践性是指美育的过程特征。关于美育的体验性，叶朗指出，在生活实践中，审美活动中主体的审美感兴总是伴随明显的情感体验的特征。任何人的审美感兴能力的形成和发展，都要通过独特的情感体验。体验性使审美教育始终具有独特的感情情绪色彩。他还通过与智育和德育的比较进一步分析了美育的体验性。他说，智育的目的是使受教育

① 仇春霖主编：《美育原理》，中国青年出版社 1988 年版，第 148—157 页；王秀芳、张永昌主编：《美育学教程》，西南师范大学出版社 1992 年版，第 44—45 页。

② 梁启超：《饮冰室文集》卷一〇。

③ 杨恩寰主编：《审美教育学》，辽宁大学出版社 1987 年版，第 91—92 页。

者掌握科学知识，提高认识能力。因此，智育是一种理智活动。它需要客观冷静的态度，不必带有情感体验和情感色彩。德育的目的是要把外在的社会道德规范内化为个体的道德意识和观念，它也更多地涉及人的理智和客观的是非判断。所以说，体验性是美育区别于智育、德育的明显标志之一。把握美育的这一特征，是决定美育能否取得成效的重要因素。①

王旭晓也承认美育具有体验性并从多个角度对此进行了分析。他说，审美教育的体验性是从受教者的受教方式来看的，这是审美教育最显著的一个特点。这个特点是由审美教育要在审美活动中展开所决定的。在审美活动中，由于审美对象的激发，参与审美活动的人首先对对象产生一种情感态度，即形成肯定或否定的态度。这种态度是决定审美教育能否顺利实施的关键。如果受教者对于作为审美教育的必要媒介的审美对象在情感上是否定的，那么就会中止这种活动；反之，受教者则能自觉自愿地作为审美主体进入对审美对象的体验之中。他认为，体验是沟通主客体的中介，是对对象的意蕴的直觉性领悟。正是在体验中，生活的底蕴才能向人们呈现出来，使人在体验中获得教益。审美教育是以情感人，是理融于情，这一特点决定了受教育者要在体验中才能达到受教育的目的。王旭晓通过与智育、德育比较的角度进一步分析了美育的体验性。他说，审美教育的情感体验性也使它与智育、德育能加以区分。智育与科学知识相关，科学的品质决定了它是一个最不需要情感参与的领域，它追求的是知识的客观有效性，展示的是理性的力量。德育主要是为了把外在的行为规范内化为人们的道德意识和观念，它更多地涉及人们对善恶的认识和评价。人们对善恶的认识和评价虽然具有情感性，但这是一种偏重于理性的情感，不同于审美教育中个体的独特的情感体验。因此，审美教育的情感体验性也是区

① 叶朗:《审美教育的基本理论》,《中国高等教育（社会科学理论版)》1988 年第 3 期，第 30 页。

别于智育与德育的主要特征。①

与美育体验性密切相关的是美育的实践性。那么，美育为什么具有实践性？一般认为，美育的实践性是由美和美感的实践性所决定的。具体而言，因为美本身就是在实践中创造的，人的美感也是在实践中获得的；离开了实践，就没有美，也没有美感，更没有美育。美育虽然需要美学理论的指导，但它并不仅仅是美学知识的传授，主要应该培养和提高受教育者的审美能力、审美理想，陶养感情，美化自身；也不仅仅是诉之于理智，使人从理智上认识美，更重要的是诉之于情感，使受教育者通过对美的感受、体验等心理活动，在情感上受到感染。真正的审美教育必须使受教育者亲身参加审美实践，必须有受教育者的亲眼看，亲耳听，亲自接触和体验。②

杜卫将美育的体验性与实践性称为“过程性”。他说，美育的一个重要特征是它的过程性。美育作为促进个体的情感生命成长的教育，它的目的、功能与价值均实现于美育过程之中。在他看来，美育的过程性是由审美活动感性特征及其价值实现的过程性决定的。个性情感的创造性表现与升华本身就是一个情感生命的伸展和更新过程。在美育过程中，个体情感需要的每一次创造性表现都是一次价值的实现，它对于个体现时态的生存来说都具有重要的意义；而需要的满足又意味着新的需要的产生，意味着为新的审美表现提供内驱力。所以，审美表现又意味着个体情感生命的提升。表现与升华，实现与提升，构成了个体情感生命不断超越的成长过程，这个过程就是美育的目的。过程即目的，这是美育过程性的根本意义。他指出，美育过程性的另一层意义在于受教育者的积极投入、参与和

① 王旭晓：《美学原理》，上海人民出版社 2000 年版，第 331—332 页。

② 仇春霖主编：《美育原理》，中国青年出版社 1988 年版，第 137—142 页；向东方：《学校美育学》，西南师范大学出版社 1993 年版，第 70—71 页；王秀芳、张永昌主编《美育学教程》，北京广播学院出版社 1992 年版，第 46—48 页。

创造。实现美育目的的审美体验活动过程本身是主体能动创造的过程。不仅运用媒介的创作（如绘画、演戏或音乐演唱和演奏等）是创造，而且对各种审美对象的欣赏也是积极的创造与表现活动，没有个体富于个性化的创造便没有真正的审美对象，也就无审美活动可言。①

三、美育的陶冶性与教育性

美育的陶冶性与教育性属于美育的功能特征。王旭晓认为，美育的陶冶性是从这种教育对人产生影响的整体特点来看的，也可以看作是审美教育的最根本的特征。它是与审美教育本质上是一种情感教育相联系的。在审美教育中，如果受教育者意识到自己是一个被支配者，或者产生一种被支配的意识，那么就达不到应有的效果。审美教育是让人进入审美活动之中，是在对审美对象的感知与体验中获得愉快的感受。这种愉快的感受对于人的性情是一种陶冶。因为在这个过程中，通过对审美对象的观照、把握，人的一般的心理能力得到培养、训练，转化为审美能力，并使审美能力走向丰富和成熟，成为自由运用和创造形式的能力。更主要的是，通过对审美对象所蕴含的意义的感受、体验、领悟，人不断地使自己的情感、心灵得到洗涤、超越，就会逐步培养和建立起一种超越实用功利的人生态度，改变人的心性与性情。这种对人的性情的改变是深刻的，因而也是具有稳固性和延续性的，这就是陶冶的作用。这是任何理性教育都达不到的，是美育的独特功能。②

有人称美育的陶冶性为“潜移默化性”。李范指出，审美教育是潜移默化的教育，它对人的心灵的陶冶，如春风化雨，点滴滋润，天长日久，铭心刻骨。凡是经过长期的美育熏陶的人，都会形成一种完美的心理结

① 杜卫：《美育论》（第二版），教育科学出版社 2014 年版，第 79—82 页。

② 王旭晓：《美学原理》，上海人民出版社 2000 年版，第 333—334 页。

构和心理定向。这种心理结构和心理定向一经形成，就具有较大的稳定性，它们会对人的全部精神生活产生重大的影响，甚至对一个人的终生起作用。[①] 李莉认为，在美育过程中，受教育者并不都具有明确的接受某种教育的动机，只是因为美的事物生动、感人，在审美中心情感到舒畅，情感得到宣泄。正是在娱乐、怡悦之时，美的理想、美的旨趣渗入人心，滋润心田。美育对人产生的不知不觉、潜移默化的影响是日积月累、逐步加深的渐变过程，并不是靠一两次美的欣赏活动就能够完成，而是要靠"陶冶""熏陶"，靠经常的影响。[②]

关于美育的教育性，曾成平认为，它首先表现为对人的生理与心理发展的促进作用。他说，人对美的感受器官及其感受美的能力，需要通过美育才能得到有效的发展。儿童生来具有的感受美的器官，只具有感受美的能力的萌芽。美育的作用在于使其得到发展，成为具有感受美的能力的人。同时，美育可以发展学生的形象思维能力，使之展开联想和想象，在自己的再创造中获得自我教育。[③]

林有祥将美育的教育性概括为思想教育性和益智性两个方面。他说，美是与善十分相近的品质。大凡美的事物都包含有善（对人有益或给人以思想启迪）的特质。艺术美如此，社会美更是这样。优秀的艺术作品既给人以美的享受，又使人在其中不知不觉地受到某种思想教育。欣赏社会美会使人感动，从而提升思想品德境界。同时，美育活动本身既有传授审美知识和培养审美能力的任务，也具有益智性的特点。美育可以扩大学生的知识视野，使他们能正确地认识和区别真假、善恶与美丑，确立正确的审

---

① 李范：《论审美教育的性质、任务和作用》，《河北大学学报（哲学社会科学版）》1986年第1期，第100—101页。

② 李莉：《试论美育的本质及特征》，《北京第二外国语学院学报》1997年第3期，第108—109页。

③ 曾成平：《论美育的基本特点和职能》，《西南师范大学学报（人文社会科学版）》1985年第2期，第125—126页。

美观，从而提高认识事物的辨别力。①

四、美育的自发性与主动性

美育的自发性与主动性是指美育过程中受教育者参与和投入的积极状态。叶朗指出，审美教育的自发性与主动性特征，是指受教育者具有自发的主动介入的兴趣。他还就此将美育与智育、德育进行了比较，认为并不是说智育和德育不具有主动性，而是说与智育和德育相比，美育中的个体具有更高程度的自发性和更积极的主动性。所以，美育具有自发性和主动性，是从一个相对意义上来说的特征。那么，美育为什么具有这种特征？叶朗认为，这也是由审美活动的本性决定的。因为审美教育具有体验性和娱乐效果，所以与智育和德育相比，美育更容易激发受教育者的兴趣，也更容易唤起他们积极介入的主动性。智育的目的在于知识的传授和智力的培养，主要诉诸个体的理性认知系统。由于这种知识传授和智力培育较为严密，较为冷静，相对来说也较为刻板，因此容易使受教育者感到枯燥。它在某种程度上缺少美育中受教育者的那种高度的自主性。德育的目的是使外在的社会道德规范逐渐为个体所掌握，树立起个体自觉的道德感和道德标准。因而德育具有一定的外在规范性和强制性，它在某种程度上也缺少美育中受教育者的那种高度的主动性。受教育者在体验状态下感到一种愉悦，感到自己进入了一种“自我实现”的自由境界。其结果必然使人们以浓厚的兴趣积极地介入其中，以便不断地重温这种曾经体验到的愉悦。这就是审美教育常常能使受教育者产生高度主动性的根本原因所在。正是由于美育中受教育者的这种自发性和主动性，使美育成了一种生动活泼的充满激情的教育活动。②

① 林有祥：《美育在人的全面发展中的作用》，《长沙水电师院学报（社会科学版）》1986年第2期，第37页。

② 叶朗：《审美教育的基本理论》，《中国高等教育（社会科学理论版）》1988年第3期，

五、美育的人文性与超越性

美育的人文性是指美育对人的人文关怀。许冬玲将人文性看成是美育的核心。她指出，美育的宗旨是培养、塑造人的生命意识，引导受教育者用审美的态度对待生活。因此，美育必须也必然充分显示出对人的人文关怀，对人的生存发展的积极作用，把人的全面发展和人格的完整性作为美育的出发点和归宿，把关心人的生存和发展、尊重个性发展、促进个体的情感解放和精神自由作为美育的根本价值尺度。①

关于美育的超越性，王建国等人认为，美育的超越本性是个体超越性（人的“美感生成”及自我超越）与社会超越性（建立社会理想形态）的统一。他们将美育的超越性概括为三个方面：一是精神性对肉身性的超越。美育对人的“美感生成”建立在彰显人的本质精神的基础上，而人的本质精神主要指向人作为“类”的自由实践和具体生动的感性活动，“审美”即是其中的高级精神活动。二是无限性对有限性的超越。这是指人的认识和价值追求具有无限性。美育所培养的审美意识、审美世界观具有超功利的特点，而其价值指向也试图使人突破局限性，发挥人的本质性与创造性的力量。三是可能性对现实性的超越。这是指美育为人提供了自我超越的实践可能。就建立社会理想形态而言，美育是以“培养人”为中介推动的，其目标是一个人人共享的自由王国。②

姚晓南将美育的超越性称为“美育的非实用性”，并从美育与其他教育比较的角度对此进行了分析。他说，德育的直接目的是培养受教育者良好的道德品质，以合于当下的社会道德规范，以便维护一定时代的社会政

第 30—31 页。

① 许冬玲：《论美育的特点及其德育功能》，《云梦学刊》2004 年第 1 期，第 87 页。

② 王建国、杨兆山、陈仁：《论美育的超越价值》，《辽宁师范大学学报（社会科学版）》2014 年第 6 期，第 881 页。

治秩序，为这个时代的社会和民众服务。智育的目的是传授科学知识，让受教育者认识和掌握自然与社会发展的规律，训练生存的技术和本领。体育的功用是为了强身健体，培养良好的身体素质。德、智、体三育都是完全功利性的，具有直接和明确的实用性目的。美育的终极目的虽然是通过情感教育达到个性的完满发展，但这个目的并不带有直接的实用功利性，与德、智、体三育的实用性明显有别。审美的无利害关系是美学上的一个重要原理。这个“利害关系”即指功利性。就一般审美形式而言，审美活动不带有明确的功利目的，与实用无涉。那么，美育为什么具有非实用性？姚晓南指出，是审美的非功利性决定了美育的非直接实用性。美育不直接培养人的技能或体能，而是重在协调人的心理机能。它不像德、智、体三育那样重视功利性任务，而注重对人的心理的潜移默化作用。①

六、美育的个体性与创造性

美育的个体性是指在美育中对受教育者个性的尊重和培养。张连捷将美育的个体性称为“美育的个性显示性”。他从美育与智育比较的视角进行了具体分析。他说，审美教育及其引起的美感和数理化的教学不同。它没有那种唯一正确的结论以资对照，没有统一的逻辑推理可以依循，也没有一成不变的公式作为依据。由于学生个性心理品质的差异，同一个美的形象在不同的学生身上所引起的美感，自然也就有层次、程度甚至内容上的差异。然而，也就是在这样的心理过程中，学生的个性心理得到了自由和充分的反映。正因为如此，美育可以对学生个性心理的形成和发展施加重要的影响。②

姚晓南从美育的特殊价值和终极目标视角分析了美育的个体性。他

① 姚晓南：《论现代美育的本质特征》，《广东教育学院学报》1995 年第 4 期，第 65 页。
② 张连捷：《美育特点浅析》，《山西教育科研通讯》1983 年第 2 期，第 24—25 页。

说，美育的普遍价值在于满足和提高人的审美需要、提高精神能力，从而使人的活动达到自由自觉的状态，使人的生存和发展达到充分完满；美育的特殊价值则在于能增进个人的自我认识和自我省察，使人的个性趋向完善。他认为，美育通过培养人的审美能力即情感判断能力，陶冶人的高尚情感，使人的个性获得全面发展。人的情感的丰富性，决定了人的个性的丰富性，美育的终极目标就是培养人的全面和谐发展的个性。这是美育与其他任何教育形式的显著差异，从而决定了现代美育的个性教育特征。①

李范主编的《美育的现代使命》同样将个性化看成是美育的现代特征之一。该书指出，从某种意义上说，审美教育是一种个性化的教育，它的目的之一就是培养和发展主体的个性，造就人性和人类生活丰富多彩、千姿百态的美。美育的个性化来源于现实世界的丰富多样性和审美主体的个性。该书认为，审美教育是医治现代社会人们个性丧失、创造力贫乏的一剂良药，可以弥补现代科技教育的不足，从而使现代人的生存成为一种充满活力和富有激情的“个性化生存”，成为一种“审美化生存”，而不是枯燥乏味的“数字化生存”②。

如何理解美育的创造性？张武升认为，美育是一种创造教育，美育在本质上就是一种创造过程。在他看来，美育的创造性表现在审美的“内化”过程和“外化”过程上。所谓内化过程就是指审美主体创造性地领悟美的真谛，由外在的美的具体形象，内化为感性形象，进而达到思维形象。这一过程是创造性的，因为它能触及和揭示美的本质。所谓“外化”过程就是指主体在内化过程中产生了情感，形成了一种表现的冲动，这种冲动激发主体用各种不同的艺术形式来表现美，外化为一种“产品”，这种产品可以是艺术作品、文学作品，也可以是行为。这一外化过程是创造

① 姚晓南:《论现代美育的本质特征》,《广东教育学院学报》1995 年第 4 期，第 64 页。

② 李范主编:《美育的现代使命》，北京师范大学出版社 1998 年版，第 160—164 页。

性的。[①]

以上是 40 多年来美育学界关于美育特征的基本认识。我们从中可以看出，人们公认的美育的基本特征主要有形象性、自由性、情感性和愉悦性。除此以外，也有一些学者探讨和论证了美育的其他特征。无论是在学界达成了共识的美育基本特征，还是尚未达成共识的美育的其他特征，都在一定程度上深化了美育内涵的理解，都从某个方面反映了美育的本质。这些认识成果都构成了未来进一步研讨美育特征的重要基础。

① 张武升:《美育与人的全面发展》,《西南师范大学学报（人文社会科学版）》1987 年第 S2 期，第 5 页。

第五章　美育地位论

美育的地位是改革开放后我国美育学术界最先关注的问题。早在改革开放初期，就有大批学者呼吁要提高美育的地位，主张将美育纳入到教育方针之中。当然，在这个问题上也有一些不同的意见，人们围绕这个问题展开了不少争论，发表了众多不同的观点。有人认为，美育是一种相对独立的教育；有人提出美育只是实现其他教育目的的一种手段；有人坚持艺术教育就是美育，即艺术教育可以代替美育；还有人认为美育高于其他各种教育，在整个教育中起决定作用。理解这些观点的内涵与实质，剖析各种不同观点之间的争鸣，对于我们科学地厘定美育的地位具有重要的启示价值。

第一节　改革开放前美育地位的变化与讨论

为了更好地理解当代学界关于美育地位的各种观点，我们首先需要对新中国美育地位的演变历程及相关的讨论有一个基本的了解。这里拟阐述我国改革开放前美育地位的变化与讨论情况。

一、改革开放前美育地位的变化过程

从新中国成立到改革开放前的三十年间，美育在教育中的地位经历了

一个曲折的过程。

新中国最初的教育方针，是中国人民政治协商会议第一次全体会议通过的《中国人民政治协商会议共同纲领》中提出的："中华人民共和国的文化教育为新民主主义的，即民族的、科学的、大众的文化教育。"①围绕贯彻落实这一教育方针，相关领导同志的讲话和随后颁布的教育规程都把美育作为促进学生全面发展的重要内容。1951年3月，时任教育部长马叙伦在全国第一次中等教育会议的闭幕词中提出：我们的教育要"使青年一代在智育、德育、体育、美育各方面获得全面发展，成为新民主主义社会自觉的积极的成员"②。1952年，教育部先后颁布了《幼儿园暂行规程（草案）》《小学暂行规程（草案）》《中学暂行规程（草案）》《师范学校暂行规程（草案）》等文件，这些文件都规定要对学生"实施智育、德育、体育、美育等全面发展的教育"。《幼儿园暂行规程（草案）》要求通过美育"培养幼儿爱美的观念和兴趣，增进幼儿想象力与创造力"。《小学暂行规程（草案）》提出要通过美育，"使儿童具有爱美的观念和欣赏艺术的初步能力"。《中学暂行规程（草案）》则要求通过美育"陶冶学生的审美观念，启发其艺术的创造力"。③1954年2月21日，时任政务院总理周恩来在政务会议上提出："每个人要在德、智、体、美等方面均衡发展。不均衡地发展，一定会有缺陷，不仅影响个人能力的发挥，对国家也不利。"④1955年5月19日，国务院召开的全国文化教育工作会议重申：提高中小学教育的质量必须贯彻全面发展的方针，注意学生的智育、德育、体育、美育，同时有

① 刘英杰主编：《中国教育大事典（1949—1990）》上卷，浙江教育出版社1993年版，第1页。

② 刘英杰主编：《中国教育大事典（1949—1990）》上卷，浙江教育出版社1993年版，第3页。

③ 邱明正、宇文杰：《美育志》，上海人民出版社1998年版，第249页。

④ 《周恩来选集》下卷，人民出版社1984年版，第129页。

步骤地实施基本的生产技术教育。①

遗憾的是，新中国成立初期将美育作为全面发展教育组成部分的这一正确做法，此后在相当长的一段时间内被中断。1956 年，在讨论社会主义性质的教育方针时，人们在“怎样才算是实现了全面发展”“怎样进行全面发展的教育”等问题上存在不同的认识。当时有不少人认为，美育的根本目的是陶冶情操、净化思想、提升人格、培育理想，因此它可以归入“德育”的范畴，是德育的实施方法和手段，没有必要在教育方针中单独列出。1957 年 2 月 27 日，毛泽东在《关于正确处理人民内部矛盾的问题》一文中提出，“我们的教育方针，应该使受教育者在德育、智育、体育几方面都得到发展，成为有社会主义觉悟的有文化的劳动者。”②在这个表述中已经没有美育的内容。这一缺失了“美育”的提法从此被沿用下来。

1964 年，我国全面开展了对“现代修正主义”的批判，教育领域在批判“红专”“爱的教育”的同时，也批判了主张把美育列入全面发展教育组成部分的观点。在接下来的“文化大革命”中，美育更是被当成“封资修”③的黑货而遭到了彻底的否定，美育在教育中的地位也因此而彻底丧失。

二、关于美育地位的大讨论

1961 年，受当时轰轰烈烈的美学大讨论的影响，《文汇报》也发起了关于美育问题的大讨论。④参加这次讨论的主要是上海市教育学界和心理

① 刘英杰主编：《中国教育大事典（1949—1990）》上卷，浙江教育出版社 1993 年版，第 4 页。

② 人民教育出版社编：《毛泽东同志论教育工作》，人民教育出版社 1992 年版，第 258 页。

③ “封资修”是对“封建主义、资本主义和修正主义”的简称。

④ 参见《文汇报邀请上海教育学心理学界部分人士座谈，探讨教育学中的美育问题》，《文汇报》1961 年 5 月 26 日。

学界的学者，[①] 这场讨论持续了一年的时间。有人在对这场讨论进行评价时指出，美育大讨论无论是参与的人数，持续的时间，还是发表的成果，都无法与当时开展的美学大讨论相比。“但是，这次美育大讨论是在十七年中唯一的最为学院化、学术化、专业化的美育理论的学术活动，其取得的成就也是最大的，其学术活动的动力与氛围也是最为正常的……这次美育大讨论斯文冷静，显示出学术自身的尊严与内在规律。”[②]

在讨论中，大家都基本一致地认可美育在学校教育中的作用，争论的焦点是：从理论的角度看应不应该把美育作为全面发展教育的组成部分。在这次讨论中，一种意见认为，美育应作为全面发展教育的组成部分。其理由如下：第一，美育具有特殊的作用和任务，它的作用和任务可以在其他三育中发挥和完成一部分，但不可能充分地发挥和全部地完成，除非把美育确定为全面发展教育的组成部分之一。第二，一个儿童对美的欣赏能力不是自发形成的，必须经过长期地有意识地培养和指导，将美育单独列为组成部分，可以使教师在教学中树立美育观点，有利于全面发展的教育。第三，美育是人类历史的产物，它经过了漫长的历史道路，从来就是学校教育的一个组成部分。第四，把美育列为全面发展教育的一个组成部分，能深化德育、智育、体育，有利于三育的进行。第五，随着生产力水平的提高，文化艺术的繁荣，人民生活的改善，美育的地位将提高到人类历史所从来没有过的高度，将它列为全面发展教育的组成部分，完全是必须的。第六，如果说美育的工作在德、智、体三育中已经贯彻了，不必另提，这是把普遍性与特殊性混同起来了。另一种意见则反对把美育列为全面发展教育的组成部分。持这种观点的人提出了以下几条理由：第一，德育、智育、体育这三方面都包含了美育，德智体兼备就是完美的人，美育

① 这些学者主要包括陈科美、顾岳中、李清悚、赵祥麟、方惇颐等。

② 刘彦顺：《中国美育思想通史》（当代卷），山东人民出版社 2017 年版，第 255 页。

离开德、智、体，就成了抽象的东西。第二，美育主要是具有工具的性质，即手段，不应把手段作为培养目标而提出。第三，美育的任务，如果作为文化修养来说，是具有培养目标的因素，但不是主要的，同时可以通过德育、智育、体育几方面的教育来实现。第四，全面发展就是美，全面发展的人就是又红又专、体力劳动和脑力劳动结合得最完美的人，不把美育单独提出来也无损于全面发展教育的完整性。除了上述两种针锋相对的观点外，在这次讨论中还出现了第三种意见。持这种意见的人认为，美育要不要特别标出作为全面发展教育的组成部分，主要看现阶段形势的需要。如当前形势需要强调美育，就应明确标出；如不必强调，就不标出。而不明确标出并不等于全面发展教育中没有美育。①

由于这只是一次学术讨论，因此对美育在全面发展教育中的地位并没有产生实质性的影响。

第二节　改革开放后对提高美育地位的呼吁与成效

改革开放后有一大批专家和学者不断呼吁提高美育的地位，还有不少人对此展开了研讨。专家和学者的持续呼吁与研讨，对提高美育在全面发展教育中的地位产生了重要的影响，美育最终被重新纳入到我国的教育方针之中。

一、关于提高美育地位的呼吁

改革开放后学界关于美育的研究，首先关注的是美育的地位问题。这

① 郭声健：《新中国学校美育地位变迁的四个阶段》，《美育学刊》2011 年第 1 期，第 15—16 页。

一时期美育成果的发表始于 1979 年，当年共发表了 4 篇关于美育的文章，全部都是讨论美育的地位问题。陈科美在《全面发展的教育需要包括美育》[①] 一文中明确表示，美育应当成为全面发展教育的组成部分，并从美育的性质和社会的需要两个方面对此进行了论证。首先，他认为，从美育的性质来说，美育是审美的教育，它的特殊作用在于培养审美的观点、爱好美的兴趣和评价美的能力；使受到这种教育的人善于区别美与丑、乐于爱好美而憎恶丑，并能掌握欣赏美和鉴定美的标准。根据美育的性质所规定的美育的特殊作用，应当给它在全面发展的教育中以适当的地位。在他看来，美育具有特殊的目标、手段和方法，因此美育不应被单纯地看作是进行思想政治教育或德、智、体三育的手段，也不应当笼统地包括在三育之中，而应当作为全面发展教育的一个组成部分，才能充分发挥其特定作用。他指出，一些人只看到美育与其他三育的联系而看不到它们之间的明显区别，把联系错认为包括，尽管口头上说美育重要，而实际上却否认美育的地位，把它作为其他三育的附庸。他认为，在这个问题上的辩证看法是：既要看到美育与其他三育的密切联系，也要看到美育与其他三育的明显区别；既要看到美育的作用可以在其他三育中发挥一部分，也要看到其他三育的作用亦能在美育中发挥一部分。但是若要真正地和充分地发挥美育和其他三育的作用，就应该确定美育在全面发展教育中的地位，给予美育以应有的重视。其次，他认为，从我国社会发展的需要来说，既要看到实施广泛的艺术教育的需要，又要看到对年青一代进行审美教育的需要。在社会主义建设中，需要通过艺术的教育作用来动员和调动群众的积极性，平时的陶冶性情和砥砺志趣同样需要依靠审美教育。游颖在《美育是不可缺少的》[②] 一文中，一方面批评了当时学校教育中轻视美育的现象，

---

① 陈科美：《全面发展的教育需要包括美育》，《上海师范大学学报（哲学社会科学版）》1979 年第 1 期，第 157—159 页。

② 游颖：《美育是不可缺少的》，《人民音乐》1979 年第 3 期，第 44—45 页。

认为这是违背教育规律的；另一方面又从人类认识世界的方式的角度，阐述了加强美育的合理性和必要性，强调美育在人的全面培育和健康发展中的重要意义。苏灵扬在《不要低估美育的重要性》一文中提出，“祖国需要的一代新人，不仅要求德、智、体方面正常发展，而且也要求富有革命理想的精神境界，健康的美感和高尚的情操，这就是美育的主旨”。她明确指出，“美育是培育新一代人全面发展不可缺少的组成部分”，为此她呼吁要加强少年儿童的美育。① 明鉴在《试论学校教育中的美育》② 一文中从美育在学校教育中的地位、美育与全面发展的教育、美育与现代科学技术人才的培养等几个方面探讨了美育的地位和作用。他指出，自从学校教育产生以来，人们就重视自然和艺术美的教育作用。原因在于儿童认识世界是从感知声音和颜色开始的，他们学习社会往往是从辨别事物的形态、颜色和人们行为的美与丑开始的，他们学习语言文字、科学知识往往借助图画、音乐、舞蹈来启蒙。对于自然美的依恋和艺术美的爱好，反映了美感是青少年世界观和人生观形成过程中不可缺少的因素。因此，美育在学校教育中占有重要的地位。关于美育与全面发展教育的关系，他认为德育和智育的过程包含许多美育的因素，但不能代替美育。通过德育可以使学生辨别人们思想行为的是与非、善与恶，但要辨别美与丑却要经过美育。智育的主要任务在于传授知识，培养技能技巧，发展认识能力，而美育的任务在于培养审美观点和审美能力，陶冶高尚的情操，使学生能健康地感受美，正确地审察美，积极地创造美。美育的正确实施能够促进德、智、体全面发展，有助于提高教育质量。关于美育与现代科学技术人才培养的关系，他认为我们学校培养的科技人才不仅要掌握现代科学技术，还应具备

① 苏灵扬：《不要低估美育的重要性——从全国少年儿童音乐表演会谈起》，《人民教育》1979 年第 12 期，第 42—43 页。

② 明鉴：《试论学校教育中的美育》，《武汉师范学院学报（哲学社会科学版）》1979 年第 4 期，第 85—90 页。

艺术修养，具有正确的审美观和审美力以及创造美的才能。

针对有人提出只要抓好德育、智育和体育，不需要美育的观点，郭笙表示，美育与德育、智育、体育相互联系、相互渗透，但它们并不能代替美育的特定目的和作用。他认为，美育的目的在于培养学生对于艺术、自然及社会生活的美的感受、认识和爱好，并在自己的学习和生活实践中去创造美的能力。只有通过审美教育，给学生传授艺术方面的知识和进行有关的训练，他们才能更好地鉴赏艺术、自然和社会生活的美。美育还有自身的特点，即它是以鲜明的形象性和它所表现的一定的情绪、情感的感染，以及体验的力量来影响人和教育人。正因为美育具有自身的目的和特点，所以美育是和德育、智育、体育相互联系而又相互促进的全面发展教育的不可缺少的重要组成部分。在分析美育的特点和重要作用的基础上，他还明确建议将美育列为我国的教育方针之中。①

同年，汤麟在《艺术教育》杂志发表《美育·品德与艺术》一文，也强烈要求将美育列入教育方针之中。他说，我们反对美育万能论，但决不能轻视美育对人的成长的巨大作用；美育和德育、智育、体育一样是促使人的全面发展的一个不可缺少的重要组成部分。他认为，将美育列入教育方针，这是一个关系到百年树人和现代化大计，具有战略意义的问题。他还严肃地指出："在我们的教育方针中，应将德、智、体、美四育并提，不提美育的情况再也不能继续下去了。否则，可以预见，必将遭到（实际上已经开始遭到）像在大自然中乱伐山林、破坏生态平衡那样的灾难性的后果！"②

也是在这一年，黄济发表《试谈教育方针问题》一文，同样明确提出："要达到一个人在德、智、体几方面全面发展，不但需要德育、智育和体

---

① 郭笙：《美育浅议》，《北京师范大学学报》1980 年第 6 期，第 69—73 页。

② 汤麟：《美育·品德与艺术——读叶圣陶先生〈体育·品德·美〉一文后的看法及其他》，《艺术教育》1980 年第 4 期，第 64 页。

育，美育、技术教育等也可以根据需要加到教育方针中去。”①

1980年6月，在昆明召开的第一次全国美学研讨会上，朱光潜、伍蠡甫、洪毅然、萧肃等人联名致函教育部，要求恢复美育在教育方针中的地位，将美育列入教育方针中，认为我们培养的人才应当是德、智、体、美几个方面得到全面发展。②

1981年，周扬在《关于美学研究工作的谈话》中也强调要重视美育和加强美育研究。他指出：“我们要提高整个中华民族的科学文化水平，加速实现我国社会主义现代化建设。艺术界、文学界、理论界在这方面如何作出自己的努力呢？这里面包括一项很重要的内容，就是为培养全面发展的社会主义新人，在美育方面贡献自己的力量。美育同德育、智育、体育有着密切的关系，是缺一不可的。一个人要全面发展，不能缺少技术教育，也不能缺少美育。在现代化教育中，没有美育是不成的。”③

此后，仍有不少学者继续呼吁要重视美育，将美育纳入到全面发展的教育中。

1981年，史任远在《党的教育方针的提法应有个发展》一文中提出，德、智、体、美是一个整体，都是培养全面发展的人所不可或缺的，因此教育方针的表述应当有个发展，也即除德、智、体三育外，必须提出美育，也就是德、智、体、美全面发展。他还提出了关于新的教育方针的具体表述建议：“我们的教育方针，应该使受教育者在德、智、体、美诸方面都得到发展，成为有共产主义觉悟的、有现代科学文化知识的新型劳动者。”④

---

① 见黄济：《雪泥鸿爪——黄济教育文选》，北京师范大学出版社2001年版，第121页。

② 樊公裁：《第一次全国美学讨论会在昆明召开》，《哲学研究》1980年第7期，第79页。

③ 周扬：《关于美学研究工作的谈话》，《美学》（年刊）第3期，上海文艺出版社1981年版；转引自瞿葆奎主编：《教育学文集·美育》，人民教育出版社1989年版，第3页。

④ 史任远：《党的教育方针的提法应有个发展》，《福建论坛》1981年第2期，第48页。

1982年，又有多位学者就美育的地位问题发表了自己的看法，一致强调美育的重要性。

著名音乐家赵沨在关于音乐教育的建议中指出，十年动乱期间，国民教育中的美育部分被破坏殆尽。他认为，目前“最根本的问题，是统一对美育的认识。美育不仅和德、智、体全面发展相辅相成，而且有德、智、体所不能代替的作用。它是全民族科学水平普遍提高的重要标志。它是培养青少年和幼儿身心、人格健康的重要手段，应该受到必要的重视。”①

章枚、姚思源、赵宋光联名在《人民日报》发表题为《移风易俗莫善于乐——论美育在建设社会主义精神文明中的重要作用》的文章，指出：“为了确立美育在国民教育中的独立地位，使之能在建设社会主义精神文明中充分发挥其重要作用，我们建议将国家培养青年、少年、儿童在德育、智育、体育、美育等方面全面发展，作为今后我们的教育方针。”②

郭家明从美育与德育、智育、体育的关系的角度阐述了美育的地位。他说：“四者的作用不同，它们之间是相互促进，但不能相互代替”，因此“必须把美育作为社会主义全面发展教育的组成部分，必须同德育、智育、体育相辅而行，这应该成为摆在我们面前一项刻不容缓的任务”③。

同年，中国教育学会教育学研究会编辑出版的论文集《论教育和人的全面发展》也将美育与人的全面发展作为主要议题，收录了多篇相关论文，如李栋材的《人的全面发展浅释》、明鉴的《美育与全面发展的一代新人的培养》、胡淑珍的《加强美育　培养新人》、陈元晖的《美育在人的全面发展中的地位和作用》等。这些论文的立场一致，即都认为美育具有不可替代的作用，应当将美育列入全面发展的教育之中。其中陈元晖从我国

---

① 赵沨：《对普通音乐教育的一些建议》，《人民音乐》1982年第1期，第38页。

② 见姚思源：《中国当代学校音乐教育文选（1949—1995）》，上海教育出版社2000年版，第89—90页。

③ 郭家明：《美育必须与德智体相辅而行》，《浙江师范学院学报》1982年第3期，第74页。

古代的鼎的特点角度形象地论述了美育的不可或缺。他指出："大家知道，中国古代有一种东西叫作鼎。鼎有三只脚，三个支撑点，放在那里，很稳固。古代铸鼎的人不简单，不但在工艺上、在冶炼铸造技术上不简单，而且懂得力学原理，他们知道物体有三个以上的支撑点才站得稳固。那么，教育是不是也应当有三只脚、三个支撑点好一些呢？当然有三个支撑点要好一些。可是，目前我们的教育之鼎只有两条腿。本来，'教育之鼎'是有三只脚的，一只脚是德育，一只脚是智育，一只脚是美育。作为这三者的物质承担者的是体育。从历史上看，教育就是这样发展的。自从出现了学校，就有了德、智、体、美四个方面的教育"①。

同时，该书的编者在"编者的话"中也阐述了美育的重要地位："培养全面发展的人需要进行全面发展的教育。……除了德、智、体三育以外，美育能提高人的觉悟，鼓舞人的斗志，陶冶人的情操，开阔人的胸襟，激发人的善行，调剂人的身心，应当是全面发展教育的组成部分之一。"②

1984 年，蒋孔阳在《红旗》杂志发表《谈谈审美教育》一文，他在阐述审美教育与时代发展特点关联性的基础上，深刻地分析了审美教育对于培养全面发展的人的重要意义。他说，审美教育历来都受到教育家、思想家和理论家的重视。特别令人注意的是：凡是历史上倒退或停滞的时期，都不重视或者反对审美教育。与此相反，一切进步的或者思想解放的时代，无不大声疾呼地提倡审美教育。审美教育的根本目的，就是要培养人。人为了提高自己，不能不受教育。人要多方面地提高自己，就得多方面地受教育。德、智、体、生产劳动的教育等，都是为了提高自己而采用的多方面的教育方式。审美教育也是人为了提高自己而采用的一种教育方

① 见中国教育学会教育研究会：《论教育和人的全面发展》，人民教育出版社 1982 年版，第 89 页。

② 中国教育学会教育学研究会：《论教育和人的全面发展》，人民教育出版社 1982 年版，第 2 页。

式。[1] 他还说，为了全面地培养社会主义新人，全面地把人提高，必须在实行智育、德育、体育的同时，全面地开展审美教育。全面发展的人，既有物质生活又有精神生活，既有理智又有感情，既有工作能力而又善于生活和娱乐。人不是机器，最忌僵化和片面化。他应该有血有肉，有独立自主的价值，有对于欢乐和幸福的追求，一句话，他应该热爱美。审美教育就是要培养人们对于美的热爱，从而感到生活的乐趣，提高生活的情趣，培养对生活的崇高的目的。[2]

1984 年，黄济从美育在培养一代新人中的重要作用的角度再次强调了美育的地位。他说，美育是社会主义教育的重要组成部分。通过美的欣赏和创造，可以丰富学生的精神生活，发展学生的认识能力，提高学生的高尚情操，树立学生美好的理想。“因此，美育对于人的个性的全面发展，有着不可估量的作用。教育中绝不能没有美育。”[3]

1985 年，蒋冰海发表《美育在教育方针中的地位问题》一文，他在简要回顾新中国成立以来美育地位变化的历程以后，明确提出美育应当在教育方针中占有一席之地。他说：“无论从那一方面讲，美育对于培养全面发展的人才，都有其重要的意义，教育方针不应没有美育的地位。”[4] 在他看来，美育在教育方针中的地位是由它的特性所决定的。具体而言，首先，美育是人类自身建设的一种重要途径；其次，美育对其他几种教育具有促进作用；再次，教育过程本身也要讲究美的形式，才能真正取得好的效果；最后，美育对社会主义物质文明和精神文明建设具有重要的推动作用。同年，管扬勇在批评美育取消论的基础上也提出应当将美育纳入教育

---

① 蒋孔阳：《谈谈审美教育》，《红旗》1984 年第 22 期；参见瞿葆奎主编《教育学文集·美育》，人民教育出版社 1989 年版，第 9 页。

② 蒋孔阳：《谈谈审美教育》，《红旗》1984 年第 22 期；参见瞿葆奎主编《教育学文集·美育》，人民教育出版社 1989 年版，第 10 页。

③ 黄济：《雪泥鸿爪——黄济教育文选》，北京师范大学出版社 2001 年版，第 178 页。

④ 蒋冰海：《美育在教育方针中的地位问题》，《美育》1985 年第 4 期，第 12 页。

方针之中。他说:“我们希望在我国的教育方针的表述中肯定德智体美四育并重,只有这样,才能从教育思想上根本解决问题,美育……在学校教育中才有地位可言。”①

1985 年 9 月,中国音乐家协会在北京召开第四次代表大会。音乐家们在这次会议上对当时我国学校音乐教育的落后状况表示极大的关切,会后由姚思源执笔,吕骥、贺绿汀、李焕之、李德伦、孙慎、严良堃、李凌、吴祖强、赵沨、瞿希贤、施光南、丁善德、周小燕、缪天瑞等 37 位全国著名音乐家联名发出《关于加强学校音乐教育的建议书》(以下简称《建议书》)。《建议书》呼吁:“应尽快在我国的教育工作方针、指导思想、政策法令中,确立美育在国民教育中应有的地位和任务,明确地提倡与重视美育。”②《建议书》在全国各大报刊发表后,引起了强烈的社会反响,其中所提出的数条建议后来被教育部采纳,它对拨乱反正、恢复学校美育的地位发挥了重要的作用。

1986 年,肖先绪在论述德育与美育的关系时强调,德育不能代替美育,同样智育、体育和劳动技术教育也不能代替美育。他也呼吁“必须确立美育在全面发展教育中的独立地位,把它列入教育方针,成为全面发展教育的重要组成部分”。③

专家学者的持续关注和艺术家的强烈呼吁,为恢复美育在全面发展教育中的地位营造了良好的舆论氛围,奠定了坚实的理论基础。1986 年 3 月,六届全国人大四次会议通过的《中华人民共和国国民经济和社会发展第七个五年计划(1986—1990)》正式将美育列入全面发展的教育方针之中。

---

① 管扬勇:《美育取消论和音乐教育》,《中国音乐》1985 年第 4 期,第 22 页。

② 吕骥、贺绿汀、李焕之等:《关于加强学校音乐教育的建议书》,《人民音乐》1985 第 10 期,第 45 页。

③ 肖先绪:《试论美育与德育的关系——兼及美育的地位》,《安徽师大学报(哲学社会科学版)》1986 年第 4 期,第 76 页。

但是，美育在教育方针中的地位并不稳定。此后十多年期间出台的重要文件中关于教育方针的表述还是经常不提美育。正因为如此，后来又有不少人继续呼吁要重视美育的地位，倡导将美育列入教育方针之中。如1990年，温寒江撰文重申，“美育是人的全面发展中不可缺少的重要组成部分。教育方针的培养目标应该明确提出要培养德、智、体、美、劳诸方面全面和谐发展的劳动者”①。1992年，曾繁仁在论述我国审美教育的现代意义的文章中提出，美育的发展是一项关系到社会主义精神文明建设和我国前途的大事。在我国走向21世纪，教育逐步实现社会主义现代化的伟大历史进程中，美育将越来越显示出它特有的重要作用。“为了更好地体现教育现代化的精神和统一全国的思想，今后如有可能对教育方针的表述作进一步修改，建议提出‘德、智、体、美’全面发展。”②1994年，胡显章在关于加强美育应处理好的几对关系的文章中指出，美育不仅与德育、智育、体育有着密切的联系，而且有其自身的内涵与规律。随着物质文明和精神文明的不断发展，人们对美的要求必将日益突出。因而，“美育应作为培养跨世纪的全面发展的人才的基本素质在教育方针中加以表述”③。1996年，陈培等在关于学校美育的重新定位与现代建构的文章中提出，要重新认识美育在教育发展中的战略地位，要将“美育的战略地位和战略目标明确列入我们的教育方针，使之取得立法的形式，并在教育思想和教育实践上得到有力的贯彻和具体的实施”④。1998年，李范在关于美育与创

---

① 温寒江：《美育是人的全面发展中不可缺少的重要组成部分》，《中国教育学刊》1990年第3期，第12页。

② 曾繁仁：《走向21世纪的我国审美教育——试论我国审美教育的现代意义》，《中国高教研究》1992年第4期，第84页。

③ 胡显章：《关于加强美育应处理好的几对关系》，《中国高等教育》1994年第9期，第25页。

④ 陈培、鲁扬：《学校美育的重新定位和现代建构》，《扬州师院学报（社会科学版）》1996年第2期，第99页。

造力的培养的关系的文章中指出，为了培养适应新世纪所需要的创造性人才，迎接新世纪的挑战，“我们必须重视和加强审美教育，应把审美教育列入教育方针，列为法律”①。

二、美育在教育方针中的地位的落实

改革开放后，美育在我国的教育方针中的地位的真正落实经历了一个较长的过程。

1982年通过的《中华人民共和国宪法》大致沿用了原有的教育方针，但在文字表述上作了修改，在“德、智、体”后面加上了“等方面”：“国家培养青年、少年、儿童在品德、智力、体质等方面全面发展。”这里的“等”字并非可有可无，它反映了教育认识上的深化，也就是说“德、智、体”这三个方面难以完全包含“全面发展”的内容，这预示着距离“美育”重新纳入教育方针之中已经不远了。

果不其然，1986年3月六届全国人大四次会议通过的《中华人民共和国国民经济和社会发展第七个五年计划（1986—1990）》中关于教育方针的表述已明确包含“美育”的内容：“贯彻德育、智育、体育、美育全面发展的方针，把学生培养成为有理想、有道德、有文化、有纪律的社会主义建设人才。”至此，在沉寂了近30年之后，教育方针中再提美育，使美育重新回到了全面发展教育的大家庭之中。

不过正如前面所指出的，美育在全面发展教育中的地位并不是很稳固。具体反映在这一时期的一些法规和重要文献对教育方针的表述还是多次忽略了美育。例如：1986年的《义务教育法》表述为“使儿童、少年在品德、智力、体质等方面全面发展”；1990年国民经济和社会发展的“八五”计划改变了“七五”计划的提法，表述为“贯彻……培养德、智、

① 李范：《审美教育与创造力的培养》，《浙江师大学报》1998年第4期，第8页。

体全面发展的建设者和接班人的方针。”1995 年 3 月颁布的《中华人民共和国教育法》中关于教育方针的表述是“培养德、智、体等方面全面发展的社会主义事业的建设者和接班人。”可见，这一时期美育在教育方针中的表述并不具有连贯性，地位仍然不够稳定。

在这期间，时任副总理李岚清同志曾就美育的地位问题发表过看法。1994 年 4 月 1 日，他在国家教委艺术教育委员会委员座谈会上的讲话中，一方面强调“美育是整个教育不可缺少的重要组成部分”，并说“美育是很重要的，少写一个‘美’字决不是中央不重视美育，中央和国务院是很重视的，美育应该贯穿于各级各类教育之中，从幼儿园、小学、初中、高中到大学，美育都是不可缺少的课程”。他在讲话中还就加强艺术教育提出了具体的意见：“一、国家教委要尽快制定《艺术教育工作条例》，把艺术教育纳入法规，这样才能保证艺术教育工作的正常开展。二、国家教委党组要专门研究一下艺术教育工作，进一步理顺艺术教育的领导体制，以加强对艺术教育工作的管理。三、要引导学生开展课外文化艺术活动，定期举办文艺会演和文艺比赛活动……四、要加强对艺术教育工作的领导，在适当时候可以考虑召开全国艺术教育工作会议。”①但是他同时又指出，在教育方针中可以不提美育。他说，我们的教育方针曾一度提过“德、智、体、美、劳”，后来为什么恢复了“德、智、体”的提法？“这是因为德、智、体全面发展的方针是属于我们党的重大方针，已坚持多年，在实践中证明是正确的，行之有效的，已为教育界，甚至全党全民普遍熟悉和认同，应该一以贯之。然而，这决不意味着可以忽视美育和劳育，德育的范围很广，应该包括美育，劳育也应当包括在德育和体育里面。”②由此可见，当时对于美育

① 《李岚清副总理在国家教委艺术教育委员会委员座谈会上的讲话》，见《中国美术教育》1994 年第 6 期，第 2—3 页。

② 《李岚清副总理在国家教委艺术教育委员会委员座谈会上的讲话》，见《中国美术教育》1994 年第 6 期，第 2 页。

的重视程度还不够，对于美育在全面发展教育中的地位的认识并未到位。

美育地位真正发生明显的变化是在 1999 年。在这一年，美育再一次被明确列入我国的教育方针之中。

1999 年 3 月，时任总理朱镕基同志在九届全国人大二次会议上所作的《政府工作报告》中指出："大力推进素质教育……使学生在德、智、体、美等方面全面发展。"从这时开始，美育在教育方针中的地位才真正得到了巩固。1999 年 6 月 13 日，中共中央、国务院发布《关于深化教育改革全面推进素质教育的决定》，第一次从素质教育的高度将美育同德育、智育、体育一起纳入教育方针，明确提出要造就"德智体美等全面发展的社会主义事业建设者和接班人"，并强调美育对于促进学生全面发展具有不可替代的作用；要求尽快改变学校美育工作薄弱的状况，将美育融入学校教育的全过程。从此，美育在教育中的地位一直较为稳定，在教育方针的表述中美育作为全面发展教育的组成部分也已固定下来。美育被纳入到全面发展教育的范畴，并正式写入国家的教育方针，确立了美育在教育中的应有地位。这对于我国美育的发展具有极其重要的意义，它预示着我国的美育事业从此进入了一个新的发展时期。

2010 年 7 月，中共中央、国务院发布的《国家中长期教育改革与发展规划纲要（2010—2020 年）》在关于教育方针的表述中再次重申"培养德智体美全面发展的社会主义建设者和接班人"的目标，要求"促进德育、智育、体育、美育有机融合，提高学生综合素质"，并强调要"加强美育，培养学生良好的审美情趣和人文素养"。

2013 年 11 月 12 日，中共十八届三中全会通过的《中共中央关于全面深化改革若干重大问题的决定》对美育给予了高度重视，并就学校美育问题提出了"改进美育教学，提高学生审美和人文素养"的要求。

2014 年 1 月 10 日，教育部印发了《关于推进学校艺术教育发展的若干意见》，其中明确"自 2015 年开始对中小学校和中等职业学校学生进行艺术素质测评，艺术素质测评纳入学生综合素质评价体系以及教育现代化和教育质量评估体系，并将测评结果记入学生成长档案，作为综合评价学生发展状况的内容之一，以及学生中考和高考录取的参考依据”。①

2015 年 9 月 15 日，国务院办公厅印发《关于全面加强和改进学校美育工作的意见》，这是截止到 2015 年由国家权威机构发布的最高层面的专门性的美育政策文件。该文件提出了美育的总体目标：2015 年起全面加强和改进学校美育工作；到 2018 年，取得突破性进展，美育资源配置逐步优化，管理机制进一步完善，各级各类学校开齐开足美育课程；到 2020 年，初步形成大中小幼美育相互衔接、课堂教学和课外活动相互结合、普及教育与专业教育相互促进、学校美育和社会家庭美育相互联系的具有中国特色的现代化美育体系。该文件还在“构建科学的美育课程体系”“大力改进美育教学”“统筹整合学校与社会美育资源”“保障学校美育健康发展”等方面做出了全面的工作部署。②

2017 年 1 月，国务院发布《国家教育事业发展“十三五”规划》，文件提出了本阶段美育工作的基本目标，即“构建科学的美育课程体系，改进学校美育教学，鼓励特色发展，统筹整合学校与社会美育资源，健全美育评价机制”。

2019 年 3 月 29 日，教育部印发《关于切实加强新时代高等学校美育工作的意见》，指出“学校美育是培根铸魂的工作，提高学生的审美和人文素养，全面加强和改进美育是高等教育当前和今后一个时期的重要任务”。该文件还提出了高校美育工作的总体目标和重点任务。总体目标是：到 2022 年，高校美育取得突破性进展，美育教学改革成效显著，师资队伍建设和场馆设施明显加强，推进机制和评价体系日益完善，高校学生的

① 教育部：《关于推进学校艺术教育发展的若干意见》，2014 年 1 月 10 日。

② 国务院办公厅：《关于全面加强和改进学校美育工作的意见》，2015 年 9 月 15 日。

审美和人文素养显著提升。到2035年，形成多样化高质量具有中国特色的社会主义现代化高等学校美育体系。重点任务是：高校美育要以艺术教育的改革发展为重点，紧紧围绕高校普及艺术教育、专业艺术教育和艺术师范教育三个重点领域，大力加强和改进美育教学。

2020年10月15日，中共中央办公厅、国务院办公厅印发的《关于全面加强和改进新时代学校美育工作的意见》进一步要求“弘扬中华美育精神，以美育人、以美化人、以美培元，把美育纳入各级各类学校人才培养全过程、贯穿学校教育各学段”。

从以上所述可以看出，自1999年以来，美育在我国全面发展的教育中的地位一直是稳定的，并且还不断得到强化。同时，国家的教育方针也一直将美育列入其中。

第三节　关于美育地位的争鸣

关于美育的地位主要是指美育在全面发展教育中的地位。前面曾提到，这个问题在20世纪60年代初由《文汇报》发起的美育大讨论中就曾受到人们的重点关注。当时，陈科美在《美育应作为全面发展教育的组成部分》一文中，对讨论中出现的各种不同的意见进行了分类。他认为，有人把美育的作用看得非常重要，认为只是把美育看成是全面发展教育的组成部分之一，缩小了美育的作用，降低了美育的地位。有的人把美育的作用看得不那么重要，认为美育在全面发展教育中是次要的，不能与德、智、体三育并列，否则就夸大了美育的作用，抬高了美育的地位。这一看法中又有三种不同的意见：第一，美育可以包括在三育之中，完成了三育就完成了美育，德、智、体兼备的人就是完美的人；第二，美育作为目的成分很少，因而没有什么特殊的任务，只可作为手段来帮助完成三育的特殊任务；第三，美育是兴无灭资①的主要手段，可以帮助政治思想教育来完成其任务。陈科美自己的看法则是："美育有其特定的作用和特殊的任务，它的作用、任务可以在其他三育中发挥和完成一部分，但不可能充分和全部地完成，除非把美育确定为全面发展教育的组成部分之一。"②

改革开放以来学界关于美育地位的某些观点与那场讨论中提出的看法存在相同或相似之处，同时也提出了一些新的观点或对原来的观点进行了新的评析。这些观点可以分为两类：一是否定美育的地位，包括"包含论"（或"从属论"）、"代替论""取消论"；二是肯定美育的地位，包括"独立论"和"决定论"。

一、否定美育地位的意见

（一）"包含论"③

"包含论"也可称为"从属论"或"隶属论"，这种美育观认为美育在教育体系中依附于德育，它只是实施德育的一种手段，其本身并没有独立的价值；或者认为美育隶属于德育、智育和体育，或者认为美育可以包括在德育、智育和体育之中。

这种观点并非始于今日。早在20世纪60年代初开展的那场美育大讨论中，"包含论"即是其中的观点之一。瞿葆奎曾对美育的"工具性质"及德育、智育、体育与美育的隶属关系发表了自己的看法。在他看来，全面发展教育的组成部分包括德育、智育和体育三个方面，而美育隶属于德育、智育和体育，发挥工具的作用。他说："我们上面说到的所谓'工具

① 这里所谓的"无"指"无产阶级"，"资"指"资产阶级"。"兴无灭资"指兴无产阶级思想和灭资产阶级思想。

② 陈科美：《美育应作为全面发展教育的组成部分》，《文汇报》1961年5月30日。

③ 美育地位的"包含论"按其本义来说，似应称为"被包含论"。因为从字面上看，"包含论"会使人误解为美育包含其他教育，但实际上这种观点是主张美育可以被其他教育包含。不过"包含论"的说法在学界较为常见，因此这里仍然沿用这个表述。

性质'，也是具有相对意义的。就美育说，对德育、智育具有工具的性质；就德育、智育、体育说，对培养有社会主义觉悟的有文化的劳动者，还不是也具有工具的性质？所谓'工具性质'，并不是什么不体面的语词呵！似乎在这里需要避免一种易于引起的错觉。说美育或艺术教育不能与德育、智育和体育并列为全面发展教育的'组成部分'，并不等于说否认美育或艺术教育的存在。而是在于说明德育、智育、体育与美育或艺术教育之间的隶属关系、'亲缘关系'。"①

在这场讨论中，顾岳中也是持相同的观点。他认为，美育只具有"工具的价值"，而"不应作为培养目标而提出作为全面发展教育的组成部分"②。在他看来，美育不是教育的核心内容，也不是培养的目标，美育的任务可以在德育和智育中完成。他说："对学生进行美与丑、善与恶、是与非的共产主义道德教育的同时来完成对学生培养审美观点的任务。……培养学生爱好、欣赏、评价和创造美的能力，也是美育的任务，但它可以在智育中（主要的）同时完成这样的任务。"③

陈科美、李清悚、赵祥麟、方惇颐等人当时对于这种观点均发表了不同的意见。

陈科美认为，德育、智育、体育之中包括审美教育的因素，德、智、体、美之中的任何一育也都有其他三育的因素。最为根本的是要尊重任何一育的独特价值，不能因为相互之间的交叉与交融，就否定其价值的独特性。他说："美育又是与其他三育有明显的区别，它既不能完全包括在任何其他一育之中，也不能完全包括在所有三育之中。但有些人似乎只看到三育中所包含的美育因素，看不到美育中所包含的三育的因素，也看不到

---

① 瞿葆奎：《说美育》，载瞿葆奎主编：《教育学文集·美育》，人民教育出版社1989年版，第121页。

② 顾岳中：《美育不能列为全面发展教育的组成部分》，《文汇报》1961年10月17日。

③ 顾岳中：《美育不能列为全面发展教育的组成部分》，《文汇报》1961年10月17日。

任何一育中都包含有其他三育的因素，因而认为美育可以不作为全面发展教育的组成部分，而智育、体育等则必须作为全面发展教育的一部分。也有些人似乎只看到美育与其他三育的紧密联系，而看不到美育与其他三育的明显区别，把联系错认为包括，口头上承认美育的重要，而实际上取消了美育。”①

李清悚明确提出，美育应当是全面发展教育中的组成部分之一。他说：“美育中若干因素或职能是可以在其他三育中表现或完成的。但美育有它的独特任务，不是其他各育所可完成的。……德育在对于审美观点有决定性作用的世界观培养上有影响，但培养世界观不能完成审美观点的培养。智育在增加审美知识和艺术创作能力的培养上有帮助，但不能完成审美情感和能力的培养。”②

赵祥麟也主张美育“是人的全面发展教育的一个组成部分”。他说：“美育由于主要是通过艺术的形象来进行教育，就显示了它的为其他各育所不能代替的特殊的功能。今后随着社会主义经济和文化的日益繁荣，美育将越来越显示出它的重要意义。”③

方惇颐同样认为，对于人的全面发展来说，“德育、智育、生产劳动教育、体育、美育等，乃是全面发展教育的组成部分”。在他看来，美育虽然与德育、智育、体育等关系密切，但它仍有自己的特殊任务，不是其他各育所能代替的。④

应该说上述关于美育与其他诸育之间的关系的论述是辩证的、深刻的，当然也是恰当的和合理的。遗憾的是，他们的这些正确认识并没有被普遍接受，美育地位的“包含论”在20世纪80年代又被再次提出。

---

① 陈科美：《美育应作为全面发展教育的组成部分》，《文汇报》1961年5月30日。

② 李清悚：《关于美育几个问题的商讨》，《文汇报》1961年11月12日。

③ 赵祥麟：《关于美育问题历史方面的考察》，《文汇报》1961年11月2日。

④ 方惇颐：《论美育在社会主义教育中的地位和作用》，《文汇报》1962年7月27日。

1980年，叶圣陶在《文汇报》发表文章，认为美育可以包含于“德育”之中，不必单独提出美育。他说：“要不要给德智体三者加上美育，成为四育呢？我凭常识想，认为美确乎必须重视，但不必另立一项，可以把它包括在德育里头。为什么？跟德育一样，空无依傍的美育似乎也是没有的，这是一。假如把道德品质这个概念的范围放大些，那么德育是个大圈圈，美育可以包含在里面的小圈圈，这是二。多立名目未必就多见实效。德智体三育既经公认，通行已久，就不须更改了，这是三。”①

同年，汤麟发表文章对叶圣陶的观点提出了质疑，认为美育和德育是两个不同的概念，它们具有各自的任务和途径，两者不存在什么主次从属之分，“大圈圈”与“小圈圈”之分，不能把德育的“概念”扩大，不能把美育作为德育的“小圈圈”包含在德育这个所谓“大圈圈”之中，应该尊重和发展它们各自独具的功能、特性。汤麟指出，教育的实质是培养德、智、体、美全面发展的人。他认为，德育和智育是通过概括化了的说理来塑造人的品德、意志，培养人的知识、技能、技巧，发展人的认识能力；而美育则是通过感性形象的方式，来塑造人的灵魂，丰富人的感情，诱发人的爱恨，使人掌握美的法则，并具有按照美的法则创造美的能力。人是理智的动物，也是感情的动物。对人的教育既要诉诸理智，也要诉诸感情。理智与感情是人的两翼，只提德、智、体三育而不提美育，实际上就是断其一翼，就不能成为一个完整的、全面发展的人。他还建议将教育方针的表述由“培养德智体全面发展的又红又专的优秀人才”修订为“培养德智体美全面发展的又红又专的优秀人才”。②

1988年，音乐教育家赵沨也明确反对这种观点。他说：“如果说大圈圈和小圈圈，我认为美育应该是一个大圈圈。……美育应该是贯穿在各个

---

① 叶圣陶：《体育·品德·美》，《文汇报》1980年5月5日。

② 汤麟：《美育·品德与艺术》，《艺术教育》1980年第4期，第65—68页。

学科中间，就是说，不管德育、智育、体育各方面的教育都要贯穿美育的方针。退一万步讲，德育是一个大圈圈，美育是一个小圈圈，它也不是德育圈圈包围着美育的圈圈，而是在一些部分进行交叉的、重叠的‘相交圈’，而且美育在很多方面是德育、智育所不能代替的。”①

杨平也持相同的观点。他认为，德育与美育的关系是两个圈圈交叉的关系，它们既有自己独立的领域，也存在交汇之处。也就是说，在学科上，二者互相独立；而在教育系统中，二者又彼此相关。②

其实，早在 1980 年于昆明举行的第一次全国美学会议上就曾有人提出，对于德、智、体、美四育的关系，既要看到它们的一致性，也要看到它们的差别，不能把美育从属于或等同于智育和德育。否则，就会取消美育的独立性，或者让美育力不胜任地去完成唯有德育或智育才能完成的任务。③

许桂良在肯定美育与德育具有密切关系的同时，也指出它们两者具有各自不同的特点和任务。他认为，美育主要是通过具体的、活生生的形象诉诸情感，使学生乐于主动地接受；通过审美对象的熏陶、感染产生感情。这就是美育的特殊品格。德育主要是诉诸人们的理智，通过逻辑思维的途径达到教育的目的，它把道德的本质、内容以抽象的形式直接传授给学生，形成他们的道德信念。这就是道德教育的品格。他最后总结说：“美育与德育并不互相排斥，而是互相渗透，互为补充的；它们是携手前进的姊妹，但姊妹毕竟是姊妹，美育和德育也不能划等号。德育的任务美育不能完全胜任，美育的作用德育也不可能完全代替。”④

---

① 赵沨：《加强美育，培养真正完善的人》，《音乐研究》1988 年第 2 期，第 4 页。

② 杨平：《多维视野中的美育》，安徽教育出版社 2000 年版，第 73 页。

③ 杉樵：《第一次全国美学会议纪要》，《美学》（年刊）第 3 期，上海文艺出版社 1981 年版；参见瞿葆奎主编：《教育学文集 · 美育》，人民教育出版社 1989 年版，第 771 页。

④ 许桂良：《美育的地位和作用——美育漫谈之一》，《河北教育》1981 年第 2 期，第 46 页。

不过关于美育地位的“包含论”并没有完全退出历史的舞台。在若干年以后，洪宝书又一次重申“包含论”。他主张美育不是与德育、智育、体育相并列的教育的组成部分，而只是实施全面发展教育，促进受教育者德、智、体全面发展的重要教育内容和形式。他首先分析了“美”的内涵和外延。他说，主张“德、智、体、美全面发展”的人，他们所说的个体的“美”综合起来有三个方面：其一，是指个体具有“美的情操、美的理想和美的道德”，而“情操”“理想”“道德”都属于“德”的范畴，因此，它是指个体具有美的“品德”；其二，是指个体“具有理解美和创造美的知识、智力和能力”，而“知识”“智力”“能力”又都属于“智”的范畴，是指个体具有美学方面的“才智”；其三，是指个体具有健美的体型体态，而这却又属于“体”的范畴。从上面的分析可以看出，“美”的内涵的三个方面，在这里分别与“德”“智”“体”的内涵发生了互相交叉、互相包含的现象。由此可以判断：在人的素质结构中，并不独立存在“美”的素质。提出“美”的概念并与“德”“智”“体”相并列，是不恰当的。其次，他据此进一步提出“全面发展教育”不包括“美育”的观点。他指出，人的素质包括德、智、体三个方面，教育的最终目的是提高人的各方面的素质。所以在教育这个大概念下，也可以对应地划分为德育、智育和体育。在这里，作为概念划分的依据，是以开展某项教育活动时所要达到的主要目的为依据的。例如，德育是指一切以提高个体品德素质为主要目的的教育活动；智育是指一切以使个体掌握知识、技能、发展智力和能力，即以提高个体的才智素质为主要目的的教育活动；体育则是一切以提高个体身体素质为主要目的的教育活动。它们各自具有特定的内涵和外延，在概念上彼此不互相交叉、不互相包含，它们是教育的三个相对独立而基本的组成部分。那么，美育是不是与德育、智育、体育相并列的、相对独立而基本的教育组成部分呢？他提出，要把一个属概念划分为若干个种概念，必须遵从下列两条最重要的逻辑原则：其一，概念划分后的诸子项不能互相包容，而“必须互相排斥”，否则就没有达到划分的目的。其二，每次划分只能有一个根据，否则划分出来的概念就不能互相排斥，这就是所谓概念划分时的“不相容性”。德育、智育、体育是以开展教育活动时所要达到的不同主要目的为依据而划分得到的概念。因此，它们各自的主要目的是不互相交叉，不互相包含的，即它们各有自己所要解决的主要矛盾。那么，美育的主要目的会不会发生交叉？与德育、智育、体育是不是用同一个根据进行一次划分得到的概念？洪宝书指出，人们几乎一致地承认，美育的任务和目的是：(1) 培养个体高尚的道德情操和文明的行为习惯；(2) 培养个体感受美、理解美和创造美的能力；(3) 促进个体身心健康，使个体具有健美的体魄。显然，第一个目的属于德育的目的，第二个属于智育的目的，第三个则属于体育的目的。由此可见，美育的目的已分别寓于德育、智育和体育之中，即它的目的与德育、智育和体育的目的发生了互相交叉、互相包含的现象。所以，如果把美育与德育、智育、体育相并列，都等同地视为教育的独立而基本的组成部分，就违反了“概念划分后诸子项不能互相包容”而必须“互相排斥”的原则。由此可得出结论：美育不是与德育、智育、体育相并列的教育的组成部分。最后，他声明，自己并不是美育的取消论者。他并不否认美育本身的存在，更不否认在青少年中开展美育的重要性和必要性。他的目的在于指出美育与德育、智育、体育三者之间的矛盾和差别，并在此基础上说明它们之间的本质联系和统一。他认为，比较准确的看法是：德育、智育、体育是构成我国全面发展教育的三个组成部分，而美育则是实施全面发展教育，促进受教育者德、智、体全面发展的重要教育内容和形式。①

显而易见，洪宝书的上述观点与叶圣陶的看法基本上是一致的。他们

① 洪宝书：《析人的素质结构和“全面发展教育”的组成》，《中国教育学刊》1990 年第 1 期，第 51—53 页。

都否认美育的独立地位，认为美育不是构成全面发展教育的组成部分，而只是实施全面发展教育的内容或形式。

对于这种观点，有不少学者提出了不同看法。徐碧辉认为，这种观点属于传统的伦理主义和道德主义教育观的范围。在这种观念中，学校教育的目标仍然是培养学生的德、智、体三方面发展，至于其他，如审美教育、情感教育、劳动教育等都是围绕这三个目标、为这三个目标服务的。因此，所谓美育不过是道德教育的一个有效的辅助手段和途径而已。如果不是为了更好地实施德育，那么美育的合法性就会受到怀疑。但是，这种观点存在着明显的局限性：它只看到人的道德存在，而没有看到人除了道德存在之外，还是自由自在的生命存在。其中既有生物性因素又有社会性因素；既有感性、情感等不易以理智去把握和规范的部分，又有理性、意识、认知等属于后天意识的部分。因而教育的目的不仅仅是培养人的道德品性，也不仅仅是传授知识、训练技艺或强健体魄，而应是全面完整地培养健全的人格，塑造理想的人性。总之，是要提高人的素质，使每个人都有一个趋向理想完美的生命，都能“自由而全面地发展”。而要达到这一目标，仅仅靠德、智、体三育是不够的。因此，现代教育把审美教育提到重要地位。因为只有审美教育才能对受理性制约的情感进行引导和规范，提升人的感性存在，使之具有更加情理交融的能力。①

蒋冰海在评价“包含论”时也指出，德育、智育、体育中当然会含有美育的内容，因为“德智体美”本来就是一个整体，它们相互联系、相互渗透、相互作用。但是，决不能因为“德育、智育、体育中包含有美育的成分”，因而就“美育可以不必另提”。正像美育中也会包含有德育、智育、体育某些内容一样，但美育也不能代替德育、智育、体育，它们各有自己特定的内涵与功能。美育以美育人，针对的是整个的人，而不是人的某一

① 徐碧辉：《美育：一种生命和情感教育》，《哲学研究》1996 年第 12 期，第 58 页。

方面，而且美育的途径是“寓教于乐”，这些都与其他教育有很大的不同。“包含论”之错误，就在于用“包含”来否定美育的独立性与重要性，这不仅在理论上站不住脚，对实践更是有害的。①

(二)“代替论”

“代替论”的美育观将艺术教育当成美育的同义语，认为“艺术教育即美育”。

反对的意见认为，美育的概念比艺术教育要广泛得多。它除了主要借助艺术手段外，还借助于现实本身，凡现实生活周围种种美好的事物，包括自然美和社会生活美，都可以作为美育的手段，为美育提供无限丰富的资源。②陈兆金也表达了同样的观点。他认为，审美教育虽然以艺术审美为核心，但也包含自然和社会的审美现象，远远大于以艺术为手段的艺术教育。艺术教育是审美教育的重要类型，但不能等同于审美教育。③王一川从宽度和深度两方面更为具体地剖析了美育与艺术教育的区别。他说，首先从宽度看，与艺术教育致力于通过单一艺术门类或多种艺术门类的创作实践或作品鉴赏过程去令受教育者获取艺术体验、涵养不同，美育不仅要利用艺术美，还要利用自然美、社会美、科技美等其他多种审美形态去作用于受教育者，因而所利用的教育资源更加广泛而多样。其次从深度看，与艺术教育的重点往往在于培养受教育者的艺术技能、艺术知识、艺术涵养不同，美育的重点在于通过艺术的熏陶而实现信仰养成或心灵教育的目的。美育是一种以包括艺术教育在内的众多审美手段去实现审美教育、情操教育和心灵教育相互交融的完整人格养成方式。由此看来，艺术教育可以仅仅停留于艺术体验、艺术知识或艺术学等层次，而并不必然指向个体的以审美为向导的信仰养成层次，但美育却必须力求从审美感发层

① 蒋冰海：《论当代中国美育》，《汕头大学学报》2004 年第 5 期，第 20 页。

② 赵祥麟：《美育纵横谈》，《华东师范大学学报（自然科学版）》1980 年第 6 期，第 71 页。

③ 陈兆金：《论审美教育的独特性和超越性》，《天中学刊》2006 年第 6 期，第 130—131 页。

次升华到信仰养成的境界。①

（三）“取消论”

“取消论”的美育地位观，顾名思义，它是主张在教育中取消美育。这种观点的主要代表是周冠生。

周冠生的观点虽然比较含混，甚至前后存在矛盾之处，但他倾向于取消美育的立场却是确定无疑的。他一方面肯定艺术教育和美学教育的价值。他说，21世纪的教育旨在消除人的片面而畸形的个性发展，通过对应试教育向素质教育的转轨，提高学生的综合素质，培养具有多方面良好素质的新人，艺术教育和美学教育将在其中发挥巨大的作用。他还提出，由艺术教育和美学教育组成的审美素质教育，为学生综合素质的培养提供了新的内容。学生的审美素质是一个系统，它由审美教育的感性系统和理性系统两种亚系统所构成，即由艺术教育和美学教育两个方面来完成。但是另一方面，他又对美学教育进行了否定的评价：“美学教育（美育）只有短暂的历史，它是包装华丽的舶来品，鲜有哲学和心理科学的依据。”② 他甚至指出，在全面发展教育中不可能有美育的位置。为什么会得出这个结论？他作了如下解释：美育之所以不能构成个性全面发展教育的一个基本组成部分，主要原因在于美育不具备个性“层面”的独立性。他说：“个性心理学把人的个性分为低层的自然素质系统、中层的认识素质系统和高层的行为（意志）素质三个层面。德育训练人的行为素质系统，智育促进人的认识能力或智能发展，体育则促进人的自然素质及其与精神（心理）系统之间的和谐而完善的发展。如果有人要在个性全面发展中硬塞进美育，岂非画蛇添足？”③ 他后来又提出，美学

① 王一川：《当前中国美育三题议》，《美育》2020年第1期，第28页。

② 周冠生：《试论艺术教育与美学教育——关于审美素质教育系统与结构的思考》，《教育研究》1996年第11期，第48页。

③ 周冠生：《试论艺术教育与美学教育——关于审美素质教育系统与结构的思考》，《教育

界对美的内涵理解不一，对美的性质尚未弄清，因而美育很难实际操作，无法得到实施。① 同时，他还认为，美育的“全育性”“含混性”也决定了它的难以操作性。②

为什么会出现“美育取消论”的观点？管扬勇认为有两个方面的原因。一是在我们这个文明古国，历来是讲“美”“善”同源的，按照人们对儒家思想的传统的理解方式，便形成了以“善”为“质”，以“美”为“文”的观念。因此，视德育为目的和美育为手段，便是理所当然的。这样美育与德育二者自然就不能平列，在许多人的头脑中就只能是德育包含美育，甚至德育就是美育了。这就不难理解以下现象：尽管有许多论文引证孔子、孟子和荀子的经典去论述美育如何重要，其结果都像是在给德育包含美育论提供佐证。其实，儒家也讲过“尽善尽美”“文质彬彬”，早已将二者平列，并没有轻视“美”和“文”的意思。可是，到了现代，却演变成了内容决定形式，德育包含和代替美育了。另一方面，也许是出于“紧迫感”的片面理解。因为我国科学技术比别人落后，现在要拼命赶上去。于是一些人就认为抓智育都来不及，再提倡美育，岂不是分散精力了吗？③

陈元晖则将我国忽视美育的原因归结为外国相关教育思想的影响。他指出，英国教育家洛克在《教育漫话》中有较多的篇幅谈论体育，及次是德育和智育。他反对学生学作诗、学画画和音乐，这说明他是不主张实施美育的。他认为，教育学中忽视美育的情况在西方是源远流长的，洛克的著作证明忽视美育不是当今才有的教育偏见。另一位英国教育家斯宾塞继承了忽视美育的教育思想，他明确规定教育的内容只包括德育、智育和体

研究》1996 年第 11 期，第 49—50 页。

① 周冠生：《美育的今天明天与昨天——对美育概念及其在教育中地位之我见》，《上海师范大学学报（哲学社会科学版）》1998 年第 1 期，第 134 页。

② 周冠生：《美育的今天明天与昨天——对美育概念及其在教育中地位之我见》，《上海师范大学学报（哲学社会科学版）》1998 年第 1 期，第 137 页。

③ 管扬勇：《美育取消论和音乐教育》，《中国音乐》1985 年第 4 期，第 22 页。

育，不包括美育，这从他的教育著作名称《教育论——智育、德育和体育》就可以看得出来。这两位教育家的思想影响范围很广，上述两部著作在20世纪二三十年代被译为中文出版。所以陈元晖认为，德、智、体三育的教育内容的规定，是来自西方的教育思想，不是中国学者最先提出的，也不是当代才出现的教育思想。①

冉祥华将美育不受重视归因为人们对美育价值的错误定位。他说，长期以来，美育之所以得不到重视，一个很重要的原因是人们把美育的价值局限于政治、道德的范畴，将其功能定位于"陶冶性情""寓教于乐"。"陶冶性情"即给人的情志赋予伦理规范；"寓教于乐"即通过审美来实现伦理教化。按照这种观点，美育在教育体系中依附于德育，它只是实施德育的一种手段，其本身并没有独立的价值。②

近年来已没有人再公开主张取消美育了，这一方面是因为国家对美育的高度重视和大力宣传以及学界的相关研究不断深入，另一方面则主要是由美育本身的重要价值和独特功能所决定的。

二、肯定美育地位的观点

（一）"独立论"

当代学界不少学者在分析批判美育地位的"包含论"或"从属论"的基础上，明确提出并论证了美育的"独立论"。

汤麟认为，美育和德育是两个不同的概念，并各具有独自的任务和途径，两者不存在什么主次从属之分，"应该尊重它们各自独具的功能、特性，并发展其各自独具的功能、特性。只有如此，才能相互促进，相得益

① 陈元晖：《孔子的美育思想》，《孔子研究》1987年第1期，第45—46页。

② 冉祥华：《略论美育的独立地位及其实现的途径》，《教育探索》2006年第12期，第50页。

彰，有利于人才的全面发展和培养”①。赵沨提出，德育和美育存在部分交叉和重叠的现象，但美育在很多方面是德育所不能代替的。②蒋冰海指出，德育、智育、体育中当然会含有美育的内容，但是美育有其自己特定的内涵与功能，不能用“包含”来否定美育的独立性和重要性。③周荫昌也认为，美育、德育、智育和体育除了相互依存、融合、渗透的一面之外，还有各自相对独立的一面——相对独立的领域、特点、地位等。④

1983 年，王元骧在全国美学学会第二届年会上强调并具体论述了美育的独立地位。他认为，美育之所以重要，乃是由于它是基于对人的心理功能的全面认识的基础上提出来的，是造就社会主义新人的教育不可缺少的一项内容。“知”是知识的功能，其对象是“真”；“意”是实践的功能，其对象是“善”；“情”是情感的功能，其对象是“美”；要使人成为“完整的人”，就需要这三种心理功能都得到全面的发展。智、德、美三育作为全面发展的人的知、意、情三种心理功能相对应的教育措施，虽有各自的特定的宗旨，但在它们的相互联系中，美育起着特殊的作用。

赵洪恩进一步从教育的内涵、美育的特点和完美人格的塑造三个方面深入阐述了美育作为独立一育的科学根据。首先，他从教育内涵的角度分析了美育的不可代替。他说，教育是对人的肉体和精神素质的培养、训练和提高。对于肉体素质的培养和训练便构成了体育。人的精神或心理素质包括知、意、情三类，分别与之相对应的哲学范畴是真、善、美；而以它们为对象的哲学领域分别为逻辑学（认识论）、伦理学和美学。这些学科运用于教育实践，则分别构成智育、德育和美育。智育、德育之不能代替

① 汤麟：《美育·品德与艺术》，《艺术教育》1980 年第 4 期，第 65 页。

② 赵沨：《应提高美育的地位》，《光明日报》1988 年 1 月 28 日。

③ 蒋冰海：《论当代中国美育》，《汕头大学学报》2004 年第 5 期，第 20 页。

④ 周荫昌：《对美育与艺术教育几个问题的再思考》，《基础教育参考》2006 年第 4 期，第 5 页。

美育，犹如真、善不能代替美，逻辑学、伦理学不能代替美学一样。美育同德、智、体诸育是全面发展教育的有机整体，各育虽然是相互联系、相互促进、相互补充、相辅相成的，但却各有独自的性质、内容、任务和功能，不能相互代替、相互包容。其次，他从美育特点的角度分析了美育的必要性。他说，美育不同于智育和德育的最基本的特点之一，在于它是形象的教育，它以形象愉悦人、感染人、陶冶人和教育人。而形象教育不仅是任何其他方式教育的基础，而且如果没有形象教育的配合、协调，则任何其他方式的教育都不能取得良好的效果。再次，他从塑造完美人格的角度分析了美育的不可缺少。他指出，人格的结构包括认识结构、伦理结构和审美结构三种。认识结构建立逻辑思维模式，它造就理性的人，这是智育的职能。这种结构对人格的塑造虽然是必不可少的，但它有明显的局限性，即它排除、舍弃感性，从而造成人格的不完美。伦理结构建立道德规范，它造就伦理的人，这是德育的职能。这种结构对人格的塑造也是必须的，然而它也有局限性，即它使人的行为受外在规范的约束，人自身是被动的，受支配的，其结果也造成人格的不完美。怎样才能变被动为主动，变外在为内在，变内在为自觉呢？他认为，最根本的途径就在于使受教育者在理性的人和伦理的人的基础上成为审美的人。审美教育是诱发的而非强制的，人可以被动去思考，去行动，但不能被迫去爱，去恨。审美结构造就审美的人，这是美育的职能。只有审美结构才能达到感性与理性的统一，合规律性与合目的性的统一，即真与善在感性自由形成下的统一，达到自由与和谐。因此，只有通过美育，把人提升为审美的人，才能达到塑造完美人格的目的。①

黄济认为应当突破对美育意义的认识，确立美育的独立地位。在他看来，美育不仅在认识论上成为人们认识世界和改造世界的手段，而且在价

① 赵洪恩:《试论美育的独立地位》,《教育研究》1989 年第 7 期，第 66—67 页。

值论上具有实现人的本质力量的对象化，完善人类自身的价值。[1]因此，他不断申明美育的价值，呼吁确立美育的独立地位。他说："美育在各育中的地位，已经不再是附属的了，而是独立的因素，是培养一个'完全的人'所必不可少的一个重要组成部分。"[2]同时，他也主张从德育、智育、体育、劳动教育的相互关系中辩证地看待美育，给美育以合理的定位。他虽然呼吁要给予美育以独立地位，但却反对唯美主义，不主张把美育提高到超过其他各育的不适当的地位。他明确反对忽视美育，反对把美育作为其他教育的手段或者依附于德育、智育，强调美育有其自身的独特任务，美育独立于各育之外；他又明确指出美育渗透于各育之中，美育使得各育更加升华。"美育是社会主义教育不可缺少的组成部分，它同德育、智育、体育、劳动教育有密切的联系。"[3]他认为美的因素会丰富德、智、体、劳各育的内容，增添其色彩，使其向更高的程度升华。美育融化在德育、智育、体育、劳动教育之中，会分别增加高尚之美、理性之美、健壮之美以及创造之美、灵巧之美。他指出，美育在整个教育中，不但实现着真善美的有机结合，而且也促进知、情、意和谐人格的发展。把美育和其他各育结合起来，就使得真善美在一个人身上得到圆满的体现。他对美育与各育的关系总结道：美育既独立于各育之外，又渗透于各育之中，是独立与融合的统一。黄济看到美育在培养全面发展的人的独特价值，极力彰显美育的独立地位；又从人的全面发展的整全角度，看到美育和其他各育的相互联系，这是对美育地位的独立与融合相统一的辩证性认识。

金忠明也从多个视角系统论证了美育的相对独立性。他认为，从逻辑上说，美作为一种价值是一个相对独立的社会存在，因此以美作为中心内容，以美学和教育学作为自身理论基础的美育，自然也是一个具有相对独

---

① 黄济：《中国的美育传统与时代要求》，《高等师范教育究》1989 年第 3 期，第 31 页。

② 黄济：《雪泥鸿爪——黄济教育文选》，北京师范大学出版社 2001 年版，第 173 页。

③ 黄济：《雪泥鸿爪——黄济教育文选》，北京师范大学出版社 2001 年版，第 179 页。

立地位的教育实体。从教育传播的文化媒体上说，全部人类文化大体可以分为科学技术文化、伦理政治文化和审美艺术文化，三者分别代表了真、善、美的价值。它们既统一在一个整体的教育过程中，又具有相互区别的独特性。从人的心理结构上说，人的心灵是知、情、意的统一，是理智感、审美感和道德感的统一。教育是以培养整体性的人为对象的，那就不能不实施美育，以适应并促进人的审美感的需要和发展。从事物的规定性上说，尽管相关事物处于互相渗透与依存的辩证关系之中，但它们之间又因质的规定性而可以明确地相互区别开来。真、善、美因此而并列为三个既密切联系又严格区别的范畴，与此对应的智育、德育和美育亦如此。智、德、美三育各自质的规定性的概念其外延是交叉的，形成一种交叉、相容的并列关系。交叉和相容说明它们之间的紧密联系，并列则表明了各自的相对独立。①

从以上所述可以看出，主张美育独立的人基本上都认为，美育的独立只是相对的，而不是绝对的。这就是说，美育并不能脱离教育的整体而存在，也不能与其他教育完全割裂开来。在教育实践中，它除了发挥自身的独特作用以外，还与其他教育一起共同实现培养人的功能。

（二）“决定论”

美育“决定论”也可称之为美育“首位论”。持这种观点的人认为，美育高于其他各种教育，它在整个教育中处于首要地位或起决定的作用。

这种观点其实并非当代才出现。早在20世纪20年代，李石岑就说过：“美育之力，遂隐隐代德智体三育而有之。”② 后来李长之也指出：“美育不只是多种教育之一种，甚而可说是最符合教育本义之惟一的一种。何者？知识的教育是偏枯的，道德的教育是空洞而薄弱的，技能的教育是与根本

① 金忠明：《当代美育述评》，《教育研究与实验》1990 年第 2 期，第 18 页。

② 李石岑：《美育之原理》，《教育杂志》第 14 卷第 1 号（1922）。

精神的扩大和充实不相干的，却只有审美的教育可以以全代偏，以深代浅，以内代外，可以铸造新个人，可以铸造新人类。”①

在当代持这种观点的人仍不时出现。李戎指出，美育从根本上讲，是一种对人的全面教育，是为实现崇高的理想，充分发挥人的潜能，实现人的全面发展的特殊教育方式。②吴家荣认为，美育应为德、智、体、美四育之首。这不仅仅因为美育是德、智、体各类教育的精髓，美育的精神体现于各类教育之中，而且美育的目标是提升人的精神品位，缩短人的“人化”进程，造就身心全面发展的现代化新人，其重要性当在各类教育之上。③李廷扬也持相似的观点。他首先批评了以往将美育看成与其他几种教育并列的观点。他说，中国近代以来的美育倡导者，几乎都未跳出“鼎足”说的佛掌心，即把美育看作心育的一个方面、一项内容，有的甚至将德、智、体、美（情）、劳看成“五育并列”，完全相互独立，平起平坐的“平等”关系。由此认为，没有美育的教育是残缺不全的，所以应当予以补充和加强。他们奔走呼号，努力奋斗的最终目的，都是为了获得这种结构“量”的部分补充和加强，而非整体“质”的提高与升华。他认为，这是对美育的误解。那么他本人是如何理解美育的呢？他说：“所谓‘美育’就是美的规律在教育领域中的具体落实和运用，它贯穿于教育的各个方面及整个教育过程之中，因而是一种使教育得以优化、使人性得以升华的美质形态与理想表现。”他还进一步具体指出：“因此在教育中，德、智、体的具体内容在教与学的劳动实践中，都有自己的美质特征，都必须按美的规律教书育人。从素质教育的目的和要求来看，学校里的各科教学都可能根据美的规律形成相对独立的美育体系，如政治美育、语文美育、数学美

① 李长之：《迎中国的文艺复兴》，民国丛书（四编 39 册），商务印书馆 1946 年版，第 67—68 页。

② 李戎：《美学概论》，齐鲁书社 1992 年版，第 423 页。

③ 吴家荣：《美育也是一种爱的教育》，《美与时代》2004 年第 8 期，第 4 页。

育……身体美育。合起来可以统称为‘美育’。这就是说，美育具有‘全育性’‘渗育性’和‘导育性’。它不是教育内容中的一个方面，一个相对独立的部分，而是整个教育的灵魂和统帅。”①

赵伶俐和李满的观点也属此列。赵伶俐认为，与德育、智育、体育和劳育所具有的功能相比，美育的功能是最为全面的。其理由在于美育信息内容的多样化和信息通路的立体化，使美育有可能同时产生多方面的教育效果。美育携带着五育的信息，而其他几育又不可能携带美育的主要信息，所以人只有在美育中才能用整个身心而不是用身心的某个局部去接受信息。有丰富的信息才有丰富的人的心理和个性发展，才能促进人的全面发展。正是美育具有的这些功能使之在人的个性全面发展教育中成了不可缺少的，在较高一个层次上来说有可能居整个教育尤其是精神教育的带头地位。美育联络着各育的信息，而其他各育却不可能做到这一点。其他各育只要加入了美育的因素或借助了美育，效果就会明显增加。她认为，关于美育对其他几育的这种全面渗透和促进功能是其他几育所不具有的。“因此，如果从功能上看，美育的地位应当处于整个教育构成的首位”②。李满提出的“完人教育”观也属于这个范畴。他认为，美育是一种完人教育，它的根本任务在于全面地培养人。具体来说，就是美育要“使人在身体结构—功能、人格结构—功能、审美心理结构—功能等方面都得到全面发展。……从这一意义上来说，美育是一种完整人格的培养和塑造，是一种完人教育”③。

反对的意见认为，不能过分拔高美育的地位，不能将美育神化，不能把美育说成高于一切教育。美育的作用说到底也只能在“美育”的范围内，

① 李廷扬：《美育即情感教育吗?》，《毕节师范高等专科学校学报（综合版）》2005 年第 1 期，第 89 页。

② 赵伶俐：《人生价值的弘扬——当代美育新论》，北京师范出版社 2016 年版，第 109 页。

③ 李满：《美育涵义新探》，《长沙水电师范学报（社会科学版）》1987 年第 2 期，第 69 页。

而且它必然要受到社会经济、政治、文化等条件的制约。对于这一点，我们必须有清醒的认识。①王善忠针对完人教育的观点指出，这种观点为了强调美育是一种全面发展的完人教育，不惜把德育、智育、体育的功能统统纳入美育的功能。这就不仅扩大了美育的内容，而且也削弱甚至取消了其他教育单独存在的必要性。初看起来，这种观点是强调全面发展的美育原则，似乎很重视美育，但实际上它既没有揭示出美育规律的特点，又抹杀了德育、智育和体育本身的特殊性及其相互之间的根本区别和有机联系，这种以美育代替其他教育的泛美育化的倾向无疑取消了美育，并不利于美育的真正开展。他认为，美育只是对人进行全面的综合教育的一个组成部分，它虽然是重要的、不可缺少的，但是它既不能代替政治思想和文化知识的教育，也不能代替德育、体育和劳动教育。②

还有人从美育对人格发展作用的角度进一步阐述了对这个问题的看法，认为美育不是塑造完善人格的充分条件，它与德育和智育一起共同承担这一重任。我们不能把美育的作用无限扩大，以至于取消其自身的特性而混同于德育和智育，因为这实际上就把审美教育看作是塑造完善人格结构的唯一途径。美育有自己相对确定的范围，既不能取代智育对智能的培养，也不能取代德育对伦理观念的塑造。也即美育与智育、德育是同一层次上并列的三种教育形态，是人格完善的三个必要方面，而不是超越智育和德育之上或统辖智育和德育的更高范畴。它不可能包罗万象，它的焦点集中在个体的审美发展上。③

王德胜也主张辩证地看待美育在全面发展教育中的地位。他指出，在整个素质教育体系中，“人的全面发展”是维系全部教育活动的核心。它规定了教育过程是实现受教育者在身心各方面或情与理、智力与感情、知

① 蒋冰海：《论当代中国美育》，《汕头大学学报》2004 年第 5 期，第 20 页。

② 王善忠：《美感教育研究》，吉林教育出版社 1993 年版，第 25 页。

③ 叶朗主编：《现代美学体系》，北京大学出版社 1999 年版，第 304 页。

识与人格等健康完善的成长，即造就出人的完整性。这样，对于具体实现这一教育目的的各种教育活动来说，并不存在谁是最主要的、谁是次要的问题，而是应该齐头并进，均衡展开，以此在一个整体过程中达到对人各方面能力的共同推进。他认为，素质教育实际上要依靠各种教育活动或方式的协同，既不能割裂它们之间的相互联系，也不应该刻意突出某一方面教育活动的主导性和绝对地位。如果我们仍然以一种固有的思维方式，把某一种教育活动或形式当作根本和中心，那么，我们就将再一次落入片面教育的老套。他最后总结道："对于美育在素质教育中的地位问题，我们现在应该有一个清醒的认识。不重视美育或过分抬高美育的地位，其实并不利于美育的实施，也不利于素质教育的开展。……美育应该也必定是素质教育的重要组成部分，但绝不是'主导'和根本。"①

应该说，上述对"美育决定论"的批判性分析是理性的和辩证的。关于各育在全面发展教育中的地位的认识的确需要突破以往的思维模式，不要试图对它们区分主次。德育、智育、体育、美育和劳动教育共同构成全面发展的教育的有机整体，它们具有各自的特点、任务和内容，共同发挥培养全面发展的人的功效。在这几种教育之间本没有高下之分，不能简单机械地将它们排出位次。

① 王德胜：《准确把握美育地位》，《中国教育报》1999 年 10 月 27 日。

第六章　美育功能论

功能是指一个事物或系统在与环境相互作用时所表现出来的稳定的反应能力。功能由两个方面的作用构成：一是在该事物或系统内部所具有的作用；二是它在比其更大的系统或整个社会中所具有的作用。美育功能即美育在与其内外环境相互作用时所表现出来的稳定的反应能力。它一般指美育活动对人和社会所引起的变化与产生的作用。有的学者也将美育的功能称为美育的职能、美育的价值、美育的作用或美育的意义。美育功能也是改革开放以来我国美育学界普遍关注的美育理论问题，参与讨论的学者众多，人们从各自的角度发表自己的观点。在讨论初期，由于对美育本质的理解还较为肤浅和狭隘，因此关于美育功能的认识大多停留在工具论的层面。后来随着对美育本质认识的深化，人们逐步转向从目的论视角探讨美育的独立的和内在的功能。

第一节　关于美育功能的分类、分层与演变

美育的功能可以进行类别与层次的划分，同时美育功能并非静止不动，而是会发生一定的变化。通过对美育功能的分类与分层以及对美育功能演变的分析，可以更清楚地揭示美育功能的本质与特点。

一、美育功能的分类

如同美育自身的发展会受到人与社会各种因素制约一样，美育功能的实现或发挥也会受到种种因素的影响。由于影响美育功能的因素甚多，反过来又使得美育功能呈现出复杂的形态。关于美育功能的分类，目前主要有以下几种考察角度。

（一）从美育作用对象的角度可分为个体功能与社会功能

美育的个体功能是美育活动本身直接产生的对人的发展的影响作用，因此也可以称之为美育的育人功能。学界认为，美育的个体功能体现在美育是促使个体审美素质发展的过程，是将人类审美方面的成果向受教育者主体内化的过程。美育的社会功能是美育对社会系统的影响，它可以是直接对社会各系统的影响，也可以是美育通过培养人面对社会各个系统产生的间接影响。美育的个体功能与社会功能之间具有密切的联系，美育的个体功能是其社会功能的根据，没有美育的个体功能就谈不上美育的社会功能。

（二）从美育作用层次的角度可分为基本功能与派生功能

美育的基本功能也被称为本体功能，是指美育影响和促进人的发展的作用；美育的派生功能也被称为附带功能，是指美育在推动社会进步方面的作用。美育首先是满足个体自身审美发展需要的工具，其次才是满足社会发展需要的工具。在社会结构中，美育与文化、经济、政治等社会因素存在着相互影响、相互促进的关系，它们之间具有交换行为，交换的对象是美育所培养的人。社会对人提出要求，美育对人进行培养，再输送给社会，以此来维持、巩固或改造、发展原有的社会。美育的文化、经济、政治等功能都是由影响和促进人的发展这一基本功能派生出来的。

曾成平将美育的价值分为发展主体素质的价值（可以简称为“主体价值”）和客体价值两类。从其具体的观点来看，所谓美育的主体价值也即美育的基本功能，而美育的客体价值也即美育的派生功能。美育发展主体素质的价值包括三个方面：一是形成主体美的形体。美育要使学生懂得修饰形体，即在自然形体的基础上运用美的知识技能技巧塑造美的形体。二是发展主体美的姿态。学生参与美育活动，应当培养美姿，矫正丑态。美的姿态是自然形体和修饰形体协调发展的结果。三是发展主体美的性格。美育可以训练学生壮美和优美的素质。如果人有壮美和优美两种基本素质，就可构成动态与静态之美的神态。美育发展主体素质的最高价值是培养美的心灵。美的心灵不仅表现在人的生存、爱、人性、情感、意志、理想、目的等方面，而且集中表现在世界观、人生观和价值观上。人生的价值是对社会进步和人类发展所做出的贡献。美育的客体价值可以归结为四个方面：一是美育的物质生产价值。当代社会生产方式不仅需要物质产品的丰富，而且需要产品的美观。现代物质生产过程中也需要美的环境，唤起生产者的愉悦性，提高劳动生产率。二是美育的精神生产价值。社会主义精神文明需要真、善、美的统一，三者组织成统一整体。"美"是合规律性与合目的性的统一，是真与善的统一体。精神生产需要有一个宽松和谐优美的环境，使每一个劳动者充分发挥主体作用，创造出高质量的精神产品。三是美育的物质生活价值。人们的物质生活也需要主体具有美的素质，否则不能很好地享受物质生活。四是美育的精神生活价值。人们享受精神资料也需要主体具备美的素质，掌握美的知识、发展审美和创造美的能力。①

肖兴政也主张将美育的价值分为主体价值和客体价值两个方面。美育的主体价值是指美育对主体的审美需要的培育和满足。他认为，美育能启发和发展主体的审美要求，培养高尚的审美趣味，使个体的审美需要上升到审美理想的高度。个体的审美需要是由社会审美需要决定的，这种个体

① 曾成平：《人的发展的美育价值》，《教育研究与实验》1989 年第 3 期，第 15—16 页。

审美需要和满足的过程，有助于个体的审美价值向个人和社会之间联系更为紧密的方向发展，是个体社会化的桥梁。其次，美育价值表现在它能最终造就全面和谐发展的主体的个性，即发展主体美的性格。美育有助于人对自然现实和社会现实的定向审美关系的形成。而这种审美价值定向关系的形成是伴随着人的审美创造能力的形成。因此，这种以造就最高审美价值的个体的人为根本目的的美育，把人的审美价值的精神、培育人的个性同发展每个人的创造能力完美地结合了起来。它既触及到人的理性，又诉诸人的感性；既作用于人的感官，又深入到人的灵魂。最终展示个体的语言美、行为美、心灵美等，而心灵美集中反映个性特征，故培养人的心灵美是美育的最高价值。美育的客体价值是指美育的创造价值，即物质生产价值和精神生产价值。美育的物质生产价值表现为作为主体的人参加物质生产，使审美活动与物质生产过程相结合，生产出美的产品。这是人类进化和社会发展的必然要求。随着人们衣、食、住、行等基本问题的解决，追求美便成了人的需要。具备一定的审美能力的个体，在从事物质生产过程中按照美的规律美化的物质产品，满足人们对美的需要，最大限度地将个体内在的美外化，从而体现美育的价值。美育的精神生产价值集中体现在人类社会的精神文明方面。精神文明是真、善、美的统一。精神文明的建设是主体审美素质的外化，它能使个体懂得什么是真、善、美，从而使其和谐有机地统一，并使自身获得重要的精神力量，成为自由之人。①

（三）从美育作用表现形式的角度可分为直接功能和间接功能

美育的直接功能也被称为显性功能，是指美育对人的审美素质培养的作用。美育的间接功能也被称为隐性功能，是指美育对人的审美素质以外的其他方面的素质（如德、智、体、劳）培养的作用。

彭文晓将美育的直接功能与间接功能分别称为美育的内在价值和外在

① 肖兴政：《美育价值探讨》，《有色金属高教研究》1997 年第 1 期，第 31—32 页。

价值。①他认为，价值可以从不同角度进行分类。从满足主体需要的直接性、间接性来看，可分为内在价值（本体价值）和外在价值（工具价值）。内在价值是指某事物能直接满足主体的某种需要的价值。外在价值是指某事物对于达到主体的某个目的具有工具作用的价值。那么，美育的内在价值和外在价值分别是什么呢？他认为，美育的内在价值是对学生个体身心和谐发展而言的。美育不仅可以培养个体的审美观点和提高审美、创造美的能力，而且还能培养、陶冶他们的情感，实现情感的“人化”、审美化；最后，实现个体心性、身心的和谐发展。美育的方向是直指人的情感的，通过对情感的培养，人的知性、德性乃至体性均会得到淬炼和培育。人的知、情、意处于相互联系、相互区别的对立统一之中。这样，美育不仅能使人的情感“人化”、审美化，更能令人的心性、身心和谐，进而审美化。美育的外在价值是针对教育中的其他“几育”而言的。首先，美育有助于德育、智育、体育目标之达成：有助于德育塑造人的内在品质和外部言行，即“以美储善”；有助于智育开发人的智慧和创造性，即“以美启真”；有助于美化人的形体和动作，即“以美助健”。其次，美育还有助于实现整个教育的审美化，或美育化。如果美育精神成为教育的深层理念，教育将被整个美学精神所浸润，美育精神即刻便成了教育的灵魂，美育也一跃变成了统领整个教育的“大美育”。

檀传宝将美育功能分为直接功能、间接功能（附带功能）和超美育功能。②他认为，美育的直接功能可用两个字表示即“育美”，包括树立正确的审美观，培养欣赏美和创造美的能力。美育的间接功能是一种附带功能，或者说是一种潜功能，是为其他教育功能发挥提供前提条件的作用，具体讲就是美育的育德、促智、健体功能等。美育之育德功能与促智、健

① 彭文晓：《论美育价值及其实现》，《高等函授学报（哲学社会科学版）》2000年第3期，第17页。

② 檀传宝：《美育三议题》，《江西教育科研》1997年第5期，第15—16页。

体等功能一样，是一种创设前提、情境的功能，而不等于德育、智育、体育本身。这是因为审美过程拒斥外在功利和道德目的。故美育的育德功能等只能是一种附带的或间接的功能。而美育的“超美育”功能，是相对于既定的美育功能观而言。既定或一般的美育功能观认为美育的功能无非在于审美观的确立、审美创造能力的发展，同时促进德智体诸育等，没有超出以上论及的两种功能（之和）的范围。而与这两种功能观实际上对应的是一种形式美育概念。而与实质美育概念相联系的人生意趣和教育美学精神的审美追寻显然已“超”出了原有的直接功能和间接功能范畴。

以上关于美育功能的分类只具有相对的意义，因为在各种分类中有的分类实际上存在着一定的交叉或重叠之处。从总体上看，关于美育功能分类的这些观点是有意义的，它有助于我们更清晰地认识美育的各种作用。同时，我们也要看到，有的分类对美育功能的理解还存在泛化的现象，如关于美育有助于实现整个教育的审美化的所谓“大美育”的看法、关于美育的超美育功能的认识等。这些观点所说的美育的功能实际上已超出了美育的范畴，是将美育与教育艺术或教育美相混淆的结果。

二、美育功能的分层

美育功能的分层是指将美育的功能划分为高下不同的层次，这也是学界关注较多的问题。曾成平将美育的功能称为美育的职能。他将美育的职能分为两个层次。第一个层次是美育自身的作用，即认识美和评价美，发展形体美和性格美。在审美过程中，发展心理素质，尤其是发展思维的联想、培养高尚的美感和情操。第二个层次是指美育与德育、智育、体育相联系的作用，也就是美育对德育、智育和体育的作用。[①] 这里所说的美育

① 曾成平：《论美育的基本特点和职能》，《西南师范大学学报（人文社会科学版）》1985年第2期，第125页。

职能的两个层次，实际上相当于前面在谈及美育功能分类时所提到的美育的直接功能和间接功能。

潘必新就美育功能的分层问题指出，美育具有多层次的功能，而促进鉴赏力是它的基本功能，也可说是第一层次的功能。这也是它的不可替代的功能，因为德育、智育、体育都担当不了培养鉴赏力的任务。美育的辅德、益智、佑体的功能则是第二层次的功能。美育同德智体一起共同造就完人的功能是第三层次的功能。后两种层次的功能，是美育以其基本功能为立足点、原动力，生发、衍生出的新的功能。没有美育的基本功能就没有美育的后两种功能。因此，如果说促进鉴赏力是美育的原生功能的话，那么后两种功能就是次生功能。① 显然，潘必新对美育功能的分层只是针对美育对个体发展的功能，没有涉及美育的社会功能。

杜卫也主张对美育的功能进行分层。他指出，美育的功能十分广泛，影响到人类社会生活的各个方面。但是，美育功能的作用范围是有层次的。他认为，美育最直接地作用于受教育者，所以美育功能的基础层面在个体，体现为促进个体感性生命的成长，即在满足其情感生活要求的同时，开发和发展其审美的需要、能力和意识。美育功能的第二个层面在社会方面，集中在人与人的关系上，体现为促进人际关系的审美化。美育功能的第三个层面是在更广泛的文化方面，体现为具有审美欣赏和创造能力的人们创造审美文化并使之渗透到文化的其他方面。他也认为，美育功能的社会层面和文化层面是以美育功能的个体层面为基础的，没有促进个体感性生命成长的教育过程，便不会有社会关系与文化的审美化创造的内在动力、能力与自觉意识。② 我们从杜卫的分析中可以看出，他对于美育功能的划分已超出个体功能的范畴，已将美育的社会功能纳入其中。

---

① 潘必新：《论美育功能的多层次性》，《美育学刊》2011 年第 5 期，第 10 页。

② 杜卫：《美育论》（第二版），教育科学出版社 2014 年版，第 89 页。

还有不少人虽然没有明确使用美育功能分层的表述，但实际上也是将美育的功能分为不同的层次。① 如曾繁仁认为："美育，即审美教育，其任务是培养广大人民的审美能力，内容是运用自然美、社会美与艺术美的手段给人们以情感的熏陶，根本目的是按照美的规律塑造广大人民，特别是青年一代的美好心灵，培养一代又一代的社会主义新人。"对于这句话的后一半，即关于美育的"根本目的"，他还有另一个说法，即"美育的根本任务是培养'生活的艺术家'"。所谓"生活的艺术家"，说的是能以艺术的审美态度去对待生活、社会和人生的人。"生活的艺术家"如何培养呢？他指出："美育是通过审美感受与欣赏美、创造美的能力的培养，进而培养一种健康高尚的审美情感，因此塑造和谐协调的人格，确定和谐协调的审美的世界观、人生观。因此，美育说到底是一种人生观、世界观的教育，而不是单纯的技能教育。"曾繁仁清楚地讲到美育有两项任务（目的）即两项功能，就是培养审美能力和培养"生活的艺术家"，他并不是把这两项功能平列起来，而是对它们进行了分层，他所用的词语也表明了这一点：美育"通过"培养审美能力，"进而"培养"生活的艺术家"。顾建华也承认，美育有多种功能，促进鉴赏力是"基础"，培养完整的人是最终目的。他说："席勒说的'美的教育''由美的对象产生美'，在我的理解中，就是以美的事物为材料和工具，通过审美活动促进鉴赏力，并进而陶冶情感，净化心灵，促进感性和精神力量尽可能和谐，造就社会和时代所需要的全面发展的完整的人。""通过"促进鉴赏力，"进而"造就完整的人，所表达的意思以致用词也都表明了美育的功能的层次性。叶朗实际上也指出了美育功能有两个层次。他说："美育的功能主要就是培养一个人的审美心胸、审美能力、审美趣味，促进个体的审美发展。"他又说："美育的根本目的是使人去追求人性的完满，也就是学会体验人生，对人生产生无

① 参见潘必新：《论美育功能的多层次性》，《美育学刊》2011 年第 5 期，第 9—11 页。

限的爱恋、无限的喜悦，从而使自己的精神境界得到升华。从这个意义上来理解‘人的全面发展’，才符合美育的根本性质。”达到“人性的完满”、“人的全面发展”，美育参与其事，但不是美育所能独立完成。根据上文中关于美育功能层次的分析，可以说，以上所引的叶朗的第一句话讲的是美育的第一层次的功能，第二句话则为美育的第二层次的功能。赵伶俐等提出了“大美育”的概念，讲到美育“功能之大”，实际上说的是美育功能是多层次的。他们写道：“美育的主要功能是提高审美能力，但同时它又内在的促进人的各方面素质全面和谐发展。”很明显，其中前半句话讲的是美育的第一层次的功能，后半句话讲的是美育的第二层次的功能。

以上所述说明，在美育功能分层问题上，尚有不同的理解，还没有完全达成共识。但大多将促进人的审美能力或鉴赏力的发展看成是美育的基础性功能。毫无疑问，上述关于美育功能分层的观点都有助于我们更深入地理解美育功能的内涵与特点。

三、美育功能的演变

美育的功能并不是一成不变的，在不同的时代会有不同的特点。孙俊三就美育功能的演变历程进行了梳理和分析。他从审美文化发展与美育功能演变的角度将美育分为四种类型，即生存美育、教化美育、启蒙美育和解放美育。一是原始审美文化制约下的生存美育。他认为，由于生产力水平的低下，生存需要制约下的活动成为原始人的主要活动，所以原始社会既无单一的审美活动，也无独立的审美文化构成，当然也无专门的审美教育活动。这种形态下的审美教育与人的生存需要、生存活动密切相关，可以称之为生存美育。这种审美教育活动和整个原始教育活动一样，是在生产、生活、原始宗教及巫术活动中进行，具有很强的功利性特点。二是古代审美文化规范下的教化美育。在古代社会，随着生产力的发展和物质财富的增加，审美文化也开始丰富起来，逐步从混沌的原始文化中分化出来，构成一种独立的文化形态。这时的审美教育是以教化为原则的。教化美育十分注重美育的社会功能，其目的既用美育规范个体，使个体的思想言行符合道德规范；又用美育导引社会，移风易俗，化治天下。三是现代审美文化导引下的启蒙美育。17 世纪以来，随着资本主义的兴起和科学技术以及机器大工业的发展，人类文化的发展步入了一个新的阶段，世俗教育日益受到重视。这一时期的教育和与之相适应的美育，其主要宗旨是服从资产阶级对民众的启蒙要求，因此这一时期的美育可称为启蒙美育。启蒙美育强调教育者的权威，审美成为一种灌输的手段，美育旨在使传授的科学内容变得更加形象、生动，使受教者易于理解、接受，以提高教育的功效。启蒙美育处处体现着启蒙精神支配下的外部灌输原则，而这种灌输原则又决定了启蒙美育活动对审美原则的否定。四是当代审美文化呼唤下的解放美育。无论是教化美育还是启蒙美育，都只是将美育作为服务社会的一种手段和工具，忽视了审美修养的目标和个体的审美需要。孙俊三指出，在审美教育领域，如何对传统的教化美育和启蒙美育进行扬弃，建设一种全新的美育——解放美育，这是当今时代提出的迫切要求。什么是解放美育？他认为，解放美育是将美育作为人的自我塑造和自我实现的形式与表现，“按照美的规律来建造”丰富的、全面的、自由的人。这种美育以平等对话的方式达到主体之间的交流和沟通，使师生双方在这种对话和交流的过程中获得人性的自我完善和自我实现。① 孙俊三还分析了古代教化美育与现代启蒙美育在美育功能上的共同特征。他指出，古代教化美育和现代启蒙美育虽然在性质上存在着根本的不同，但在美育功能的选择上都包含着一个共同的观念：即对美育的工具价值的确信。无论是教化还是启蒙，美育都只是一种手段，都忽视了美育作为促进个性自由和人的解

① 孙俊三：《审美文化的发展与美育功能的演变》，《教育导刊》1996 年第 Z1 期，第 22—24 页。

放的目的。他认为，在美育的功能选择方面，过分强调某一方面而忽视另一方面，都背离了美育精神的追求。真正的美育精神是以人的解放为宗旨，把美育作为人的全面发展的根本途径和理想境界，在更高的层次上达成美育作为外在手段和内在目的的统一。①

以上关于美育功能演变的观点，基本上反映了美育功能的发生和发展过程，对于各个历史时期美育功能类型的概括也揭示了美育功能由低到高的渐次提升趋势。从总体上看，在四种美育功能类型中，生存美育、教化美育和启蒙美育是已经发生和已经存在的事实，而解放美育则还主要是一种应然的追求，离真正的实现还有较大的距离。当然，我们不能以静止的眼光看待这四种美育功能类型，对它们的划分是相对的，只是就其主要特征而言，并不具有绝对的意义。事实上并不存在完全纯粹的某一种美育功能类型，每一种美育功能类型都与其他美育功能类型具有一定的联系甚至交叉。以所谓的生存美育为例，这种美育并非完全只是为了生存，在一定意义上它也可能具有教化、启蒙甚至解放的作用。另外几种美育功能类型也是同样的道理。

第二节　关于美育的个体功能

美育的个体功能是指美育对于个体发展的促进作用，而这种作用又有直接和间接两种表现形式。前者可称为美育对个体发展的直接功能，后者可称为美育对个体发展的间接功能。当代学界对美育个体功能的探讨也主要是从这两个角度来展开。

① 孙俊三:《美育在当代的困境及其策略选择》,《湖北民族学院学报（社会科学版）》1996 年第 3 期，第 61—62 页。

一、美育对个体发展的直接功能

当代学界对美育的个体发展直接功能的探讨主要涉及三个方面：一是美育对个体情感的作用；二是美育对个体感性的作用；三是美育对个体审美素质的作用。

（一）美育对个体情感的作用

在美育对个体情感的作用问题上，可以说是达成了广泛的共识。人们在论及美育的个体功能时，几乎都会谈到它的情感功能，且大多将这种功能看成是美育的基本功能，有不少学者甚至认为这是美育的最基本的功能。除了从总体上阐述美育的情感功能外，还有人就这种功能的表现进行了具体的划分。

李范认为，美育具有以美怡情的功能。什么是以美怡情？她指出，以美怡情指的是通过美育可以净化情感，愉悦精神，美化人生。她认为，人与动物的区别，就在于人有精神和情感。人生来就有“七情六欲”的本能冲动，这些情感和本能冲动需要得到正常的发泄和引导，使它升华到一个高尚、纯洁的境界。美育可以净化人的情感，提高人的精神境界，使人们生活得更充实、更丰富、更有乐趣，更有意义。①

美育为什么对人的情感有促进作用？林有祥认为，这是因为美育通过美的形象拨动人的思想情感，使人受到感动并产生愉悦喜爱之情。凡是美，无不使人为之动情，为之“移情”。人通过动情、移情使情感受到陶冶，情操得以升华。在他看来，如果美育不能陶冶人的情感也就不能称其为美育了。因此，他认为，情育功能是美育最基本的，也是第一位的功能。② 杨

---

① 李范：《论审美教育的性质、任务和作用》，《河北大学学报（哲学社会科学版）》1986 年第 1 期，第 105 页。

② 林有祥：《美育在人的全面发展中的作用》，《长沙水电师院学报（社会科学版）》1986 年第 2 期，第 37 页。

恩寰主编的《审美教育学》也认为美育的陶冶性情功能是其基本的功能，并对这种功能的产生机制进行了具体的分析。①该书指出，审美教育是一种审美情感的教育，陶冶情感、塑造心灵是它的基本功能。人的感性、情感本是与个体欲念联系在一起的，总是带有狭隘的个人功利性的，在这种状态下就难以持有审美态度，难以进入审美经验过程，获得审美效应。如果借助一定的审美媒介、审美形式，有目的地引导受教育者进入这种对审美媒介、审美形式的欣赏、感受，那么他的感性、情感的个人欲念、功利便得到理性的洗涤、净化，而转变为渗透着理性和社会性的审美情感。这种情感的产生、发展就意味着审美心理结构的逐步完善和成熟。该书认为，陶冶性情不是以理性压抑、排除、舍弃感性，而是保留和调节感性，净化感性中的欲念和功利，使社会性渗入个体，理性渗入感性，从而使情感高尚起来，使人走向超个人功利，乃至超道德功利的审美境界。仇春霖主编的《美育原理》同样强调美育的情感净化功能。该书指出，美育从本质上讲是一种情感教育。通过美育实践，不但可以丰富人们的情感，同时还可以帮助人们培养和发扬积极、健康的情感，抑制和克服消极、不健康的情感，使人的情感纯洁化、高尚化，从而进一步提高人的生活情趣，美化人的心灵，完善人的人格。②

还有人对美育情感功能的表现作了进一步的具体分析。如周晓痴将这种功能具体分为净化、平衡和激发三个方面。他指出，审美的净化作用是一种情感的转化，其机制是情感中对立两极的矛盾冲突作用。情感中本来就有美与丑、善与恶、悲与喜、爱与恨、哀与乐等对立的因素，它们都统一存在于情感中，同时又不断地冲突，在心理上形成对峙，蕴含着相互转化的巨大势能。美育的功能之一就是促成情感的转化，其结果是逐渐拓展

---

① 杨恩寰主编:《审美教育学》，辽宁大学出版社 1987 年版，第 78 页。

② 仇春霖主编:《美育原理》，中国青年出版社 1988 年版，第 212 页。

学生的情感世界，使学生的情感得到转化，在转化中得以升华，得以净化，从而建立起完整美好的情感心理结构。他认为，美育的情感平衡功能就其机理来说，与美的普遍性密切相关。由于美具有普遍性的特点，所以它能超越人我、利害之关系。也即美是具有超越性的，而美育的情感平衡功能主要指在超越中调节、协和这两种关系。审美教育往往能使学生在审美对象中感受到一种激动，体验到一种愉悦，进入一种“物我两忘”“神与物游”的精神境界，从而产生一种人我之间、主客体之间情感上的协调一致，达到心理上的平衡。美育的情感激发功能是由美育的特性决定的，美育是通过审美的方式来教育人的，而审美活动又是一种充分自由的活动。这样的活动不仅可以满足学生对美的需求，而且还可以激发学生的求知欲，提高他们的学习兴趣。①

（二）美育对个体感性的作用

要认识美育对个体感性的作用，首先要理解感性的内涵。什么是感性？樊美筠指出，感性是人格的一个重要方面，包括本能、欲望和情感。② 李范主编的《美育基础》一书还阐释了感性的基本特征：一是自然性。即人的感性是人与生俱来的属性；二是动物性。指在感性的层面，人与动物没有本质的差别；三是模糊性。相对于人的理性而言，感性认识是模糊的和混乱的。四是本原性。指在感性的层面，人与外界所发生的是一种直接的关系。③ 杜卫对感性的内涵进行了更为系统细致的分析。他说，在流行的哲学教科书里，感性往往被理解为“感性认识”，而“感性认识”是同“理性认识”相对的。在这种语境里，感性常常意味着“表面”“现象”“直观”等，与理性相对，它是认识的初级阶段，因而是肤浅的，不能把握真

① 周晓痴：《试论美育的情感性》，《教育研究》2002 年第 11 期，第 24—25 页。

② 樊美筠：《美育作为感性教育初探》，《苏州大学学报（哲学社会科学版）》1998 年第 3 期，第 126 页。

③ 李范主编：《美育基础》，中国人民大学出版社 1999 年版，第 39 页。

理。这是从认识论的意义上讲的。然而，从人学的意义上看，感性乃是针对人的生存状况以及人性、人格而言。至于他关于感性内涵的认识，在前面已经有较为全面的介绍，为了分析的方便这里再概要地提一下。在他看来，感性意味着生存的具体性，即个体性；感性意味着人的肉体性，即人性、人格中与生理有直接关联的方面，如感觉、知觉、想象、情感、直觉等；感性意味着生命活力，它以人的本能冲动和情感过程为特征；感性意味着以情感为核心的心理能力，人的感性能力主要包括感觉、知觉、想象、情感和直觉等能力，它们在审美、艺术活动中作为综合性的直觉体验能力和情感交流能力而起作用；感性意味着体现于直观形式中的观念意识，如人的趣味、人的生活欲望等。①

美育对人的感性具有什么作用？杜卫指出，美育的个体功能主要在于促进感性自我的成长。感性自我是个体生命的感性方面，是个性人格结构的一个重要组成部分。作为感性生命，它构成了人之为人的重要方面；作为个性自我，它呈现出我之为我的独特性质。因此，感性自我的成长对于个体的生存与发展以及个性人格的形成均具有重要意义。美育通过个性情感的解放促进感性自我的成长，具体体现在美育活动为个性情感的释放提供足够的和适当的文化手段，包括情感释放的机会、途径、能力、技能和环境。杜卫还从多个角度进一步分析了美育所培养的感性自我的特点。首先，他认为，美育培养的感性自我是真诚的自我，它不以社会角色来确立，是没有面具的真性情。然而，发展了的感性自我不是那种初生的天真，而是超凡脱俗去除了蔽障的第二次天真，是心灵的返璞归真，故而既单纯又丰富浓厚。其次，美育培养的感性自我是普遍的自我，具有高度个性化的普遍性。由于超越了狭隘的生理与实利自我，它升华为无私的自我，具有较普遍的交流和理解力，它向他人开放，向自然开放；在个体人

① 杜卫:《美育论》（第二版），教育科学出版社 2014 年版，第 70—72 页。

格中，它向本能开放，又向更高的精神境界开放。因此，它是丰富、完整、充满活力的一种自我形态。再次，美育培养的感性自我还是一种自由的自我，它克服了自然的和社会的、内心的和外界的压抑，自由地呈现与成长，同时又不失其自主性，与宇宙规律保持着高度的暗合关系。最后，美育培养的感性自我是一种充满创造精神的自我，它自发地涌现，在不断地创造审美世界的过程中实现和提升自身。美育正是通过促进感性自我的成长，实现其最根本的功能和价值。①

樊美筠将美育对人的感性的作用分为解放、泄导和升华等几个方面。② 她认为，首先，美育能解放人的感性。③ 所谓解放人的感性，主要是指美育能够将人的感性从理性的压抑中解放出来。她严肃地指出，建立在理性基础之上的现代文明是一种压抑性的文明。这种情况使人的生活变得异常的贫乏、单调和枯燥，而且使人与人之间、人与世界之间、人与物之间日益隔膜起来，人变得越来越孤独。而审美教育要做的正是将人的感性从这种理性的压抑中解放出来，重新赋予其以感知的敏感和激情，使人的想象不断丰富起来。其次，美育能泄导人的感性。人生而就有耳目之欲，就有感知外物的欲望。但人的欲望常常是无止境的，也是盲目的。如果任其自由地表现，就会十分危险。对于人生而就具有的欲望，既不能不满足它，也不能盲目地满足它。在她看来，感性的正当满足途径即是审美教育。在审美教育中，对于审美对象的感知，审美主体与对象之间保持“审美距离”，这种距离的存在使审美主体的感知和情感的激发及抒发，并

① 杜卫：《美育论》（第二版），教育科学出版社 2014 年版，第 92—96 页。

② 樊美筠：《美育作为感性教育初探》，《苏州大学学报（哲学社会科学版）》1998 年第 3 期，第 126—128 页。

③ 朱光潜早在 1940 年发表的《谈美感教育》一文中就曾强调美育的“解放”功用。具体地说就是“本能冲动和情感的解放”，克服压抑，解除郁闷；“眼界的解放”，“使人在丰富华严的世界中随处吸收支持生命和推展生命的活力”；“自然限制的解放”，“学会如何从自然限制中解放出来，由奴隶变成上帝，充分地感觉人的尊严”。

不直接指向现实世界和社会，而是指向某个虚幻的对象和事件，从而可以避免对现实和社会所可能带来的伤害。她认为，正是美育的这种特征，使美育在宣泄人的内心过分强烈的心理能量方面，远远优于德育和智育，成为“泄导人情”的最佳途径。再次，美育能够升华人的感性。她这里所说的升华，主要是指将人的感性从兽性的层面提升到人性的层面，从生物学的水平提升到社会学的水平，使感性真正成为人的感性。她指出，审美教育之所以能升华人的感性，是因为在审美感知中暂时割断了主客体之间的实用关系，使人对对象的感知获得了一定的自由度和深度，具有了人性的内涵，成为真正人的感知。

对于美育促进人的精神解放的功能，谭容培特别看重并进行了专门的分析。他首先引用席勒的观点对此作了说明，认为席勒在《美育书简》中曾作过他那个时代所能达到的理论概括：审美教育使一切事物服从美的规律，使自然规律和理性法则都不能束缚人的自由选择，并且在这赋予外在生命的形式中显示出内在的生命。审美趣味能把和谐建立在个人心中，把最无足轻重的事物和最微不足道的对象转化成无限的事物。这种高尚的心灵并不满足于自身是自由的，他还要使他周围的一切事物，甚至无生命的东西都能成为自由的。审美教育通过个体的本性去实现整体的意志，能够真正给社会带来和谐和幸福。谭容培认为，席勒的上述看法虽然忽视了人的生存环境的主要因素——社会生产力发展水平及与其相适应的社会制度的性质对人的发展的决定性作用，但作为特定历史时期的先进思想成果为我们思考美育的价值提供了重要的思想材料和逻辑线索。他认为，实现人的解放必须经过社会革命，但是实现人的精神解放和人的个性的完善不能仅仅依靠社会革命。社会现实已经证明，单纯否定私有制可以把人从资本的奴役下解放出来，然而这并不意味着创造了具有丰富的全面的社会感觉的人。使“社会感觉的人”达到客观展开的丰富性，决非一朝一夕之功。需要在长期的历史发展过程中大力发展物质文明和物质生产，创造适应人的物质享受和精神享受需要的对象，创造适应人的本质力量对象化不断深入的物质现实。同时要大力发展精神文明和精神生产，在创造对象世界的同时创造人的感觉世界。我们既要重视物质享受，又要提高人的精神享受和促进人的全面发展；既要强调社会共同体的和谐与完善，又要创设使个体得以自由发展的条件。而这一切都离不开审美教育。随着物质生活条件的改善和精神生活的日益丰富，审美享受和审美创造的要求越来越强烈，人们不断追求自身的完善和完美。人类要实现自我完善，需要不断地超越。而审美活动和审美教育由于具有超功利性，因而是超越现实和超越自我的理想途径。主体在审美情境中依靠自由想象、情感评价及形象思维，吸收人类创造的审美价值，在对象世界和心灵世界中不断拓展新的审美境界，在超越现实的追求中获得心灵的自由。①

（三）美育对个体审美素质的作用

美育可以培养和发展人的审美素质，这一点在学界也已得到普遍的认可。张武升指出，美的感受力是审美教育的前提和条件，但是美的感受力又是在审美教育中培养和发展起来的，是审美教育的产物。对学生进行音乐教育，欣赏美妙动听的音乐，可以培养和发展学生的听觉能力，培养音乐感，懂得音乐的节奏和旋律，掌握音乐美的表现力。对学生进行美术教育，欣赏精美的绘画，可以培养和发展学生的美的视觉能力，使学生能够辨别色调、线条，懂得它们之间的美的和谐与统一。对学生进行自然美的教育，使学生游览美丽的山水风景，观花赏月，可以培养和发展学生对自然美的感知力，培养学生热爱美丽的大自然的感情，懂得自然界是美的和谐的整体。在培养和发展美的感受力的基础上，审美教育逐渐发展起学生的美的判断力和鉴别力。培养学生的美的判断力、鉴别力，就是使学生掌

① 谭容培：《论美育的价值与功能》，《长沙水电师院学报（社会科学版）》1990年第1期，第157—158页。

握美的判断、鉴别的标准，分清什么是美的、什么是丑。他认为，培养学生创造美的能力是通过美的创造实践来实现的。文学艺术创造实践是学生的美的创造的主要形式。在审美教育的基础上，使学生利用诗歌、散文、小说等文学创作形式，利用绘画、音乐、舞蹈等艺术创作形式来表现自然美、社会美的形象，抒发自己美的情感，确证自己美的创造力。生产劳动也是培养和发展美的创造能力的重要形式和途径。①

赵洪恩进一步探讨了美育在完善个体审美心理结构中的作用，并认为这是美育的基本功能。他认为，所谓审美心理结构，就是人们在欣赏美和创造美的活动中，各种心理能力达到高度活跃时构成的一种独特的结构。完善审美心理结构最重要和最根本的途径是增强各种心理因素的功能及其相互协调活动的能力。其主要内容包括培养敏锐的审美感知能力、丰富的审美想象能力、强烈的审美情感和深刻的审美理解能力。它们之间协调活动的能力渗透在上述各种能力的活动之中。审美心理结构的完善是一个相当复杂的心理建构过程，这个过程是同美育的全过程相对应、相统一的。赵洪恩还对审美心理的建构过程进行了具体的分析。他将审美心理的建构过程分为产生审美愿望、输入审美信息、进入审美状态、获得审美经验、纯化审美意识、完善审美心理结构等几个相互联系、相互渗透的阶段。其一是产生审美愿望。这是美育的先导。美育是一种主动的、诱发的、寓教于乐的教育。受教育者普遍具有某种程度的审美需求，并随时产生某种审美愿望。这是美育功能得以发挥的良好基础。其二是输入审美信息。这是美育的开端。在这一阶段，施教者用各种审美对象和媒体刺激受教者，受教者从中接受各种审美信息。审美对象和媒体作用于审美主体——受教者，使受教者日常意识状态中断，整个心理机制进入一种特殊的审美注意

① 张武升：《美育与人的全面发展》，《西南师范大学学报（人文社会科学版）》1987 年第 S2 期，第 5—6 页。

状态。其三是进入审美状态。这是美育的基础性环节。受教者收到审美信息，进入了审美状态，才真正进入了严格意义上的美育过程。受教者在审美状态中获得了审美愉悦。这种审美愉悦包括悦耳悦目、悦心悦意和悦志悦神三个层次。审美主体之所以获得审美愉悦，是因为他感受和把握到了一种积淀着社会内容的完整形式，从而使各种心理因素活跃起来，处于一种自由与和谐的状态。其四是获得审美经验。这是美育的中介环节。审美状态反复出现的直接效应是获得相应的审美经验。审美经验的积累过程，实质上是表象、意象的采集和储存过程，它为审美想象和审美创造提供了原料，也为审美意识的形成和纯化提供了现实基础。其五是纯化审美意识。这是美育的关键环节。审美意识包括审美趣味、审美观念、审美要求、审美理想等。审美经验的一次次获得，都是对个体审美意识的一次次冲洗、净化和在更高层次上的生成。经过长期的耳濡目染、潜移默化，个体审美经验就会留下深深的印痕，渐渐形成个体的不断纯化的审美意识。其六是完善审美心理结构。美育的中心任务和最终环节是完善个体的审美心理结构。所谓完善审美心理结构，就是使审美感知、审美想象、审美情感和审美理解等各种心理因素及其相互协调活动的能力得到最大限度的增强和提高，使他们达到高度活跃与自由和谐状态。审美心理结构的完善，就社会来说，是人类在长期的社会实践中积淀的结果，是全部文化史的结晶；就个体来说，则是审美心理结构的成果，是美育的结晶。赵洪恩最后指出，审美心理结构的完善是一个十分复杂的系统工程，划分上述几个阶段只是为了描述的需要。实际上，各个阶段是相互渗透、相互交织，而不是判然分明的。还应当看到，审美心理的完善过程不是一次完成的，而是一个多次的、连续的、循环往复的复杂过程。①

① 赵洪恩：《试论美育的机制》，《天津师大学报（社会科学版）》1993 年第 2 期，第 39—40 页。

如果说赵洪恩是从纵向分析美育建构个体审美心理的过程的话，那么叶朗则主要是从横向分析美育对人的审美素质的作用。叶朗认为，美育对人的审美素质的作用体现在以下三个方面：一是培养审美心胸。他说，审美心胸又称为审美态度。一个人一旦有了一个审美的态度、审美的心胸，那么感性世界在他面前就永远是新鲜的，五彩缤纷，富有诗意。培育审美的心胸和审美的眼光，这是美育的重要功能。二是培养审美能力。他认为，审美能力就是审美感受能力，审美直觉能力。审美活动是对感性世界、感性人生的一种体验，体验人生的意味和情趣。所以审美能力说到底是体验人生的能力。这种能力是包含审美直觉、审美想象、审美领悟等多方面因素的综合能力。它需要一个人的整体文化教养作为基础，需要通过直接参与审美活动的实践来培育，而且和一个人的人生经历有着紧密的内在联系。从这个意义上说，美育不应该孤立进行，不仅要十分重视受教育者直接参与审美活动、艺术活动的实践，而且应该和提高一个人整体的文化教养结合在一起来进行。三是培养审美趣味。他认为，审美趣味作为审美偏爱、审美标准、审美理想的总和，它制约着一个人的审美行为，决定着一个人的审美指向，并深刻地影响一个人审美体验中意象世界（美）的生成。而一个人在各个方面的审美趣味作为一个整体，就形成一种审美格调或称为审美品位。趣味和格调有健康与病态、高尚与低俗、纯正与恶劣的区别。美育的任务是培养受教育者的健康的、高尚的、纯正的趣味，使人远离病态的、低俗的、恶劣的趣味，归根到底，是引导人们走向审美的人生，使人生境界得到升华。①

二、美育对个体发展的间接功能

当代学界一般认为，美育对于个体发展的间接功能主要表现为提升道

① 叶朗：《美学原理》，北京大学出版社 2009 年版，第 408—412 页。

德品质、促进智能发展和增进身体健康等几个方面。也有不少学者将这些功能分别称为美育的育德功能、促智功能和健体功能，或称为“以美储善”、“以美启真”和“以美助健”。

（一）美育提升个体道德品质的作用

美育促进个体品德发展的功能，在我国可以说是自古以来就一直被看重的美育功能。同样它也是当代学者反复提及，并不断强调的美育功能。

美育为什么可以促进个体品德的发展？明鉴认为，这是因为道德感情与审美感情具有紧密的联系，通过文学、音乐、绘画等艺术可以更有效地陶养学生的品德。他还进一步指出，文艺来源于生活，反映了人类社会和大自然的美，但又比普通的实际生活更高，更强烈，更集中，更典型，更富有感情。采取这种方式进行思想品德教育，既生动又深刻，更能以情感人，潜移默化，因而能更深刻地影响学生的思想意识、情感和意志。当学生受到了审美教育，能够正确地感受美的时候，才会珍视一切美好的东西，憎恶一切丑恶的东西。① 林道福也认为，高度思想性和艺术性的音乐、美术作品及其他艺术形式的教育都会深刻影响学生的思想、情感和行为，使他们受到感染和陶冶，特别是优秀的艺术作品具有巨大的教育力量，它们在人们面前展现着美好的生活图景，召唤着人们奋勇向前，打开通向美好未来的道路；它们用光辉的典型形象和生活中美好的事物教育人们，引导人们向上，激励人们前进；它们批评生活中某些消极的东西，帮助人们消除缺点、改造社会。因此，进行美育能使学生形成高尚的思想、情感和行为。② 在林有祥看来，美育之所以有助于德育，这是因为美育通常是运用悦人耳目的，动人心魄的美的形象及事物来暗喻一种道德道理。而学生的心理特点（如思想可塑性、情感易诱性）又决定他们最乐于、最易于通

① 明鉴：《试论学校教育中的美育》，《武汉师范学院学报（哲学社会科学版）》1979 年第 4 期，第 88 页。

② 林道福：《要重视美育》，《赣南师范学院学报》1980 年第 2 期，第 66 页。

过这种形式接受思想教育。这就是通常所说的“寓教于美”“寓教于乐”“寓教于情”。一个美的形象，美的事物常常胜过千百个道德说教与政治道理。因为抽象的道德教条对学生来说总是不如优美的形象更易于被他们所接受并保留在记忆中。德育只是晓之以理，而美育则动之以情，寓情于理，理中有情，常能达到非同一般的德育效应。① 张武升则认为，美育对人的道德发展的促进作用，根源于美与善的辩证统一。所谓善是指事物符合人的正当目的的功利性，美与善是相互联系，相互作用，相互渗透的。首先，美以善为前提。这是因为从美与善的观念的起源上看，善的观念先于美的观念。人类的劳动首先追求的是功利性，然后才追求审美性。同时，美离不开善，只有善才有美。美体现着善、表现着善，脱离善的美不是真美。其次，美以善为前提，但善又离不开美，是由美而来。在人类社会总体上，善的观念先于美的观念，但对于每一新生个体来说，就不必如此。人的善、人的道德完全可以由美、由美育而发展起来。爱美之心，人皆有之。抓住人的爱美之心，从美育入手，培养年轻一代的品德是有效的途径和方法。美与善的内在一致性，内在相互作用，决定美育对人的道德品质的发展具有重要作用。②

还有人认为，美育之所以能发挥培养品德的作用，原因在于美育通过情感的激发可以培养人的道德信仰和道德意志。李范指出，人们的任何道德行为都是发源于人们的内心指令，一切道德条文和道德规范只有当它成为人们自己的内心信仰和要求之后，才能在实践中付诸行动。也就是说，要使人们不仅从理性上认识到应该这么做，而且还要从内心情感上心甘情愿地这么做。只有这样，人们的道德信念才是坚定的、稳固的。而审美教

---

① 林有祥：《美育在人的全面发展中的作用》，《长沙水电师院学报（社会科学版）》1986年第2期，第37页。

② 张武升：《美育与人的全面发展》，《西南师范大学学报（人文社会科学版）》1987年第S2期，第7页。

育是道德教育的情感基础和有力手段。通过审美教育，可以帮助人们树立起对高尚道德行为的荣誉感和对卑鄙行为的羞耻心。一个真正有审美修养的人，必定同时也会是一个有道德修养的人。① 有学者指出，培养意志主要是道德教育的功能，它一方面要培养个体意志服从道德规范而行动的能力，即培养服从他律的能力；另一方面也要培养个体实践自由选择的能力，即培养自律的自由能力。就是既要培养服从外在的道德规范的能力，又要培养自由选择的能力，以克制和战胜感性欲念的冲动力，以及非理性的情绪和观念，如情欲的动荡、死亡的恐惧、生活的苦恼、人生的烦闷，等等。这种意志服从与意志自由能力的培养，特别是后者，也必须借助审美教育的帮助。审美教育引导受教育者所达到的最高审美境界是道德自由境界。因为在道德自由中可以与感性并存，这正是审美的。②

还有人结合美育的特点，提出它有助于培养人的合作精神和超越精神。首先，美育的情感性有助于培养合作精神。人与人之间的沟通理解属于情感双向交流的过程。美育的情感性就体现在通过引导人们对各种美的事物的欣赏，在审美愉悦中打开锁锢的心扉，促进人的情感能力的发展，最终使人懂得：人际交往中的尔虞我诈、互相倾轧、争权夺利，不仅耗费了大量的时间与精力，限制了人类创造力的发挥，而且使人类自身在征服与被征服的循环中精疲力竭，受害者终是自己，征服的快感远远弥补不了精神心理潜在的失落。真诚相待，无拘无束，和谐融洽，信任理解，友好合作在生活和工作中的价值是无可比拟的。富于情感的艺术可以通过使人心理平和，从而达到社会和谐、合作、稳定的目的。其次，美育的自由性有助于培养超越精神。审美是一种自由自觉的活动，它不带有任何强迫性，完全是靠美本身的魅力来吸引。在审美过程中，审美主体的精神处于

---

① 李范：《论审美教育的性质、任务和作用》，《河北大学学报（哲学社会科学版）》1986年第1期，第104—105页。

② 杨恩寰主编：《审美教育学》，辽宁大学出版社1987年版，第80页。

一种自主状态，凝注于审美观照之中，摆脱一切世俗杂念的干扰，忘怀一切，将整个情感和心灵都贯注到美中，达到“神与物游”的超脱境界。主体在美的观照里自我超越实际生活的一切，纯粹地归附和沉入对象之中，使主体的情感在美的形态的原野上尽情徜徉。美育的根本任务在于发展无个体利害计较的情感。超越精神就是要引领人们超越动物性本能的生活，超越本能生活所囿限的狭隘界域，开拓一片广袤的精神空间，获得唯有人才有的能观照的自由。美育的宗旨就是要培养一种超越精神——超越利害，超越名禄，超越物欲。因为非功利性是美育的最高精神定性，是美育精神品格的“内核”。美育用以育人的美、艺术等精神文化成果本身，就是人类超功利、超实用、超利害计较的审美自由与和谐的理性精神的产物，也体现了人类追求自身精神文明素质的完美和人生幸福的需要。①

（二）美育促进个体智能发展的作用

美育促进个体智能发展的功能，也有人称为促进智育的功能，这在我国同样是历来不断论及的美育功能之一，在当代更是人们争相研讨的一个热点问题。一般认为，美育促进个体智能发展的功能主要包括增长知识和加深认识、发展智力和培养创造力等方面。

美育为什么可以增长知识和加深认识？张武升指出，美育对人的科学知识的作用，根源于美与真的相互关系。真与美是辩证统一的。真是美的基础，没有真就没有美。这是因为美不是抽象的空洞的脱离客观事物的某种神秘东西，它离不开具体事物。凡是美的事物，总是符合事物发展的规律，代表事物发展的趋势。所以美离不开真。真本身也包含着美的因素和价值。真作为客观事物存在、发展变化的规律本身就是美的。因为真体现了事物内在联系的和谐与完整。作为真的表现的真理知识，其本身结构就是美的，有人称为科学美。同时，美也体现着真，包含着真。任何美的形

---

① 王哲平：《当代美育的新视野》，《教育研究》2000 年第 12 期，第 27—29 页。

象都包含内在的真，自然美中春天之所以是美的，是因为她体现了大自然的规律，表明万物复苏，开始了生命旅程。社会美中雷锋精神之所以是美的，是因为这种精神体现了社会主义社会人际关系的高尚情操和忘我的精神境界。至于文学艺术作品之所以是美的，是因为它们体现了社会进步的理想。因此，通过美育可以以美传真。人们在把握自然美、社会美、艺术美的形象时，在美的领悟中也了解自然、社会、艺术自身的规律与本质，获得了美的事物的科学知识。① 李范等认为，人们获取知识、认识客观世界不仅要借助于各门科学，而且也要借助于各种文学艺术和其他审美活动。人们通过审美活动，可以学到各种自然科学和社会科学知识。科学和文学艺术反映着同一个客观现实世界，只不过它们反映的方式不同，科学运用抽象思维，通过概念、判断、推理等形式来反映人们对世界的认识；文学艺术则运用形象思维，通过具体的艺术形象来反映人们对世界的认识。文学艺术以这种独特的方式反映自然界的各种复杂现象，反映人类的社会生活和心理现象，将它们重现出来。因此，美育能使学生从文学艺术中获得对客观世界的认识。② 仇春霖主编的《美育原理》也认为美育具有深化认识的功能。该书指出，人们认识世界有各种不同的途径，其中美育作为一种教育活动，它以自己特殊的方式帮助人们从审美的角度获得并加深对于自然和社会的认识。在长期的社会实践过程中，人们将历史上不断积累的审美经验和审美成果，通过美育的方式传授给下一代，使之获得各种知识，启迪智慧，开阔视野，促进思考，从而深化对社会和人生的认识。③

---

① 张武升：《美育与人的全面发展》，《西南师范大学学报（人文社会科学版）》1987 年第 S2 期，第 6—7 页。

② 李范、张公武：《谈美育对智育的促进作用》，《北京师范大学学报》1980 年第 6 期，第 74 页。

③ 仇春霖主编：《美育原理》，中国青年出版社 1988 年版，第 198 页。

美育为什么能促进智力的发展？杨恩寰主编的《审美教育学》指出，审美教育对审美能力的培养开启了由抽象思维能力走向直觉思维能力，由认识真理走向创造发展的渠道。这是因为审美教育不是像智力教育那样，引导受教育者走向对知识的一般理解，培养思维能力，而是引导受教育者走向对感性形式及其意味的整体把握和领悟，培养审美的感知力、想象力、理解力，无论哪一种审美能力都是渗透着其他的心理能力。① 张连捷认为，美育可以为智力的发展提供一种内在动力。美育过程是一个复杂的心理过程，在这一过程的诸多心理活动中情感从始至终贯穿其中，而情绪、情感对于学生的智力发展常常起着助动的作用。积极乐观的情绪和情感能使人振奋、专注，情绪饱满，从而提高智力活动的水平，增加学习探求的兴趣和精力。美育通过美与丑、善与恶、真与假的形象化的鲜明对比，教育学生热爱美好的事物，憎恨丑恶的事物，同时消除不良情感的影响，净化他们的情感。这样就为学生的智力发展提供了良好的情感和心理环境，使他们襟怀坦荡、精力充沛地投入到学习中。此外，美育以鲜明具体、美好生动的形象为学生提供榜样，以美的魅力激发学生模仿与创造的热情。在美的熏陶下，学生常常情不自禁地模仿自己心中认为美好的东西。这种模仿没有令学生生厌的抽象说教，不具有强制性。相反，在模仿过程中，学生可以体验到一种从重负下解脱出来的快乐，一种成为学习主人的欢愉。在模仿理想中的美好人物的过程中，通过刻苦磨炼，潜心钻研，智力水平得到提高。②

美育促进智力发展的功能主要有哪些表现？宋学文认为，这种功能主要体现在培养敏锐的感知能力、丰富的想象力和形象思维能力等方面。首先，敏锐的感知能力是个体获得经验、积累知识、形成情感的重要手段。

① 杨恩寰主编：《审美教育学》，辽宁大学出版社 1987 年版，第 79—80 页。

② 张连捷：《试论美育对于智力发展的功能》，《山西教育科研通讯》1982 年第 4 期，第 11—12 页。

美的形象性、可感性、多样性和对感官的适宜性，决定了主观感知的生动性、丰富性和适应性。而要发展人的感知能力，培养审美感知的敏锐性，就必须运用与之相应的审美对象进行教育和训练。同时，由于美的形象的完整性，由于美的各部分及其相互关系所构成的秩序、均衡、对称、有机统一的整体结构，可以训练和提高人们感知事物的整体性和有机统一性的能力。重视美育对感官能力的训练能将那些沉睡的感官能力发动和完善起来。人的各种感官给我们提供了在质上不同的印象。但是在审美教育中，通过对美的形象的感受、评价和创造活动，就能促进不同的感觉相互作用，相互补充，提高了完整的感知心理功能。由于感知能力的发展，储备了丰富的表象，给想象和思维创造了条件，从而也就为发展和完善人的认识过程的心理功能提供了可能。其次，培养丰富的想象力是美育的重要功能。想象是认识过程的重要心理因素，是认识客观事物、从事创造活动的必要条件，在育人成长中具有重要的意义。审美教育的长处之一，就在于它能积极吸引主体储备表象。审美主体越是广泛接触自然美和现实美的事物，表象的储备也就越丰富。这种丰富的表象，不仅为想象提供了丰富的材料，而且成为主体反映和认识客观世界的智力背景，可以提高主体发现、选择和创造美的能力。再次，形象思维是审美认识的主要思维方式。审美所获得的表象是具有一定的概括性、形象性和运动性特点的表象，是类化了的表象，构成了形象思维的材料。形象思维在抽象思维的参与下，以表象为工具，用典型化的方式进行概括，来认识事物的形态结构、本质特征及其运动规律。它的对象、手段和结果，始终离不开形象，只有有了具体的形象，发展审美认识才有可能。教育者通过引导学生积极地展开创造性的联想和想象，观察美的具体的现象和细节，品味美的气氛和情趣，感受美的风貌和品格，体验美的情感和意境，使美的形象在审美者的想象中活动起来，让审美者进入这一美的形象世界，达到身临其境，仿佛生活于其中，浑然结合在一起的境地。进而使学生通过美的形象，在具体的美的事物或人物中，来认识现实生活的本质和创造反映生活本质的典型形象。这种美感或审美的教育过程即是培养和发展形象思维的过程，伴随它的也是逻辑思维的认识过程。①

那么，美育为什么能培养人的创造力？张连捷认为，美育之所以可以提高学生的创造能力，原因在于美育可以培养学生的想象力、形象思维与批判思维能力。美育的特点一方面必须借助想象力和形象思维才能顺利进行；一方面又在审美教育中丰富和发展学生的想象力和形象思维能力。美育对于想象力和形象思维能力的训练，可以在很大程度上弥补当前教育偏重于语言、知识和逻辑推理的缺陷，开发学生的右脑功能，锻炼发散思维，有利于改变学生的思维习惯。这样就为学生的创造安上了想象力的翅膀。同时，创造精神是和思维的独立性、批判性等品质紧密联系在一起的。美育在培养思维的独立性、批判性等方面，也有着得天独厚的有利条件。审美教育及其引起的美感和数理化教学不同：这里没有那种唯一正确的结论以资对照，没有统一的逻辑推理可以依循，也没有一成不变的公式作为依据。在美育过程中，学生必须自己感知，自己体验，自己理解，通过自己的思维活动，批判地分析周围世界，从而感受和创造美好的事物，摒弃和批判丑恶的东西，任何人都无法代劳。这种训练积以时日，学生思维的独立性和批判性就会逐步发展，他们的创造能力也会相应地得到提高。②

美育发展创造性的功能是如何体现的？冉祥华从心理学的角度进一步探讨了美育促进创造力发展的机制。他认为，首先美育可以唤醒人的创造性潜能。这种功能具体体现在，美育可以解放心灵的潜意识、促进

① 宋学文：《试论美育对审美心理结构的建设功能》，《现代中小学教育》1987 年第 3 期，第 70—73 页。

② 张连捷：《试论美育对于智力发展的功能》，《山西教育科研通讯》1982 年第 4 期，第 13—14 页。

心灵的整合性和发展心灵的独创性。关于解放心灵的潜意识，他指出，潜意识是人类生存的内驱动因，一个人的创造力是否旺盛、丰富、深邃，在根本上取决于他的潜意识心理。美育是情感教育，审美过程是一个情感解放的过程，它使人类倍受压抑的潜意识得以宣泄和张扬，并在升华中由压抑走向解放，由束缚走向自由，从而为人的创造力提供源泉。关于促进心灵的整合性，冉祥华认为，美育作为有机的和整体的反应方式的教育，在促进心灵的整合性方面具有特殊的优越性。在审美过程中，主体受到美的熏陶和感染，会把握到一种具有节奏性、平衡性和有机统一性的完整形式，这种形式积淀了人的情感和理想，具有特定的社会内容，所以会同时作用于人的感知、想象、情感、理解等诸种心理能力，使它们处于一种自由的和谐状态。此时，主体思维活跃，想象飞驰，创造潜能产生质的飞跃，创造力跃出。关于发展心灵的独创性，冉祥华指出，作为美育过程的艺术教育，充分鼓励心灵的独创性。在艺术创造中，艺术家竭力创造出独特的艺术作品。同样，对于艺术欣赏来说，欣赏者需要再造艺术对象，从而达到对艺术作品的深刻理解。可见，具有充分再创造余地的审美活动，为心灵独创性的发展提供了土壤。其次，美育可以发展人的创造性思维。美育发展人的创造性思维主要包括想象思维、直觉思维和灵感思维。美育是培养和训练想象力的最佳途径。由于审美想象较少受对象本身的条件的制约，所以它是一种创造性想象。关于美育对直觉思维的作用，冉祥华指出，直觉作为一种特殊的思维方式，只有在审美活动中才最活跃、最丰富、最奇妙、最动人。关于美育对灵感思维的作用，他指出，审美活动能够促使人的心灵暂时升腾到美的、和谐的殿堂，使大脑无序状态下关闭的思维阀门豁然洞开，意识、潜意识得以迅速沟通和融合，从而为灵感的产生提供机遇。再次，美育可以激发人的创造性动力。创造活动是一个艰难的探索过程，需要情感作为原动力。美育作为情感教育，它可以使人的情感和本能的冲动得到正常的宣泄和引导，从而使之成为人类行为的动力。此外，美育还可以通过发展人的意志力来培养创造力。创造也是一种复杂的意志活动，它需要一个人具有为真理奋斗的崇高理想，献身科学的精神境界和坚强的意志品质。通过利用艺术作品塑造的美的形象来培养人的意志力，往往比抽象的理论说教更具有感染力和说服力。通过艺术的审美活动，可以使人的生命力、创造力得到充分的发挥。①

李范还结合审美教育的特点进一步具体探讨了审美教育在培养创造型人才方面的重要作用。她认为，首先，审美教育的形象性有利于形象性思维（特别是创造性思维）的发展。这种形象化的教育有利于人的大脑右半球的开发，有利于形象思维的培养。它引导学生走出平面的“二维世界”，进入广阔的、立体的“三维世界”，使学生具有敏锐的直觉能力、观察能力和顿悟能力。这些能力的发展为智力的开发打下坚实的基础，也为进行创造性活动提供优越的条件。形象思维是创造性思维的一个决定性的因素，它在创造活动中起着关键性作用。审美教育就是培养人的创造性想象的最有力的手段和最有效的途径。其次，审美教育的情感性为人的创造活动创设良好的心态。人的创造活动需要良好的心态，而良好心态的创设有赖于审美教育，因为审美教育可以激发、泄导、净化、丰富人的情感，它使创造主体具有情感美质和情感悟性，赋予创造活动以活力。再次，审美教育的自由性为创造力的发挥开辟了自由的天地。审美教育使人摆脱了物质和功利欲求的束缚，排除了各种强制性的指令，而专注于审美观照之中，精神处于一种自由解放的状态，无拘无碍、悠然自得，它让思绪任意驰骋，让创造性想象展开翅膀，浮想联翩，达到创造的最佳境界。②

---

① 冉祥华：《美育促进创造力发展的心理机制》，《河南师范大学学报（哲学社会科学版）》2004 年第 2 期，第 154—157 页。

② 李范：《审美教育与创造力的培养》，《浙江师大学报》1998 年第 4 期，第 8 页。

（三）美育增进个体身体健康的作用

关于美育增进学生身体健康的作用，一般认为主要体现在以下两个方面：一是增强体质，二是增进健美。赵洪恩指出，审美教育有助于体质结构的完善和发展，即美育具有“以美助健”的功能。他认为，审美心理结构与智力结构、伦理结构一样，都以体质或生理结构为物质基础，反过来审美结构对体质结构的建构和完善又有调控功能。这种调控功能体现在两个方面：一是增强体质，造就健全的体魄；二是增进健美，塑造美的形体及运动形式。美育引导受教者进入审美状态，从而获得愉悦的心理感受。现代心理学和生理学研究表明，愉快感会使人心情舒畅，肌肉放松，心律舒缓，机能协调，能消除各种有害健康的因素困扰，促进有益于健康的生物化学物质的分泌，从而增强体质和体能，提高健康水平。更重要的是，美育可以为健康的身体带来旺盛的活力和饱满的精神，从而造就健全的体魄。审美心理结构对体质结构的影响机制主要体现为以情感为中心的多种心理功能的和谐活动对人体结构、身体运动形式的和谐的调控，即内部心理和谐对外部形体动作和谐的调控。在这种调控下，通过适当的运动和锻炼，使人体结构和运动形式向整齐、对称、均衡、比例谐调、多样统一的方向演进，从而使人体及其动作达到匀称和谐、强壮有力和生机勃勃，即达到健美。①

关于美育可以增强体质的观点也得到广泛的认同。李范指出，美育能够提供娱乐和消遣，使人们在紧张的学习和工作之余，转换一下兴奋中心，解除由于紧张而引起的疲劳，使身心得到休息和调节。同时美育有助于促进人的身体机能的谐调。各种艺术都能激发人们愉快的情感，调节人体的节律、引起中枢神经的兴奋，还能加强消化功能，舒心通气，从而

① 赵洪恩：《试论美育的机制》，《天津师大学报（社会科学版）》1993 年第 2 期，第 41—42 页。

增进健康。① 杨恩寰主编的《审美教育学》一书也指出，健康的体质主要来自体育。但心情愉快，消除各种因素的困扰，也可以增进健康。而审美教育通过引导受教育者进入审美经验过程，享受精神愉快，这也有益于健康。②

关于美育可以增进健美的观点同样得到不少人的支持。明鉴指出，体育运动可以说是一种健与美相结合的艺术。它不仅要求动作准确、迅速，还要求造型优美，协调而有节奏。健康的体魄是一种美，学生通过体育锻炼，体质增强，体格匀称，动作矫健，举止文明，这是一种文明与健康的标志。③ 杨恩寰主编的《审美教育学》也指出，美育具有增进健美的功能。④ 该书认为，审美教育直接关系到体态、动作、行为、举止美的培养，因为这种美有赖于身体自由均衡的发展。该书还进一步提出，审美教育与体育，实是一而二,二而一的教育，所不同的是，审美教育的理性精神培养方面可以为体育带入理性自由因素，有助于体育与精神教育结合起来；其次，审美教育的形式观照培养方面可以引入体育操作练习之中，从而增进体质健与美的协调发展。张武升也认为，健与美是密不可分，融为一体的。美育在美化人的心灵的同时，也美化人的身体，促进人的身体的发育和体质的增强。美育是一种美感教育，它以美的形象引起人的愉悦、欢快、乐观的情感体验。这种情感体验既是一种心理活动，又是一种生理活动，它必然影响人的生理的发展。欢乐、愉悦的情感促进人的身体发育，有益于健康和保持青春。同时，美感水平的提高，美的创造力的发展，为人按照美的规律塑造自身提供了前提和条件。审美修养高的人，能

① 李范：《论审美教育的性质、任务和作用》，《河北大学学报（哲学社会科学版）》1986年第1期，第105页。

② 杨恩寰主编：《审美教育学》，辽宁大学出版社1987年版，第81页。

③ 明鉴：《试论学校教育中的美育》，《武汉师范学院学报（哲学社会科学版）》1979年第4期，第88—89页。

④ 杨恩寰主编：《审美教育学》，辽宁大学出版社1987年版，第81页。

够自觉地按照美的线条、比例、结构等组合规律进行健美锻炼，塑造美的形体。①

此外，还有学者认为，美育具有技术教育的功能和作用。林有祥在引用马克思的观点“人也按照美的规律来建造”②后指出，现代工业生产，尤其是轻工业产品的生产，日益将实用与审美结合起来。即不但求其实用，还求其美观。具有审美能力的人能够按照美的规律、美的尺度去进行产品的设计与生产，从而收到更好的经济效果。美育培养出具有一定审美能力的人，能使技术教育的目的有效地实现。③

以上分别对当代学界关于美育的个体直接功能和间接功能的研讨情况进行了评介。究竟应当如何看待美育的个体直接功能与间接功能的关系？周志勇提出，美育的发展是有功利而又超功利的。坚持超功利的发展理路，就是坚持美育发展的特殊规律，保持其应有的独立品格；同时，我们也不能忽视其有功利的一面。对于美育的发展思路，通常有“自律论”与“他律论”之争。美育的自律论就是强调美育的独特品格、价值和独立地位的理论，是审美的目的论，如康德的审美无利害学说。美育的他律论即强调美育对其他活动的辅助功能和依附关系的理论，是审美的工具论，如中国传统的文以载道学说。针对杜卫提出的中国当代美育的发展应在“自律论”和“工具论”之间保持适度的平衡的观点④，他认为这个“适度的平衡”

---

① 张武升：《美育与人的全面发展》，《西南师范大学学报（人文社会科学版）》1987年第S2期，第7页。

② 马克思：《1844年经济学哲学手稿》，人民出版社2000年版，第58页。

③ 林有祥：《美育在人的全面发展中的作用》，《长沙水电师院学报（社会科学版）》1986年第2期，第38页。

④ 杜卫指出：当前我国美育理论中存在着美育“自律论”与“从属论”的差异甚至对立。美育“自律论”的基本观点是：美育是一种独立的教育形态或类型，它有自己独特的性质、特征、功能、规律和方法，有自己独立的目的，这个目的就是培养完善的人。美育“从属论”则认为：美育是德育或智育的一种手段或途径，是为德育或智育服务的，以德育或智育的目的为目的。其实每一种教育形态都只是以促进受教育者某一方

应该坚持美育的“自律论”对“工具论”的统帅地位。只有在坚持了美育的独立地位和特殊功能的基础上，才能发挥美育的作为其他手段的功能，否则只能适得其反，造成美育自身的功能与作为手段的功能的同时降低和消解。具体地说，就是我们应该以美育自身所具有的人文性、情感性、个体性为本，在此基础上来探讨美育同其他各种教育形态和社会活动之间的联系。①

应当说，上述看法是正确的和辩证的。在美育的个体直接功能与间接功能问题上，美育的个体直接功能无疑是主要的、根本的，是美育个体功能区别于其他教育个体功能的关键；而美育的个体间接功能则是次要的、非根本的，而且是依赖于美育的个体直接功能的，没有美育的个体直接功能的实现就不可能达成美育的个体间接功能。

第三节　关于美育的社会功能

美育的社会功能是指美育对社会的影响作用。② 有的学者在评价我国

面的发展为主要目标的，同时每一种教育形态也必然对整体人格产生影响。我们一方面应该对美育的特殊性有充分认识，同时也要研究美育同其他各种教育形态之间的联系；既要避免美育“从属论”的错误，又要克服封闭的美育“自律论”的弊病。（参见杜卫：《论中国美育研究的当代问题》，《文艺研究》2004 年第 6 期，第 5 页）

① 周志勇：《蔡元培美育思想对当代美育发展方向的启示》，《学理论》2009 年第 10 期，第 199—200 页。

② 当前对于美育的社会功能的认识还存在偏差，有人将美育促进个体社会性发展看成是美育的社会功能，如姚晓南指出，美育的社会功能体现在通过社会美、自然美和艺术美及生活创造过程中的美等各种形态的审美活动，在审美情感的激活下，增进人与人之间的相互理解，开放心灵，促进人际交往，提高个性的社会性程度，激发爱的意识、提高爱的能力。（见姚晓南：《论美育的当代发展》，《中山大学学报（社会科学版）》1997 年第 4 期，第 78 页）杜卫也持相同的观点，他指出美育不仅促进个体审美情感自我的发展，而且也促进个体社会性的发展。在谈到促进个体社会性发展的具体内容

美育功能研究的现状时指出，人们在考察美育功能时基本上是从受教育者个体出发，从教育内部着手，这只是一种微观的考察。同时认为考察美育功能的视野应当从个体延伸到社会，由教育内部延伸到教育外部，应当以整个社会（尤其是当代社会）为背景，这样美育就远不止有陶情养性、开发智力、培养意志和增进健美等个体性功能，而且具有社会功能。① 随着时间的推移，我国学者对于美育社会功能的探讨逐渐多了起来，并重点分析了美育对经济和文化的影响作用。

一、美育的经济功能

从现在掌握的资料来看，吴也显是国内最早关注美育经济功能的学者。她关注的视角是美育与物质文明建设的关系。她认为，我们所面临的物质文明建设的目标，已不仅是一个社会科学化、科学社会化的环境。就生产建设来说，我们在规划城市、农村、设计房屋、桥梁时，既要考虑工程技术上的要求，又要考虑建筑物和环境的美化；在从事产品设计和制作时，不仅要求经济实用，还要考虑造型新颖、美观大方，人们正在根据自己的审美理想和美的结构，不断革新产品设计。这说明，社会发展对人的劳动的要求日趋复杂，要求我们培养的人既要掌握科学技术、也要具有欣赏美的艺术才能。②

（一）美育可以提升人的劳动能力

生产力是指人类在生产过程中把自然物改造成为适合人类需要的物质

时又指出，美育可以促进人与人之间的沟通与理解，发展爱心和爱的能力。（见杜卫：《美育论》（第二版），教育科学出版社 2014 年版，第 107—118 页）显然，以上所谓的美育的社会功能其实仍属于美育的个体功能的范畴，因为他们讲的是美育对于个体发展的作用，而不是美育对于社会的作用。

① 郭声健：《我国美育功能研究的现状及新视野》，《教育研究与实验》1993 年第 2 期，第 35 页。

② 吴也显：《美育的功能和实施》，《南京师大学报（社会科学版）》1984 年第 2 期，第 78 页。

资料的力量。其基本要素包括：具有一定的科学技术知识、生产经验和劳动技能的劳动者；同一定的科学技术相结合的、以生产工具为主的劳动资料；此外还包括劳动对象。其中劳动者是生产力的首要的决定的因素。正因为如此，所以有学者认为，发展生产的重要途径是提高劳动者的素质。这种素质不仅仅指生产技能，它是一种以科学技术水平为核心的综合实力，而审美因素又是这种综合实力中很活跃的成分。因为作为一个现代社会生产的劳动者，最基本且最可贵的素质莫过于创造性和想象力，而培养劳动者的创造性和想象力正是艺术与审美的独特功能。现代社会生产最需要的是那种既具备高超的技术素质，也具备良好的审美修养的劳动者。① 庞学光也指出，人的劳动能力由体力和智力构成。美育与体育的有机结合，可以提高人的运动技术水平，从而增强体质和提高体力。美育不仅是人的体力得以提高的有效手段，而且还是人的体力得以有效发挥的必要前提。美育可以使人的身体在动作、形体和姿态上符合美的要求，在力度、节奏等方面获得一定的协调感、韵律感和自由感，因而使人的体力在运用于生产劳动时最大限度地发挥其作用。美育对人的各种智力因素，包括观察力、记忆力、思维力、想象力等的发展的直接作用，已得到充分的证明。美育对智力还具有间接作用——美育可以通过促进整体人格的发展，形成平衡和谐的心理结构，从而间接地促进人的智力的发展。此外，美育通过培养人的道德情操和陶冶人的美好心灵，在一定程度上有助于人的劳动能力充分发挥并运用于劳动之中。② 王树森等人重点探讨了美育对人的劳动能力中的体力的作用。他们认为，人的体力的提高主要依靠体育，但也与美育相关。美育与体育相结合，或渗透于体育之中，可以使学生认识到体育运动之于人的形体美和心灵美的意义，同时还可以使学生体验到体

① 郭声健：《我国美育功能研究的现状及新视野》，《教育研究与实验》1993 年第 2 期，第 38—39 页。

② 庞学光：《试论美育的经济功能》，《教育与经济》1996 年第 2 期，第 5—6 页。

育本身的艺术美，从而使他们在“爱美之心”的驱动下，积极主动地从事体育锻炼，努力提高自己的运动技术水平，自觉或不自觉地使自己的体质得以增强，体力得到提高。美育不仅是人的体力得以提高的有效手段，而且还是人的体力得以有效发挥的必要前提。所谓有效发挥，是指人的体力在生产劳动过程中没有无谓的消耗。一个人有良好的体力，未必就能够有效地发挥到所从事的活动之中。决定人的体力是否能够有效发挥的一个重要条件，就是看他的姿态、动作、技能等是否符合美的标准。而美育是使人的姿态、动作、技能等达到美的境界的必要前提。美育与体育不同，体育的主要作用是使人的身体在内质上健康，亦即使人的器脏、神经系统、身高、体重等发育良好，具有适应外界环境的生命活力；而美育的主要作用则是使人的身体在外形上美观，亦即使人的身体在动作、形体和姿态上具有美的风度，在力度、节奏等方面获得一定的协调感、韵律感和自由感。因此，体育能给人以良好的体质和充沛的体力，而美育则能使人的体力在运用于生产劳动时节省、有效而不至于蛮干、空耗，从而最大限度地发挥其作用。①

（二）美育可以促进科技的发展

美育与科技的关系也是当代学界关注的一个问题，一致的意见是美育能够促进科技的发展。庞学光认为，美育对科技进步的作用主要体现在两个方面：一是通过培养科学活动主体的能力和品格，推动科技的进步。科学创造是科学活动主体能力和品格的统一。科学能力的基本要素有观察能力、思维能力、想象能力和实际操作能力，而劳动态度、求知欲望、自我要求以及毅力、勤勉和坚持等个性品格在科学创造中也占据重要的位置。由于美育是人的智力发展和人格完善的有效手段，因此它对个体科学能力和个性品格的培育作用不言而喻。二是通过培养科学活动主体的审美感受

① 王树森、胡俊、顾全：《论美育的经济价值》，《改革与开放》2008 年第 3 期，第 42 页。

力和使他们掌握美的规律，促进科学技术的发展。在探索真理的过程中，科学活动主体用美感或美的尺度做出的选择能够结出真理之果。在科学探索过程中，科学活动主体可以从科学是否美的角度检验科学成果，使科学成果不断完善。审美标准在科学创造活动中发挥上述作用的前提条件之一，是科学活动的主体必须懂得和运用美的规律，具有高雅的审美情趣和良好的审美欣赏能力。这就要求我们在重视科学教育的同时，也要重视审美教育，包括科学美的教育。① 王树森等也持相似的观点，他们认为，科技革命深刻影响着社会，同时也将继续深刻地影响着未来社会。从“科技是第一生产力”的观点来看，现代科学技术的迅猛发展首先促进现代经济的迅猛发展，同时也有力地促进现代社会各个领域和各个层面的变化。科技革命为何如此持续推进？显然，这依赖于美育的作用。科学活动以揭示真实世界的图景为目的，大自然的美，包括对称、和谐、奇异、壮丽等必然会体现在科学体系之中，从而使科学理论这种抽象的精神产品本身呈现出对称、和谐、协调、奇异等，成为美的东西，具有审美价值。美与真的这种内在一致性，决定了审美标准可以作为科学创造活动的一个重要尺度。②

（三）美育可以直接促进经济的发展

当代学界认为，美育在促进经济发展中的作用主要体现在以下方面：

其一，美育是经济发展的直接要求。郭声健认为，如果从审美对商品的影响这个角度来划分，那么商品可以分为三种类型：第一种类型是生产资料，尽管这类商品与审美因素的关系较为疏远，但是它们仍或多或少地表现出了对审美因素的需要。第二种类型是消费资料，审美因素已成为这类商品的必要因素，因为人们在购买这类商品时不但要衡量使用价值，还

---

① 庞学光：《试论美育的经济功能》，《教育与经济》1996 年第 2 期，第 6—7 页。

② 王树森、胡俊、顾全：《论美育的经济价值》，《改革与开放》2008 年第 3 期，第 42 页。

要衡量审美价值。而且随着人们消费水平的不断提高，审美价值必将超过使用价值而成为消费者的优先选择。第三种类型是文化产品。最为典型的是娱乐产品，这类产品的使用价值就是审美价值，人们购买这类产品的唯一目的就是为了获得审美享受。从生活消费来看，现代人生活消费的一个重要变化是审美消费比重的增加，这就促使生活消费品的生产者不断提高生活消费品的审美追求。① 王树森等也认为，在21世纪，商品的文化价值、特别是审美价值将超过其使用价值和交换价值而成为主导价值，人们的文化修养和审美修养的高低将直接关系到社会经济发展速度的快慢。进入新世纪，世界经济的两个最大的产业将是信息产业和艺术产业，我国文化艺术资源极其丰富，艺术产业具有广阔的发展前景，它已经成为我国经济的一个新的增长点。目前高科技产业已得到重视，但艺术产业的重要性还未完全被认识。高科技的发展与人和人之间的关系发展并不同步，物质生活水平提高了，反而使人之间的关系冷漠。从筒子楼到单元房，使得邻居多年互不相认。而“数字化生存”将给人类社会带来巨大的问题，这并不是人类的理想社会，必须要加上“艺术化生存”。到那时，人们对艺术的要求会更迫切，高科技要与高情感需求结合，艺术产品的需求将增大。现在已经产生工业产品向艺术产品转移的端倪。我国文化资源非常丰富，但长期未受到重视，或仅限于低层次利用。新世纪的艺术产业必将有着广阔的前景，直接成为经济发展的新增长点。由此可见，发展美育是经济发展的直接要求。②

其二，美育可以提高劳动生产率。庞学光认为，按照美的规律进行生产，有助于劳动生产率的提高，而美育是人按照美的规律进行生产的必要前提。首先，美育通过培养未来劳动者的欣赏美与创造美的能力，使他们

---

① 郭声健:《我国美育功能研究的现状及新视野》,《教育研究与实验》1993年第2期，第38—39页。

② 王树森、胡俊、顾全:《论美育的经济价值》,《改革与开放》2008年第3期，第42页。

能够创造出并欣赏到生产劳动环境的美，从而提高劳动生产率。其次，美育有助于形成美的人际关系，从而有助于劳动生产率的提高。再次，美育通过提高生产管理者的审美修养，也有助于提高劳动生产率。①

其三，美育可以提高经济效益。王树森等认为，美育能够直接促进经济的增长。美育担负培养劳动力的任务，是社会再生产的必要条件，也是经济增长的必要条件。社会再生产主要依靠劳动力再生产而实现。劳动力再生产的最基本的因素是教育和训练。美育与社会再生产的关系主要体现在通过教育来培养、训练生产所需要的熟练劳动者和各级各类专业人才。美育正是通过向各种生产部门输送经过培养的更加熟练的劳动力和具有审美素养的专门人才以促进经济的发展，实现经济的增长。他们指出，美育对经济增长的积极作用，既体现在作为生产力实体性构成要素的劳动者的劳动能力方面，也体现在作为生产力附着性构成要素的科学技术方面。人类活动的最根本目的，无非就是要取得人对于自然的主体地位，获得改造世界的本质力量。正因为人的活动是有物质前提的，同时这种物质的活动又是人改造客观世界的物质活动，人在这一活动中所表现出来的力量，即社会生产力就成为人类社会发展的基本动力。但是社会生产力不能简单地理解为脱离了人的纯粹客观的力量，社会生产力的核心要素是人，人不仅是肉体的、有体力的，更重要的是人是有智慧、有情感、有意志的。人在物质实践中所创造的生产力表现在两个方面：一方面人将自己在实践中获得的改造世界的力量物化在生产工具之中，使工具成为自己伸展了的肢体；另一方面是主观世界得到改造的人类的“自我”，即得到精神升华的新人。人在改造客观世界的活动中，认识了客观世界的规律，这是客体的主体化；人以自己所掌握的客观规律去改造客观世界，这是主体的客体化。所以生产力不是脱离人的纯粹客观的力量，而是人自身在改造世界的

① 庞学光：《试论美育的经济功能》，《教育与经济》1996 年第 2 期，第 7—8 页。

物质活动中所获得的力量，同时人又把它运用于改造客观世界的物质活动之中。一定的经济活动反映了一定的主体精神，一定的经济活动又要求具有一定主体精神的人。这种主体精神融入美育实践中，又直接或间接地产生一定的经济价值。① 庞学光认为，美育，特别是技术美的教育，越来越受到重视。究其原因，在很大程度上是由于美育特别是技术美的教育对于提高产品的美学质量和社会生产的经济效益，具有不可忽视的积极作用。社会利益组织包括具体生产单位要获得较好的经济效益，就必须重视提高产品外观的审美质量，使产品达到审美化的水平。既然如此，随之而来的就必然是对作为社会生产第一要素的生产者施以全面系统的审美教育，使他们具有必要的审美素养。②

二、美育的文化功能

早在 20 世纪 80 年代中期，吴也显就初步论述了美育对于精神文明建设的作用。她提出，物质生活中的美固然是不可缺少的，而人们精神生活中的美则更为重要。我们应通过美育有计划地培养人们健康的、蓬勃向上的审美情趣，使人们的精神生活充实起来，精神境界高尚起来。在加强精神文明建设的过程中，美育的作用更不可低估。培养青少年正确的审美观，使他们具有健康的审美标准，成为心灵美的一代新人，对改变整个社会的面貌、树立良好的社会风气都具有重要意义。③

美育的文化功能具体体现在何处？杜卫指出，美育的文化功能体现为，通过培养能够自觉创造和享受审美文化的审美个性而作用于文化的健康发展。他认为，审美文化具有明显的人文性，它是确保文化平衡发展的

① 王树森、胡俊、顾全：《论美育的经济价值》，《改革与开放》2008 年第 3 期，第 42—43 页。

② 庞学光：《试论美育的经济功能》，《教育与经济》1996 年第 2 期，第 8 页。

③ 吴也显：《美育的功能和实施》，《南京师大学报(社会科学版)》1984 年第 2 期，第 78 页。

重要力量。美育也是一种审美文化教育，它一方面把人类优秀的审美文化传统不断地传递下去，另一方面又开发和发展个体的审美需要、审美能力和审美意识，使他们成为审美文化的创造者。① 杜卫后来对美育的文化功能进行了更为具体的阐释。② 他指出，从最一般的意义上讲，文化是人类活动及其对象的总和，它是在人与自然的相互关系中形成的“第二自然”。文化可以分为物质文化、心理文化和精神文化三个层面，美育是心理文化建设的一条重要途径，它的文化功能主要在于促进审美文化的发展和全面渗透。那么，什么是审美文化？杜卫指出，审美文化包括人对世界的审美关系中形成的一切审美因素，主要体现为主体方面的审美需要、情感、意识和理论，客体方面指整个对象世界的审美要素。作为心理文化，审美文化具有情感性，它是主体的感性生命及其表现形态，是个体的感性生命在与理性相协调的关系中得到自由伸展和健康成长的过程与产物。作为文化整体中的一个子系统，审美文化是物质文化与精神文化的中介。它广泛地渗透到上述两个文化层面，使之丰富化和人性化，从而调节二者的关系，缓和二者的矛盾。杜卫对美育文化功能的理解主要是从这种中介性和补充性的功能出发的。在他看来，美育的文化功能主要体现在以下两个方面：第一，促进审美文化向文化的全面渗透。他认为，美育，特别是学校的艺术教育，是促进审美文化向文化全面渗透的重要基础。首先，美育活动发展学生的审美需要，而只有具备审美需要才会具有在文化的各个方面创造审美文化的内在动力。美育通过审美能力的培养，使学生逐步发展和创造享用审美文化的心理能力，使学生通过艺术欣赏较全面地了解人类文化，自觉地体认审美文化在整个文化中的地位和作用。这就是说，美育为审美文化的继承和发展创造了主体方面的条件。其次，学校的艺术创造活动为

① 杜卫：《论现代美育学的理论构架》，《文艺研究》1993 年第 5 期，第 8 页。

② 杜卫：《美育论》（第二版），教育科学出版社 2014 年版，第 119—124 页。

学生实践地了解审美与技术之间的关系提供了良好途径，可以为他们将来创造性的工作打下良好的基础。第二，促进人与自然和谐关系的建立。杜卫认为，审美文化的中介功能还体现在更深刻和更广阔的人与自然的关系之中。审美的最高理想是人与自然的和谐。审美文化能引导人们以一种亲和的态度去对待自然，改善人与自然的关系。美育通过唤醒人们向往自然的天性，使他们自发地珍爱自然，亲近自然。

当代美育的文化功能有什么新的特点？姚晓南指出，当代审美文化的发展使审美—艺术活动向日常生活泛化，向普通文化领域渗透，商品性、技术性介入审美文化所带来的各种积极与消极因素，要求人们的审美观念及审美能力适应这些新变化，增强创造、享用或鉴别当代审美文化发展成果的能力。这便提出了当代美育的文化功能问题。他认为，美育的文化功能体现在教育人们提高对于审美文化的鉴赏与鉴别能力、创造能力，教育人们如何在追求经济利益和实用消遣之时，保持和提高其精神价值，保持人类优秀审美文化的连续性，提高在生产和生活中注重审美因素的能力，善于鉴别和摒弃文化创造中过度的技术化和商品化所造成的消极效应，以富于创造性的审美个性促进审美文化的正常发展。他还特别强调美育对于当代审美文化的作用，认为当代审美文化因其与商品化的结合，因其消遣娱乐性特征，难免产生一些消极因素。如美和审美的过度商品化、过度的娱乐性容易产生粗鄙化现象。美育则可以唤起人的真善美的情怀，唤起人对于理想憧憬和对于精神品格的信念，以高尚的精神品味来支配物质的获取与享受，以美学理想来置换文化活动中的低俗与无聊。①

通过以上分析可以看出，美育功能是当代学界关注较多的问题，且大多倾向于将美育的功能分为个体功能和社会功能。从总体上看，对于美育

① 姚晓南：《论美育的当代发展》，《中山大学学报（社会科学版）》1997 年第 4 期，第 78—79 页。

个体功能研究相对更多，当然也更深入；而对于美育社会功能的关注则相对更少，认识的深度也有差距。未来的美育功能研究应在继续关注美育个体功能的同时，加强美育社会功能的探讨。在美育社会功能研究方面，除了要深化美育的经济功能和文化功能的认识外，还要进一步拓展研究的视野，也即要关注美育对于其他社会因素的作用。

第七章　美育任务论

美育的任务是指美育应担负的责任。关于美育的任务，也有人称之为美育的使命、美育的目的或美育的目标。美育的任务也是学界普遍关注的美育基本理论问题，各种美育著作和教材基本上都会论及。关于美育任务的具体表述，常见的主要有：树立正确的审美观、满足和提高审美需要、培养审美感受（感知）能力、培养审美意识、培养审美态度、提高审美鉴赏能力、发展审美能力、增强审美创造能力、塑造审美心理结构、塑造审美人格、拯救人的感性沉沦、引导审美生活、促使人生审美化等。当然，透过不同的表述，我们也可以看出有的任务其实存在相似的地方或具有交叉、重叠的关系。总体而言，改革开放以来我国学界在美育任务问题上达成了较多的共识，这些共识主要包括培养人的审美观、审美能力与创美能力及引导审美生活。

第一节　关于培养审美观

培养审美观是人们讨论美育任务时共同提到的一个任务，并且是首先提到的一个基本的任务。由此可见，培养审美观在美育任务中占有重要的地位。

一、审美观的内涵

什么是审美观？有人将审美观分为广义和狭义两种含义。广义的审美观是指主体对美、审美、创造美所持的相对稳定的总体观念和指导思想。它是世界观的重要组成部分，包括美的生成观、发展观、本质观、创造观，审美的实践观、历史观、政治伦理观、价值观、艺术观等。狭义的审美观指审美的观点，包括审美理想、审美趣味和审美标准等。① 学界一般是从狭义的角度来理解审美观的内涵，认为审美观是人们对美的基本观点与看法，是审美观念的系统化，具体包括审美理想、审美趣味和审美标准等内容。②

正如人的其他观点一样，审美观也有正确与错误之分。为此还有学者进一步分析了正确的审美观的内涵，认为正确的审美观是真、善、美的统一。所谓真，是指客观事物的本来面目和本质的东西；所谓善，是指符合客观规律，符合广大人民利益的活动和行为；所谓美，是指人的本质力量的感性显现。凡是美的事物，必然是符合事物的本质和规律，体现人的本质力量，是人民需要的和对人民有益的。同时，美的事物在符合真、善的基础上，还要有鲜明生动的感性形象，只有这样的事物才可以称其为美。③

二、审美观的意义

审美观的意义何在？当代学界普遍认为，审美观是世界观和人生观的重要组成部分，它直接指导人们审美和创美的实践活动，制约人们的审美和创美方向。只有树立了正确的审美观，人们才可能确立科学、客观的审

---

① 李范主编：《美育基础》，中国人民大学出版社 1999 年版，第 95 页。
② 蒋冰海：《美育学导论》（修订本），上海人民出版社 2001 年版，第 63 页。
③ 李范主编：《美育基础》，中国人民大学出版社 1999 年版，第 97 页。

美标准，养成健康的审美情趣，树立崇高的审美理想，自觉地按照美的规律去改造主观世界和客观世界。审美观的主要内容——审美情趣、审美标准和审美理想，这三者密切相关，递级深化，构成了审美观的核心。审美情趣又称审美趣味，是人们在审美、立美活动中以个人爱好的方式表现出来的审美倾向性，也就是人们在现实生活中对各种具有审美价值的事物、现象所表现出来的一种富有情感、具有个性的主观偏爱和兴趣。审美情趣是人们审美能力发展水平的一个重要标志，反映了审美主体的审美修养和审美经验所达到的程度。审美情趣有积极、进步、健康、高尚、有益和消极、落后、病态、庸俗、有害之分。审美标准是人们衡量和评价客观对象的美丑及其审美价值高低的尺度。审美标准是客观存在的，它作为人们审美、立美过程中的理想因素，是在审美观的指导下审美主体对审美客体的能动反映，是由审美经验上升到审美理想凝聚而成。审美理想指的是人对至善至美境界的一种观念、规范和追求，它体现了审美主体的审美要求和审美愿望，反映了主体的审美态度。审美理想是审美情趣、愿望和要求的直接体现，但它又不同于一般的审美情趣、愿望和要求。它是审美观中发展得比较高级的部分，是审美情趣、愿望和要求的升华，因而具有更多的理性成分。审美理想对审美活动具有示导性和规范性，主宰着主体的审美标准和审美情趣。①

三、审美观的培养

那么，正确的审美观应当如何来培养？一般认为，审美观的培养首先要重视美学理论的学习。没有科学的理论指导，就没有标准和方向，就无法对事物做出理性的判断。审美虽然是一种情感活动，但它也包含有理性

① 仇春霖主编：《美育原理》，中国青年出版社 1988 年版，第 234—241 页；王秀芳、张永昌主编：《美育学教程》，北京广播学院出版社 1992 年版，第 61—64 页。

的因素，特别是在审美理解的过程中，理性起着更重要的作用。只有以正确的美学理论作指导，才能作出正确的审美判断，获得正确的审美认识，提高审美活动的自觉性，识别和抵制错误的审美观的影响。同时，在审美活动中，才能做到不仅“知其然”，而且还能“知其所以然”，取得更好的审美教育效果。① 其次是要积极参加社会实践活动特别是审美实践活动。社会实践是美产生和发展的客观基础，是人的审美意识产生和发展的根源。只有通过社会实践，才能使审美观得到检验、修正和发展，才能逐步树立正确的审美观。为了树立正确的审美观，需要注意在日常生活中仔细观察，深入体验，勤于思考，善于提炼，重视点点滴滴的积累、天长日久的磨炼。② 再次是要批判与抵制错误的审美观。在现实生活中，正确的审美观与错误的审美观并存，高尚的审美观与低俗的审美观同在，因此需要学会鉴别、判断和批判错误的审美观的影响。③ 有人还强调树立正确的审美观必须与劳动相结合，认为一个人对劳动的态度实际上决定着他的审美情感。审美教育只有与劳动相结合，着眼于建立向上的健康的生活方式，使人从劳动中认识人生的价值与创造的幸福，才会有正确的方向，才能取得真正好的效果。④

第二节　关于培养审美能力

美育要培养人的审美能力，这也是学界关于美育任务的一个共同认

① 李范主编：《美育基础》，中国人民大学出版社 1999 年版，第 98 页；蒋冰海：《美育学导论》（修订本），上海人民出版社 2001 年版，第 66 页。

② 李范主编：《美育基础》，中国人民大学出版社 1999 年版，第 98 页。

③ 李范主编：《美育基础》，中国人民大学出版社 1999 年版，第 98—99 页。

④ 蒋冰海：《美育学导论》（修订本），上海人民出版社 2001 年版，第 67 页。

识。当然，人们对于审美能力的内涵以及如何培养审美能力等问题的认识并非完全一致，而是存在一定的差异。

一、审美能力的内涵

什么是审美能力？审美能力包括哪些具体的内容？学界对此还有不同的理解，主要的观点有：(1) 审美能力包括审美感受力、审美鉴赏力和审美创造力，其中审美感受力包括审美感知力、审美想象力和审美理解力。① (2) 人对美的事物的审美能力，主要指审美感受能力、审美想象能力、审美鉴赏能力和审美理解能力。② (3) 审美能力包括审美感知能力、审美鉴赏能力和审美创造能力。③ (4) 审美能力包括审美感受能力和审美创造能力，其中审美感受力又包含审美鉴赏力和审美欣赏力。④ (5) 审美能力是成功地从事审美活动所必需的心理特征，它包括审美感觉力、审美知觉力、审美注意力、审美记忆力、审美想象力、审美情感力、审美思维力等诸多方面。⑤ (6) 审美力是一种特殊的情感判断能力，这种情感判断能力是审美体验与审美评价的直接统一，它包括审美感知和审美直觉能力、审美联想能力、审美想象能力和审美评价能力。⑥ (7) 审美能力即审美主体发现、感受、欣赏、评价和创造美的能力。⑦ (8) 审美能力包括审美感知力、审美鉴赏力、审美想象力和审美创造力。⑧ (9) 审美能力是人们感受美、欣赏美的能力。⑨

---

① 杨恩寰主编：《审美教育学》，辽宁大学出版社 1987 年版，第 83—86 页

② 仇春霖主编：《美育原理》，中国青年出版社 1988 年版，第 241 页。

③ 李范主编：《美育基础》，中国人民大学出版社 1999 年版，第 106—119 页。

④ 蒋冰海：《美育学导论》（修订本），上海人民出版社 2001 年版，第 69—82 页。

⑤ 杜卫：《美育论》（第二版），教育科学出版社 2014 年版，第 172—204 页。

⑥ 曾繁仁、高旭东：《审美教育新论》，北京大学出版社 1997 年版，第 274—292 页。

⑦ 王秀芳、张永昌主编：《美育学教程》，北京广播学院出版社 1992 年版，第 79 页。

⑧ 向东方：《学校美育学》，西南师范大学出版社 1993 年版，第 93—97 页。

⑨ 李长风、姚传志：《美育概论》，山东人民出版社 1998 年版，第 13 页。

以上所述说明，人们对审美能力的理解既有相同或相似之处，但也存在着差异。大多数学者将审美感受力或审美感知力、审美想象力、审美鉴赏力、审美理解力看成是审美能力的基本要素，但也有人认为除这些要素外还有审美注意力、审美记忆力、审美直觉能力、审美联想能力、审美态度、审美发现力、审美情感力、审美评价力等，还有人将审美创造力也纳入其中，当然也有人认为审美能力只包括感受美和欣赏美的能力。

二、审美能力的意义

审美能力有何意义？它在人们的审美活动中发挥什么样的作用？仇春霖主编的《美育原理》指出，每个正常健康的人都能发现美、欣赏美，但获得的审美享受却不尽相同，这不仅仅取决于人的审美观，还同人的审美能力有关。① 意思是说，一个人的审美能力强，那么他就能获得更多和更高的审美享受。杜卫主编的《美育学概论》也认为，审美能力是人的多种心理要素的综合，是人们从事具体审美活动所必需的心理特征；这是人的审美需要的实现手段，直接联系着审美意识的活动。② 他还在其《美育论》一书中系统地分析了审美能力在审美活动各个阶段中的具体作用。在他看来，审美能力作用于审美活动的全过程，但在不同的审美活动阶段其作用有不同的特点。在审美活动的发生阶段，其作用表现在：首先，敏锐迅速地抓住外在世界中的各种审美信息，并以审美特有的方式进行加工处理。在这初始阶段，审美能力如一个高敏度接收器，把各种审美信息接收和传送到大脑。接着，由大脑在知觉水平上对信息进行加工，其直接成果便是具有内在统一性的完整审美形式。其次，对富有特征性的感觉刺激材料做出情绪反应，形成初始的审美冲动，不仅推动着知觉的加工组织，而且给

① 仇春霖主编：《美育原理》，中国青年出版社 1988 年版，第 241 页。

② 杜卫主编：《美育学概论》，高等教育出版社 1997 年版，第 70 页。

感觉材料和知觉形式赋予情绪色彩，形成初步的表现。最后，对刺激材料和知觉对象持一种独特的意识态度——审美态度。这种态度作为特殊的意识指向，决定了感知方式乃至整个审美表现、建构和理解的方式，在这个阶段它是使信息接收与加工进入独特的审美轨道的重要契机。在审美活动的发展阶段，其作用表现在：首先，在知觉形式基础上，调动记忆、想象、情感等心理功能，丰富和完善审美知觉形式，创造出意味深长的审美意象。其次，情感随记忆和想象的展开而发展，并投射于对象之上，使审美意象在某种意义上成为审美主体情感表现的产物。最后，在对象建构和主体表现过程中，产生情感畅达舒展的体验，意识到对象建构的方向和主体表现的程度，对这个发展阶段进行有意识的或自动的控制。在审美活动的完成阶段，其作用表现为：第一，对审美意象进行体验式理解，领悟其深长的意味。第二，由于审美领悟是情感性和创造性的，所以领悟到对象的意味便会产生全身心的情感自由愉悦。第三，使对象的潜在价值得以实现，使主体的审美需要得到满足和提升。①

三、审美能力的培养

一般认为，审美能力的获得和全面发挥，虽然具有先天的因素，但主要是后天审美实践和审美教育的结果。因此，培养人的审美能力是美育的又一重要任务。这里主要评介当代学界对于审美感受力、审美想象力、审美情感力、审美鉴赏力和审美理解力等的培养的探索，因为人们对这些审美能力及其培养的探讨相对更多也较为深入。

（一）审美感受能力及其培养

当代学界一致认为，审美教育的基本任务在于培养和提高受教育者的审美感受能力。这种能力表现为对审美对象形式整体的直接把握和领悟，

① 杜卫：《美育论》（第二版），教育科学出版社 2014 年版，第 175 页。

从而产生一种审美愉悦。它是人类长期社会实践的产物，但就个体而言主要靠审美教育来培养和提高。

那么，什么是审美感受能力？人们对于审美感受能力的理解同样存在一定的差异。仇春霖主编的《美育原理》认为，审美感受力是人们进行一切审美、创美活动的出发点，是整个审美能力中最初始、最基本的能力，是审美想象能力、审美鉴赏能力、审美理解能力得以萌生与发展的前提和基础，也是通向更高审美境界的桥梁。只有通过审美感受能力这个“窗口”，主体才能把握审美对象的感性状态，如颜色、声音、线条、形状等，进而获得美感。① 而杨恩寰主编的《审美教育学》则指出，审美感受能力是多种心理功能如感知、想象、理解、情感协调活动的能力，它包括审美感知力、审美想象力和审美理解力。② 显然，前者所说的审美感受力相当于后者所说的审美感知力，而后者所说的审美感受力则除了前者所说的审美感知力以外，还包括审美想象力和审美理解力。蒋冰海也指出，审美感受力是指审美主体对审美对象的感知能力，它包括两个方面：一是对事物美的外在形式因素，如形态、颜色、声音的感知；二是对审美对象所蕴含的情感表现的感知。人的审美感受能力主要是通过视觉和听觉来实现的。③ 还有人进一步分别对审美感觉力和审美知觉力进行了分析。如杜卫主编的《美育学概论》指出，审美感知力包括审美感觉力和审美知觉力两个方面。其中，审美感觉力所形成的是人对审美对象形式特征（色彩、线条、质地、声音等）的直接感性印象，它主要通过人的感官与对象接触而获得。审美知觉力则是人对审美对象形象的整体把握能力。在审美中，人通过审美感觉而直接获得了对象的各种具体形式特征。这些特征经过人的多种感觉的协同活动，作为加工后的对象整体形象反映在人的头脑中，构

① 仇春霖主编：《美育原理》，中国青年出版社 1988 年版，第 242 页。
② 杨恩寰主编：《审美教育学》，辽宁大学出版社 1987 年版，第 83—84 页。
③ 蒋冰海：《美育学导论》（修订本），上海人民出版社 2001 年版，第 69 页。

成了人的审美知觉。[①] 王秀芳等主编的《美育学教程》也指出，审美感知指审美主体对审美对象的感觉和知觉。感觉是主体凭感官对对象的个别属性的把握，知觉是对对象的整体属性的把握。在审美过程中，主体首先通过审美感官感受对象的个别属性，如色彩、线条、形状、声音、质地等，接着是知觉活动综合各种感觉，形成对对象感性状貌的整体性的认识。审美感知主要指主体对对象的完整性的把握。[②] 这里拟采用学界较为一致的观点，即将审美感受力看成是审美感知力，而对于审美想象力和审美理解力将另作分析。

为什么要培养审美感知力？有人指出，培养审美感知力十分重要。因为敏锐的审美感知是积累丰富的内在情感的重要手段。人们对内在情感的体验、认识和积累，往往是通过审美感官对外部自然形态和艺术形式的把握来完成的。因此，审美感知能力是人们进行审美活动的出发点，是其他审美能力萌生和发展的基础，是通向更高审美境界的桥梁。只有通过审美感知这个"大门"，才能与美的事物发生关系，才能进入审美过程而获得美感。[③] 还有人认为，离开对对象的直接感知，主体不能获得初步感受，从而不能进入审美境界。敏锐的审美感知是产生审美感受的前提和基础。在人的各种感官中，视觉和听觉是主要的审美感官，其他感官在审美活动中只起辅助作用。这是因为视觉和听觉感受的范围广，接受的信息量大，可以使人获得对对象的整体性感受，而且它们的社会化程度高，更多地和人的心理活动、精神活动相联系。个体的审美感官固然与人的器官的先天生理条件有关，但后天审美活动中的培养和训练对敏锐的审美感知的形成更为重要。[④]

---

① 杜卫主编：《美育学概论》，高等教育出版社 1997 年版，第 71 页。

② 王秀芳、张永昌主编：《美育学教程》，北京广播学院出版社 1992 年版，第 69 页。

③ 李范主编：《美育基础》，中国人民大学出版社 1999 年版，第 109—110 页。

④ 王秀芳、张永昌主编：《美育学教程》，北京广播学院出版社 1992 年版，第 70 页。

关于审美感知力的培养，有人认为从内容上来看主要包括两个方面：一是审美主体对审美对象的外在形式特征（色彩、声音、线条、质地、形态等）的感知能力。二是审美主体对审美对象的内在意蕴和情感意味的感知能力。上述两个方面比较起来，后一种审美感知能力比前一种更高一筹，达到了一个更高的层次。那么，我们应当如何培养审美感知力呢？有人指出，培养敏锐的审美感知，首先要引导受教育者亲身体验和感受现实美。现实美有着无可比拟的生动性和丰富性，在对现实生活中美的形象的感受和体验中，可以把握对象色彩、线条、形状、声音的审美属性，可以认识对象世界中对称、均衡、节奏、韵律、对比、调和、多样统一的美的规律。艺术美是现实美的集中和概括，也是艺术家审美理想、审美情趣的物化和表现。因而，引导人们大量接触各种各类艺术品，是培养敏锐审美感知的又一重要途径。① 杜卫还进一步从审美感觉力和审美知觉力两个方面就审美感知力的培养问题进行了具体的分析。他认为，美育对审美感觉力的培养首先要引导学生关注事物的感觉外观，要帮助学生从日常的感觉方式（指主要关注事物的实用方面）转变到审美的感觉方式上来；同时还要求细致入微地分辨光、色、音高以及各种质感的细小差异，磨砺敏锐的感觉力。知觉力是一种把感觉材料加工组合为整体性表象或经验的能力。对于美育来说，审美知觉力的培养不仅意味着发展知觉的整体性组织能力，而且需要在与大量艺术作品的接触中获得丰富的审美经验积累。通过扩大主体的审美经验的范围，可以使其内在审美图式具有开放的广泛适应性，从而提高审美知觉力。②

（二）审美想象能力及其培养

什么是审美想象力？想象力是大脑对记忆中的表象进行加工，创造新

---

① 王秀芳、张永昌主编：《美育学教程》，北京广播学院出版社 1992 年版，第 70—71 页。

② 杜卫：《美育论》（第二版），教育科学出版社 2014 年版，第 176—182 页。

形象的能力。审美想象是审美主体在审美活动中不仅能感知直接作用于主体的审美对象，还能调动过去的表象积累在头脑中创造出新形象的心理功能。有学者认为，审美想象能力是人们在直接观照审美对象的基础上，调动过去的表象积累，补充、拓展、丰富、完善对象和改造、重新组合、进而创造新对象的一种能力。①

审美想象力有什么意义？有人认为，审美想象是一种创造性的思维活动，它和形象思维有着内在的联系。人们借助想象，不仅可以回溯过去，展望未来，而且能够创造和认识没有直接感知过的事物和形象。它可以大大超越时间、空间等具体条件的局限，从而极大地丰富人们的精神世界。如果没有审美想象能力，就不可能有美的鉴赏和美的创造。② 有学者更具体地指出，审美想象力具有三个方面的功能：一是丰富和补充审美感知，突破审美感知力的局限。二是审美想象力可以为审美理解提供感性活力，使之不致变成抽象的思维，并且使人得以从中体会、领悟某种抽象思维概念所不能穷尽的本质的、规律性的东西，使审美感受富于鲜活的生命情趣。三是为人的审美需要、审美情感提供相应的形式，使之清晰地扩展和抒发。③

审美想象力应当如何培养？有人指出，培养审美想象一要培养丰富的情感，二要积累丰富的形象记忆。情感是想象的动力，审美活动中往往有移情现象，将对象拟人化，使客体主体化。一个情感丰富的人，才可能对周围的事物有敏锐的感受力和自由的想象力。对形象的感知和经验记忆是想象的基础，生活经验、审美经验丰富，知识渊博，艺术修养深厚，他的头脑里自然存有多姿多彩的审美意象，在美的事物面前就会产生各种联

① 仇春霖主编:《美育原理》，中国青年出版社 1988 年版，第 245 页。
② 仇春霖主编:《美育原理》，中国青年出版社 1988 年版，第 245 页。
③ 杜卫主编:《美育学概论》，高等教育出版社 1997 年版，第 73—74 页。

想、想象，获得非常人所能企及的独特感受。① 杜卫认为，在美育中，有意识地保障和引发审美想象是培养审美想象力的关键。无论是创作活动还是欣赏活动，都应充分保障学生的想象自由。创造性的想象是充分个性化的，在美育中要特别注意发现、鼓励和积极评价学生新奇的想象创造。②还有学者指出，审美想象力的培养，一要有丰富的“内在图式”储备，二要有丰富的情感。所谓“内在图式”，就是以信息的形式储藏在大脑中的各种意象。它的作用有二：一是帮助知觉选择，二是作为想象活动的原料。因此，不断增加和丰富“内在图式”储藏，是培养丰富想象力的重要步骤。情感陶冶对培养审美想象力也是必不可少的。炽烈的情感会将储存于心灵中的无数图式重新组合，建构成全新的形象。③

（三）审美情感力及其培养

什么是审美情感力？情感是主体对客体是否符合自己需要所持的态度和体验，审美情感是指审美主体对审美对象是否符合自己审美需要所做出的一种特殊心理反应，也有人认为它是对对象是否符合自身审美需要的一种体验性判断。审美情感有什么作用？有人认为，审美情感是审美心理中最活跃的因素，是审美感受的动力。没有审美情感的活跃，审美活动就难以进行。审美情感是一种理性化的情感。④ 还有人对审美情感力的功能进行了更具体的分析：其一，它是一种有始发意义的动力因素。人的欲望、意向，经过形式化、秩序化、组织化而成为审美情感，是审美中人的审美心理发生和实现的内驱力。其二，审美情感力渗入想象和理解过程，既是它们二者相互协调活动的推动力，又成为审美意象形成的亲和力、中介力，也即情感力是审美中表象与表象之间有机联系的中介，不仅能把不同

① 王秀芳、张永昌主编：《美育学教程》，北京广播学院出版社 1992 年版，第 72—74 页。
② 杜卫：《美育论》（第二版），教育科学出版社 2014 年版，第 196 页。
③ 杨恩寰主编：《审美教育学》，辽宁大学出版社 1987 年版，第 84 页。
④ 王秀芳、张永昌主编：《美育学教程》，北京广播学院出版社 1992 年版，第 75—77 页。

的表象联系在一起，而且能使无情的事物变成情感洋溢的对象，使无生命的东西变成有血有肉的东西。①

关于美育对人的审美情感力的培养，有人提出，美育通过审美实践活动，使人获得身心愉快和情感陶冶的满足，培养人珍视美好的事物的情操，引导人摆脱自然欲望的束缚，升华到高尚纯洁的境界。在培养学生审美情感的过程中，首先要引导他们树立正确的世界观和人生观，树立崇高的审美理想，这样才能培养出健康的审美趣味，才能对美丑产生正确的情感反映。其次要引导他们参加各种各样的审美活动，激发他们情感上的共鸣，使他们健康的情绪不断巩固、充实、丰富，逐渐形成稳定而健康的情感体验。②

（四）审美鉴赏能力及其培养

什么是审美鉴赏力？鉴赏，从字面上理解，“鉴”指“审察”“识别”，“赏”指“欣赏”“赏识”。所谓鉴赏，通常是指对客观对象的鉴别和欣赏。审美鉴赏能力是指审美主体对审美对象的鉴别和欣赏能力。在审美活动中，鉴别和欣赏二者密不可分，有鉴别才有欣赏，鉴别是为了更好地欣赏。有人认为，人们的审美鉴别能力主要包括两个方面：一是对事物美丑的辨析能力；二是对美的形态（自然美、社会美、艺术美、科学美、技术美等）的审美特征、范畴（优美、崇高、悲剧美、喜剧美等）和程度（比较美的、美的、最美的）的识别能力。而审美欣赏能力指的是对美的事物品味和体验的能力。品味就是品赏、玩味，它要求主体既要深入到美的情境之中，又要走到美的情境之外，反复咀嚼、玩赏，不断思索其深邃的内蕴和隽永的意味。审美体验指的是主体对美的事物的一种情感体验，即要求主体“自化其身”，成为美的情境中的人物，爱其所爱，憎其所憎，哀

---

① 杜卫主编：《美育学概论》，高等教育出版社1997年版，第75页。

② 王秀芳、张永昌主编：《美育学教程》，北京广播学院出版社1992年版，第75—77页。

其所哀，乐其所乐；同时，又要头脑清醒，始终保持一定的距离来进行审美观照。没有情感体验，就没有美的创造，也没有丰富的美的鉴赏。①

应当如何培养审美鉴赏力？有不少学者认为，审美鉴赏力的培养，首先要提高文化知识水平和美学修养，提高文化修养和美学修养（包括艺术修养）是提高鉴赏能力的重要前提。一般来说，美学修养越高、知识越丰富的人，他的审美鉴赏力就越强，也就愈能在审美活动中发挥自己的主观能动性，从而获得更丰富的审美享受。② 其次要掌握审美鉴赏的标准。审美鉴赏力是比审美感受力层次更高的审美能力，理性因素相对突出。在审美感受中就包含一定的审美鉴赏因素，但这是一种比较简单、初级的鉴赏。而比较高级的审美鉴赏则是在深刻的审美领悟、品味中的鉴赏，它不仅需要一定的美学知识、审美素养，还要有一定的审美观念、趣味、理想作为鉴赏的标准。再次要重视审美实践活动。人的审美鉴赏力是通过审美实践获得的，尤其离不开艺术的作用。因此，培养和提高人的审美鉴赏力，除了鉴赏自然美和社会美之外，更要重视对艺术美的鉴赏，多看、多听、多研究、多实践，尤其是注意多学习优秀的文艺作品。只有在审美实践中不断感触，经常体验，鉴赏能力才能逐渐提高。在审美教育中，要引导学生多接触美的对象，鉴赏第一流的艺术作品，树立优秀的审美典范。③

（五）审美理解能力及其培养

什么是审美理解能力？有人指出，审美理解力是在感受美的基础上把

---

① 李范主编：《美育基础》，中国人民大学出版社 1999 年版，第 111—113 页；仇春霖主编：《美育原理》，中国青年出版社 1988 年版，第 247—248 页。

② 仇春霖主编：《美育原理》，中国青年出版社 1988 年版，第 249—250 页；李范主编：《美育基础》，中国人民大学出版社 1999 年版，第 113—114 页。

③ 杨恩寰主编：《审美教育学》，辽宁大学出版社 1987 年版，第 83—86 页；蒋冰海：《美育学导论》（修订本），上海人民出版社 2001 年版，第 72—73 页；李范主编：《美育基础》，中国人民大学出版社 1999 年版，第 114 页。

握自然事物的意味或艺术作品内容和意义的能力。① 也有学者指出，审美理解能力是指对审美对象的一种理性的思考、认识、判断和评价的能力。美感本质上是一种审美认识。它不单纯是一种直觉的感性认识，而是以理性为主导的感性认识和理性认识高度统一的心理活动。审美理解不同于科学理解，它是一种形象思维，主体对审美对象理性内容的领悟，始终离不开生动、具体的形象和情感的体验，其内涵往往是不确定的，朦胧多义的，一时难以用概念表达清楚，有时只能“心领”和“神会”。只有通过审美理解，才能发掘出蕴藏在审美对象深处的本质性的东西，揭示对象各个方面的内在联系，进而从感性认识上升到理性认识。审美理解能力还包括对审美对象的判断和评价的能力。在审美活动中，人们总会自觉或不自觉地根据一定的审美理想，按照一定的审美标准，同时溶进自己的审美情趣，对审美对象做出自己的判断和评价。而主体的审美判断和评价能力如何，能否认识到对象真正的审美价值，这归根到底是由人们的世界观、审美观所决定的。② 还有人将审美理解能力称为审美思维力，认为审美思维力是一种形象思维能力，它与理论思维力不同，不是从感知表象中抽象地概括事物的某些本质方面，而是在不脱离表象的情况下对表象进行加工，深刻地把握对象的内涵。审美思维力不同于逻辑思维力的另一个特征是直觉性，它不使用概念做逻辑推论，它在直观中直接达到对事物的某种深入的领悟。审美思维力不仅是一种认识和理解的能力，而且是一种在个性化的体验中实现审美价值、获得审美自由状态的能力。③

审美理解能力与其他审美能力有什么关系？有人认为，作为审美活动中的理性因素，审美理解渗透在知觉和想象过程中。审美活动是人类从精神上掌握世界的一种特殊形式，同人类其他的认识活动一样，能够把握事

---

① 杨恩寰主编：《审美教育学》，辽宁大学出版社 1987 年版，第 84 页。

② 仇春霖主编：《美育原理》，中国青年出版社 1988 年版，第 250 页。

③ 杜卫：《美育论》（第二版），教育科学出版社 2014 年版，第 200—204 页。

物的本质。美的事物既有感性形式又有理性内容，认识美的事物的深刻意蕴需要审美理解，审美理解是审美活动由感性深化到理性的重要环节。审美理解指引和规范着知觉、想象的趋势，制约和推动着情感的展开，是整个审美心理活动的理性基础。离开审美理解，知觉只能是对审美对象形式外观的表面化的把握，因为只有理解了的东西才能更好地感觉它。还有人认为，审美理解能力不仅与审美感知和审美想象有关，而且与审美情感有关，它在与这些心理功能相互关联、渗透、组合中，发挥统一、规范和限定的作用。第一，审美理解力渗入感知过程，使感知力得到提升，变为超感性的直觉，从而把握和感悟审美对象及其形式结构所深含的意蕴；第二，审美理解力渗入想象过程，规范了想象力的任意自由，使想象力不至于漫无节制、毫无规律，而成为合规律性的自由审美活动；第三，审美理解力溶于情感活动，给予情感力以理性调节、制约，使人的情感由盲目的欲望冲动净化为有序的审美情感。①

我们应当如何培养审美理解能力？有学者指出，审美理解是主体对审美对象的理性思考和辨析能力，因此审美理解的培养首先要做好理论和生活经验的准备，要使审美主体具有较好的文化基础和较高的思想水平。其次是根据理解的不同层次采取一些特殊的训练方法。比如通过现实美的欣赏、艺术美的熏陶，使人能超越日常生活的实用眼光去看待美的艺术，将现实状态和艺术中的虚幻的状态予以区分，从容地欣赏和深刻地理解艺术。② 也有学者认为，在美育过程中，促进个体审美思维力的发展需要为学生提供大量思维品质高、意义深邃的艺术作品，特别是比较大的经典作品。教师要引导学生在想象和体验中逐步体味作品的深刻意义。③

---

① 杜卫主编：《美育学概论》，高等教育出版社 1997 年版，第 74—75 页。

② 王秀芳、张永昌主编：《美育学教程》，北京广播学院出版社 1992 年版，第 77—78 页。

③ 杜卫：《美育论》（第二版），教育科学出版社 2014 年版，第 200—204 页。

第三节 关于创美能力的培养

培养创美能力也是美育的一项重要的任务，这在学界也已经达成了共识。其区别只是在于人们对创美能力内涵与意义的理解以及提出的培养创美能力的策略有一定的差异。

一、创美能力的内涵

什么是审美创造？有人指出，审美创造是人的审美经验的对象化活动，即人们遵循美的规律，按照一定的审美意识开展的一种自觉主动的审美创造活动、审美经验的形式化过程。审美创造的范围一般包括物质的审美创造和精神的审美创造两个方面。前者指审美经验的物化产品的创造，即社会物质产品的审美创造。它是人类首要的和最基本的审美创造，也是精神的审美创造的前提和基础。艺术创造活动是典型的精神审美创造形式，它以人类生活为对象，通过渗透着理性的自由、丰富的想象力来构造审美形式，着重表现出对象感性形式所蕴含的深刻意味，并且带有创造者本身强烈的思想倾向和生活态度。①

什么是创美能力？创美能力一般又称为审美创造力。关于审美创造力的内涵主要有以下几种看法：(1）审美创造力是一种表现美和创造美的能力。人的审美创造力主要表现在现实美和艺术美创造这两个领域，包括美化生产劳动、美化日常生活、美化人际关系、美化作为社会实践的主体的人的能力、美化自然的能力，也包括创造各种类型的艺术作品的能力。②(2）审美创造力是指审美主体在感受美、鉴赏美的基础上，通过自觉的实

① 杜卫主编：《美育学概论》，高等教育出版社 1997 年版，第 85 页。

② 杨恩寰主编：《审美教育学》，辽宁大学出版社 1987 年版，第 86 页。

践活动，按照美的规律改造自身和世界，直接创造出美的事物的能力。① (3) 美的创造能力是指人们按照美的规律改造自身和客体、创造新的产品和美好生活的能力。② (4) 审美创造能力是指审美主体在感知美、鉴赏美的基础上，按照美的规律创造美的事物的能力。③ 上述观点的表述虽然存在差异，但在实质上却基本一致，即都认同审美创造力主要指创造美的事物的能力。

二、创美能力的意义

为什么要培养创美能力？换句话说，创美能力有什么作用？有学者指出，人们认识世界的目的在于能动地改造世界；同样，人们感受、鉴赏、领悟美的目的是为了表现美和创造美。一个人只有当他表现美、创造美的能力有了发展和提高以后，他的审美感受力、想象力、鉴赏力和理解力才能得到巩固、深化和拓展。因此，美育的又一重要任务是要以正确的审美观为指导，在培养人们的审美感受、想象、鉴赏、理解能力的基础上，通过多方面的实践活动，进一步培养、训练和提高人们按照美的规律直接表现美和创造美的能力，自觉地美化主观世界和客观世界，创造美好的生活。培养和提高人们表现美和创造美的能力，不应仅局限于艺术的领域，而应体现在人类社会实践活动的一切方面。其中，对现实美的创造，理应成为美的创造的首要领域。凡是人们按照美的规律去表现和创造美的事物的一切活动，都属于美的创造的范畴，因而也都需要培养、提高其对美的表现和创造的能力。④ 杨恩寰主编的《审美教育学》强调，培养和开拓审美创造力是审美教育更为重要的任务，因为它直接涉及按照美的规律去创

---

① 王秀芳、张永昌主编：《美育学教程》，北京广播学院出版社 1992 年版，第 88 页。
② 仇春霖主编：《美育原理》，中国青年出版社 1988 年版，第 253 页。
③ 李范主编：《美育基础》，中国人民大学出版社 1999 年版，第 115 页。
④ 仇春霖主编：《美育原理》，中国青年出版社 1988 年版，第 253—257 页。

造新的生活。在该书看来，审美感受力和审美鉴赏力的培养，已经包含审美创造力的因素。因为审美创造力的支柱是想象力，而想象力在审美感受和鉴赏中是不可缺少的因素，对它的培养自然也包含审美创造力的因素。但是，审美创造力的培养又有特殊的要求，它不是静观的培养，而是在受教育者的审美操作中去锻炼和提高。① 还有学者指出，培养和发展人的审美创造能力，是审美教育的制高点和落脚点。说它是制高点，是因为它比审美感知力和鉴赏力更高一筹，它需要发挥人的更大的主动性和积极性，调动多种心理因素（特别是审美想象力）及其功能才能达到。说它是落脚点，是因为审美教育的最终目的，就是要在提高了审美能力和审美素养之后，把主观的创造变为现实，实际地创造出审美对象来，创造美好的生活和美好的世界。②

三、创美能力的培养

关于如何培养创美能力，学界提出了以下建议：一是要激发人们的审美创造意识和创造欲望。有人指出，审美创造意识是人们进行审美创造实践的推动力，没有创造意识，一切审美创造都无从谈起。③ 还有人提出，审美创造活动需要有审美创造的欲望。没有这种创造的欲望，审美创造便难以产生，即使勉强进行也不会创造出好的审美形象。创造欲望的强烈程度和持续的时间，直接关系到审美创造的效果。因此，美育要启发人们的审美创造欲望，唤起他们对美好事物的向往，充分发挥其审美想象力，积极创造美好的生活、美好的产品（含艺术作品）、审美的人生和理想的世界。④ 二是要使人们认识和掌握美的规律。一般认为，美的规律是审美创

① 杨恩寰主编：《审美教育学》，辽宁大学出版社 1987 年版，第 86 页。
② 李范主编：《美育基础》，中国人民大学出版社 1999 年版，第 115—116 页。
③ 李长风、姚传志：《美育概论》，山东人民出版社 1998 年版，第 15 页。
④ 李范主编：《美育基础》，中国人民大学出版社 1999 年版，第 117 页。

造活动必须遵循的审美创造法则。人们只有掌握美的规律，才能借助感性材料将人的本质力量加以形象地表现。同时还认为，美的规律客观存在于一切美的事物之中，并起着决定和支配的作用，它不但决定着一切美的事物的性质，也决定着它们的发展过程和最终结果。因此，要发展审美创造能力，就要学会认识和掌握美的规律。三是要使人们掌握表现和创造美的技能。有人指出，要通过美育使人们掌握审美创造技巧。只有掌握了一定的审美创造技巧，才能使审美创造达到理想的境界。审美教育的任务虽然不着重于审美创造技巧的训练，但是掌握一定的技巧还是必不可少的，否则审美创造能力的发展将是一句空话。① 还有人提出，为了更好地使人们掌握表现和创造美的技能，还应提供必要的条件在具有专门技能的人的指导下，帮助人们初步掌握不同领域表现和创造美的技能、技巧。如有机会接受专门训练，在专家的指导下深入掌握某一领域表现和创造美的技能、技巧，则更有利于发展和提高创造美的能力。②

第四节　关于引导审美生活

美育还有一个基本任务是引导人们的审美生活，这在当代学界同样达成了较为广泛的共识。

一、审美生活的内涵与特点

什么是审美生活？有学者对审美生活的内涵进行了系统的分析，认为审美生活是一种能够积极影响人的情感、意志，给人以想象、启迪，予人

① 李范主编：《美育基础》，中国人民大学出版社 1999 年版，第 118—119 页。

② 仇春霖主编：《美育原理》，中国青年出版社 1988 年版，第 257 页。

以喜悦、同情，令人心旷神怡的生活；它是人们在生活实践中直接创造和参与、享受的过程，具体显现了人与人、人与对象之间的审美关系。

那么，审美生活具体包括哪些方面呢？杜卫主编的《美育学概论》认为，审美生活主要包括以下内容：第一，对自然美的发现与欣赏。它是人们对外部世界已有的天然形态的对象的积极、主动的把握，是以自然审美活动为形式的自觉享受。第二，对丰富的物质生活条件和物质产品的审美创造与享受。它包括人的衣食住行等各个方面，即包括日常生活的基本物质形式。第三，人与人之间和谐关系的创造与发展。作为人们在进行物质和精神交往过程中产生、发展起来的相互关系，人与人之间物质和精神上的融洽平等、协调有序、亲近友好，不仅制约了审美生活的现实展开，而且也构成审美生活的重要内容。第四，人自身美的创造与欣赏。这是审美生活的主体形式，包括外在的人体形态美，风度、服饰的美，以及内在的情操、个性等。它的发展表明美最终必须回到人本身。第五，艺术美的欣赏与创造。它是人的创造美的能力和人的审美意识对美的能动性的最高度的发挥。一旦人们对艺术美的欣赏与创造成为生活的不可分离的部分，这时人的生活就可能成为一种艺术化的存在。该书认为，审美生活主要有三个特点：第一，审美生活是真与善的统一。真是审美生活的基础，一切虚假的东西都不可能成为其内容。同时，真还必须是善的、合理的、有生命力的，既符合生活发展的规律，又符合人们创造美好生活的目的。在这样的生活中，人们所感到的是一片清新、向上、欣欣向荣的气象，人可以在其中憧憬美好的未来。第二，审美生活直接体现了人的自由创造，并且是新颖的、独特的和丰富的、形象的。审美生活总是充分洋溢着人的自由创造精神和创造力，它的一切成果总是充分形象地显现了人的独特的创造本质，并且打破了某种习惯性的连续而直接联系着人的生活理想。第三，审美生活积极地体现了人的享受的客观性与合理性。人的享受的客观性与合理性，建筑在其创造实践的真实性与积极性之上，审美生活不仅是一个创造的世界，同时也是一个自由享受的世界。在这个世界里，人的一切活动无不反映出人的生命创造的特征。因而，人在其中所享受的就是自己生命的快乐。①

二、引导审美生活的意义

为什么要引导审美生活？有人指出，引导审美生活的意义主要体现在两个方面：第一，培养人的高品位的生活情趣。由于审美生活真正体现了真与善的高度统一，并且在感性形象中再现了美的巨大魅力，因此对审美生活的引导有助于在日常生活过程中培养人们高尚、健康、富有自我生命情调的趣味要求，充实生活的审美价值，使人真正以审美的态度对待生活，以艺术的眼光来改善生活。第二，强化人们享受自身生活的内在要求，并且使之不断发展成为艺术化生活的创造能力。审美生活既是人的享受快乐的过程，也是人的生活创造能力不断走向更高层次的艺术境界的过程。审美生活的持续发展，一方面具体强化了人们享受生活的动机；另一方面，这种享受要求不断激励人们去克服现实的局限性，以审美方式和艺术的手段具体改造现实，弥补现实的缺憾。这样，审美生活内容的丰富化、审美生活形式的完善化，最终带来了生活的艺术化发展，生活将成为一种富有诗意的自由境界而合乎人的全面发展的目的。②

三、如何引导审美生活

我们应当如何来引导审美生活？有人提出，引导人们审美生活的方式应从以下方面着手：一是树立美好的生活观。人的生活观是世界观在生活实践中的具体体现；正确的、健康的生活观能够引导人们积极地投身于美

① 杜卫主编：《美育学概论》，高等教育出版社 1997 年版，第 89—91 页。

② 杜卫主编：《美育学概论》，高等教育出版社 1997 年版，第 91 页。

好现实生活的建设。因而，树立美好的生活观，从中体现人的健康的生活趣味，既是引导人的审美生活的内在要求，也是实现审美生活的主观条件。二是从小培养人对自然的亲近态度，鼓励人们从儿童时代开始就经常与大自然打交道，是引导审美生活的一个重要途径。三是在日常生活，尤其是家庭生活中，处处有意识地营造一种审美氛围，是引导人们养成良好的审美习惯，自觉走向审美生活的现实途径。四是以文艺、体育、游戏、劳动等多种审美实践的修养方式，塑造人们创造审美生活的能力。经常开展审美实践活动，是引导人的审美生活的创造性方式。① 有人倡导，引导审美生活要不断改善和丰富人们的闲暇生活，认为一个人如何利用自己的闲暇时间反映出他的审美素养和精神境界。闲暇时间的利用应有利于休息、娱乐和个人发展，从而能更好地从事劳动和工作。为了达到这个目的，应加强社会美育活动，使人们的闲暇生活多样化、文明化、知识化和科学化，还要引导人们培养多种多样的兴趣爱好。② 还有人针对学生的审美生活的引导，提出应引导他们处理好以下关系：一是物质生活与精神生活的关系。不能只是追求物质享受，应以精神生活为重，提高精神境界。二是人的形体美与品格美的关系。形体健美、合理打扮、举止有度，当然重要，不可忽视。但比较起来，品格美却更为重要。因为外表美是肤浅的，而心灵美则是深邃隽永；外表美短暂易逝，而心灵美则长驻不退。③

面对新的社会转型时期出现的另一种“单面人④”——仅仅沉沦于感

① 杜卫主编：《美育学概论》，高等教育出版社 1997 年版，第 92—93 页。

② 仇春霖主编：《美育原理》，中国青年出版社 1988 年版，第 265—266 页。

③ 向东方：《学校美育学》，西南师范大学出版社 1993 年版，第 97—102 页。

④ “单面人”（one dimensional man），又译为“单向度的人”，是当代德国著名哲学家马尔库塞在其著作《单面人——发达国家精神意识形态研究》中提出的一个概念。他认为，由机器、技术、市场、物质产品等元素构成的“现代社会”是一个单面的社会，它在提供丰富的物质资源满足人的物质需求的同时，压抑了人的精神自由，它的标准化、批量化、模式化把统一的行为和生存方式强加给个人，从而泯灭了个性。

性世界，一味追逐和贪图感性享乐，失去对艺术与人生的理性思考和深刻把握的人的出现，罗筠筠强调，审美教育的当务之急是如何正确引导大众走出感性沉沦的“误区”，超越单纯的追求感性快感享乐，向感性与理性的协调发展进步。她认为，审美教育应着重培养生活的审美态度，或者说是使人的感性需求由仅仅是满足于自发、本能的层次，上升到文化的、审美的层次；使更多的人意识到感性需求不应仅仅停留在肉体的、生理的、个人的层面上，而应该逐渐自觉将其纳入理智的、心理的、社会的层面；使更多的人懂得感性的满足不应只是为了一时的快乐、发泄与自我释放，而应该通过这种满足使自己的感性世界更加丰富多彩，以更多的感情（包括亲情、友情）和爱去对待生活。①

从以上所述可以看出，当代学界非常重视美育的任务问题，关注和参与讨论这个问题的学者众多。同时，还较为一致地认为美育的基本任务在于培养审美观、提高审美能力、促进审美创造和引导审美生活。当然，人们在这些任务的具体内涵和内容以及实现路径等问题上的看法也还存在一定的差异。

---

① 罗筠筠：《美育的当代使命：拯救感性沉沦中的大众》，《北京大学学报（哲学社会科学版）》1996 年第 2 期，第 68—69 页。

第八章　美育实践论

前面评述的关于改革开放以来我国美育学的学科发展及美育本质、美育特征、美育地位、美育功能、美育任务等的研究属于美育理论的范畴，主要涉及这一时期我国美育学术界对这些美育基本理论问题的思考与探索。对美育实践的认识与研讨也是美育学术研究的重要组成部分，当代学界对美育实践的重要问题，如美育的内容、美育的原则和美育的途径等，也进行了许多研究并取得了不少有价值的成果。本章拟就这一时期我国学界对这些美育实践问题的探讨进行简要的梳理和分析，以期为未来的美育实践研究提供有益的参考和启示。

第一节　关于美育的内容

美就其存在的形态而言，可以分为现实美和艺术美两大类，现实美又包括自然美和社会美。因此，关于美育的内容，一般认为主要包括自然美育、社会美育和艺术美育。近年来，不少学者对美育的内容又进行了不少新的探索，如生态美育、生活美育、生命美育等受到较多的关注，相关的成果也不断涌现。

一、对美育内容的基本认识

美育的内容主要包括自然美育、社会美育和艺术美育，这在学界早已达成了广泛的共识。

（一）自然美育

自然美是指各种自然事物和自然现象的美。一般认为，自然美的美育包括两个方面：一方面要了解如何去欣赏自然美；另一方面要了解自然美的美育作用。自然美通常以感性形式见长，因而人们在欣赏它时往往感知的因素比较突出一些。不过，自然美并不是仅凭人的感觉器官来欣赏的，还要充分调动人的想象、情感、理解等多种心理因素，才能在充分感知自然美的"形""色"时，深刻体味自然美的内在意蕴。李范主编的《美育基础》指出，自然美的美育作用在于：第一，陶冶性情。当面对无限多彩的自然界时，人的主观生命情感与客观自然景象交融互渗。自然界所深蕴的强烈的生命活力，融合在人的丰富情感里，激发人的生命力，使人迸发出激情。第二，提升境界。通过对自然美的欣赏可以使人的心灵得到升华，丰富和提升人的精神境界。自然界的美气象万千，它能洗涤人的灵魂，使人以新鲜活泼、自由自在的心灵去领悟美，并使人的精神不断得到超越。第三，体味人生。自然的美丽与变幻易逝，常常会唤起人们对生命的热爱和对人生的深刻领悟。① 谭容培对自然美的美育价值进行了更系统深入的分析，他认为自然美育的价值体现在四个方面：一是对自然的审美评价可以促进人与自然关系的协调发展。他认为，正确处理人与自然的关系始终是人类面临的头等重要的课题，实现人与自然关系的协调发展是人类文明追求的重要目标。在生产力水平低下时，自然环境作为人类的异己力量出现，这时它就不是人们的审美对象。随着人类驾驭自然的知识和能

---

① 李范主编：《美育基础》，中国人民大学出版社 1999 年版，第 125—130 页。

力不断增长，人类生产劳动成果不断丰富，自然界就从实用价值扩展到审美价值。但是目前人类面临的事实是人与自然的关系出现了危机，尤其是大工业的发展，自然界的生态平衡和自然美遭到了破坏。为了使人类长久地拥有一个良好的生存环境，我们应重新认识和估价自然环境的价值及自然美的意义，用审美的态度对待自然界，按照美的规律改造自然界。我们要有意识地对人们尤其是青少年进行热爱自然和保护自然环境的教育，使之不仅成为一种高尚的情趣，而且成为普遍的社会习惯。二是对自然美的鉴赏能丰富人的精神生活。自然界是人的物质生活和精神生活的资源。而人们必须通过对自然的功利评价和审美评价来开发这种资源。功利评价的结果将发生依靠劳动来实现的物质变换，审美评价的结果将发生依靠情感来实现的精神交流。随着人与自然界之间物质变换过程和精神交流过程向前推进，自然界与人类社会生活发生了日益广泛和深刻的联系，对自然美的观赏越来越成为人们精神生活的重要内容。由于社会物质文明和精神文明的进步，人们愈加要求从世俗尘埃和追求急功近利的疲惫中解脱出来，自由地呼吸深山旷野的清新空气，自由地凭借自然形象驰骋自己的想象。三是自然美能引发灵感和想象，启示人按照美的规律来创造。天地日月、山岳河流、花草树林、飞禽走兽等自然环境是人的心理源泉，亦是创造心理的源泉。在创造的关键阶段起主要作用的非逻辑思维即灵感和想象，也来源于物象提供的信息，来源于自然风物的印象和审美体验。生物形态的美是人类改造自然、创造对象世界的原则和尺度，人类创造的成果中的美大多是自然界所形成的那些形态的美在精神世界中的再现和发展。可以说，自然界中各种美的形态是启发人类创造美的教科书和生产精神产品的丰富源泉。四是自然美能陶冶人的性情和气质。人是自然环境的产物。人改造自然环境，同时又受自然环境的影响。不仅人的肌体属于自然界，人的性格、气质和情操的形成亦与自然环境有着密切的联系。各种自然美的独特形态和自然界的整体和谐可以陶冶人的性情，感化人的心灵，在一定程度上调整人的精神状态。人对有特定审美意境的自然景物有共同的感受性和适应性，奇妙的自然景物及其情态能怡神悦性，潜移默化地养成人们高尚的审美情趣。①

（二）社会美育

社会美是指社会生活中各种事物的美。美本来就是社会实践的产物，所以社会美是美的最早形态，是美的本质的最直接的展现，也是美的普遍存在形式。与自然美相比，自然美重在形式，它对社会内容的表现比较隐晦、曲折；而社会美则重在内容，它更多地包含了善的内容，体现了社会道德的要求。② 有人认为，社会美主要由人的美和生产劳动的美所组成。人的美是社会美的集中表现。人的美包括外在美和内在美两个方面。外在美指的是容貌、体态、服饰和风度等；内在美指的是人的精神品质、性格与情操等。与外在美相比，内在美是本质的美，占主要地位，起决定作用。③ 也有人将人的美分为人体美、服饰美和人格美三个方面。同时，认为人体美的美育有助于树立正确的人体美观念；有助于引导人们正确欣赏有关人体美的各种艺术作品；有助于人们肯定和发现人的生命价值，从而关心和爱惜个体生命。服饰美的美育有助于提高人对服饰的审美能力；有助于形成良好的审美趣味和提高人的审美能力。人格美可分为心灵美、语言美和行为美三个方面，人格美的美育有助于人的心灵、语言和行为的美化。生产劳动的美是指劳动者按照美的规律来创造美的产品。生产劳动美的美育作用在于使受教者认识生产劳动创造了世界、创造了美，了解生产劳动的审美因素和审美价值，从而积极参加生产劳动，创造美好的生活，

---

① 谭容培：《自然美的美育价值》，《湖南师范大学社会科学学报》1986 年第 6 期，第 29—33 页。

② 李范主编：《美育基础》，中国人民大学出版社 1999 年版，第 130—131 页。

③ 金祖涌：《中小学美育的任务和内容》，《宁波师院学报（社会科学版）》1986 年第 2 期，第 81—83 页。

并在劳动中获得审美的愉悦。①

（三）艺术美育

艺术美是指存在于艺术作品中的美。它是自然美与社会美的概括和升华，是美的集中体现。有学者指出，根据人类审美感的特点来分类，艺术大体可分为：用耳朵去感受的听觉艺术，如音乐；用眼睛去感受的视觉艺术，如绘画；用语言来塑造艺术形象的语言艺术，如文学；运用各种艺术材料和手段来塑造艺术形象的综合艺术，如戏剧、电影、电视等。艺术美是艺术家对现实中的素材加以选择、提炼和加工制作的结果，所以较之现实美更集中、更强烈、更带有普遍性，因而更具有教育意义。② 在整个审美教育中，艺术教育占有着十分突出的地位，是审美教育的重要组成部分。普通学校的音乐、美术等艺术课程的教学，是实施学校美育的主要方式。利用这一方式可以引发学生的艺术兴趣，唤起和发展他们潜在的审美需求，培养艺术鉴赏力，使学生形成正确的审美观念，以及表现美和创造美的艺术创造力。③ 有人认为，艺术美育包括三个方面的教育，即艺术知识教育、艺术欣赏教育和艺术创作教育。艺术美育与审美教育既有联系，又有区别。其联系体现在两者在任务与目的上是相通的，即培养与发展人的审美能力，有助于人们提升审美理想与审美境界，塑造和谐的人性和优美的心灵。两者的目的是实施感性教育，使人的感性得以满足与宣泄，从而将人的感性从理性的压制下解放出来，升华为人的真正感性；实施趣味教育，使人的审美趣味得以提高；塑造健全的人格，促进人的全面发展。艺术美育与审美教育的特点也是相通的，都具有形象性、愉悦性和自由性。其区别主要体现在范围上，艺术美育是以艺术为中心，并且围绕艺术

---

① 李范主编：《美育基础》，中国人民大学出版社 1999 年版，第 132—141 页。

② 金祖涌：《中小学美育的任务和内容》，《宁波师院学报（社会科学版）》1986 年第 2 期，第 81—82 页。

③ 杜卫主编：《美育学概论》，高等教育出版社 1997 年版，第 156 页。

而开展的教育；而审美教育是指一切审美活动中所进行的教育，它包括以艺术作为对象所展开的教育，但又不限于艺术，还包括社会美、自然美与科技美的教育。因此，艺术教育只是构成审美教育的一个方面，它只是审美教育的一个部分。①

还有人将美育的内容层次构成概括为既有联系又相对独立的三个方面：爱美教育、审美教育和创美教育。爱美教育的着眼点在于激发人爱美的天性，使人养成爱美的心理和情感取向。对人原初的爱美之心，如果不加以诱导，在其心灵深处留下深刻而持久的印象，这种爱美之心便会消退。爱美教育是审美教育和创美教育的前提。爱美教育的关键在于首先把这种最初是无意识的情感倾向提升到自觉的有意识的心理欲求，然后又将这种有意识的情感取向导向下意识，成为更高层次上的带稳固性、习惯性的情趣爱好。审美教育是爱美教育的深化和升华。如果说爱美教育着重于培养对感性形象的感知能力，那么审美教育则着重于培养对感性形象的理解能力，因此审美教育是通过审美知识的传授和审美实践的体验对人进行审美修养和审美能力的教育。其内容有三个基本的方面：一是传授美学的知识和理论及各门艺术的知识和理论；二是运用各种美的形态、范畴开展审美实践活动；三是在各门学科的教育教学活动中着力发挥美学因素的作用。创美教育是指导学生进行美的创造实践的教育。创美教育不仅是知识和观念的教育，更是操作实践的技能技巧的教育。不仅要让受教育者懂得美的创造过程，而且要让他们运用自己的思想、情感、知识、技能去实践这种过程，在这种过程中锻炼和培养创造美的能力。爱美教育、审美教育、创美教育在实际的美育过程中是有机统一的，并不能截然划分。创美教育始终伴随爱美教育、审美教育而进行，而爱美教育、审美教育又在创美教育中被强化、被提升，共同实现

---

① 李范主编：《美育基础》，中国人民大学出版社 1999 年版，第 142—145 页。

对“完整的人”的培养。①

二、美育内容方面的新探索

当代学界对于美育内容的认识在不断拓展，有不少新的美育内容陆续被纳入到研究的视野中，受到关注较多的主要有生态美育、生活美育和生命美育等。

（一）生态美育

生态美育是一个新的美育问题，我国学界对该问题的关注始于 20 世纪末，至今不过 20 余年的时间。但是在这期间参与讨论的人很多，成为一个美育热点问题，研究的主要内容包括生态美育的内涵、特征、意义与任务。由于研究的时间不长，因此对于生态美育的认识还欠深入，在诸多问题上也还未达成共识。

1. 生态美育的内涵

1999 年，李范主编的《美育基础》一书指出，生态美育是利用生态的美来陶冶人，并推动人类更好地保护生态美，创造生态美。该书提出，当今保护和改善人类环境已经成为一项迫切的任务，生态美育就担当着这一重任，它要使人树立一种新的生态意识，改变过去的人类中心主义（即以人为中心来建立人与自然的关系），而把人看作是自然中的一部分，以万物平等的角度来看待人与自然的关系。②

曾繁仁基于生态美学研究指出，生态审美教育是用生态美学的观念教育广大人民、特别是青年一代，使他们确立必要的生态审美素养，学会以审美的态度对待自然、关爱生命、保护地球。③ 陈国雄认为，生态美育以

① 曹廷华、许自强主编：《美学与美育》，高等教育出版社 1997 年版，第 19—22 页。

② 李范主编：《美育基础》，中国人民大学出版社 1999 年版，第 217—218 页。

③ 曾繁仁：《试论生态审美教育》，《中国地质大学学报（社会科学版）》2011 年第 4 期，第 11 页。

人的发展和完善为目的，是一种直接关注人的存在状态，体现对人的生命的现实关注和终极关怀的特殊的感性教育。生态美育消解“人类中心主义”，把世界看作一个完整的生态系统和人与自然的和谐组合，是一种致力于人格完善的教育。① 祁海文提出，生态美育的核心内涵和主要目的是生态审美观的建构，也即要确立一种以人类生存、发展与自然生态始终保持着和谐共生、平衡互动的审美关系为终极价值指向的审美意识和审美观念。② 丁永祥认为，生态美育是以生态原则为基础，把生态原则提升为审美原则，通过生态审美实践培养人的生态审美情感，提高生态审美欣赏能力和创造能力的教育。它重在进行生态观、生态审美观、生态生存观的教育。③ 秦初生将生态美育界定为：培育审美者生态审美意识与生态审美能力，陶铸生态审美人格，使审美者按照生态美的规律生存与实践，最终实现生态审美人生与审美世界人生的教育。④ 虞卓认为，生态美育是将局限于科学领域的生态问题上升为审美领域，注重对人的心灵和精神的培育，提升人的生态意识，从而培养人的生态审美情感，提高人们创造生态美的能力。⑤

还有不少学者对生态美育与生态教育及普通美育进行了比较，认为它们之间既有联系，又有区别。他们指出，生态美育与生态教育的联系体现在，生态美育以生态知识和规律为基础。生态教育所关注的内容如生态的系统性、物质循环、环境污染、可持续性发展等，生态美育也需要关注。从目标来看，生态美育与生态教育具有一致性。它们都是要通过教育使受

① 陈国雄：《论生态美学的美育》，《云梦学刊》2002 年第 6 期，第 57—59 页。

② 祁海文：《走向生态美育——对生态美学发展的一种思考》，《陕西师范大学学报（哲学社会科学版）》2004 年第 5 期，第 70—74 页。

③ 丁永祥：《生态审美与生态美育的任务》，《郑州大学学报（哲学社会科学版）》2005 年第 4 期，第 51 页。

④ 秦初生：《论生态美育的基本特征》，《教育观察》2018 年第 19 期，第 130 页。

⑤ 虞卓：《生态审美教育及其带来的启示分析》，《美与时代（下）》2018 年第 11 期，第 66 页。

教育者认识到生态的价值，保护生态，实现人与自然的和谐发展。二者的区别体现在两个方面：一是内容不同。生态教育以生态知识教育为主，生态美育则从单纯的生态知识教育升华到了价值观、伦理观、审美观和存在观的教育。生态美育是对世界更深层规律的把握和传输，世界的和谐性、动态平衡性、可持续性、审美性等是它的重点，生态价值观、生态伦理观、生态审美观是它的核心。与生态教育相比，生态美育更凸显了对人类生存的关注。二是方法不同。生态教育作为科学知识教育，主要运用的是摆事实、讲道理的理性教育方式。生态美育则是从形象入手，通过生动形象的生态美来打动受教育者。在生态美育的过程中，应避免单纯的说教，要让人们多参加生态美的欣赏实践，让人们在对生态美的体悟、感受中受到教育。生态美育与普通美育的联系体现在，普通美育包含生态美育，它们都属于美育的范畴，美育的基本性质、任务、目标都适用于生态美育。两者的区别在于，生态美育在美育中增加了生态观念，将生态观念与美育相融合。普通美育强调美的教育，但并没有侧重于生态方面，而是从人类整体审美意识、审美能力出发。普通美育强调的“人与自然的关系”是指自然从属于并且服从于人，人对自然的欣赏不是平等的交流，而是人对自然的观照、观念的灌注和移情，是站在以人为中心的角度对待自然的。生态美育则强调万物平等、天人合一，它在更大的程度上尊重自然，重视自然的客观规律，以人文关怀的终极意识为指导，将人置于生态系统之中，将自然的生态维度引入审美领域，在人与自然的和谐关系上对人进行审美教育，使人获得关注自然、尊重自然的感受和认识，树立人与自然的共生共荣的生态意识，积极投身于构建和谐社会的实践。①

① 丁永祥：《生态审美与生态美育的任务》，《郑州大学学报（哲学社会科学版）》2005 年第 4 期，第 51—52 页；李景隆：《论生态美育及其现实意义》，《青海师范大学学报（哲学社会科学版）》2011 年第 6 期，第 41—42 页；龚卓：《生态审美教育及其带来的启示分析》，《美与时代（下）》2018 年第 11 期，第 66—67 页。

以上是当代学界关于生态美育内涵的主要观点。张超认为，随着人们对“生态”概念认识的加深，关于生态美育的界定也经历了一个由浅入深的过程。在这个过程中，存在着“重生态轻美育”的倾向。在他看来，生态美育的最终落脚点应该在“美育”上，它意味着将“生态”的思想方法和价值理念有机地渗透到美育理论与实践中。他将生态美育分为广义、狭义和最狭义三种内涵。广义的生态美育是指探讨“生态”“审美”“教育”有机结合的所有理念和方法的总称。不仅包括生态美育何以存在、何以可能、何以实施的理论追问，还包括以生态美学理论和生态审美及其艺术表现作为教育手段，在审美教育实践中生发的教育理念和方法论。狭义的生态美育是指实践层面上的生态美育，是指运用生态美、生态美学理论、生态审美及其艺术表现，提供人类生存和精神成长的“源头活水”，促进生态美与人性美的共感与交融，从而塑造“生活的艺术家”的所有教育形式的总称。学校层面上开展的生态美育被称为最狭义的生态美育，是指学校运用生态美、生态美学理论、生态审美及其艺术表现作为教育手段或教育理念来组织实施的教育活动。他还对以往人们关于生态美育内涵的认识进行了分析，认为从学科构成看，大多认为生态美育是生态学、美学与教育学相互交叉的结果。生态美育是生态美学的重要理论支脉和实践向度。它以整体论的生态观为基础并将之提升为审美原则，通过审美生态实践，达到生态美学价值立场在人们生活实践中的确立，最终实现人类在地球上的诗意栖居。①

2. 生态美育的特征

生态美育与美育的其他形态相比具有哪些不同的特点？有学者认为，生态美育具有生态与审美统一、规范与自由统一、个体与大众统一等特

① 张超：《生态美育的概念探源》，《中国成人教育》2015 年第 12 期，第 26 页。

征。①（1）生态与审美的统一。生态美育是以生态哲学为理论依据，以生态整体主义为基础和原则进行的美育，是把生态性与审美性统一起来进行的美育。在生态美育的设计与实施中，生态性与审美性始终融合和贯穿其中，生态性与审美性是生态美育的一体两面。生态性是指生态美育在理念上要强调对世界深层生态规律的把握和传输，强调世界和谐性、动态平衡性与可持续性。教育者要把生态价值观、生态伦理观、生态审美观作为美育观的核心，在设计与实施生态美育时，在内容上要把传统的艺术美育扩展到由自然科学、社会科学、人文科学等组成的学科美育以及日常生活实践形成的生存性美育中，使美育覆盖整个生态文化圈。在实施途径上，教育者要把美育从传统的学校美育扩展到人们的生产实践和日常生活中，涵盖人的学习、生产与生活等一切生态活动，使美育覆盖人类的整个生态活动圈。（2）规范与自由的统一。规范性是生态美育的基础，生态美育的实施应遵循生态规律、审美规律、教育教学规律和人的身心发展规律。规范与自由是相互促进的，而不是对立的。规范是自由的基础、前提和保证，它的外在表现是约束、制约，内在的质则是自由。只有内含自由的质的规范，才是合理、正确的规范。在实施生态美育时，教育者要创设情境和条件，使受教育者通过悦目悦心的方式选择、发现自然和社会中的美，并在自然中受到潜移默化的熏陶、感染，成为审美者、显美者和造美者。（3）个体与大众的统一。生态美育把美育的范围从学校扩展到日常生活实践中，不仅使个体接受美育的时间由阶段性的学校美育变成了终身性美育，更重要的是使受教育程度不同的人们都有了接受美育的机会。终身性美育使美育由传统的精英美育发展成为大众美育，使普通人的生活因为

① 季芳：《论生态审美教育》《广西民族大学学报（哲学社会科学版）》2009 年第 3 期，第 18—19 页；秦初生：《论生态美育的基本特征》，《教育观察》2018 年第 19 期，第 130—132 页；虞卓：《生态审美教育及其带来的启示分析》，《美与时代（下）》2018 年第 11 期，第 66—67 页。

审美的普遍性而有了更高的品位，从而实现了美育的个体性与大众性的统一。在秦初生看来，生态美育除上述三个特征外，还有两个特征，即一元与多元统一、行动与体验统一。关于一元与多元统一的特征，他指出，由于生态美育覆盖整个生态活动圈和生态文化圈，生态美育于是形成一个一元性与多元性、丰富性与整体性结合的系统，体现出一元性与多样性的中和整生。一元性主要是指生态美育的生态审美性。多元性是指生态美育中由科学技术特别是生态科学技术体现和侧重的生态之美、科技之美，社会科学和人文科学所体现和侧重的人文之美，以及艺术学所体现和侧重的艺术之美，形成的具有生态性、文化性、科技性、人文性、艺术性等多层次、多侧面的审美生态特征。在生态美育的推进发展中，要转变过去忽视学科美育而以艺术美育为核心的单一性孤立式美育的倾向。关于行动与体验统一的特征，他认为，生态美育具有强烈的实践品质，它是个体审美经验的获得和积累的过程。因此，生态美育特别强调参与式审美体验，强调主体客体参与其中，进行实践性的体验感受与创造，在动态性的相遇、互动中形成对生命形式的观照，进而领悟、体验生命的价值。①

还有学者基于一般美育的形象性和情感性特征，提出生态美育也具有形象性和情感性的特点。② 所谓生态美育的形象性，是指生态美育不是理论说教，而是通过生动的生态美的欣赏，以美动人、以美启人，通过生态美的可爱、可亲的生动形象来打动人，对人产生潜移默化的影响，让人从内心深处产生对生态美的珍惜、爱护之情。所谓生态美育的情感性，是指生态美育是情感教育，一般的生态教育以生态知识为主，它注重科学性和知识性，它是理性的、客观的。而生态美育则是通过美的生动形象来打动

---

① 秦初生：《论生态美育的基本特征》，《教育观察》2018 年第 19 期，第 132 页。

② 苏小芸：《生态美育的基本性质》，《西南农业大学学报（社会科学版）》2006 年第 4 期，第 213—214 页；李景隆：《论生态美育及其现实意义》，《青海师范大学学报（哲学社会科学版）》2011 年第 6 期，第 42—43 页。

和感染受教育者，激起他们内心深处对生态美的追求与渴望。它通过对人的生态情感的培养，提高人的生存意识，实现生态审美生存。

还有人认为生态美育具有和谐性和亲人性的特点。[①] 所谓生态美育的和谐性，是指从本质上看生态美育就是和谐教育。生态美育的过程也就是使人学会对生态和谐的感受、体验和珍视的过程。生态美育的目的在于让人们通过对生态美的愉悦感受，认识到生态和谐的重要，体会到世界之美来自万物之“和”，从而积极维护世界的可持续发展。而且生态美育所主张的和谐不是一般意义上的和谐，而是全面的、深刻的、高级的和谐，是超越了传统的以人为中心的和谐。这种高级的和谐，不仅是指更大范围上物的层面的和谐，而且还指更高层次上的精神和谐。精神层次的和谐就是人与对象世界不再是单纯的物质关系，而是把世界的存在看作是一个有生命的实体，能与之进行精神交流。在精神和谐中，对象与自己是平等的朋友关系。这里没有了主体与客体之分，没有了中心，各存在物在一种平等、相依、共生中达到和谐。所谓生态美育的亲人性，是指生态美育是一种直接关注人的存在状态，体现对人的生命的现实关注和终极关怀的美育。它亲近人类生存的本质，认定世界是一个完整的生态系统，是人与自然的和谐组合，以一种“亲在”的状态在世界存在。生态美育是从审美的高度来观照生态问题，把生态与人类存在相结合，站在存在的高度，对人类的命运和生存本质进行探寻。因此，它是一种更宏观、更本质的教育。生态美育的宗旨是建立健康的生存观，培养新一代“生态人”和“诗意栖居者”，它比普通美育更切近人的生存本质。

有学者认为，生态美育还具有实践性特点。体会自然生态之美，重要的是要走进大自然，观察自然生态形式，直接感受自然生态之美。比较来

---

① 苏小芸：《生态美育的基本性质》，《西南农业大学学报（社会科学版）》2006 年第 4 期，第 214—215 页。

看，一般的生态教育作为一种科学教育，以生态知识为主，注重科学性和知识性的传授，重在传达知识，掌握生态规律，重理性和客观性。而生态美育是人文教育，它虽然包含有知识性，但更重要的是从人的存在出发，关注人的生态意识和存在观，增强受教育者的生态意识。因而，与生态教育的纯理性知识教育不同，生态美育更注重审美实践，通过对生态美的生动形象的感受来打动和感染受教育者。①

3. 生态美育的意义

生态美育具有什么意义？申扶民从生态文明与和谐社会建设两个方面对此进行了分析。首先，生态美育可以推动生态文明的建设。一是通过生态美育可以培育人们鉴赏自然的非功利性思想。在对自然的非功利性鉴赏中，自然不再是满足物欲的对象，而是赏心悦目的纯粹审美对象。对自然非功利性的审美范围越广、程度越高，人对自然的侵占性破坏就越小，人与自然和谐共生的可能性就越大，就越能促进生态文明的建设。二是通过生态美育培育人们鉴赏自然形式美的趣味。在自然价值观的权衡上，只要重视自然形式美的审美趣味的社会氛围建立起来，对自然物质欲望的渴求就会相应地削弱，从而在最大限度内保存自然的完整，也就越有希望建设人与自然和谐共生的生态文明。生态美育的目的就是教育人们通过对自然的审美以实现人与自然的统一。其次，生态美育可以促进和谐社会的建设。一是通过生态美育培育个体的生态人格美。生态人格本质上是一种非功利的审美人格，一方面需要摆脱对自己的功利要求，另一方面也需要摒弃对他人的功利要求。二是通过生态美育树立种族和民族的生态平等观。在生态美学的视野里，所有存在物都是美的和平等的。树立这种美无差等的生态平等观，对于建设和谐社会至关重要。打破文化上的民族偏见，

① 李景隆：《论生态美育及其现实意义》，《青海师范大学学报（哲学社会科学版）》2011年第6期，第42—43页。

树立平等的生态审美文化观，有利于促进多民族和谐共生的和谐社会的建设。①

龙静云等从保持生态环境、实现人的全面发展和促进当代美育转向三个方面分析了生态美育的意义。②他们认为，第一，开展生态美育是激发人类保护生态环境责任意识的内在要求。生态审美是激发人承担生态环境保护责任的前提和条件。但人的生态审美意识不是自发生成的，而是通过长期接受生态价值观教育和不断深入实践反复体验的结果。而生态美育在此方面可以与生态知识教育产生互补的作用，进而培养出具备生态意识、情感、技术和审美能力的综合性人才。第二，开展生态美育是实现人的自由而全面发展的客观需要。人的全面发展必须依赖于人与自然和谐关系的建立。生态美育的重要任务正是通过培养人的生态审美观念，建立人与自然和谐共生的新型关系。在此基础上，将这种和谐关系延伸至人与人、人与社会之间，让人们由对自然的爱衍生出对他人、对社会的爱，最终形成一种良性互动的社会关系。第三，开展生态美育是完成传统美学价值转向的必然趋势。传统美育一般都是力图通过对受教育者个体审美素养的培养来修正人的异化，最终实现“人性的完满”，审美对象大多是艺术作品。与此不同的是，生态美育的目的是确立一种人与自然、人与人的和谐相处的生态审美观念，构建一种人与自然须臾共生的审美关系。这也从根本上指明了生态美育的终极目标，在保证个体发展的基础上展现了对人类整体存在的终极关怀，将“人性的完满”与人类“诗意的栖居”联系起来。

4. 生态美育的任务

生态美育有哪些任务？丁永祥认为生态美育的任务体现在三个方面：一是培养生态审美意识。生态审美意识是生态审美活动的基础。只有当人

---

① 申扶民：《生态美育的时代意义》，《美与时代（上半月）》2009 年第 7 期，第 9—11 页。

② 龙静云、崔晋文：《生态美育：重要价值与实施路径》，《中州学刊》2019 年第 11 期，第 97—99 页。

拥有了生态审美意识，他才会主动地去开展生态审美活动。我们进行生态审美教育首先要转变观念，抛弃那种斗争的、征服的观念，代之以追求和谐、合作、平衡的意识。树立整体、平等、和谐的生态观是人正确处理与自然关系的基础。二是树立生态审美理想。生态审美理想是以生态原则为基础，追求自然、和谐、平衡和过程之美的审美愿望。它旨在引导我们更加明确、有效地追求生态审美，进入到生态审美的境界。三是引导生态审美生活。生态美育的最终目标是使人们实现生态审美生活。引导生态审美生活，首要的应是培养人们的生态审美情感。人们只有充满了对生态之爱，才会积极地去追求生态美，进而去创造生态审美生活。①季芳将生态美育的任务称为生态美育的目标。她认为，生态美育的目标在于建构生态审美世界。在生态整体审美视阈中，建构主体与客体共同的生态美——生态审美世界是生态美育的最终目的之所在，而这一目标实现的关键在于塑造审美主体的精神生态美。建构精神生态美成为生态美育的首要目标，并以此为中介沟通人类生态系统生存与提升的全过程。作为整体生态美创造的枢纽，精神生态美是生态审美主体在美育实践中达到的理想精神境界。生态审美教育最终融入生态系统整体生存的过程，以真善美的同步发展，实现社会生态美、自然生态美、社会—自然生态美、宇宙生态美的相互促进与和谐，共同创造整体生态美的世界。②

（二）生活美育

陶行知是我国最早明确提出生活美育的教育家。他重视生活本身所具有的审美属性，主张将审美教育生活化，倡导在广阔的生活中面向大众实施美育。他的生活美育不局限于某种特定的教育手段和艺术形式，而是建

① 丁永祥：《生态审美与生态美育的任务》，《郑州大学学报（哲学社会科学版）》2005年第4期，第52—54页。

② 季芳：《论生态审美教育》，《广西民族大学学报（哲学社会科学版）》2009年第3期，第21页。

立在全部的生活实践之上，贯穿在所有的生活审美经验之中。他将生活、教育与艺术置于审美的视野下予以重新审视，指出三者在审美维度上的关系之美，以“是艺术的生活，就是艺术的教育”为美育内核，通过“培植向上的生活力”最终实现“创造真善美的活人”的美育目的。① 改革开放以来，生活美育问题再次引起学界的关注，不少学者进行了新的探索，研究的内容主要包括生活美育产生的时代背景、生活美育的意义与目的。

1. 生活美育产生的背景

生活美育为什么会重新受到重视？刘悦笛指出，“生活美育”来自于“生活美学”。“生活美学”为什么在新世纪的全球社会中兴起呢？他认为，主要有两个原因：一是生活越来越审美化。他将这种现象称为“日常生活审美化”，也即我们每个人的衣、食、住、行、用的生活，到城市和乡村，乃至整个的社会景观，愈加有了一种艺术化、审美化的趋向。二是“审美日常生活化”。当代艺术也越来越接近于生活，也就是艺术与非艺术之间的界限变得越来越模糊。这时候，就产生了“生活美学”和“生活美育”所出现的坚实的土壤。②

2. 生活美育的意义

根据现有的文献，我国改革开放后最早提出生活美育的学者是吴世常。1981 年，他在《美育常在生活中》一文中指出，翻开教育史，在探讨美育的内容和途径时，历来的教育家们总是突出艺术美而忽略生活美，强调通过艺术美而不重视利用生活美去进行教育。他对轻视或忽视生活美的教育作用的现象提出了批评。他说：“人们没有必要成天到晚去欣赏艺术美，也不可能整年累月地去领略自然美。然而如同鱼儿离不开水一样，人们却须臾也超脱不了社会生活的。人们竭力地创造着生活美，生活美又

① 孟丽、曾繁仁：《陶行知生活美育思想简论》，《齐鲁学刊》2018 年第 2 期，第 98 页。

② 刘悦笛：《生活美育：一种“大美育”》，《北方工业大学学报》2017 年第 1 期，第 31 页。

无私地哺育着人们。就是在这不断地认识生活美、欣赏生活美和创造生活美的过程中，人们度过了自己的一生。”① 正因为如此，他倡导在重视艺术美和自然美的教育作用的同时，也要给生活美育以一定的地位。

3. 生活美育的目的

近年来，不少学者提出了美育的现代转向问题，其中一个重要观点是倡导美育向生活世界的回归。有人指出，美育向生活世界的回归，彰显了当代审美的本质，拓展了审美教育的领域，改变了美育活动的方式。审美教育与生活世界的打通，预示着一种新型的美育观的到来。② 这里所谓的新型的美育观，也就是生活美育观。

庞世伟提出，美育的根本任务是为了培养“生活的艺术家”，即通过对人实施终生不间断的审美教育，使其树立健康的审美观念，培养其较强的审美能力与创美能力，从而使其以审美的态度对待自然、社会（他人）和自身，最终实现人生的审美化和艺术化。③

对于庞世伟关于培养生活艺术家的美育观，学界有不少人认同。曾繁仁说，美育的目的不是为了培养专业艺术人员，不是为了提高学生的艺术方面的专业技术，而是旨在培养“生活的艺术家”。所谓“生活的艺术家”是相对于专业艺术家而言的。他不是以艺术作为自己的职业，但却以艺术的、审美的态度对待生活、社会和人生，具体表现为健康的审美观与较强的审美力。所谓健康的审美观，是指在审美过程中贯彻着意对情、理性对感性的某种统领，在美丑的辨别中贯穿着某种健康向上的精神。所谓较强的“审美力”也可以说是具有较为丰富的“创造的想象力”，创造的想象

---

① 吴世常：《美育常在生活中》，《上海师范大学学报（哲学社会科学版）》1981 年第 2 期，第 36 页。

② 陶莉：《“向生活世界的回归”——一种新型美育观的确立》，《长春大学学报》2016 年第 2 期，第 61 页。

③ 庞世伟：《美育：培养“生活的艺术家”》，《西北民族大学学报（哲学社会科学版）》2004 年第 4 期，第 136 页。

力是审美力的核心，当然还包含某种知识、理性精神与情感。而作为“生活的艺术家”所具有的健康的审美观与较强的审美力则集中地表现为以审美的态度对待自然、社会与自身。以审美的态度对待自然就要热爱自然、保护自然，欣赏自然的美；以审美的态度对待社会则要以自觉、亲和的态度在人与人以及人与社会之间营造一种和谐协调的审美关系；以审美的态度对待自身就是要关爱自己的生命，做到心理与人格的健康发展。人的生命与生存是最宝贵的，要学会珍惜自己的生命。而心理与人格的健康则是人的生命与生存得以美好的必要条件。我们应当珍惜自身，自觉地保护生命与心理及人格的健康，真正做到审美地生存、诗意地栖居。①

刘悦笛也赞同培养“生活艺术家”的观点。他说，“生活艺术家”就像艺术家创造艺术品一样去创造自己的生活。这种人是将人生作为艺术，而不是“为艺术而艺术”。他认为，这个传统在中国，至少从近代以来就已经开启，无论是朱光潜的“人生艺术化”还是宗白华的“生命艺术化”，他们致力于“人生—生命”审美化的理路都是一致的。“生活艺术家”不是严格意义上的“艺术家”，但却是更广阔意义上的“艺术家”，因为他们所过的就是这样一种“艺术生活”或“审美化生活”。质言之，由“生活美育”塑造而成的“生活艺术家们”，他们始终积极地向感性的生活世界开放，他们善于使用艺术家的技法来应对生活，他们将审美观照、审美参与、审美创生综合起来以完善生活经验。给予艺术家以“生活”这样的前缀，就是在将艺术向下拉的同时，将生活向上提。只有成为“生活的”艺术家，生活才能成为艺术家般的生活，只有成为生活的“艺术家”，艺术与审美才能回到生活的本真状态。刘悦笛认为，“生活美育”的特征尽管是多种多样的，但是与旧美育观相比较而言，它起码具有如下三种新特

① 曾繁仁：《审美教育——使人成为“人”的教育》，《贵州社会科学》2008 年第 12 期，第 81 页。

征："生活美育"不仅是艺术教育而且是"文化教育"，不再是他人教育而是"自我教育"，不只是短期教育而是"终身教育"。美育得以实施的最重要的场所，也是最容易塑造人的环境之域，是城市与乡村而非学校与家庭。审美的人通过身心投入与周遭生活环境之间形成一种互动的关联，而这种互动的中介已不囿于传统的美术馆内的画作与音乐厅内的音乐，而是植入每个人日常生活中的"审美文化"。当今的审美泛化的时代，恰恰为这种指向生活的"文化教育"提供了最为广阔的时空，从影视媒体到互联网络上的审美文化品，都可以成为"文化美育"的重要对象。其次，"生活美育"不再是来自他人的教育，而是强调进行自我教育的"大美育"。在这种教育中，人人都是美育的教师，同时人人也都是美育的学生。再次，"生活美育"不是短期教育，而是要经历"终身学习"的漫长过程的"大美育"。在如今这个日常生活越来越趋于"审美泛化"的时代，审美化的文化为人们终生获得美育提供了基本条件。刘悦笛最后总结道：21 世纪的中国新美育观的建设，一方面要"告别启蒙范式"，另一方面要"回归生活世界"。"生活美育"的目标，就是对生活艺术家的塑成，而人人都是生活艺术家则是其终极社会理想，"生活美学"的实现最终要落实到"生活美育"之上。①

（三）生命美育

2001 年，姚全兴的《生命美育》一书出版，这标志着我国生命美育研究的开始。此后，陆续有不少学者关注和探索这一新兴的美育领域。

1. 生命美育产生的背景

生命美育为什么会产生？姚全兴指出，当今人类对自身生命的重视达到了前所未有的地步。生命伦理学、生命法学、生命美学等新学科方兴未

① 刘悦笛：《走向生活美学的"生活美育"观——21 世纪如何建设中国的新美育》，《美育学刊》2012 年第 6 期，第 25—29 页。

艾。其中生命美学又和审美教育、素质教育、终身教育相结合，熔铸生命美育的新观点、新理论和新方法，使人们对生命意识和生命状态的关注，对生命之力和生命之美的观照，对生命的艺术境界和哲学境界的认识，达到更高更新的层次。[①] 陈兆金也认为，生命美育的提出是基于生命美学和美育理论的发展。20 世纪 20—30 年代，我国在引进西方美学思想的同时，一些美学家（如宗白华）就提出了生命美学的理论。到了 20 世纪 90 年代，生命美学的研究走向深入和系统。生命美学的代表人物潘知常明确将人的生命活动纳入美学研究视野，为美学的研究开辟了新的领域。生命美学从生命的角度出发，把生命活动作为审美对象，将人与动植物、与天地自然、与人类社会广泛联系起来。生命美学为美育开阔了视野，使美育回到了对人的自身的思考，把对生命的审美当作了本体的活动。[②] 姚全兴指出，生命美育的提出不仅有社会基础，而且是社会需要。我国的改革开放和社会机制转型，使人们的生命处于空前自由和活跃的状态，也为生命的充实、完善、丰富和发展提供了从未有过的条件。许多人因此而涌现生命之力，焕发生命之美。但是也有一些人的生命黯淡无光，软弱无力，甚至出现种种戕害自我生命和他人生命的现象。净化灵魂、陶冶情感、提升精神，从来都是美育义不容辞的责任。为了适应新的形势和新的需要，美育必须针对当前人们生命中的正面和负面现象，发挥自己应有的作用，因而一种崭新的以美育生命为己任的生命美育便应运而生。他认为，生命美育的诞生，表明美育有无穷的潜力和生命力，表明它完全可以在人类的生命领域中展现独特的魅力和风采。

2. 生命美育的内涵与特点

什么是生命美育？有学者认为，生命美育是使受教育者认识并实现其

① 姚全兴：《生命美育》，上海教育出版社 2001 年版，第 1 页。

② 陈兆金：《生命美育价值新探》，《湖南社会科学》2007 年第 2 期，第 174 页。

生命的美感形态和生命价值的教育。[①] 有学者指出，生命美育是以人的生命美为考察和研究对象进行的生命审美、立美教育活动。[②] 还有人指出，生命美育是帮助青少年学生认识生命、欣赏生命、尊重生命、珍惜生命、提高生存技能和生命质量的教育。[③] 最后一种观点显然是将生命美育等同于生命教育，没有揭示出生命美育的独特内涵。

生命美育具有哪些特征？姚全兴对此进行了系统的分析。他认为，生命美育具有如下特征：一是寓理性于感性。生命美育突出的生命是感性的，即鲜活的、可感可触的，因此生命美育必须从感性出发，但生命美育又必须是理性的。人们对生命现象的审美表现—感悟，必须从感性的开掘而达到理性的层面。生命美育克服了感性与理性的对立，使双方保持互补和协调的状态，从而以灵动鲜活的形式和情调，追踪着表现生命、激扬生命和创造生命的审美境界。二是自然性与社会性共存。人作为世上能动性最大的自然存在物，体现了自然界生命冲动、生命活力和生命本质的最佳状态，体现了生命物质存在和精神存在发生发展的最高规律。因此，人的自然性生命成为生命美育的重要对象。生命美育的另一个重要对象是社会性生命。人类生命的社会性因素，如仁爱、献身精神、社会责任感、历史使命感、人性价值观等，在显示生命美的同时，更显示其强大的生命力，推动着人类社会的向前发展。三是既有形象性又有趣味性。生命美育离不开形象性，它始终伴随着具体、生动、鲜明的感性现象，使人对生命现象有真实的感受，对生命本质有真切的感悟，对生命美有真挚的感动。生命美育还具有趣味性。生命美育既有形象性又有趣味性，才能达到预期的效果。四是从过程性到动态性。生命具有时间性，也就是过程性，这使生命

---

① 王立科：《生命美育：青少年教育的一个重大课题》，《中国青年研究》2003 年第 9 期，第 82 页。

② 袁国超：《生命美育论》，《现代教育科学》2018 年第 10 期，第 46 页。

③ 刘爱武：《对生命美育的理解和思考》，《思想理论教育》2008 年第 20 期，第 19 页。

美育又具有过程性的特点。在这个过程中，生命的动态性让生命生生不息、绵延不绝地流动，形成一个充满生机和活力的过程，才能达到生命美育的目的。①

3. 生命美育的价值

生命美育的价值是生命美育存在与发展的前提。那么，生命美育具有什么价值？姚全兴指出，生命美育可以使人认识到审美活动的内在需要和动力是生命；使审美既是人的一种基本的生存方式，又是人的生命的表现和展示；使人通过审美活动，表达对生命状态的关怀，对生命情调的追求；使人更好地感受和体悟生命的意义，促进情感生命和精神生命的形成，从而在激扬生命之力的同时焕发生命之美。这就决定了生命美育是最基本的美育，最重要的美育，其他种种美育都以它为基础、为根本、为源泉，没有生命美育就没有其他美育。②

陈兆金从人的自身的和谐发展、人与自然的和谐发展及人与社会的和谐发展三个方面分析了生命美育的重要价值。首先，人的自身的和谐发展是生命美育的基本价值追求。人的身心的发展就是一个和谐发展的整体，教育就是要使人的知、情、意、行得到协调的发展。人的一切价值活动都取决于人的生命的存在，人的生命的存在和延续就是在实现着生命的价值。因此，在人的全面发展教育中，必须补上生命教育这一课，并且要上升到生命美育的高度。生命美育就是要关注人的自身的存在和发展，关注人的身心的和谐发展，使人学会诗意的栖居和生存。其次，人与自然的和谐发展是生命美育价值追求的较高境界。生命美育要树立广义的生命概念，它既包括以人的生命为核心的内容，也包括动植物的生命内涵。生命世界本身就是美的观点，为人们提供了无限广阔的审美领域。生命美一方

---

① 姚全兴：《生命美育论》，《美与时代（下）》2015 年第 6 期，第 28—29 页。

② 姚全兴：《生命美育》，上海教育出版社 2001 年版，第 4 页。

面是生命本身的形式美，如生物体的色彩、线条、形状、声音及生物界的和谐节奏等，另一方面是生命现象与人类社会的联系引发的美，如丰收的果实、濒危动植物、沙漠中的防护林、海底中的生命世界等，都能给人以美的感受和人生的启迪。生命美育不仅要培养人关爱、尊重、珍惜和美化自身的生命，也应培养人对自然界一切生命的关爱、尊重、珍惜和美化。再次，人与社会的和谐发展是生命美育的最高价值追求。在现实社会中，每个人总要与他人产生各种各样的关系，社会的和谐取决于这种关系的和谐。人与社会的和谐，实质上反映了人与人的和谐。生命美育就是要协调这种复杂的关系，使之和谐发展，并达到人的生命的最高境界。①

王立科集中探讨了生命美育对于青少年成长的作用。他认为，首先，生命美育能够帮助青少年实现人格心理结构的完善。在审美活动中，无论何种形态的审美对象，总是以其完整性、丰富性、有机统一性而具备了典型的完善的生命形式，体现了生命的本质。在审美活动中，主体生命实现了与对象相同构、相一致的丰富性、完整性、有机统一性，获得了一种具有节奏性、平衡性、和谐性的完善形式。这种形式的作用使人的感觉、知觉、想象、情绪、情感、思维、理解等各种心理因素处于自由和谐的状态，进而使主体的人格心理结构趋向完善。其次，生命美育能够培养青少年仁爱的情感。生命美育可以使受教育者在审美中感受生命的美，并且培养其仁爱的感情，从而关爱生命，关爱孕育生命、生存生命和延续生命的环境。只有学会了审美生存的人，才有可能对自然的生命万物，对人类社会、人生充满爱，才会去爱美好的一切，同时深感自己被一切美好的事物所爱。这就是生命美育所要追求的优化生命、美化生命的境界。再次，生命美育有助于激发青少年的自我实现欲。无论是美的欣赏还是美的创造，都是主体在审美活动中，从由他自己所创造的审美对象中直观自身，通过

① 陈兆金：《生命美育价值新探》，《湖南社会科学》2007 年第 2 期，第 175—176 页。

对象主体发现自我的生命本质。审美所带来的愉悦，会刺激主体产生不断地、更深层地欣赏自我的欲望。当主体直观到自身生命本质，并且欣赏到它的绚丽灿烂时，那么他的自我实现欲就会勃然而发，这时人的生命张力能够达到最大的限度。所以，生命美育会让青少年对前程充满着美好的憧憬，对他周围的一切充满爱的情感，他会满怀希望地对待人生，按照审美的要求实现自我和创造自我。①

4. 生命美育的目标

生命美育应达到什么样的目标？袁国超将生命美育的目标分为总目标和具体目标两个层次。他认为，生命美育的总目标是促进学生的生命自由、和谐发展，引领他们走向生命的美好、完善和崇高，为他们的美丽人生奠基。从生命成长和发展的层次考察，生命美育的具体目标应包含基础性目标、发展性目标、提高性目标和终极性目标四个层级。“体认自然生命美”是基础性目标，其主要内容是珍爱生命存在美、呵护生命个性美、感悟生命死亡美；“发展社会生命美”是发展性目标，其内容主要是践行生命责任美、建构生命和谐美、培养生命生存能力美；“丰盈精神生命美”是提高性目标，主要包括涵养生命之爱美、树立生命信仰美、建构精神生命家园美；“成就价值生命美”则是终极性目标，其内容主要是追寻生命意义美、创造生命价值美和实现生命超越美。②

从以上所述可以看出，当代学界关于生命美育的研究主要涉及生命美育产生的背景、生命美育的内涵与特点、生命美育的价值与目标等。由于对该问题研究的时间还较短，迄今只有20余年的历程，还只能算是处于起步阶段。因此无论是研究的广度，还是研究的深度，都还远没有达到理想的状态。未来关于生命美育的研究，除了要继续关注生命美育的理论问

① 王立科：《生命美育：青少年教育的一个重大课题》，《中国青年研究》2003年第9期，第83—84页。

② 袁国超：《生命美育论》，《现代教育科学》2018年第10期，第16页。

题外，还要重视生命美育实践的探讨，要对生命美育的实践发挥应有的指导作用。

第二节　关于美育的原则

美育原则是学界关注和讨论较多的美育实践问题，各种美育著作和教材基本上都会论及这个内容。在美育原则的研究上具有两个较明显的特点：一是多样性，即人们提出的美育原则十分多样。据不完全统计，迄今为止提出的美育原则从总量上看已多达30余条。二是差异性，即人们对美育原则的认识存在较大的差异，从具体的表述来看还没有达成广泛的共识。

一、美育原则的内涵

一般认为，美育原则是指美育活动应遵循的基本要求，它是根据美育的目的、特点和美育过程的规律概括提炼出来的，是美育实践经验的总结。它作为美育实践的指导性要求，贯穿于各种美育实践活动之中。

二、美育的基本原则

（一）自由性原则

学界不少人认为，自由既是美育的根本特征，也是美育的基本原则。易健指出，审美活动从本质上说，是主体摆脱了种种精神枷锁获得了自由后所引起的一种精神愉悦状态。美育就是通过受教育者对美的自由欣赏而获得自由的。因此，美育是一种真正的自由教育。自由既是“审美王国的基本法律”、基本原则，也是审美教育活动的“基本法律”、基本原则。在审美教育活动中应当如何贯彻自由性原则？易健提出了三点建议：首先，施教者要善于引导与帮助受教育者以主动、热切的情绪状态来接受并享受对象的美。在美育中，要尊重受教育者对于对象接受方向的自由的选择性，尊重受教育者在审美过程中展开审美想象的高度自由性。其次，教育者在安排美育活动时要尊重受教育者的个性特征，要根据他们的审美需要、兴趣与水平，安排个性化的审美活动。因为审美感受是一种个性化的感受，审美教育也是一种个性化的教育。再次，美育是在自律形式下施教的，受教育者完全处在自律的状态下自由地、愉快地受到感染、教育。它是以情动人，以情感人，其内容和形式只为受教育者提供情感参与的大致范围，至于情感的取舍、选择则完全取决于受教育者，因而具有高度的自由性。①

叶朗提出的诱导性原则所表达的也基本上是这个意思。他说，审美教育不能采用说教和灌输的方式，而需要采取诱导的方式。在诱导的过程中，让受教育者自己产生深切的情感体验，并在这种体验中感受到某种愉悦，从而在内心唤起强烈的兴趣和主动性，自觉自愿地投入到受教育的过程中。他还提出了贯彻这一原则要注意的问题：一是要采用各种形式和手段，激起受教育者对这种教育的浓厚兴趣；二是要使受教育者成为审美活动的参与者，而不是旁观者；三是要充分注意到受教育者的个性特点。②

（二）交流性原则

任何教育都是以师生之间的交流沟通为基础的，美育作为一种教育活动自然也不例外。有学者指出，在美育中，施教者与受教者借助审美媒介交流审美信息。这种审美信息的交流使施教者与受教者处于平等关系之中，这里没有智力教育和道德教育那种权威性和强迫性。虽然施教

① 易健：《"通过自由给予自由"——谈现代美育的操作原则》，《美与时代》2006 年第 2 期，第 17—18 页。

② 叶朗：《审美教育的基本理论》，《中国高等教育（社会科学理论版）》1988 年第 3 期，第 33 页。

者也有主导性一面，但是却与受教者面对同一审美对象，处于同一审美情境，双方共同赏析，共同感受，共同接受教育。施教者传授知识的那种权威性因而也淡化、隐退。当然这不排除施教者讲解有关审美对象和审美理论的知识，但是所有这些都不能代替受教者由审美对象而引起的审美感受、审美经验，只有发生切身的审美感受，他的情感和心灵才会得到陶冶。①

杜卫和易健等人也指出，任何形态的教育都需要受教者与施教者之间的相互交流，但交流对于美育来说更为重要。因为美育的过程本质上是一种情感交流的过程，如果没有情感交流美育的过程就不复存在。因此，交流原则是美育的基本原则，也是美育的过程本质。他们认为，美育中的情感交流有三种情况：一是受教主体（受教育者）与客体（审美对象）之间的情感交流；二是受教主体（受教育者）与受教主体（其他受教育者）之间的情感交流；三是受教主体（学生）与施教主体（教师）之间的情感交流。在审美活动中，受教育者通过欣赏艺术作品和自然界与社会生活中的美的事物，并与之产生情感交流，他们会从中受到美好情感的陶冶，学会用审美的观点看待生活和人生，培养高尚的情感与人生境界。美育中受教主体之间彼此的情感交流，可以激发受教育者的审美欲望，深化和拓展他们的审美体验。美育过程中受教主体（学生）与施教主体（教师）之间的情感交流，可以加深师生之间相互理解、相互认同，促进和谐、融洽的审美化的师生关系的建立。美育过程中的情感交流还为学生提供了交流和表达情感的良好渠道，他们压抑、焦虑的情绪可以得到有效的宣泄。不仅如此，美育中良好的情感交流还能培养受教育者用审美的方式表达自己情感的能力。为了提高美育中的交流效果，他们提出要努力营造平等、开放、和谐的气氛，只有当师生之间完全处

---

① 杨恩寰主编：《审美教育学》，辽宁大学出版社 1987 年版，第 94—95 页。

在一种相互尊重、相互接纳、平等和谐的气氛下，才可能彼此敞开情感的大门，实现真正的情感交流。①

（三）协调性原则

什么是美育的协调性原则？在美育中应当如何贯彻该原则？叶朗指出，美育的协调性原则是指在美育过程中必须注意美育与智育和德育等其他教育的相互关联，以求得美育与其他教育之间的协调。他说，之所以提出这个原则，是因为在个体的发展历程中，认知能力、道德判断能力和审美感兴能力具有发展的相关性和同步性。他所说的协调关系包含两方面的内容：第一，美育应与智育、德育互相促进，平行发展。因此，在制定美育的具体内容和方式时，要注意到智育和德育的内容与方式，并注意到个体不同阶段的身心特点，从而使这三种基本教育密切合作，形成完整的教育系统。第二，协调性还指美育和其他教育在原理、方式和技巧等方面的互相渗透和互相借鉴。如美育的一些基本原则可以运用到智育和德育过程中，而智育或德育的某些原则也可以运用到美育过程中。②

与美育的协调性原则内涵相近的，还有人们提出的美育的整体性原则和场效应原则。易健认为，审美教育应当遵循整体性原则。从美育领域看，有家庭美育、学校美育，还有社会美育；从美育阶段看，有胎儿期美育、幼儿期美育、青少年期美育以及中年和老年期美育；从美育的内容和形态看，有优美形态、壮美（崇高）形态的美育，也有悲剧和喜剧形态的美育，有自然美育、社会美育、艺术美育与科技美育。在美育中要将各种领域、形态、阶段的美育安排组织好，让它一环扣一环，一个阶段接一个阶段，有计划有步骤地进行，使之形成一个巨大的审美教育网络。美育对

① 杜卫主编：《美育学概论》，高等教育出版社 1997 年版，第 102—109 页；易健：《“通过自由给予自由”——谈现代美育的操作原则》，《美与时代》2006 年第 2 期，第 18 页。

② 叶朗：《审美教育的基本理论》，《中国高等教育（社会科学理论版）》1988 年第 3 期，第 31—32 页。

人的教育和影响是立体的、全方位的。这就是从宏观上所理解的审美教育场。从微观上可以分门别类地把每个领域、每种形态、每个渠道、每个阶段的审美教育活动视为一个子系统，它也可以构成一个审美教育场。实施美育要取得良好的效果，就要注意创设和培养审美教育场，充分发挥美育的整体性效应。① 叶朗也重视审美教育场的创设，并明确提出了美育的场效应原则。他说，这里所谓的“场”是指审美教育是由各种形态的美、各种风格的艺术、各种门类的艺术、不同的审美场所（时间和空间）、不同的审美方式综合而成的。这是环绕着审美个体的一种审美环境。美育应遵循场效应原则，充分利用各种渠道和方式来实施审美教育。同时要根据个体审美发展不同阶段的特点，在一段时期内以某种类型的艺术为中心，把各种渠道的审美教育串联起来，构成一个具体的审美场，以最有效地发挥美育的场效应。②

（四）审美主客体相适应的原则

审美主客体相适应原则是指在美育中审美客体（美育的目标、内容、途径、方法和手段等）要适应审美主体（受教育者）的特点和需要。有学者指出，美育应以受教育者的生理和心理发展状况与特点为依据，要按照受教育者生理和心理发展的顺序性、阶段性的客观规律来开展美育活动。美育的实施要由具体到抽象，由浅入深，由简到繁，由低级到高级，循序渐进，因势利导。根据审美主体的不同年龄阶段，有针对性地选择合适的审美对象作为实施美育的内容和手段，并且采取相应的途径和方法，才能收到良好的教育效果。③ 叶朗指出，由于人的生理和心理在一生的不同时

---

① 易健：《“通过自由给予自由”——谈现代美育的操作原则》，《美与时代》2006 年第 2 期，第 19—20 页。

② 叶朗：《审美教育的基本理论》，《中国高等教育（社会科学理论版）》1988 年第 3 期，第 32—33 页。

③ 仇春霖主编：《美育原理》，中国青年出版社 1988 年版，第 165 页。

期具有不同的特点，所以个体的审美发展也就呈现出阶段性，相应地审美教育也具有阶段性。按照个体审美发展的不同阶段的特点，采取不同的方式，实施不同内容的审美教育，才能保证审美教育取得应有的成效。他特别强调审美教育的有序性和渐进性。有序性指审美教育各阶段是按照个体身心发展的梯次有序构成的，有某种顺序关系和前后位置，不可倒错。渐进性指个体审美能力是逐渐提高和发展的，只有前一阶段的目标达到以后，才能过渡和上升到更高的阶段。① 杨恩寰主编的《审美教育学》也提出，审美感受有不同的层次，悦耳、悦目的感性愉快是低层次的，悦心、悦意的精神愉快是较高层次的，而悦志、悦神的超拔脱俗的审美乐观精神是更高层次的。审美教育不能企求一下子使受教者达到高层次的审美境界，而需要循序渐进，逐步培养。②

易健进一步提出，为了使美育能循序渐进地开展，需要根据受教育者不同年龄阶段的特点制定不同阶段的美育实施计划。单就学校美育而言也有一个有序的渐进过程，可分为小学美育、初中美育、高中美育与大学美育等几个阶段。我们应根据各阶段的不同特点，分别确定每一阶段美育的具体任务。小学阶段的美育主要是发展儿童的审美感知能力，保护与发展儿童的审美想象力与审美直觉能力。中学美育的主要任务是进一步培养学生的审美鉴赏能力、审美创造能力与表达能力，养成良好的审美习惯。大学阶段的美育侧重于培养学生较高的审美鉴赏与创造能力，树立正确的审美价值观，塑造健康完整的人格，学会用美引导和创造生活。美育的阶段性要求在美育的内容与方法的选择、安排上也应有层次性、差异性。比如优美形态的美育适合各种不同心理水平与个性特征的人。尤其适合理解力不足、直觉能力突出的儿童，故优美形态的美育是小学美育的基本形

① 叶朗：《审美教育的基本理论》，《中国高等教育（社会科学理论版）》1988 年第 3 期，第 33—34 页。

② 杨恩寰主编：《审美教育学》，辽宁大学出版社 1987 年版，第 96—97 页。

态。中学生的审美趣味逐步趋于多元化，他们需要崇高、悲剧、喜剧等各种形态的美育。大学生的审美要求、情趣更为多元化，审美视野更为广阔，他们希望能欣赏表现人类情感深层内容的各种形态、各个领域的艺术与美。①

（五）理论与实践相结合原则

理论与实践相结合原则是各种教育的基本原则，当然也是美育的重要原则，这在学界也已达成了共识。仇春霖主编的《美育原理》指出，在美育过程中应始终坚持理论与实践相结合的原则。在美育中应如何具体贯彻这条原则？该书指出，一方面，要重视美学和美育基本理论知识的普及，并密切联系实际进行讲解。如果对美学和美育的理论知识一无所知，那就根本谈不上联系实际。在联系实际时，应以帮助学生深入了解美学和美育的基本理论知识为前提，抓住课程内容的重点、难点和关键问题去联系实际，不可牵强附会、生拉硬扯地去联系。另一方面，要始终坚持以美学和美育基本理论为指导，强调学以致用，在提高学生审美理想、审美认识、审美能力的基础上，要求学生表现出相应的行动，也就是要把认识和实践、思想和行动统一起来。② 王善忠认为，美育中的理论与实践相结合的原则，也可以说是知与行相统一的原则。美育理论是人们对美育现象、美感经验和美育实践的概括性的知识总结。换句话说，它是根据人们对美的事物的认识活动和美育实践的结果而概括出来的知识体系。美育实践是人们为改变社会面貌而必须导致的一种社会活动形式。美育理论与美育实践具有不可分割的联系，它们不能彼此缺少对方而存在，两者经常相互作用。③

① 易健：《“通过自由给予自由”——谈现代美育的操作原则》，《美与时代》2006 年第 2 期，第 20 页。

② 仇春霖主编：《美育原理》，中国青年出版社 1988 年版，第 192—193 页。

③ 王善忠：《美感教育研究》，吉林教育出版社 1993 年版，第 165 页。

在美育过程中，美学和美育理论知识的重要性较易得到认同，这方面的教育开展起来也相对较为方便，而美育实践的重要性却较易受到忽视，开展起来难度也相对更大，因此重理论轻实践的现象在美育中较为常见。正是因为这个原因，所以有不少人在探讨美育理论与美育实践的关系这个问题上，特别强调美育实践的重要性。如杜卫就专门分析了美育中的活动的意义，并提出了以活动为中心的美育原则。他说，美育的“活动”是指主体身心参与的主客体相互作用过程，是受教育者积极能动地获得审美经验的过程，它具有知与行、身体动作与心理感受有机联系的特点。他认为，以活动为中心的原则不仅得到现代教育理论的支持，而且充分体现了美育的特殊规律。个体审美能力和审美意识的发展，个性情感的满足和升华都是以审美欣赏、创作和有关的知识学习和技巧训练等活动为基本途径的。离开了具体的、活生生的审美活动，美育的上述功能和任务就无法完成。因此，美育比其他教育形态更需要突出受教育者身心参与的活动，即使是艺术知识的学习，倘不以具体的审美经验为基础，也不会取得满意的效果。①

杨恩寰主编的《审美教育学》在重视审美观照的同时，也强调了审美操作的重要性。该书指出，审美教育大多是在审美观照中进行，特别是审美感受力、审美鉴赏力的培养更是如此。因此，施教者组织受教者实际观照各种审美对象是必要的。但是仅仅停留在审美的静观观照是不够的，必须把审美操作活动同审美观照活动结合起来，这不但可以进一步巩固提高静观观照对审美感受力、审美鉴赏力的培养成果，而且可以培养审美创造力。审美操作活动实际上是各种审美形式的操作和制作活动。在美育中，要通过富有个性的主动创造活动来培养受教育者的想象力和表现制作才能。这个原则要求受教者积极参加各种审美操作活动，

① 杜卫：《论现代美育学的理论构架》，《文艺研究》1993 年第 5 期，第 12—13 页。

如仿制、制作、采集、收藏，吟诗作画、填词谱曲、书法摄影、环境美化、舞蹈表演等。①

审美体验也是美育实践的重要方式之一。易健提出，审美体验是审美教育最基本和最关键的环节。在美育中，要积极引导学生进行审美体验，要为学生多提供直接参与各种审美活动的机会。只有在反复的感受和品味中，学生才能学会进行审美体验。教师切不可用自己的审美体验去代替学生的审美体验。因为审美体验是一种个性化的具体的体验，是任何人都不能取代的。越俎代庖的做法，学生无法获得自己真正的审美体验，也学不会如何进行审美体验。因此，要引导学生直接参与各类审美活动，让他们有机会去感受、品味各种领域和各种形态的美，强化他们的审美兴趣，激发他们的审美动机。②杜卫主编的《美育学概论》也指出，审美体验是在活动中产生的，教师不能代替学生去体验，也不可能把自己的体验原原本本地告诉学生，让他们也产生这种体验。因此，引导学生产生审美体验的最主要的是要让学生直接参与审美活动，尽可能让他们自己"动手""动口"等。③

（六）认识与情感统一的原则

认识和情感是构成审美心理的两个基本要素。有人提出，在审美过程中，情感和认识是交织在一起的。对美的认识，总是带有情感的色彩，而且认识又能进一步加深情感的体验。在美育过程中，要为学生创造使他们身临其境的情景，以加深对美的体验。④

还有人对美育的这一原则进行了更为具体的分析，认为美感作为一种

① 杨恩寰主编：《审美教育学》，辽宁大学出版社 1987 年版，第 95—96 页。

② 易健：《"通过自由给予自由"——谈现代美育的操作原则》，《美与时代》2006 年第 2 期，第 18—19 页。

③ 杜卫主编：《美育学概论》，高等教育出版社 1997 年版，第 100 页。

④ 黄元贞：《美育与教育》，《教育科研通讯》1987 年第 4 期，第 61—62 页。

认识活动，不同于一般的逻辑认识。美感自始至终都是以形象思维为主，伴随着强烈的主观情感色彩，表现为情感与认识相统一的特点。逻辑认识对认识对象总是采取一种客观、冷静的态度，不需要、一般也不会与对象发生情感关系，它对客观事物规律的认识主要是以抽象思维的形式进行的。美感虽以美的认识为基础，反映着美的客观内容，但主体对审美对象不可能、也不应该是纯客观的、冷漠的态度，它必然会引起情感的激动和精神的愉悦，美的认识过程与情感体验过程是紧密联系在一起的。美感心理包含了感知、想象、情感、理解等因素，其中情感是审美心理最活跃的因素，其他心理因素都围绕着情感运动，美感的动因和目的也离不开主体的情感体验，从而使整个审美过程浸染上浓郁、强烈的情感色彩。所以，在审美教育中，只有坚持情感与认识统一的原则，将审美认识融会到审美情感的体验之中，才能获得理想的教育效果。①

以上是学界关于美育原则的主要观点。除此以外，人们提出的美育原则还有：真善美统一原则、审美情境创设性原则、以活动为中心原则、体验性原则、个性化原则、立体化原则、整体性原则、多样化原则、阶段性原则、渐进性原则、深远性原则、内在美与外在美统一原则、愉悦性与教育性统一原则、思想性与科学性相结合原则、思想性与艺术性相结合原则、普及与提高相结合原则、正确引导与积极接受相结合原则、激发表现力与传授表现方法相结合原则、肯定性与诱导性相结合原则等等。当然，这些原则中也有一些在一定程度上存在着交叉或重叠现象，有些原则在前面阐述相关的原则时也分别作了简要的分析。限于篇幅，没有对所有的美育原则的研讨情况逐一进行述评。从总体上看，人们对美育原则的认识水平还有待提高，探讨还需要继续深化。正如有人所指出的，“美育原则并不是凝固不变的，随着美育实践经验的不断丰富和人们对美育规律的深入

① 仇春霖主编：《美育原理》，中国青年出版社 1988 年版，第 181 页。

揭示，必将会进一步发展和完善。”①

第三节　关于美育的途径

美育的实施只有贴近人的生活，与人的生活紧密关联，才能发挥其应有的重要作用。人的生活范围极为广泛，但大致可以分为家庭生活、学校生活和社会生活三个基本领域。美育的实施途径也可以按照这三个领域，相应地大致区分为家庭美育、学校美育和社会美育。早在20世纪20年代，蔡元培就曾将美育分为家庭美育、学校美育和社会美育这三种形式。他说：“照现在教育状况，可分为三个范围：一、家庭教育；二、学校教育；三、社会教育。我们所说的美育，当然也有这三方面。”②他还具体阐述了这三种美育的内容、方法和要求。当代学界在美育途径问题上仍然认同蔡元培的看法。

一、家庭美育

家庭是以婚姻和血缘关系为基础而组成的一种社会组织形式。家庭是人生的起点，也是美育的起点。家庭生活是人类社会生活的重要组成部分，也是审美教育的一个重要领域。它在人的整个美育过程中占有独到的地位，发挥着十分重要的作用。首先，家庭美育对人的审美情感的形成影响最早。家庭环境是人所处的第一个世界，父母兄弟姐妹是人所接触的第一个群体。人最早在家庭中接受审美教育。因此，家庭是美育的摇篮。婴幼儿时期的家庭审美教育不但对培养艺术才能至关重要，而且对于促进人

① 仇春霖主编：《美育原理》，中国青年出版社1988年版，第159页。

② 高平叔编：《蔡元培美育论集》，湖南教育出版社1987年版，第159页。

的身心全面发展都有重要作用。其次，家庭美育对人的审美情感的影响时间最长。家庭是人生的起点，在一般情况下，也是人生的终点。在人的一生中，生活在家庭中的时间最长。这就决定了家庭在人的整个生活中具有举足轻重的地位，同时也决定了家庭美育与学校美育、社会美育相比，具有更为持久、更为长远的影响。再次，家庭美育对人的审美情感的影响最深。家庭环境中的美育和其他社会环境中的美育相比，具有更为优越的天然条件。家庭成员之间的亲密关系，使家庭美育的实施显得非常自然、亲切，受教育者会自愿地参加家庭美育活动，这就使家庭美育对人的影响更为深刻。① 王善忠也指出，家庭美育是学校美育和社会美育的基础。人的美的观念的形成从小就受到家庭的影响。儿童的审美趣味、审美能力的发展，在很大程度上取决于家庭中年长者的审美素养的影响。家庭美育的成效关键在于家庭的文化环境和家长的文化与审美素养。因此，在家庭美育中，首先需要提高家长自身的素质，提高美学修养和审美能力。② 家庭美育有哪些途径和方法？有人提出，家庭美育的途径主要有：家庭生活环境的审美化、家庭人际关系的审美化和家庭业余生活的审美化。家庭美育的方法包括：循序渐进，潜移默化；晓之以理，动之以情；长者示范，自我教育。③

二、学校美育

学校是青少年从家庭进入社会的必经之途。它对学生施行的是有目的、有计划、有组织的系统教育。它不仅是整个教育的重要阵地，而且也

① 仇春霖主编：《美育原理》，中国青年出版社 1988 年版，第 305—313 页；李范主编：《美育基础》，中国人民大学出版社 1999 年版，第 203—205 页。

② 王善忠：《美感教育研究》，吉林教育出版社 1993 年版，第 170—175 页。

③ 仇春霖主编：《美育原理》，中国青年出版社 1988 年版，第 313—324 页；王秀芳、张永昌主编：《美育学教程》，北京广播学院出版社 1992 年版，第 255—266 页。

是人生美育的重要基地。学校美育是教育的重要组成部分，在人的全面发展的教育中占有特殊地位。学校美育既重视提高学生的审美理论基础，又注意培养学生完善的人格和审美实践能力。通过审美活动，不仅让学生逐步完善审美心理结构，而且要提高审美鉴赏力和创造力。所以，严格地说，人的审美能力的真正奠基阶段，一般来说是在学校。①学校美育有什么特点？有人认为，学校美育具有计划性和科学性。学校美育的计划性体现在将美育纳入教育计划，作为全面发展教育的重要组成部分；同时，还体现在美育内容的精心选择和美育活动的全面安排上。科学性是学校美育的基本要求。在学校美育中，教师的讲授必须符合科学的结论，不能随心所欲。学校要教育学生树立进步的、健康的审美理想，掌握客观的审美标准，准确地发现美、感受美和创造美。②还有人指出，学校美育具有系统性和集中性。学校美育必须按照学生认识能力发展的顺序和各门学科的逻辑顺序进行。由于学校是专门培养人才的场所，具有集中性的特点，也是一个集中的审美教育环境，可以为学生提供更多的接受美育的机会。③

学校美育应当如何来实施？有人指出，美育应当贯穿在整个教育过程和渗透在一切教学活动中。其具体途径主要包括美学知识教育、文学艺术审美教育、学科审美教育、课外审美教育和环境审美教育等。④还有人将学校美育的途径概括为以下四个方面：一是通过艺术学科教学进行美育。艺术学科主要指音乐、图画、语文教材中的文学作品。音乐是通过音响的力量，如节奏、旋律、曲调等，反映客观现实和作者的思想感情，最能激发听众的共鸣，感染力很强。图画是一种平面的造型艺术。它运用造型手

---

① 王秀芳、张永昌主编：《美育学教程》，北京广播学院出版社 1992 年版，第 270 页。

② 王秀芳、张永昌主编：《美育学教程》，北京广播学院出版社 1992 年版，第 271—272 页；仇春霖主编：《美育原理》，中国青年出版社 1988 年版，第 341—346 页。

③ 仇春霖主编：《美育原理》，中国青年出版社 1988 年版，第 343—346 页。

④ 仇春霖主编：《美育原理》，中国青年出版社 1988 年版，第 346—357 页。

段，如线条、色彩和形状等，在静止的平面上塑造各种艺术形象，反映社会生活和自然现象。图画最能锻炼学生的视觉敏锐性，发展观察能力，还有利于丰富学生的情感和想象，加深学生对客观事物的认识。文学教材包括诗歌、民谣、小说、剧本、童话、寓言等，形式多样，内容极为丰富。通过各种艺术形象，可以使学生认识自然现象和社会生活。文学语言精炼，表现力强，是发展学生语言和培养创造力的重要手段。在教学中，应深入发掘这些学科的美育因素，充分发挥其美育功能。二是通过各科教学进行美育。各门学科都具有美的因素，教师都可以从本门学科的性质出发开展美育活动。三是通过课外活动进行美育。团队会活动、各种兴趣小组、校外教育机关都可以开展形式多样的美育活动。四是通过教师示范进行美育。教师的示范是对学生进行美育的重要途径，教师的心灵、仪表以及教学都应符合审美的要求。①

三、社会美育

前面在分析美育内容的研究现状时也提到社会美育，这里又一次谈到社会美育，它们两者是什么关系？其实，作为美育内容的社会美育和作为美育途径的社会美育，其内涵是不一样的。作为美育内容的社会美育指的是与自然美、艺术美、科技美等相并列的“社会美”的教育，它是作为美育的载体或媒介而出现的。而这里所说的社会美育指的是与家庭美育、学校美育相并列的“社会”的美育，也即在“社会中”或者说通过“社会”、依靠“社会”来开展的美育，显然这里的“社会”指的是美育实施的场域或场所。

什么是社会美育？一般认为，社会美育是指在社会生活中借助于各种美育设施和机构以及环境的美化等对人施行的美育。社会美育的形式主要

① 何志汉：《关于美育的几个问题》，《西南师范大学学报（人文社会科学版）》1983 年第 4 期，第 12—13 页。

有以下方面：一是利用各种美育设施和机构来实施美育。常见的美育设施包括美术馆、音乐厅、影剧院、文化宫、博物馆、动物园、植物园、公园、展览馆、俱乐部、游乐园、广播电视台、图书馆以及新闻出版单位等，这些美育设施和机构是进行社会美育的重要阵地。二是利用环境来实施美育。社会美育具有广泛性、多样性与自育性等特点，它渗透在人的生活、工作、学习、娱乐、人际交往等各个方面，内容十分丰富多样。同时，社会美育以自我教育为主，别人对自己的审美教育只起辅助作用。① 社会美育具有哪些任务？有人提出，社会美育的基本任务可以分为以下几个方面：一是通过提高人的精神境界来创造美好的社会风气；二是促进人的审美观念的更新，树立健康向上的审美观念；三是培养人的高尚的生活情趣，塑造美的人格。②

以上所述是当代美育学界关于美育实践研究的基本情况。这方面的研究主要包括美育的内容、美育的原则和美育的途径，其中关于美育内容的探讨相对更多、成果也更丰富，尤其是一些新的美育内容不断被纳入研究的视野。同时，在美育内容和美育途径问题上的认识达成了较多的共识，而关于美育原则的认识则更为多样，分歧也较大，这方面的研究还有待深化。本来，美育的方法也是一个重要的美育实践问题，但当代学界对这个问题的关注还很少，迄今尚未见到这方面的系统研究成果。我们对这种情况应当予以足够的重视，在未来的美育研究中予以加强。

---

① 仇春霖主编：《美育原理》，中国青年出版社 1988 年版，第 363—399 页；李范主编：《美育基础》，中国人民大学出版社 1999 年版，第 213—221 页。

② 蒋冰海：《美育学导论》（修订本），上海人民出版社 2001 年版，第 286—303 页。

第九章　美育思想论

美育思想的研究属于美育历史研究的范畴。从全面的观点来看，美育历史研究包括美育思想、美育制度与美育实践的发展历史等几个方面。但是改革开放以来我国美育学术界对美育历史的研究关注的主要是美育思想发展的历史，对美育制度和美育实践发展历史的研究相对较少。有鉴于此，本章也主要就美育思想的研究进行评述。从大的方面看，这一时期我国的美育思想研究包括对中国美育思想和外国美育思想的研究。

第一节　中国美育思想研究

中国的美育思想源远流长，内容极为丰富。当代学界对中国美育思想的研究大致从两个方面展开：一是宏观视角，即对中国美育思想的整体研究，如对中国古代、近代和现代美育思想的总体分析与系统总结等；二是微观视角，即对中国美育思想的个体研究，如对某个教育家或某部教育著作的美育思想的研究等。

一、中国美育思想的整体探讨

（一）关于中国古代的美育思想

1. 中国古代美育思想的内容

中国古代美育思想的内容很广，主要涉及美育的目的、内容、功能、原则、途径与方法等。

我对中国古代美育思想的研究集中在美育的功能、内容与原则等方面。[①] 在中国古代美育思想史上关于美育功能的思想异常丰富，它是中国古代美育思想中论述最多的一个问题。关于美育的社会政治功能，孔子最早系统地论述了这个问题，他论“诗”与“乐”是将它们与社会政治联系起来的。孔子所说的诗“可以怨”“迩之事父，远之事君”。[②] 其中“怨”“事父”“事君”，指的即是诗的社会政治功能。“可以怨”指通过学诗可以掌握讥刺的方法，批评、帮助国君改正错误，从而达到调和统治阶级内部矛盾的目的。可以“事父”“事君”指通过学诗能懂得封建伦理道德，为维护封建统治秩序服务。《乐记》认为乐与伦理教化、行政手段及法律控制的目的是一致的，四者的相互配合会使人保持温和状态，从而达到统治阶级所要求的统一人的思想感情以稳定社会秩序的目的。朱熹继承儒家的传统思想，也认为诗教具有“化天下”的特殊功能。关于美育的陶情养性功能，我先后分析了孔子、《乐记》等的相关观点。孔子说：“兴于诗，立于礼，成于乐”[③]，把诗和乐分别看成是人格发展的起点和归宿。他还说：“诗，可以兴，可以观，可以群”[④]，指诗歌可以使欣赏者学会托事于物，因物寄兴，能激发情感，表达志向；通过掌握诗所表现的具体形象，可以培养学生的观察、鉴赏能力；诗歌有助于人与人之间彼此了解，从而养成互助合群的习惯；诗歌还易于引起人们思想的共鸣，有助于人们互相切磋，砥砺品行，增进情谊。《乐记》认为音乐是最普遍、最广泛的

① 何齐宗：《略论中国古代美育思想的几个问题》，《江西师范大学学报（哲学社会科学版）》1989 年第 4 期，第 42—46 页。

② 《论语 · 阳货》。

③ 《论语 · 泰伯》。

④ 《论语 · 阳货》。

陶冶性情的艺术手段，可以用礼乐来积极引导和陶冶人的感情，以防“人的好恶无节”、情欲泛滥。朱熹也曾反复论述美育的陶情养性功能，认为音乐具有涵养性情的价值。关于美育的启智增识功能，孔子最早提出为学之方是：“志于道，据于德，依于仁，游于艺。”① 也即君子在志道、据德、依仁之外，还要游艺。《学记》进一步发展了孔子的这一思想，认为“不兴其艺，不能乐学”，并具体指出：“不学操缦，不能安弦；不学博依，不能安诗；不学杂服，不能安礼。”此外，前面提到的“兴观群怨”以及“多识于鸟兽草木之名”也可看成是孔子对于诗教的启智增识功能的概括。荀子也多次谈及美育的这一功能，认为学习《诗》《书》可以扩大眼界，增长见识。在中国古代美育思想史上，关于美育内容的论述非常广泛。纵观中国古代美育思想发展的历史，可以明显地看出艺术教育在美育内容中居于主要地位。儒家以礼乐立教。孔子在晚年整理过《雅》《颂》等古典乐章作为美育的教材。荀子也倡导乐教，他认为“乐”之所以必要，就在于它能使人的情感的表现符合礼义的要求。清初教育家李塨继承前人重视音乐教育的传统，进一步要求所有的人都应当接受音乐教育。孔子在强调乐教的同时，也把诗教放在重要地位。他曾反复论述过诗教的意义，还亲自删诗，留下三百首编成《诗经》作为美育的教材。明代教育家王守仁继承前人思想，提出要对儿童进行诗歌教育。其次是借助自然环境进行美育。我国古代许多教育家都很重视自然美的美育作用。孔子就常以自然美教育学生，并创立了有名的“比德”说，即赋予自然美以道德内容和人格意义。朱熹也很重视自然美在美育中的意义，他主张引导学生到大自然中去体验和领悟艺术创造的方法，并从中获得美的享受。关于美育原则的思想，我认为主要包括美善结合和文质统一这两条原则。孔子要求美育的内容尽美尽善。荀子主张在音乐教育中要注意区别“正声”和“奸声”，

① 《论语·述而》。

认为正声引起顺气，奸声引起逆气。孔子将文与质作为彼此对立而又互相制约的矛盾概念提了出来。他说："质胜文则野，文胜质则史。"① 在孔子看来，如果缺少包含审美在内的文化教养，人就显得粗野庸俗，但仅有文化素养而缺乏仁义之道的伦理品质，又会变成华而不实的外在虚饰。所以，孔子在摒弃这两种片面性之后，提出了一个包含辩证因素的命题："文质彬彬，然后君子。"② 即强调完美的人，应该是审美文化素养与仁义伦理品质二者兼而备之。扬雄对于文与质的问题也发表了不少有价值的见解，认为两者是表里内外的关系，要求表里内外应当统一，反对有文无质，或有质无文。这些看法同孔子的观点是一致的，即要求美的形式与善的内容相统一。儒家的文质论基本上贯穿了我国古代美育思想史。我国历来主张美德与美行结合起来，心灵美与外表美并重。在这种思想指导下，古代教育思想家一方面重视学生的品德修养，另一方面又不忽视言谈举止的文明。

2. 中国古代美育思想的特点

中国古代美育思想的特点是当代中国古代美育思想研究的一个重点，有不少学者对此进行了较为深入的研讨。不同的学者基于各自的视域对中国古代美育思想的特点进行了梳理和总结，得出的结论虽然不完全一致，甚至在某些方面可能存在一定的冲突，但却有其不可忽视的价值，可以为我们在该领域的继续探索提供重要的参考和启示。

姚文放认为，中国传统美育思想具有三个特点：③ 一是强烈的人文精神。他认为，传统美育的最大特点是融贯着强烈的人文精神，体现出对于人的存在价值和生命意义的人文关怀。它深切关心的是人的本质、价值、潜力、目标、成就等一系列终极性的问题，是如何提高和优化人的情感生

① 《论语·雍也》。

② 《论语·雍也》。

③ 姚文放：《传统文化与当代美育的建构》，《江苏社会科学》1996年第2期，第72—73页。

活、文化素质、价值取向、精神旨趣等根本性问题。首先，传统美育是以人为本位的。传统美育对于人的主体性给予了充分的尊重，提倡通过自我修养达到对于社会准则和道德规范的体认，将外在的规定法则内化为自身的精神内涵，进而达到人格的自我完善，这其中充满了愉悦感和自由感，甚至带有游戏的性质。孔子说："兴于诗，立于礼，成于乐"①，"志于道，据于德，依于仁，游于艺"②，都确认了只有愉情悦性、自由任运的审美活动才是推动人格提升和完成的最佳途径和最高形式。二是注重人的素质培养。姚文放指出，传统美育以人为本位，是以满足人的精神需求为鹄的，而以人的素质培养为要义。因此，传统美育更多从根本上入手，强调人的素质培养的重要性，在此基础上再谋求人的能力得以充分发挥的可能性，达到体与用、内与外的完美统一，铸成一种灿烂辉煌的人格之美。孟子说："充实之谓美，充实而有光辉之谓大"③，屈原说："纷吾既有此内美兮，又重之以修能"④，都是对人的素质培养与能力提升这二者的辩证关系所作的准确阐述。三是很强的理想主义色彩。在姚文放看来，传统美育的人文精神在本质上是形而上的、理性化的，它常常表现为一种人文理想。《周易》宣称"天行健，君子以自强不息"⑤，荀子力倡"制天命而用之"⑥，孔孟褒扬"杀身以成仁"⑦"舍身而取义"⑧的崇高气节，张载抒发"民吾同胞，物吾与也"⑨的博大情怀，都是对于这种人文理想的大力标举。

聂振斌将中国古代美育思想的特点归纳为四个方面：（1）漫长的中国

---

① 《论语·泰伯》。
② 《论语·述而》。
③ 《孟子·尽心上》。
④ 屈原：《离骚》。
⑤ 《周易·乾卦》。
⑥ 《荀子·天论》。
⑦ 《论语·卫灵公》。
⑧ 《孟子·告子上》。
⑨ 张载：《西铭》。

古代美育思想发展史始终都存在着矛盾，如儒道两大思想传统相互对立、斗争，又相互渗透、补益；这种矛盾成为中国古代美育思想发展的基本线索与动力。他认为，把中国美育思想传统的形成发展完全归功于儒家，看不到道家及其他学派对儒家的批判、制约、渗透、补充的巨大意义是不公平的，也是不符合历史实际的。（2）中国古代美育思想传统虽然始终以儒道两大传统对立互补为基本发展线索，但儒家传统经常处于正宗地位。因为比较起来，它讨好政治，受到统治者的欢迎、扶植和保护；同时它标榜中庸，不像道家、法家、墨家等爱走极端，也容易赢得普通的社会心理，因此中国的审美教育经常是片面强调社会统一目的，而忽视个体的自由发展；过分看重美育的政治道德意义，而无视美育自身的特殊规律和审美价值，把审美看成是完成道德目的的形式与手段。（3）中国古代美育总是和道德、政治扯在一起，甚至混沌不分。（4）古代美育由于受到历史和阶级的局限，实施的范围极其狭小，美育对象只限于少数奴隶主贵族和封建士大夫。没有公共的审美文化设施，在思想观点上以“雅”蔑“俗”，因此无论就实施而言，还是就思想而言，都极缺乏广泛的社会性。①

黄济主要从美育内容、地位和原则等方面阐释了中国古代美育思想的特点，具体来说有以下三个方面：（1）重视诗教和乐教，并将其与政治及伦理密切结合。如学诗可以兴、观、群、怨，可以使于四方；学乐可以善民心，移风俗；并且把诗、礼、乐三者结合起来，构成了一个相互为用的教育体系。（2）美育在教育中占有不可忽视的地位，是培养一个完全的人的重要组成部分。在孔子所规定的“成人”教育内容中，不仅包含了智、德、体、美几方面的教育在内，而且还要再用礼乐来加以文饰，可见美育和文艺对于启智、修德等都具有不可忽视的作用。（3）在审美方面中国有

① 聂振斌：《古代美育思想传统的反省》，《孔子研究》1990 年第 3 期，第 28 页。

自己所特有的美学范畴，如文与质、形与神、动与静、虚与实、刚与柔等。这些范畴对于进行美育具有重要的指导意义，也是建立具有中国特色的美育体系的重要内容和原则。①

李天道将中国古代美育思想的特征概括为伦理化和社会化。②他认为，与西方美育思想相比较，在中国古代美育思想中渗透着更多的“善”的内涵，尤其是在其思想的底部，“真”与“善”结合得十分紧密，从而使中国美育思想显现出极为浓重的伦理化、社会化表征。中国古代美育思想以儒家文化为主导。在美育的实施与审美诉求方面，儒家强调“文化”与“教化”相结合，推重“诗言志”的审美价值取向，以“思无邪”“致中和”“养浩然之气”“充实为美”等作为审美原则与审美追求。受此影响，中国古代美育思想在审美的价值目标上，非常注重审美的伦理价值和社会功能，在审美的人生体验中则极力追求人格修养的完美。中国古代美育思想的这种伦理化和社会化突出地表征在对“和”的美育诉求上，崇尚“中和”之美。“中和”就是“中庸”，即无过、无不及，要求恰到好处，包含适中、适度匀称、平正、和谐等美育思想。就美育诉求来看，从尚“和”、隆“和”的美育意识出发，中国美育思想在人生态度和人生境界的审美诉求上，主张中正和平、温和文雅、文质彬彬、不偏不倚。尚“中”的根本美育精神就是不走极端，在人格操守、行为准则上讲求自律自守、恰到好处、谦和宽容。同时，“和”并不是简单的同一与附和，而是以尊重个人立场和承认个性为前提。中国古代美育思想所标举的“中和”这种审美理想与西方美育是有差异的。周来祥曾指出：“中西方都以古典的和谐美为理想，但西方偏于感性形式的和谐，而中国则偏于情感与理智、心理与伦理的和

① 黄济：《中国的美育传统与时代要求》，《高等师范教育研究》1989 年第 3 期，第 27—30 页。

② 李天道：《中国美育思想的伦理化和社会化特性与表征》，《西华大学学报（哲学社会科学版）》2009 年第 3 期，第 76—80 页。

谐。”[①]孔子所提出的“尽善尽美”“温柔敦厚”“文质彬彬”等美学命题都是以美善“中和”统一为宗旨的。

王一川对中华传统美育精神的特质进行了分析，他认为中华美育精神包含四种境界。[②]第一，以美兴人，这是让个体通过审美与艺术的媒介、符号形式等感染，产生一种向上的力量。孔子主张“诗可以兴，可以观，可以群，可以怨”，正是讲《诗经》具有令人“兴起”等力量。第二，以美化人，这是让个体通过审美与艺术的形象体验，从功利境界的实际利益羁绊中解脱出来，向往无功利的想象力的自由游戏境界。《毛诗序》提出：“风，风也，教也；风以动之，教以化之。”这是说诗乐舞结合的艺术当如自然界的风一样，对人起到感化或教化作用。第三，以美立人，这是让个体通过审美与艺术意蕴的领悟，从一般道德境界的束缚中超脱出来，力求在超道德境界中返身看待世界和自我，成就真正的完整的人。范仲淹的《岳阳楼记》把文人自我纳入更加广阔的“天下”去审视，树立起新的人生成人姿态：“不以物喜，不以己悲；居庙堂之高则忧其民；处江湖之远则忧其君。是进亦忧，退亦忧。”最终总结出“先天下之忧而忧，后天下之乐而乐”的千古名言。第四，以美和天，这是让个体从审美与艺术的感发中最终达到与天和地和谐相处的境界。它要求达成天、地、神、人之间的和谐，也就是实现人与天地之间相互和谐的状况。王一川指出，上面的四种美育境界诚然可以有由低向高之层级差异，也还有程度、品质等分别，但在实际的美育活动中，其中每种境界对个体来说也都有其必要性、重要性及独立价值，共同服务于完整人格的生成。除儒家美育境界之外，还有道家美育境界，展现“逍遥游”“乘物以游心”的主张；同时还有禅宗美育境界，显示“直指人心，见性成佛”的特质。他认为，中华美育精神作

① 周来祥：《论中国古典美学》，齐鲁书社1987年版，序言第2页。

② 王一川：《中华美育精神的内涵和特质》，《中国艺术报》2018年9月7日。

为中华优秀传统文化的一个方面，对当前贯彻落实立德树人根本任务，推进美育工作，塑造广大青少年乃至成人的美好心灵，具有重要的启迪价值。首先，中华美育精神要求实现中华多民族文化价值体系的相互共存与共享，从而它本身就是多民族团结共生的精神象征。其次，它注重审美与艺术对个体的兴发感动和感化作用，体现“诗教”或“风教”在中华民族审美与艺术传统中的特殊作用。再次，它突出审美与艺术在个体的成人过程中的关键的涵濡或滋润作用，表明不是能力展示而是人格涵养才是美育过程的核心。最后，它强调自身的最高境界并非培育勇于战胜他人和宇宙的自我式人格，而是涵养顺乎天地并与之和谐相处的共在或共生式人格，而这是与中华文化对“和”“中和”“同和”的尊崇传统相一致的，也是与塑造美好心灵的目标相一致的。

从以上所述可以看出，中国古代美育思想具有多种特点。那么，中国古代美育思想的主要特点是什么？祁海文对此做出了自己的回答。他认为，“中和论”美育观可以用来概括中国古代美育思想的主要特点。① 他指出，中国古代美育思想起源于春秋时期的说“礼”论“乐”风潮。先秦至两汉时期，儒家从维护、发扬自上古“先王乐教”以至西周“制礼作乐”的礼乐教化美育传统出发，对诗、礼、乐等的美育价值进行了多方阐发，发展出比较系统的美育观，构成了中国古代美育思想的主体。以儒家思想为中心的中国古代美育思想的形成发展与“中和”观念的形成确立存在着密切联系，“中和”精神弥漫、贯穿于中国古代美育思想的各个理论层面，成为其核心精神，因而中国古代美育思想可以称为“中和论”美育观。这种美育观与西方古代的“和谐论”美育观既形成了鲜明的对比，又存在可以相互补充、融通之处。中国古代美育思想追求的是在人格自身和谐、人

① 祁海文:《中国古代“中和论”美育观略论》,《社会科学辑刊》2008 年第 3 期，第 189—193 页。

与社会和谐的基础上达到人与自然的和谐。这种“天人合一”的理论倾向在儒家美育著作如《荀子·乐论》《礼记·乐记》中已有明显的表现，在道家以及后世受道家思想影响的如阮籍、嵇康、苏轼等人那里得到更为突出的论述。唐代以至宋明以后，儒家逐渐吸收道家以及佛学禅宗的影响，如宋明理学、心学就以哲理思辨的方式在本体论领域表达了这种“天人合一”的美育观念。祁海文最后总结道：中国古代“中和论”美育观的基本精神在于：通过和谐协调的艺术，培养和谐协调的情感，塑造和谐协调的人格，进而实现人格自身、人与社会、人与自然的和谐协调。

3. 中国古代美育思想的价值与局限

我们应当如何评价中国古代的美育思想？学界一般认为，对于中国古代美育思想，我们既要认识到它的重要价值，又要看到它存在的局限性。彭修银等认为，先秦儒家的美育思想对“诗教”和“乐教”的重视与现代美育倚重艺术教育有相通之处，但它并没有将美育完全等同于纯粹的艺术技能技巧教育。儒家的美育思想除了包举艺术教育，更重视透过美感的教育，使美育从有形的艺术教育提升到形而上的道德调养，美育绝不是剔除了德育的纯粹的美育，美育被包孕在道德教育中，成为加强德育的辅助手段，它对整治当今美育过分功利化、形式化的弊病具有十分积极的意义。另外，儒家认为，“知之者不如好之者，好之者不如乐之者”①，提倡在快乐中学习和受教育。如果单纯以灌输说教的方式进行德育，必然会削弱德育的实效性。因此，我们要在德育中融入审美的因素，在美育中适当注入道德内涵，才能达到完美的人生境界。教育应是一种人性化的选择的教育，是一种全面素质教育，而非形式化、功利化的教育。儒家美育思想所崇尚的人格理想和境界与人的道德主体性，有助于人类保持人性的伟大与尊严，在这个纷纭的世界中支撑起精神的支柱。它与道家结合起来，使中国的美育思想

① 《论语·雍也》。

更圆满、充实。他们在充分肯定儒家美育思想的重要意义的同时，也分析了儒家美育思想的局限性，认为儒家为了维护既定的社会秩序的和谐，更强调对社会伦理规范的认同与皈依，往往导致对个性的扼杀和消解。儒家传统美育思想过于突出人伦的和谐而忽视个体人性的自由。道家的美育思想肯定了美本身区别于善的独立价值，它可以有效反拨儒家美育过于附丽于德育的极端化倾向。道家对个体独立性、自主性有着深刻的认识，认为顺应和尊重受教育者的本性特点的教育才是良好的教育。道家美育思想反对人为物役、心为形役，倡导形神相谐，对于当代人类所面临的物向世界的沉沦和人与自然关系的紧张等现代社会弊病具有直接的救治作用，它可以卫护人类精神的自由，为现代人心灵的安顿觅得自己的一片精神家园。①

罗譞主要从人文精神的视角高度评价了中国传统儒家的美育思想，认为在中国传统儒家美育思想中蕴含着极为丰富的人文精神，它有助于实现人的解放。孔子十分重视高尚完美人格的塑造，他希望通过塑造这样的人格范型，引导社会成员攀登崇高的道德境界。孔子的美育思想对后世的影响是极其深远的。孟子对“六艺”教育作了新的发展，他特别重视审美感受的普遍性和社会性，以人格美的培养和“与民同乐”理想的实现作为宗旨，把先秦儒家美育思想推向了更高的阶段。一直到民国初年的蔡元培，在大力引进西方文化的同时，结合中国的现实，汲取了传统儒家美育思想的有益成分，提出了全民美育的理论，旨在提高国民的精神素质。进一步说，中国传统儒家美育思想的重要价值还体现在它对现代化建设中可能出现的偏颇具有调节或纠正功能。中国传统美育是一种旨在促进人的身心健康全面发展、实现人的个性的丰富性和完整性的教育方式，它可以避免社会现代化过程中人性的分裂和异化。这说明，传统儒家文化、儒家美育思

① 彭修银、张宏亮：《论先秦时期儒道美育思想的特质及其当代意义》，《陕西师范大学学报（哲学社会科学版）》2010 年第 5 期，第 129—130 页。

想有助于现代性精神和现代化建设的健康发展。不过罗譞同时也指出，在看到传统儒家美育思想在当下现代化建设中的积极作用的同时，也不能忽视传统儒家美育在具体实践中的缺陷和负面结果。他认为，这种缺陷就是传统儒家美育过分重视道德教化，使人变成社会的人、伦理的人、政治的人，而对个体感性生命或情感生活的内在价值关注不够。传统儒家美育思想对于近现代乃至当代的美育都有深刻的影响，从近现代到当代美育思想的沿革，占主导地位的始终是强调美育的德育功能。为了弥补传统儒家美育的这些缺陷，有些学者提出现代美育应以传统道家美育为主。罗譞对此表示了不同意见，认为庄子的美学思想中的确具有强烈的对个体之“人”的感性生命或情感生活予以关注的色彩，但是不能因此而说庄子的美育思想比儒家美育思想更有价值，因为庄子及其以后的道家所倡导的人生观含有是非不分、难得糊涂、玩世不恭的性质。以庄子为代表的传统道家所宣扬的游戏人生的犬儒主义人生观，离现代社会所要求的道德高尚、是非分明、积极进取、有社会责任感同时又具有健康、丰富、完整的个性的人，还有相当的距离。而传统儒家所向往的通过美育方式而建构的理想人格境界，更具备以人为本的性质，因而更符合现代社会的要求，更具有现代价值。罗譞认为，在我国现代化建设的发展过程中，在工具理性充斥，社会模式、社会规范愈来愈趋同的情况下，人的感性与理性的矛盾将会愈加明显，人性的分裂和异化将会愈加剧烈。因此，作为消除这些矛盾、避免人性分裂和异化加剧、实现人性丰富性和完整性的手段，传统儒家美育的重要价值将会愈加凸显。现代教育应当充分重视对传统儒家美育思想资源中合理、有效成分的研究和利用，但同时也要对其缺陷加以克服。①

刘彦顺从学科建设的角度充分肯定了中国古典美育思想。他认为，中国古典美育思想在学科建设上远不如西方那么合乎理论的自觉。但是，作

① 罗譞：《传统儒家美育思想的现代价值》，《长白学刊》2014 年第 4 期，第 119—122 页。

为一种独特而源远流长的文化形态，中国古典美育思想对世界美育学科的贡献也是独特的。总的来说，中国古典美育是以“法自然”的天人合一为基础，以“中和之美”为理论体系的核心，以封建宗法制的伦理道德为其话语的基准与权利阈限，强调理性对感性的压制性和谐。从历史角度看，以儒家为主、道家为补的中华古典美育思想，对于塑造中华民族的美感素质、传承中华文化、维系中华民族的生机发挥了巨大的作用。他认为，尽管就整体来看，中国古典美育思想尚处于前学科的史前期，但其中也有丰富的财富与独到的贡献。第一，从中国古典美育的思想本源来看，“天人合一”是特定的中华农业文化的文化身份证，儒家和道家对于自然都持有融融的亲和态度。在人类凌驾于自然之上、向自然作无尽索取之时，在自然生态日益受到破坏的今天，我国古典美育思想无疑具有极其鲜明的价值。第二，我国古典美育崇尚“柔”“虚”“静”与“致中和”的基本品质，能够为现代日趋都市化的生活提供诗意的缓冲地。第三，我国古典美育重理性和善的基本特点，可以对现代社会病态的、负面的艺术起到纠偏的作用。中国古典美育所力倡的“文质彬彬”的人格形象，理应为新时代树立新的、富有审美价值的理想与境界。刘彦顺认为，中国古典美育在整体上处于封建社会之中，对于它所遗留下来的遗产不应采取虚无主义的态度，因为新形态的中国美育学学科的建立和提升，可以在传统美育话语里找寻到自己的生发点，在弥足珍贵的传统财富里找到自信，在天然的缺陷里找到新形态发展的必要性与道路。与此同时，我们也不应对中国古典美育有过誉倾向，对于中国古典美育的发扬光大，意在使其理论中有价值的因子移植到新机体之中——这是新的再生，而不是离开语境阈限而抽象地谈论传统美育的价值。①

① 刘彦顺：《中国美育学学科产生与发展的三个层面》，《文学前沿》2002 年第 2 期，第 110—113 页。

（二）关于中国近现代的美育思想

1. 中国近现代美育思想的发展过程

中国近现代美育思想经历了怎样的发展过程？对中国近现代美育思想应当如何分期？姚全兴将中国近现代美育思想的发展过程分为以下三个阶段：(1)“五四”以前的美育思想。“五四”以前包括晚清时期和辛亥革命时期。晚清时期一些理论家倡导用小说改造国民品质，造就新国民，出现了用文艺进行社会美育的端倪。一些教育界人士提出在学科中增添美术、音乐、体育等科目，以利于儿童和青少年涵养性情、培养美感和强健体魄。康有为主张采用自然美、环境美和歌诗嬉戏“养体开智”“辅翼道德”的方法。梁启超探讨了文艺的社会作用问题，后来又研究了情感教育和趣味教育。姚全兴认为，对现代美育的开创做出了重大贡献的是王国维。他最早提出教育应培养“完全之人物”，而美育为教育中不可缺少的一部分；探讨了美育与宗教的关系、艺术教育的目的等，为现代美育思想的发生和发展开拓了道路。鲁迅发表的《摩罗诗力说》将审美和艺术的审美功能与中国社会的改造结合在一起论述，实际上阐发了美育的社会意义。而这个时期提倡美育的主将自然是蔡元培。他发表的《对于教育方针之意见》，提出实行公民道德教育、实利教育、军国民教育、世界观教育和美育的方针，从此美育在教育中确立了自己的地位。(2)“五四”时期和20世纪20年代的美育思想。“五四”时期民主和科学的社会思潮，猛烈地冲击着封建传统。由于交流思想成为风气，社团组织到处出现，使得美学和美育思想充分发展，出现空前的盛况。在涌现的大量美育理论中，最著名的是美育救国论和美育代宗教说。“五四”时期提倡美育者遍于各个阶层，如文学界的鲁迅、陈望道、闻一多、郭沫若、宗白华、田汉等，他们提出感情美化、生活艺术化和人生艺术化等观点。艺术界的一些美术家、音乐家纷纷响应蔡元培的美育主张，用实际行动推行美育。“五四”运动后的20年代，中西文化交流更为广泛，关注美育的人越来越多。吕澂主张用美育的方法借助艺术启迪人们的美感，使人们自觉“美的人生”的必要，并逐渐实现起来。有些学者注意用中西比较文化的观点研究美育，如李石岑在《美育之原理》一文中，用康德、席勒的观点说明美育的性质。姚全兴将这个时期美育思想的特点概括为三个方面：一是以西方文艺美学和社会美育的观点，来研究中国社会美育问题；二是不少人瞩目于民众艺术和苏联具有革命意义的新型美育；三是注重儿童美育方法的探索。（3）三四十年代的美育思想。姚全兴认为，三四十年代的美育思想比 20 年代的美育思想更为复杂。贺麟、唐君毅等主要进行书斋式的学术研究，胡适、朱光潜等推介西方美学和美育理论，周扬、蔡仪等宣传马克思主义美学和美育思想。李金发创办的《美育》杂志在沟通中西文化、提倡社会美育方面做出了贡献；朱光潜的《文艺心理学》《论美感教育》等论著，对美育的基本理论有深入的探讨；陶行知身体力行地推行美育实践。①

梁红燕将我国现代美育思想的发展分为三个时期。（1）现代美育思想的形成时期（20 世纪初至 30 年代末）。在鸦片战争的炮火打开中国大门的同时，资本主义文明也涌入了华夏大地。新型的美育思想正是在这种“西学东渐”的大气候中形成的。经过梁启超、王国维、蔡元培等人对美育思想的系统阐述和努力实践，我国现代美育理论渐具规模。这一时期的美育理论深受时代思潮和西方美学思想的影响，具有鲜明的时代特色。一是当时的学者大多学贯中西，所以他们阐释和实践的美育思想既不乏传统的伦理教化成分，又带有西方的科学理性因素，具有明显的中西合璧特色。二是这一时期的美育思想具有浓厚的救国气息，且十分注重理论的现实操作性。王国维认为只有通过美育方能拯救沉迷于吸食鸦片之中的国民。蔡元培针对社会现实，提出了“美育代宗教”说，并认为应该将戏剧、图画及旅行等引进学校，让人们改变不良的嗜好，

① 姚全兴：《中国现代美育思想述评》，湖北教育出版社 1989 年版，第 12—22 页。

以美育陶冶人的心灵。鲁迅、丰子恺致力于儿童美育，强调青少年读本的趣味性和健康性，他们为儿童创作的作品和译作至今仍是进行儿童美育的极好教材。虽然这一时期没有系统的理论专著，但当时的论文却涉及了美育的各个方面，且具有相当的理论深度，其中的许多观点至今仍为我国美育界所沿用。（2）美育思想的休眠时期（20 世纪 30 年代末至 70 年代末）。在抗日战争时期，“战争与生死”是时代的主题。面对侵略者，唯一的选择就是拿起武器，“美育救国”等理论就显得相当苍白。所以，这一时期的美育理论研究基本上处于一种停滞状态。新中国成立后，美育被重新提到了教育的日程。当时的教育方针中明确指出要使受教育者“在智育、德育、体育、美育各方面获得全面发展”。不过，这一时期的美育在实践中并没有得到真正的落实，在理论研究方面更没有进展。尤其是“文革”一起，刚刚开始复苏的美育事业又被无情地摧残了。（3）美育的恢复和繁荣时期（20 世纪 70 年代末至今）。梁红燕认为，这一时期的美育理论研究，无论是宏观探讨，还是微观阐述，都取得了突破性的进展。一是独立的美育学科已初步形成。学界加强了对美育学独立品格的研究，力求使之成为一门独立的科学，出版了许多具有一定科学理论构架的美育专著。二是形成了颇具特色的“大美育观”。当代的美育理论不再是单纯强调美育的独立品格，而是突出了美育的综合性，强调美育是多种教育的相互渗透和相互交织的有机融合。三是美育功能的研究出现多元化趋势。现代社会由于过分追求科学技术的发展，常常忽视了人和人的情感，加上市场经济的商品化潮水又无情地涤荡着现代人的精神追求。针对这一现实，学者们纷纷把研究的重心转向了审美教育的当代使命问题，从不同的侧面研究美育的功能。有的学者强调美育的人文性，并密切联系我国的国情和美育实际，指出美育能帮助人们发现和创造个体在世界中的意义。有的学者则根据大众文化下“单面人”的出现，强调美育的精神魅力，指出美育的当代使命是拯救感性沉沦中的大众。①

2. 中国近现代美育思想的特点

中国近现代美育思想的特点也是中国美育思想研究的一个热点，有不少学者对此开展了研究并提出了自己的观点。黄济重点分析了中国近代美育思想的特点。在他看来，中国近代美育思想主要有三个特点：(1) 从中国古代的美学和美育思想转向学习和介绍西方的美学和美育思想，冲破了美学和美育为政治和伦理服务的局限，提出了艺术“超政治”“为艺术而艺术”的口号，使美学和美育获得了自身独立的地位。这在实践审美意识的“超越”方面向前迈进了一大步。但是，“为艺术而艺术”的口号却并不科学，于是不能不在这个基础上继续前进，又经过现实主义再到马克思主义，在新的思想基础上把美育与社会和人生重新结合起来。这就是中国近代美学和美育的发展历程。(2) 美育正式列入教育宗旨成为现代教育的一个重要组成部分，这是教育史上的又一大进步。把教育内容概括为德、智、体、美四育，并正式制订为教育宗旨的，这一伟大功绩应归功于蔡元培，这一思想一直影响到今天。美育在各育中的地位，已经不再是附属的了，而是独立的因素，是培养一个“完全的人”所必不可少的一个重要组成部分。(3) 在近代美育的建立过程中，除继续汲取西方的先进美学和美育思想外，并未忽视对中国传统的优秀遗产的继承，而且在新的科学的基础上加以发展，并把心理学纳入美育的研究中，这也是中国近代美育研究的一大特点。②

姚全兴将中国现代美育思想的特征概括为四个方面：其一，爱国主义和审美理想的结合。中国现代美育思想在它的萌动期（辛亥革命以前的晚清时期），就已经具有爱国主义的因素。辛亥革命后，现代美育思

① 梁红燕：《我国现代美育发展历程及其启示》，《华北电力大学学报（社会科学版）》2006 年第 4 期，第 123—126 页。

② 黄济：《中国的美育传统与时代要求》，《高等师范教育研究》1989 年第 3 期，第 30 页。

想已具有完全意义上的爱国主义精神。到“五四”时期，现代美育思想中的爱国主义精神上升到一个新的高度，变得更加主动、自觉和强烈。“五四”以后，特别是三四十年代，这种爱国主义由于民族斗争的白热化，又上升到一个新的高度，使得现代美育思想更丰富、更有生命力。因此，“五四”时期先进的知识分子提出的美育救国论，和其他救国论一起，几乎响彻整个现代中国，发挥了激发斗志、鼓舞人心的作用。当时的美育救国论还体现了审美理想，其中设计了改造社会的蓝图，描绘了未来中国的图景。这种审美理想由于和爱国主义结合在一起，显得更为浪漫和纯洁，更为神圣和崇高。其二，人生（社会）与艺术（美）的结合。现代美育倡导者大多主张人生与艺术的结合或社会与美的结合，于是有美的人生论、艺术社会化、人生艺术化等内容基本一致的观点。他们之所以有人生（社会）与艺术（美）的结合的主张，主要有两种貌似不同而实质一致的看法。一是认为人生孤寂、痛苦、颓废，社会动荡、萧条、骚乱，是由于缺乏美和艺术的滋养；二是认为人心邪恶、自私，社会崩溃、沉沦，是由于没有美和艺术作精神支柱和社会的脊梁。他们认为，挽救人心，变革社会的唯一途径是依靠美和艺术。其三，物质文明与精神文明的结合。现代有些美育倡导者鄙薄物质文明，认为近现代由于物质文明的发展而造成人生和社会的种种弊病，扬言摒弃物质文明而追求精神文明。但有不少人改变了原有的片面观点而主张物质文明和精神生活的结合。当然由于现代社会政治、经济的限制，这种结合还是收效甚微。其四，现实主义和空想主义的结合。中国现代美育思想既充满现实主义精神，又富有空想主义性质。现代社会政治腐败、经济凋敝，许多美育倡导者都比较实际，面向现实，都想变革现实和改造社会。但是他们缺乏社会实践经验，尤其不懂得变革现实之道，因此在现实面前他们又感到无能为力。于是他们只能利用生花妙笔构思美育的社会功能，设想人生艺术化的美妙。然而，现实主义和空想主义结合的特征，其作用又是不可低估的。它至少说明现代美育倡导者是不甘心于国家的落后，对人生的痛苦和社会的腐败不是无动于衷的。①

刘向信主要探讨了中国现代美育思想的实践性和融合性特点。②他认为，中国现代人本主义美育的主要特点是实践性和融合性。所谓“实践性”是指中国现代人本主义美育思想家所提出的美育思想，并不是从理论兴趣出发有意去构筑自己的思想体系，而是在社会的发展过程中针对社会、文化中所出现的问题，在社会实践的过程中提出美育的重要性及其对美育的理解。所谓“融合性”是指他们的美育思想吸收和借鉴了中西方美学理论的合理成分，在中国社会实践的过程中形成了他们对美育的看法，在这里西方美学家的思想构成了他们阐释美育内涵的重要理论资源，同时中国传统美学也潜在地制约着他们对西方美学的理论选择。刘向信认为，中国现代人本主义美学思想的“实践性”和“融合性”，使其在中国社会现实的文化语境中，能够融合中西两种不同的美学理论，形成了具有中国化特点的美育思想，开创了中国现代美育的新境界。

张泽鸿将中国现代美育思想的特点概括为三大模式和四个维度。③他认为，从西方美育思想的历史类型看，主要形成了三大模式：“康德—席勒模式”（游戏）、“叔本华—尼采模式”（直观）、“马克思主义模式”（实践）。从接受不同的西方美育思想路径、模式到中国现代性美育的具体展开，百年中国现代美育也主要形成了三种模式：情感教育模式、艺术教育模式和境界教育模式。第一种是“情感教育”模式，这是指西方美育中的“康德—席勒模式”主要通过蔡元培、梁启超、王国维、鲁迅、朱光潜等学者为中

① 姚全兴：《中国现代美育思想述评》，湖北教育出版社1989年版，第5—9页。

② 刘向信：《中国现代人本主义美育思想的实践理性与融合视野》，《东岳论丛》2009年第6期，第73—76页。

③ 张泽鸿：《百年西方美育中国化的理论反思》，《安徽电气工程职业技术学院学报》2013年第2期，第5—7页。

介对中国现代美育产生了重要影响，并被李泽厚等弘扬，形成了以“情感”取代“游戏”来弥合感性与理性分裂的审美教育模式，以“情感”为中心，涉及艺术、自然和社会美，完善“知情意”的整体性教育，情感作为纯粹理性（自然）和实践理性（道德意志）的中介，最终实现人的全面发展，提升道德境界，建构和谐社会。中国现代美育中的“情感教育模式”走的是“情感—人格—社会”逐渐升华的美育之路，强调“自我—他者”的和谐性，最终是要建构一个“道德乌托邦”（和谐社会）。第二种是“艺术教育”模式，这是指西方美育中的“叔本华—尼采模式”通过邓以蛰、滕固、朱光潜、宗白华、徐复观等学者的努力和本土化实践，形成的以“艺术”为中心，观照艺术与人生的内在联系，强调直观主义，以人生的艺术化和审美化人生为旨趣的美育模式，走的是“艺术—人生—审美”三位一体的美育之路，强调“真善美”的同一性，其目标是建构一个“审美乌托邦”（自由王国）。第三种是“境界教育”模式，这是指西方美育中的“叔本华—尼采模式”通过王国维、冯友兰、新儒家学者中的方东美、唐君毅等学者的应用和转化，形成的以“人生境界”为核心的审美教育模式，以继承中国哲学的心性之学，开辟出中国现代审美教育和艺术教育中的心灵维度和境界气象。走的是“审美—境界—文化”的美育之路，其目标是建构一个“新文化国度”（理想文化）。张泽鸿认为，中国现代美育具体在四个维度上得到开展，即理论维度、人生维度、启蒙维度和实践维度。其一，中国现代美育作为一种理论学说，需要从理论维度（先验维度）上论证美育的合法性和合理性。从康德、席勒到叔本华、尼采，都被现代中国思想家们拿来作为建构中国美育合法性的主要理论支撑。在蔡元培、王国维、梁启超、朱光潜等现代人文知识分子看来，美育是填补宗教被剔除后的中国信仰空白的唯一选择。其二，中国现代美育具有浓厚的生命主义色彩，彰显了人生价值的维度。从中国现代美育关于艺术与人生、美育与人格的关系来看，美育的最高旨趣是在成就理想人格、生成一种超越、自由的人生境界。在现代中国美育思想家看来，完整的美育不仅是审美能力的培养，更是对美育对象（个体）的灵魂的成功塑造。中国现代美育的人生维度，一方面注重生存和感性满足的合理性，另一方面强调对欲望的控制和超越。其三，现代中国的美育还承担了思想启蒙的重任，启蒙是其不可忽视的重要维度。从鲁迅、康有为、梁启超到蔡元培、李泽厚，都强调美育的启蒙功能。他们着眼于个体的心灵改造和人格重建，希望通过审美教育来改造人心、拯救人群，以实现中国的现代性启蒙。其四，美育具有实践品格。中国现代美育的实践品格和实践维度主要是在蔡元培、丰子恺、徐悲鸿、林风眠、吕凤子、刘海粟等几代教育家和艺术家的努力下开辟出来的。蔡元培是其中的典型代表，他终身都在倡导美育，并身体力行，推动中国传统美育的现代转换。

陈剑等着重分析了中国现代美育话语①的特点。他们认为，中国现代美育话语以西方美育思想的本土化和中国传统美育思想的现代化为基本原则，立足于自身所处的时代文化语境，在人性、人格与人生三个层面上构建起了独具特色的本土现代性精神。（1）人性的维度：在树立科学理性精神的前提之下激发人的审美欲求。中国现代美育话语将审美作为最基本的人性本能之一，强调其获得满足的合法权益，由此而确立起美育的合法性。美育的首要任务是激活或满足人类天性中的爱美、求美的本能欲求，最大限度地激发出人性的潜在可能性，由此而造就出和谐健康的人性。中国现代美育话语从最基本的人性本能需求出发来宣扬美育，将美育看成人性欲求满足的一项必需的手段，以此为基点对西方现代美育资源进行改造，倡导一种科学理性精神与艺术审美精神并重的现代美育理念，由此而生成了中国现代美育话语中具有基础性意义的“人性”建构层面，成为中

① 作者对“中国现代美育话语”作了如下解释：中国现代美育话语中的“现代”指的是在中国学术语境中具有时间意义上的“现代”，与“当代”相对；中国现代美育话语指的是从 20 世纪初到中华人民共和国成立这段时间内所产生的美育思想潮流。

国现代美育话语理论中一个独具特色的理论存在。（2）人格的维度：以个体心理结构的完善为基础提升人的道德品性。中国现代美育话语也在“人格”的层面上提出了自身的理论建设思路。美育在本质上应该是“情感教育”，它与智育、德育一起，共同搭建起教育的基本架构，由此形成智、意、情都完满发达的精神个体，而这正是所谓的完善之人格。人的智、情、意三大心理要素的完满与融合就意味着人格的完善，美育的最终目标就在于造成以人格的完善与发达为核心特点的“完全之人物”。所以，中国现代美育话语的本体论建构，立足于人的个体心理结构的完善这一主导性任务，凸显了个体人格建构在现代美育中的地位和意义。（3）人生的维度：以审美超越的方式构建高远的人生境界。中国现代美育话语的“人生”维度，突出的是艺术、审美对现实人生所具有的超越性价值。在中国现代美育话语的观念语境中，现实的人生是残缺、不完美的，而艺术和审美却可以使人超越人生的不完美，而达于完满的诗性之境，所以艺术和审美对于人生来说就具有了非同寻常的意义。他们对中国现代美育话语给予了充分的肯定，认为中国现代美育话语从自身所处的时代文化语境出发，以实现西方现代美育理论的本土化、中国传统美育理论的现代化为原则，积极吸收和改造西方及传统的美育资源，树立起了人性、人格、人生这三个相互联系但又各有侧重的理论拓展路向，并沿此路向积极进行探索，取得了丰硕的理论成果。这是中国美育话语在立足于自身现代文化特性的基础上所进行的最初的体系建构尝试，有着极强的开创性和示范性意义。①

3. 中国现代美育思想的评价

我们应当如何看待中国现代美育思想的地位？当代学界对于中国现代

① 陈剑、谭好哲：《中国现代美育话语中的本土现代性精神及其当代启示》，《美育学刊》2019 年第 4 期，第 35—40 页。

美育思想的地位给予了充分的肯定。刘彦顺指出："中国现代美育思想史在整个中国美育思想史之中占有极为重要的地位，其处在两千年之久的中国古典美育理论形态与中国当代美育理论形态之间，既与前一时期美育理论的古典性有着强烈的差异，又与后一时期尤其是新时期以来美育理论的现代性形成了鲜明的对照。"①他指出，从中国社会历史变化的大背景来看，在20世纪之交，以资产阶级觉醒为主要社会特征的近现代，以王国维、梁启超、蔡元培、鲁迅、朱光潜、朱谦之、丰子恺、陶行知、贺麟、孟宪承、吕凤子、陈鹤琴等为杰出代表的中国学人在引入西方理论的背景之下，展开了对于现代性美育理论的追求与构想，可谓众星云集，精彩纷呈，创造性非凡，堪称自中国近现代至今美育理论进程中最为辉煌的一个时期。②中国现代美育思想既有对美育理论基本问题的研究，比如王国维、蔡元培、朱光潜、丰子恺等；也有侧重从教育学角度对美育操作层面的研究，比如蔡元培、陶行知、陈鹤琴、赵廷为等；还有侧重从心理学角度对美育活动中人格发展维度的研究，比如潘菽、陈鹤琴、丰子恺等。这些领域的学术建树使得美育理论研究视野极为开阔，涉及美育理论知识体系的各个主要方面，这就使得美育理论知识体系本身显得扎实、稳重、全面。同时，也有很多艺术家、文学家等参与到美育理论、美育实践、美育观念的建设中来，比如林语堂、傅雷、徐悲鸿、吕凤子等，他们往往在艺术创造、艺术教育、艺术风格上得风气之先，引领美育观念革命或者更新的潮流。③

我们应当如何看待中国现代美育思想的意义？姚全兴从思想、学术和现实三个层面对此进行了分析。(1)思想意义。他指出，现代美育思想是在现代中国特定政治经济条件下产生的。在半封建半殖民地社会条件下，要发展科学文化，提倡审美教育相当困难，不但缺乏政治经济条件，而且

① 刘彦顺：《中国美育思想通史》（现代卷），山东人民出版社2017年版，第1页。
② 刘彦顺：《中国美育思想通史》（现代卷），山东人民出版社2017年版，第1页。
③ 刘彦顺：《中国美育思想通史》（现代卷），山东人民出版社2017年版，第3页。

得不到政府和社会的广泛支持。但是，就在这样的情况下，美育倡导者坚持不懈，持之以恒，居然也在半个世纪内使美育深入人心，特别是产生了丰富多彩的美育理论和美育方法。同时，现代美育倡导者中的大多数人对西方哲学、美学、教育等方面思想的汲取，是根据社会现实需要而加以扬弃，根据民族心理习惯加以改造，从而使现代美育思想能和世界的文化潮流同步，丰富和充实了现代中国的思想宝库。(2) 学术意义。姚全兴认为，现代美育思想的学术意义，最主要的是从一个侧面反映了现代中国众多的社会成就。不论是政治学、经济学、哲学、美学、文艺学、伦理学，还是教育学、心理学、社会学、民俗学、宗教学、历史学，都在现代美育思想中有所体现。这些社会科学无不围绕美育这个中心环节，关系十分直接。不仅社会科学，甚至生理学、生态学、地理学等自然科学也介入其中。正因为这样，蔡元培十分强调美术与科学相互促进的关系。但是，过去人们研究现代中国的文化史、思想史，忽略了现代美育思想这个重要因素。(3) 现实意义。姚全兴指出，我们现在整理和研究现代美育思想具有现实意义，它可以使人们知道过去有不少人倡导和探索美育，过去的美育思想遗产值得继承。现代美育思想为我们研究美育提供了不少经验和教训，使我们有前车之鉴。①

当代学界对中国现代美育思想的评价也采取了一分为二的辩证思维，既充分肯定其重要的地位和价值，也剖析了它存在的问题和不足。杜卫认为，中国现代美育理论存在以下局限：一是感性和个性的相对缺席。由于过于注重美育的启蒙功能，特别是道德教育功能，现代美育理论中本来占据着核心地位的感性和个性被相对忽视了。审美作为一个感性范畴，美育作为一种特殊的感性教育是以人的感性存在的独立意义为前提的。感性不仅仅是理性的基础，感性本身就具有生存的价值。可是，在中国现代美育

① 姚全兴：《中国现代美育思想述评》，湖北教育出版社 1989 年版，第 9—12 页。

理论中，除了朱光潜曾对感性生命较为重视外，感性本身的价值经常被忽略。这种思想至今仍深刻地影响着当代中国的美育理论，人的感觉、情感、想象、直觉等感性方面的价值还得不到充分的重视，甚至未被列入美育的具体目标。在诸多美育论著中，感性的作用似乎只是促进理性发展的基础或改善德育的路径，美育理论的这种理性化、德育化倾向源自于对感性本身的轻视或漠视。再则审美作为一个感性范畴，其前提就是人作为感性的个体存在。尽管20世纪诸多美学家、教育家都尖锐地批判过教育对个性的压抑，把发展个性作为教育改良的一个方向。但是，在他们的美育理论中，所关注的主要不是发展人的个性，而是发展社会性。二是夸大美育的社会改造功能。19世纪末以后的一段时期里，中国的文人往往夸大审美对于人心的教育作用，试图仅仅依靠美育来消除国民的私欲和物欲，从而提升情感境界；并通过夸大情感在个体行为动机和价值定向中的作用，从而夸大美育的社会改造功能。今天，我国的美育和审美理论中仍然普遍流行着这种夸大美育作用的观念。从历史的观点看，20世纪前五十年的一些美学家们实际上是借他们的美育理论表达他们对当时重建中国思想文化、改造现实社会的一种理想，一种具有浓重审美幻想色彩的文化理想。这种理论以其浓重的浪漫色调吸引着一代又一代学人和教育者，但它是无法走向实践的，也是无法经受实践检验的。三是对美育实践问题研究的漠视。这种带有浓重理想色彩的美育理论还有一个相关的缺陷，那就是缺乏对美育实践问题的必要的关注和研究。20世纪前五十年间，论述美育的论著不少，但是只有蔡元培、丰子恺等少数几位关注美育的具体实践。这种美育理论在一定程度上讲是抽象的，它脱离具体的艺术教育，脱离课程，脱离中国青少年儿童的成长需要和特征。①

① 杜卫：《审美功利主义——中国现代美育理论研究》，人民出版社2004年版，第184—186页。

梁红燕在回顾我国现代美育发展历程的基础上，也分析了我国美育研究存在的不足，并特别指出美育理论研究和实践操作方面存在严重的脱节现象。她指出，学校美育、家庭美育和社会美育并未很好地得到落实。美学界和教育学界、心理学界在美育问题上缺乏沟通和共识，具体表现在美学界对美育的理论研究带有浓重的理想色彩且在一定程度上只是在重复经典的思辨性美育理论；教育学界和心理学界的美育研究虽注重研究具体的教学问题，注重走向学校，走进课堂，走入学生中，建立试验点，但大多数研究只是简单地将美育等同于艺术教育，缺乏理论深度，因此并没有将美育真正地融入学校教育的全过程。①

二、中国美育思想的个体研究

中国美育思想的个体研究是指对中国历代教育家及典籍中的美育思想的研究。当代学界对于中国美育思想开展个体研究的对象包括老子、孔子、墨子、孟子、庄子、荀子、朱熹、梁启超、王国维、蔡元培、鲁迅、陶行知、丰子恺、朱光潜等思想家、教育家和艺术家及《乐论》《乐记》等重要典籍。限于篇幅，这里将根据当代学者对这些对象的具体研究情况有选择地进行简要的评述。

（一）关于中国古代教育家及典籍中的美育思想

1. 孔子的美育思想

孔子（前551—前479）在中国美育思想的发展历史上具有极其重要的地位。正如有的学者所指出的，他是先秦时期“美育方面的主要代表，一方面，他对此前时代的美育活动进行了理性的思考和反省，另一方面，他对美育的原则性论述又成了此后数千年中国美育的基本规范。作为中国

① 梁红燕：《我国现代美育发展历程及其启示》，《华北电力大学学报（社会科学版）》2006年第4期，第126页。

美育的奠基者，孔子拉开了中国美育史的壮丽开端”①。正因为如此，所以凡是研究中国美育发展历史的成果无不论及孔子的美育思想。当代学界对于孔子美育思想的研究既有全面评介的视角，也有某个具体方面的探讨。

陈元晖从总体上评述了孔子的美育思想。②他指出，关于孔子的教育思想，以往只关注其德育思想和智育思想，而不注意其美育思想。他认为，被忽视的孔子美育思想，应该突出出来加以发扬。陈元晖指出，孔子具有丰富的美育思想。他对其弟子进行审美教育，主要是通过学《诗》来进行的，同时也通过音乐教育和对自然美的欣赏来实施。为什么要学诗？孔子说：“诗，可以兴，可以观，可以群，可以怨。迩之事父，远之事君。多识于鸟兽草木之名。”③陈元晖认为，这里所谓的兴、观、群、怨，都是属于感情的事。孔子在他的门人中提倡学诗，就是他重视感情教育的思想表现。在孔子的教育思想中，美育与德育、智育占有同等重要的地位。孔子谈教育，处处以德育、智育和美育并重为前提，对学生进行审美教育。他提倡学诗，中心在于兴、观、群、怨，其次才是“迩之事父，远之事君”的德育思想，再其次是“多识于鸟兽草木之名”的智育思想。他把美育提到首位，学诗的中心思想是提倡美育，德育和智育虽然也可以从学诗中进行，但它不是中心，而是兼带的。陈元晖指出，以往学者们一直把“诗教”看成是德育，这一偏见必须加以分析和纠正。《诗》三百篇，都是情动于中而形于言的作品，它们真情感人，读《诗》可以使人获得美的感受。学《诗》的审美教育，是与德育和智育结合着进行，但不等于德育和智育。由于儒家，特别是朱熹对《诗》和《论语》的注解，都把孔子的美育思想作为德育来解释，这就使孔子的美育思想长期被忽视，一些现代的教育史家在论孔子的教育思想时也往往忽视他的美育思想。孔子在美育中还极重

① 单世联、徐林祥：《中国美育史导论》，广西教育出版社 1992 年版，第 35 页。

② 陈元晖：《孔子的美育思想》，《孔子研究》1987 年第 1 期，第 45—50 页。

③ 《论语・阳货》。

视音乐教育。孔子曾作过“正乐”的工作，他说：“吾自卫返鲁，然后乐正，《雅》《颂》各得其所。”[①]孔子嗜好音乐，“子在齐闻《韶》，三月不知肉味。”[②]孔子还重视对学生进行音乐教育。他说：“兴于诗，立于礼，成于乐。”[③]孔子还提倡并重视实施自然美育。

祁海文从美育宗旨、美育功能和君子美育三个方面分析了孔子的美育思想。[④]关于美育宗旨，他认为，“兴于诗，立于礼，成于乐。”这是孔子所述的人性修养、人格完善的基本历程。由诗兴起人的道德自觉、仁爱情感，在此基础上，人的视听言行才能皆合于礼。但人格的最后完成还要“乐以成性”，也即只有在音乐的陶冶下，才能形成完美的人性、健全的人格。祁海文认为，孔子在他的以道德教育为核心的教育体系中，将审美教育置于非常重要的地位，并给予了高度的价值肯定。诗教、乐教不仅是道德教育的重要手段，而且是道德教育的载体，承担着道德教育的功能，在人格成长、人性完善，从而也在社会伦理教化的过程中始终伴随着艺术审美教育。因而“兴于诗，立于礼，成于乐”可以说是孔子美育思想的总纲，而诗教、乐教则是孔子实施审美教育的主要途径。关于诗的美育功能，祁海文认为，孔子所认识到的诗的审美教育功能大体可总括为如下几个方面：一是“兴观群怨”的情志之陶养；二是“事父”“事君”的伦理之教化；三是“多识于鸟兽草木之名”的知识之汲取；四是“达政”“专对”的政治才能之训练。在他看来，孔子论诗教的功能，重在情志之陶养，并将它看成是诗教的其他功能的基础，这使孔子的诗教虽然承担以伦理道德为核心的人格修养之功能，但是并不因此成为机械、僵化的伦理教训，而是始终洋溢着审美趣味的兴发、感动和想象、领悟，因而也具有生动活

---

① 《论语·子罕》。

② 《论语·述而》。

③ 《论语·泰伯》。

④ 祁海文：《中国美育思想通史》（先秦卷），山东人民出版社 2017 年版，第 161—177 页。

泼、“循循然善诱人”[①]的审美教育性质。当然，这种性质不仅表现在孔子的诗教，而且表现在他的乐教，甚至礼教上。关于君子美育，祁海文指出，“君子”是孔子理想的标准人格形象。在孔子看来，人格修养只有达到“文质彬彬”的境界，方可称为“君子”。祁海文认为，孔子所说的“文”，指内在的文化修养和这种修养显露于外的仪容、行动、表情、态度等感性形态的美。所谓“质”，指人的以“仁义”为核心的伦理道德修养。“文质彬彬”指人格修养中仁义道德修养与文化艺术修养两者相互统一、相互融洽、浑然一体。因此，孔子美育所塑造的人格不仅是道德人格，而且是审美人格。

张连捷主要分析和肯定了孔子的美育功能思想。他将孔子美育功能思想概括为三个方面：[②]一是道德修养功能。孔子提出君子修身的过程是“兴于诗，立于礼，成于乐”，即人的道德修养应先从感性的、具体的学习入手。因此，孔子选择既有生动形象和强烈感情，又伴之以和谐悦耳的音乐和优美雅致的舞蹈，并且体现一定道德原则的《诗经》作为培养品德、修身养性的基本教材，以勉励和激奋学生。张连捷认为，孔子这种从人的心理发展特点和教育规律出发，将美育和德育结合起来的观点，是很有价值的创见。二是智力开发功能。在强调美育道德修养功能的同时，孔子也十分重视美育的智力开发功能。张连捷对孔子的“诗，可以兴，可以观，可以群，可以怨”进行了新的解释。他说，用心理学术语讲，“兴”即联想、想象、形象思维能力；“观”即观察分析事物的能力；“群”指相互切磋研究的能力；“怨”包含发现问题和解决问题的能力。他认为，孔子对美育智力开发功能的分析，具有生理和心理科学的依据。三是知识功能。孔子认为美育可以使人“多识于鸟兽草木之名”，即美育还具有丰富知识的功

① 《论语·子罕》。

② 张连捷：《孔子美育思想初探》，《山西大学学报（哲学社会科学版）》1983 年第 2 期，第 105—106 页。

能。张连捷解释说，孔子的意思是说，美育通过审美活动，可以引导学生深入了解自然和社会，从而增加他们的知识和经验。孔子进行美育的主要教材《诗经》，就是一部形象地反映当时的社会生活、内容十分丰富、又便于记诵的社会科学教科书，具有很强的知识性。

左蕾着重分析了孔子美育思想的特点。她认为孔子美育思想具有如下四个特点：① 一是人文性。孔学的核心就是教人如何做人，如何生活。他肯定人的情感欲望的合理性和必要性，由此而肯定艺术的存在，并将此作为本然和应然的生活内容和达仁的途径之一。孔子将诗与乐作为美育的基本内容。诗与乐受情感的鼓荡而发，又在道德理性的冲淡中使之优美化，化外在为内在，化有形为无形，引导感性与理性、情感与道德达到圆融之境，成就“文质彬彬”的君子，使人的生命中既有理性的支撑，又不缺乏感性的滋润，从而达到“从心所欲不逾矩”② 的自由境界。二是实践性。孔子提倡美育，认为诗、乐可以疏导和陶冶人的性情，他的艺术观绝不是“为艺术而艺术”，而是“为人生”的，带有浓厚的实践性色彩。孔子崇尚从尧舜到周公的礼乐之治，那种在美的陶养中实现的理想社会，那种无为的政治。孔子志向远大，不拘泥于具体事物，却又自然流成，包含着文治武略又超越功利现实。三是体验性。左蕾认为，重视直接参与，重视体验是孔子美育思想的又一特点。孔子认为“仁”需要个体从内心感受上进行体认，外在的道德法则只有内化为个体自觉的情感需求，才能成为人格修养的组成部分，正所谓“知之者不如好之者，好之者不如乐之者”③。这种以“仁”为乐的体验，既是一种伦理的理性体验，又是一种审美的情感体验。四是超越性。孔子美育的目标在于由外向内的积淀，人生境界的提升。从外在的诗乐涵养、熏陶内在的仁心。在这种超越的过程中，人的感

① 左蕾：《孔子美育思想的现代阐释》，《齐鲁艺苑》2004 年第 2 期，第 91—92 页。
② 《论语 · 为政》。
③ 《论语 · 雍也》。

性与理性得以调和，情绪和道德有所安顿，个体与社会、人与自然处于一片和谐中。它以形象化、情感化的形式体现人的超越性精神理念，在现实的世俗生活中取得精神的追求，在人生快乐中求得超越，在此生有限中去得到无限。

2. 庄子的美育思想

庄子（前 369—前 280）是战国时期的思想家和哲学家。他的美育思想以往不受重视，正如张爱红所指出的，人们一贯将庄子美育排斥在外，其原因在于人们认为庄子并不重视美育。但是，她认为，美育有两方面的内涵，一是“美”，二是“育”。显然，儒家重“育”，而庄子重“美”。庄子虽然不重“育”，但庄子正以随性、任自然的“不育”之育成就了重视人性真实的美育之“美”。从逻辑上说，庄子对儒家美育的批判从而使其思想具有了相对的美育意味；从庄子思想内容上说，对“人”本身生命哲学的关注，尤其是个体之“人”的关注，是与美育之“育人”使命相通的。因而庄子的美育思想，正启迪了当代美育中“以人为本、因势利导”的命题建构。张爱红认为，庄子美育之“人”主要体现在以下几层关系中：一是人、物关系中的“人”性恪守。在人与物的关系上，庄子反对将人性等同于物性。在庄子看来，人性与物性具有鲜明的差异性，人性高于名利等世俗的物性，一旦使人的内在规定性失落于名利的追求，便会颠倒人性与物性的关系。庄子关于人与物的区分，实际上是在肯定人作为人的自身的存在价值：人作为自我，而并非作为他物的附属，方具有独立的价值。二是人与人关系中的本然之“真”。在人与人之间的关系中，庄子反对儒家从人伦尊卑、地位差别的角度来体现人的价值，认为人具有个体的独立价值。庄子认为，儒家礼乐、仁义的体制规范对人性造成了戕害，会使人“失信于俗”，变成重名重利的“俗人”。庄子认为人应该做“真人”（或称“天人”）。三是人、我关系中的个体性。在整体与个体的关系中，庄子特别崇尚个体价值的独特性，强调个体的自由。但是，庄子对个体性的强调并不是“个人主义”式的“自我”，庄子之“我”是指符合自然本性、符合人之本性的，未加礼教束缚的“我”。在张爱红看来，“如何育人”是把握庄子美育观的关键，也是庄子美育体现其当代价值的根本。对人自然本性以及个体价值的完善是庄子美育的主要特点。这种特点反映在育人的方式上，便是依据不同人的不同特点来区别对待，“因人施教”。庄子反对任何以人为的方式来改变事物属性的做法，认为任何无视个性，企图用普遍的模式或方法来规范的做法，都是戕害了事物的本质属性。只有按事物的不同特性来区别对待，才可以使事物得到良好的发展。张爱红认为，庄子尊重事物的个性特点，“因人施教”的美育方法可以为当代中国美育提供方法论上的新思考。任何一种理论都应在时代的变化中呈现出相应的生命质感。在中国近现代美育思想中形成的只重整体和规范的儒家“惯性”却与当代美育以人为本的思想相抵牾。而在中国美育现实源流中所“丢失”的道家——庄子美育，为传统美育的现代转换提供了一种“清凉剂”。在当代美育中，庄子美育所启迪的人之个性发展是应该居于首位的。①

王洋认为，庄子的美育思想主要表现为“人法自然”的生命观、通向“逍遥游”的生命教化思想和审美人格的塑造等方面。“人法自然”体现的是其顺应自然规律以关爱生命，从而实现人的生命价值的思想；通向“逍遥游”体现的是其提升人的生命价值的一种重要的教育方式。(1)“人法自然”的生命观。庄子崇尚自然，认为人的生命必须以自然为依托方能存在，人要效法自然，并融入自然之中。庄子“以自然为美”，认为朴素的美即自然的美，它是一种令天下万物都难以企及的美。由美推及人的品性，庄子反对伪饰和矫揉造作，认为“淳朴自然”是任何人为的粉饰都难以超越的“大美”。(2) 通向“逍遥游”的人生教化思想。“自然”是贯穿

① 张爱红：《对中国传统美育思想“惯性”的质疑——兼论庄子美育的当代价值》，《安徽师范大学学报（人文社会科学版）》2009 年第 5 期，第 554—555 页。

于庄子人生哲学之中的主导思想。庄子倡导人们要顺应自然，要适性而行。“逍遥游”是由庄子首发和创造出的一种诗意般的、高层次的和审美的精神境界。它是顺应自然的自由状态的表现，也是庄子的理想人生的一种境界。庄子的所谓“逍遥”，就是指人应摆脱物欲的束缚，应保持自己心灵的开放状态，使万物都能各适其性地发生和发展，就是应以博大和宽容的胸怀去看待人生。庄子的“逍遥游”的境界所追求和向往的是作为一个主体的人能够超越一切世俗观念的束缚而将其精神旨趣发挥到极致，从而达到最大限度的精神自由的一种境界。（3）审美人格塑造的思想。王洋指出，庄子关于审美教育思想的关键之所在是其关于审美人格的塑造，将人格审美化是庄子思想的一个显著特征。庄子认为理想的人格应该保持自己内心的清澈和平静。他把“静”视作提升人的生命力的重要手段，认为人一旦消除了自己的欲望，他就会进入平和的境界，从而达到延年益寿的目的。所以，理想的人格平静如水，当人处于平和与安静的状态时，人的生命就能得到休养生息。①

祁海文主要从美育目的和方法等角度分析了庄子的美育思想。他也认为，庄子的美育目的在于培养理想人格。理想人格的建构问题在老子那里已有较多论述，但道家理想人格的美学特征直到庄子及其后学才得到清晰的展现，对理想人格的探讨成为庄子美育思想的核心内容。祁海文指出，庄子主要是从个体人生的精神解放与心灵自由角度来思考现实人生问题的解决。这使庄子的全部哲学思考都集中在对超越现实的社会规范、伦理道德、宗教意识的理想人格建构问题的探索之上。这同时也是庄子美育观的核心问题。庄子的理想人格立足于个体，突出个性，既独立自足又绝对自由，显现出一派逍遥自适、自然天放的审美意味。如果说，儒家的理想人格是一种道德人格，那么以庄子为代表的道家的理想人格则可以说是一种

① 王洋：《谈道家的审美教育思想》，《教育探索》2011 年第 1 期，第 3—5 页。

审美人格、艺术人格。这种人格具有超越社会政治、伦理规范的特征。关于庄子的美育方法，祁海文认为庄子论人生修养的方法也即美育的方法，是以现实人生为基本起点，以实现对现实人生的超越为目标，这就是所谓的“吾丧我”。“丧”，犹忘也。所谓“吾丧我”，即忘却现实人生中困缚在各种规范、观念、意识之中的偏执之“我”，回归到生命本然状态的“真我”，也即不为现实人生的一切问题、一切困扰所拘执，并且要从精神上超越这种种拘执，对之采取一种超越性的审美态度。祁海文高度肯定以庄子为代表的道家的审美修养方法，认为相对于传统美育和儒家美育来说，它在中国美育思想的发展中自成系统，不仅在中国传统人格的塑造中起着非常重要的历史作用，而且这种方法因其蕴含的艺术精神还在中国古代人格修养中起着主要作用。祁海文还由此谈到庄子关于理想人格的审美创造性特征，并认为这是庄子的美育思想中非常值得重视的方面。他认为《庄子》一书中关于技艺活动的许多寓言，如“庖丁解牛”“大马之捶钩者”“轮扁斫轮”等，所探讨的是“有为”与“无为”的关系问题，也就是一个具有理想人格的人如何在现实人生活动中存在的问题。而由于庄子主要是从技艺活动角度思考这些问题，因而对于理想人格在艺术审美方面的创造性问题有深刻的揭示。祁海文指出，庄子是崇尚“无为”的，因为一切“有为”都源于人的超出本性自然之外的贪欲，因而导致了人生的无穷苦难。但是庄子并不是禁欲主义者，他的人生追求以肯定、高扬人的自然本性为前提，要求无限伸展人的生命自由。因此，他所崇尚的“无为”不可能是绝对地无所作为。庄子以体道来追求理想的人生境界，“道”的根本特性在庄子看来是“自然”“无为”“无为而无不为”。“无不为”其实就是有所为，不过这种“有为”是以“无为”为其实现前提的，因而虽“有为”而表现为“无为”。就“道”本身来说，“无为而无不为”才是“自然”。庄子追求“体道”的人生，正是追求人类生活体现“道”的“自然”“无为而无不为”的精神。就其人生修养来说，“无为”是为了实现精神的“虚静”，复归人的本性之自然状态。在这一状态中，人获得了自由生命，于是便能“无不为”。这种“无不为”虽然也是“有为”，但是它发自人的内在生命，不受任何外在力量的规范、控制，表现为一种“无为”的状态。①

3.《乐记》的美育思想

《礼记·乐记》是汉代儒者搜集先秦以来以儒家为主的诸子论“乐”文献，加以综合整理而编辑成的一部著作，是中国古代美学和儒家美育思想的经典文献。它以“乐”名篇，所谓“乐”指的是诗、歌、舞三位一体的综合性的艺术形态。蒋孔阳认为，《乐记》在中国美学史上的地位与亚里士多德的《诗学》在西方美学史上的地位相当。他说：“二千多年来的中国封建社会，有关文学艺术的美学思想……基本上没有超过《乐记》所论述的范围。因此，《乐记》在我国的音乐美学思想发展的历史中，不仅是第一部最有系统的著作，而且还是最有生命力、最有影响力的一部著作。”② 曾繁仁认为，蒋孔阳对于《乐记》地位的高度评价，尽管是从音乐美学角度出发的，但也完全适用于《乐记》在中国美育思想史上的地位。③

苏志宏从美育的必要性、美育的性质与途径三个方面对《乐记》的美育思想进行了分析评价。④（1）美育的必要性。《乐记》认为，人的感情欲望是无止境的，如不加节制就会“天理”丧尽，“人欲”横流，其后果不堪设想。因此，以礼乐为手段进行教化，节制人欲，就成为当务之急。礼乐教化是相辅相成的两个方面，乐教侧重于内在主观世界的修炼，礼教侧重于外在礼仪的学习，二者都归结为主观道德品质的形成，都体现于外

① 祁海文：《中国美育思想通史》（先秦卷），山东人民出版社 2017 年版，第 248—270 页。

② 蒋孔阳：《评〈礼记·乐记〉的音乐美学思想》，载《蒋孔阳全集》第一卷，安徽教育出版社 1999 年版，第 701—702 页。

③ 曾繁仁：《中国美育思想通史》（先秦卷），山东人民出版社 2017 年版，“总序”第 7 页。

④ 苏志宏：《〈乐记〉美育思想刍议》，《中国社会科学院研究生院学报》1988 年第 3 期，第 20—24 页。

在的行为举止，从而在统治阶级内部造成一种恭敬、温和的欢愉气氛。所以《乐记》说："乐也者，动于内者也；礼也者，动于外者也。乐极和，礼极顺。"礼乐教化就是企图造成一种内和外顺的局势，达到"乐达""礼行"的目的："暴民不作，诸侯宾服，兵革不试，五刑不用，百姓不患，天子不怒，如此，则乐达矣。合父子之亲，明长幼之序，以敬四海之内，天子如此，则礼行矣。"这就是先王制礼乐发展以节"人欲"、明"天理"的基本出发点和最终归宿。当时的礼乐教化，融合于贵族的日常生活之中，礼和乐很难截然分开，且以乐的形式为主。《乐记》说："若夫礼乐之施于金石，越于声音，用于宗庙社稷，事乎山川鬼神，则此所与民同也。"在这种场合下，"诗言其志也"，"言之不足，故长言之；长言之不足，故嗟叹之；嗟叹之不足，故不知手之舞之，足之蹈之也"。正是在这种如醉如狂的欢乐状态中，乐教将人的情感导向"天理"。所以《乐记》把乐教看成是礼乐教化的基础。苏志宏认为，《乐记》的美育思想，就是企图通过乐教的手段，将政治、道德教育的内容转化为内心自觉追求的目标。（2）美育的性质。苏志宏将《乐记》关于美育性质的思想概括为"情感教育"。"乐者，音之所由生也；其本在人心之感于物也。"乐是表达人心有感于外物时所产生的感情的。"故歌者，上如抗，下如队（坠），曲如折，止如槁木。倨中矩，句中钩，垒垒乎端如贯珠。"乐音的高低变化，旋律的抑扬顿挫，节奏的快慢起止，可以通过欣赏者的联想和想象，形成从听觉到视觉的通感，在眼前展现出一幅栩栩如生的画面，撞击人的心弦，在生理和心理上都引起切身的感受，令人浮想联翩，从而产生强烈的感情共鸣。"君子之听音，非听其铿锵而已也，彼亦有所合也。"即要产生感情上的共鸣，除了要具备音乐的外界刺激外，还必须与主观的意念有所契合方能产生。"致乐以治心，则易、直、子、谅之心油然而生矣。易、直、子、谅之心生则乐，乐则安，安则久，久则天，天则神。天则不言而信，神则不怒而威。"意思是说，通过美育，丰富情感，陶冶情操，把外在的礼仪规范内化为各种优良品格，使统治者不言而信，不怒而威，统治秩序得以长乐久安，这就是作为情感教育的美育的基本功能。（3）美育的途径。《乐记》强调只有在特定场合进行乐教，才能收到预期的效果。“乐在宗庙之中，君臣上下同听之，则莫不和敬；在族长乡里之中，长幼同听之，则莫不和顺；在闺门之内，父子兄弟同听之，则莫不和颜。”君臣在宗庙里祭礼列祖列宗，一起倾听反映尊卑贵贱的音乐，才会在君臣之间产生“和敬”的效果；在宗族乡里的特定气氛中，同族老幼在一起倾听反映长幼有序的音乐，才能获得“和顺”的效果；在家族里，父子兄弟一起倾听反映父慈子孝的音乐，才能获得“和颜”的效果。苏志宏认为，《乐记》形成了比较完整的美育理论。虽然这种美育理论带有强烈的封建色彩和阶级偏见，但它认为美育是德育和政治教育的必要而有效的手段，是在情感的愉悦中进行的潜移默化的教育，具有移风易俗的社会效益，这些都触到了美育的基本规律，即使在今天也不失其借鉴意义。

关于《乐记》的主题，祁海文也将其归结为礼乐教化。他认为，礼乐教化是先秦儒家的重要课题，《乐记》所采辑的来自《荀子》《吕氏春秋》《周易》等的资料和观点，基本上是围绕礼乐教化问题而展开的。因此，《乐记》可以说是对先秦至西汉中期以儒家为主的礼乐教化美育思想的系统总结。首先，祁海文分析了《乐记》关于礼乐教化必要性的观点。他认为，在《乐记》看来，乐教之所以必要，在于在“物感”的情况下可能出现“好恶无节于内”“人之好恶无节”，也就是说如果让人的情感顺其自然地发展，就必然会导致人的本性的丧失，即所谓“灭天理而穷人欲”。因此，《乐记》主张充分发挥礼乐的教化作用。“是故先王制礼乐，人为之节。”在《乐记》看来，礼乐的主要功能在“节”，就是使人之好恶情感得到节制。好恶得其节，则可以存“天理”。其次，祁海文分析了《乐记》关于乐的教化作用的观点。他认为，《乐记》的美育思想重点在“乐”的教化作用方面。《乐记》所以重视乐教，是基于对“乐”的感动人心的作用的明确认识：“乐也者，圣人之所乐也，而可以善民心。其感人深，其移风易俗，故先王著其教焉。”再次，祁海文分析了《乐记》关于君子礼乐修养的论述。他认为，《乐记》对“君子”之礼乐修养的论述，主要集中在“礼乐不可斯须去身”这个主题上。《乐记》从“礼”“乐”的相对关系进行了综合性论述，不仅充分揭示了“礼”“乐”在人格修养中各自的不同功能，而且显现出它们在人格修养中相辅相成的作用。《乐记》指出，“致乐以治心”“致礼以治躬”。乐教功能在于“治心”，目的在内心之“极和”；礼教功能在于“治躬”，目的在外貌之“极顺”。乐教“动于内”，礼教“动于外”，礼乐分别从内外两个方面促进“君子”之人格的发展。但礼乐二者在人格修养上是可以相辅相成的，这是因为二者在本质上都是“治心”。祁海文还分析了《乐记》关于“乐”与“政”及“乐”与“德”的关系方面的思想。《乐记》的政治理想是以“礼乐”为主而辅之以“政刑”。从《乐记》的论述来看，礼与乐在社会性教化方面始终处于相对关系，发挥着相辅相成的作用。“先王之为乐也，以法治也”，明确将乐教作为治国平天下的重要手段。所谓“以法治”，是指效法天地之道以乐教治民。祁海文认为，“乐”与“德”的关系是儒家乐教思想的另一个重要主题。《乐记》中的“德”是一个含义相当宽泛的概念，与“乐”关系密切的首先是政治方面的“功德”。在《乐记》看来，历代帝王都有作乐传统，而其所作的“乐”则象征地表现着历代帝王政治上的“功德”。“德”的另一个重要含义是“伦理”。所谓“伦理”，主要是指与各种社会政治、伦理关系相应的道德规范。《乐记》说，“乐者，通伦理者也”。即乐与道德规范密切相关。在祁海文看来，《乐记》中的“德”的最基本含义是“道德”。这种含义的“德”在“乐”与“德”的关系中处于核心地位。《乐记》说，“乐者，德之华也”。也就是说，“乐”在本质上也是人的内在德行之表现。在《乐记》中，“乐”不仅在本质上与“德”相关，而且“乐”的教化作用也主要体现在“德”的培养方面。《乐记》称：“礼乐皆得，谓之有德。德者，得也。”所谓“德”，最基本的含义是在道德修养上于“礼乐”皆有所得，从而达到“德辉动于内，而民莫不承听；理发诸外，而民莫不承顺”的境界。礼乐的社会性教化的作用在于维持社会秩序，使整个社会“行象德”；对个体人格修养来说，其核心在于陶冶性情，培育德行。祁海文认为，在儒家美育思想的发展中，《乐记》具有划时代的意义，它对所采集的材料不仅有所整理和归纳，而且还根据自己的观点在原始材料基础上做过整合、改编，以及引申、发挥，使其乐教思想得到了极大程度的丰富和深化，从而促进了儒家美育思想的成熟，将儒家美育思想提升到更高的理论层次。乐教思想在儒家礼乐教化美育观中处于核心层次，《乐记》作为儒家乐教思想的经典地位由此也得以确立，对中国古代思想的发展起到很大的推动作用。①

4. 朱熹的美育思想

朱熹（1130—1200），南宋著名理学家，程朱理学集大成者。朱熹在中国思想史上具有极高的地位。钱穆曾评价道：“中国历史上，前古有孔子，近古有朱子，此两人，皆在中国学术思想史及中国文化史上发出莫大声光，留下莫大影响。旷观全史，恐无第三人堪与伦比。孔子集前古学术思想之大成，开创儒学，成为中国文化传统中一主要骨干，北宋理学家兴起，乃儒学之重光。朱子崛起南宋，不仅能集北宋以来理学的大成，亦可谓集孔子以下学术思想之大成。此两人，先后矗立，皆能汇纳群流，归之一趋。自有朱子，而后孔子以下之儒学，乃重获生机，发挥新精神，直迄于今。”②可以说，钱先生的这个评价也完全适用于朱熹在中国美育思想史上的地位。朱熹在继承和发扬儒家美育思想方面作出了非常重要的贡献，是理学美育思想的集大成者。正如有的学者所指出的：“理学美育思想主要有两条进路，向下一路是关注经验世界对人的情感的陶冶及理想人

---

① 祁海文：《中国美育思想通史》（秦汉卷），山东人民出版社2017年版，第201—245页。

② 钱穆：《朱子学提纲》，《朱子新学案》，第一册，九州出版社2011年版，第1—2页。

格的养成；向上一路则是经由对本体界的理智直观所产生的崇高来引导情感的升华和凝结，在对天地之性的理智直观中实现对气质之性的扬弃。朱熹在这两条进路上都做了系统、深刻的论述，在两条路向的打通上用力尤深。”①

潘立勇从美育的地位与性质、美育的目的和美育的功能等几个方面评述了朱熹的美育思想。②（1）关于美育的地位与性质。他从朱熹对美育的主要途径“艺教”的看法入手进行了分析。朱熹重视“艺教”的作用，认为“无艺”断乎难以成就“君子”。他认为美育主要也是一种“小学”功夫，在教育时间和次序上，它有着先行性。但他同时又指出，“艺教”在性质上属“末节”，即与道德学问，与“大学”相比，它还是从属性的，它只是教育尤其是德育的辅助手段。潘立勇将美育在朱熹思想中的地位归纳如下：一是从天理所寓，日用不可能的角度，肯定了美育的必要性；二是从育人成材的角度，肯定了美育的必要性；三是从感性到理性的教育次序，肯定了美育的先行性；四是从“养气之助”“道德之归”的角度，指出了美育的功能性和从属性。（2）关于美育的目的。由于朱熹规定了美育的根本性质是“养气之助”，因此其目的也就在于“进于道德之归”，完成德育所应完成而又无法独立完成的任务。潘立勇将朱熹关于美育任务的观点概括为三个方面，即养心——培养至诚至乐的精神境界；成人——培养全面发展的人格；厚俗——淳化社会风气。“养心”可以说是儒家学问乃至中国传统文化哲学的基本宗旨。“养心”就是要达到至诚至乐，道德与审美融为一体的精神境界。朱熹提倡的美育的首要目的就是培养人生的这种境界。这种境界的达成除了克私的修养和道德的积累以外，还需要美育的融染。“闻乐则可以融化”，辅之以“乐”则能“忽而不自知其入圣贤之

① 李飞：《中国美育思想通史》（宋金元卷），山东人民出版社 2017 年版，第 177 页。

② 潘立勇：《朱熹美育思想初探》，《孔子研究》1989 年第 1 期，第 48—53 页。

域”，这是因为乐具有愉悦性和鼓舞性的功能。朱熹倡导的美育的目的是由“养情性”“育人才”而至“和上下”，“厚风俗，济世务而兴太平也”，这里强调的是由个人到社会，由个体的诚心到群体的和谐，由“养心”“成人”到“厚俗”，由内到外，由小到大，循序渐进，顺理成章。潘立勇指出，朱熹美育的主要目的，在于试图借助美的形式或桥梁，引导人进入至诚至乐的精神境界，由此消融个人与社会的矛盾，促进人的全面发展，以最终实现个人与社会的和谐。(3）关于美育的功能。潘立勇将朱熹的美育功能思想概括为五个方面：一是由愉悦性决定的“引善”功能。朱熹以“艺教”为例指出，艺教就是游戏中给人愉悦，在愉悦中让人感到自由，使人自觉自愿，甚至不知不觉中进入善的领域。这种自由愉悦性，就是美育不同于其他教育的主要特色。二是由鼓舞性决定的“催善”功能。愉悦性侧重美育化强迫为自由的功能，而鼓舞性则侧重美育化被动为主动的功能。两者都与情感有关，然而前者突出心绪的自由感，后者突出情感的催动性。“乐者乐也”，乐教能激发人的情感，催动人的意志，“使人欢欣鼓舞，趋事赴历不能自已”，如此则能变被动为主动。这就是美育的“催善”功能。三是由操作性决定的“储善”功能。美育与一般道德修养的一个重要区别，就是它往往具有操作性，礼乐之教都和身体的操作有关，因此谓之“习艺”，人从小经常在美的活动和模式中操练，就会打下善的“坯模”，形成善的本能，这就是“储善”。从美育的意义看，“礼”表现的是人的行为美，仪表现风度美。经过“曲礼三百，威仪三千”的反复操作实践，方能养成他所谓的“足容重，手容恭，目容端，口容止，声容静，头容直，气容肃”的人格美。四是由多样性决定的“完善”功能。美育之方式和途径的多样性，提供了对人进行有机的整体的能力培养，使人的全面发展成为可能。五是由和谐性决定的“顺善”功能。和谐性主要作用于“厚俗”。在朱熹看来，“厚俗者”一要合群，二要合序。美育中主要是乐教具有这种功能。他认为，乐由众多乐器奏成，加之歌唱舞蹈，不能各自为政，必须浑成一片，相和相应，在这种协作努力中，自然使人合群和谐，同心同德。合序者，使上下关系和谐，不越伦常。乐教以和谐的形式给人以和悦的享受，从而使人体悟出伦常次序，终至上下和谐。这就是美育的“顺善”（顺应伦理）功能。潘立勇最后对朱熹的美育思想作了总结，认为朱熹作为理学的集大成者，他的美育观有着浓厚的理学气味。他忽视审美能力和创造美的能力的培养。他虽然重视艺教，但主要是作为一种德育的辅助手段，而没有真正给予美育以独立地位。

李飞主要从艺术教育、山水美育、人格美育等方面评述了朱熹的美育思想。① 关于朱熹的艺术教育思想，他认为，首先要理解朱熹对于“艺”的看法。朱熹说：“艺，则礼乐之文，射御书数之法，皆至理所寓，而日用之不可阙者也。朝夕游焉，以博其义理之趣，则应务有余，而心亦无所放矣。”② 李飞认为，朱熹这里所说的“艺”不是我们现在所说的美的艺术，而是一种以技巧和规则为核心的制作事物的常规方法所形成的体系。但值得注意的是，他将礼乐与后四者分开，而在具体论述中更为注重礼乐，而不太注意到后四者。相对于后四者而言，礼乐更具有精神性和人文性，也更接近于我们今天所说的艺术教育。在肯定美育对德育的辅助价值之外，朱熹也注意到了美育的独立价值。李飞认为，这在理学家中是极其难得的通达之见。关于朱熹的山水美育思想，李飞指出，朱熹提出山水可以“自慰”，可以“养性”，甚至可以使人“乐而忘死”，这种乐不仅仅是山水对人感官的愉悦，更重要的是在优游林泉的过程中，在对山水的直观中获得的物我同一的合目的感，通过对儒家的宇宙之仁的体认而获得自由之感。李飞认为，朱熹的山水美育思想还直接与其书院教育实践联系在一起。宋

① 李飞：《中国美育思想通史》（宋金元卷），山东人民出版社 2017 年版，第 212 页。

② 朱熹：《论语集注》，《朱子全书》第六册，上海古籍出版社、安徽教育出版社 2002 年版，第 121 页。

代私人书院盛行，其中起到重要推动作用的教育家就是朱熹。朱熹分别复兴了白鹿洞书院和岳麓书院。此外，他还创建了多所精舍。朱熹在为书院选址时，特别注重周围环境是否优美宜人。关于朱熹的人格美育思想，李飞指出，在朱熹看来，实现了“理与己一”的人生境界，就会有一种“乐”的情感体验，这是一种最高的人生体验。理学家所谓“孔颜乐处”或“曾点之乐”，都是指人生达到“心与理一”以后的一种自我体验和自我快乐，这种体验与快乐由道德快感升华而来，虽不是美感，却通往美感。这种美感是一种崇高之感。李飞在此基础上进一步总结道：人格美育之所以能在朱熹乃至大部分理学家的美育体系中都居于最高地位，归根到底还在于理学对于人文主义的重视。在朱熹看来，人为天地之心，人之灵不在于他能感知、认识外在世界，而在于他能够判断是非，具有自觉的道德意识和自由意志，并以此成为这一人文化成世界的最终目的。

（二）关于中国近现代教育家的美育思想

中国近现代是指从 1840 年鸦片战争到现在这段时期。当代学者对于我国近现代教育家美育思想的研究，从对象来说主要包括梁启超、王国维、蔡元培、陶行知、丰子恺和朱光潜等。

1. 王国维的美育思想

王国维（1877—1927），我国近现代著名学者、美学家。他的美育思想主要体现在《论教育之宗旨》《教育偶感四则》《论小学校唱歌科之材料》等文章中。对于王国维的美育思想，学界一致给予了高度评价。曾繁仁认为，王国维是我国现代第一个重要的美育理论家，他在我国现代文化史上首次全面论述了美育在教育体系中的重要地位，并提出独具中国特色的“心育论”，初步构建了中国现代美育的框架。① 姚全兴指出，王国维是中国现代美育思想史上的第一个重要人物，他率先采用西方美学和美育观点

① 曾繁仁：《中国美育思想通史》（先秦卷），山东人民出版社 2017 年版，“总序”第 17 页。

研究美育基本理论，开中国现代美育之先河。① 杜卫认为，王国维堪称中国 20 世纪的第一位“学术大师”，也是中国现代美学史上第一个比较系统地引入西方哲学、美学和美育的学术思想，并将这些思想与中国近代思想启蒙和文化革新融为一体的学者。② 刘彦顺认为，王国维是中国近现代美育理论史开端期的重要思想家，他以广阔的胸怀，接纳与消化系统性的西方美育理论，并与我国古典礼乐教化传统相对接、生发，其所达到的创造性已臻化境。他与蔡元培一样，代表着我国近现代美育思想的最高水准，树立了兼采中西、立足本土进行学术新建构的典范。③

当代学界关于王国维美育思想的研究，主要涉及他关于美育意义与目的的认识。武识丁认为，王国维是中国最早倡导审美教育并对其价值意义及主要功能特点做过深远思考的人。他指出，王国维力倡美育的人文襟怀，对美育独立价值的体认与执信，引借外来观念又不忘开掘故国传统的源头活水的民族文化立场等都有针砭时弊并昭示未来的意义。他发表专文《论教育之宗旨》，在中国首次标举美育，并在多篇文章中或专论或兼及美育问题。他提出教育之宗旨在于培养完全之人物——精神与肉体“无不发达且调合”的人，为了培养完全之人物，需要实施智育、德育和美育。他特别指出美育的独立价值及其附带功能。通过审美既可以“使人忘一己之利害而入高尚纯洁之域”，获得“最纯洁之快乐”，“使人之情感发达，以达完美之域”，又可附带促进德育和智育。④ 武识丁指出，王国维首倡美育，将它与智育、德育相提并论，并予以特别强调，应该看作是中国教育观念近代化，主动与“世界接轨”的一个标志。王国维提出，美育的直接现实功能是治疗国民嗜好卑劣、情趣低下的精神疾病。吸食鸦片烟与赌博

① 姚全兴：《中国现代美育思想述评》，湖北教育出版社 1989 年版，第 48 页。

② 杜卫：《审美功利主义——中国现代美育理论研究》，人民出版社 2004 年版，第 15 页。

③ 刘彦顺：《中国美育思想通史》（现代卷），山东人民出版社 2017 年版，第 5 页。

④ 舒新城编：《中国近代教育史资料》下册，人民教育出版社 1961 年版，第 1009 页。

是晚清严重的社会问题，为当时仁人志士所痛心疾首。他认为造成这种现象的原因不仅是政治、道德、知识方面的问题，更是心理方面的问题，必须通过情育即美育来疗救这种精神疾病。[①] 佛雏也充分肯定了王国维关于美育意义的观点。[②] 他指出，一般都认为"以美育代宗教"的观点是蔡元培于 1917 年首先提出来的。其实王国维早在 1906 年就提出了"美术者，上流社会之宗教也"这样的命题。姚全兴对于王国维关于以美术代宗教的观点给予了高度评价。他指出："这个观点显然是后来蔡元培以美育代宗教说的先导，揭开了中国现代美育史上一个重要问题论争的序幕。"单世联等则肯定了王国维关于美育与其他几种教育关系的辩证观点："他既充分认识到美育本身的特性，又不忽视它和其他教育方式的联系，是比较全面的看法。在此之前，梁启超曾注意到这一点，但毕竟没有像王国维这样从教育学的角度来认真辨析。"[③] 关于王国维的美育目的思想，姚全兴、武识丁和佛雏等也都给予了肯定的评价。他们认为，王国维《论小学校唱歌科之材料》一文所"论"对象虽"小"，在其美育说中却应占一个重要位置。他把"调和感情"与"练习聪明官及发声器"，作为"唱歌科自己之事业"，即"第一目的"；而将"陶冶意志"作为"修身科与唱歌科公共之事业"，即"第二目的"。两者相较，"自以前者为重"。在王国维看来，美育的第一目的在于提高人的审美感受能力，其中情感和想象的培养应占优势的地位。王国维虽然也承认美育可以成为德育和智育的手段，但这只应属于美育的"第二目的"。他们认为，王国维对于美育目的的区分，肯定了美育相对独立的价值。王国维认识到，如果美育以"奴隶"的身份去"补助"德育，势必导致"善"未得而"美"已失；反之，"尊重第一目的"，倒容易促成"美"与"善"的真正合一。武识丁认为，这种论点在当时有

① 武识丁：《王国维美育观简论》，《辽宁师范大学学报》1999 年第 6 期，第 59—62 页。

② 佛雏：《评王国维的美育说》，《文艺理论研究》1981 年第 3 期，第 113 页。

③ 单世联、徐林祥：《中国美育史导论》，广西教育出版社 1992 年版，第 455 页。

其突破旧传统、建立新美育的不可低估的历史意义。佛雏指出，这样认识美育的美感功能与德化功能的主与从、本与末，在中国思想史上是前无古人的。他强调美育的独立性，认为美育与德育相互区别又有联系，美育有特殊规律，无疑是深刻正确的。姚全兴认为，王国维关于唱歌科第一目的和第二目的的论述，相当具体而全面地阐明了美育是通过艺术手段达到美育目的的，为以后美育的进一步提倡和实施提供了有益的启示。单世联等则从整体上和比较的角度充分肯定了王国维美育思想的特点和重要价值，认为他的美育思想“不但结合中西，包举古今，而且细致深入，令人叹服，既为整个人类寻找解脱的方式，又帮助选择小学音乐课的教材，这在中国美育史上恐怕是唯一的。在近代几个人物中，他远超康梁，在广度上可和蔡元培相比，在深度上可与朱光潜并论，是近代美育的真正第一章”①。

2. 梁启超的美育思想

梁启超（1873—1929），中国近现代著名的思想家和教育家，他的美育思想在中国美育思想发展史上占有重要的地位。正如有人所指出的，梁启超的美育思想在中国近现代美育思想史中是一个独异而辉煌的现象，其视野宏大，思力精深，博采古今中西而又熔为一炉，独具创造性。这一创造性体现在他对中国古典的礼乐教化思想进行了全新的总结，始终立足于“新民”的塑造与养成，尤其是通过对中西文化、哲学、教育、美学所进行的卓越分析，不仅为其美育思想奠定了坚实的基础与基调，而且凸显了中国古典审美文化与美育实践的优长之处，这些优长不仅为西方文化所匮乏，而且其生命力旺盛，在新时代理应得到发扬光大。梁启超没有像大部分中国现代的美育理论家那样以西方思想作为启蒙的标准，而是以中国古典审美文化的乐观、理性、中庸、豁达来反衬西方文化在科学与宗教之间来回剧烈摇摆所造成的忽视人生意义与价值的弊端，可以说这是一种精彩

① 单世联、徐林祥：《中国美育史导论》，广西教育出版社1992年版，第460页。

的反启蒙。[①]

李开军对梁启超美育思想的评述在当代学界具有代表性，他从梁启超美育思想的内容和特征两个方面进行了系统的梳理与总结。他指出，梁启超在谈论美育问题时，使用的是“情感教育”或“情育”，而不是当时已流行的“美育”。关于梁启超美育思想的内容，李开军认为主要体现在三个方面：一是情感教育的必要性。梁启超认为教育应包括知育、情育、意育三个方面，学校中知育还有一些，但情、意二育简直可以说没有，这种失衡于学生人格的培养不利。在他看来，情感确是人之本能，但天生的情感却有善恶之别，这就需要情感教育的施行，以抑制恶的情感，净化人的情感。另外，人虽有审美的本能，但感受美的器官因为不用或不常用，其感受能力会变得迟钝，甚至麻木，不能体会到美。而通过接受情感教育，人们的审美能力将会得到砥砺。二是情感教育的目的。在梁启超看来，情感教育有许多切实的目标，比如将人们已经麻木的审美器官恢复到鲜活敏感的状态，使人们坏掉的审美胃口恢复原状，以便常常吸收趣味的营养，享受一种健康的生活；比如发挥人们情感中善的美的方面，淘汰涤荡那些恶的丑的方面，以使人们能够生活在善美的情感之中，并在这种情感的激发之下，从事有益的社会活动；又比如作为情感教育途径之一的美术教育，其目的除了培养出专门的艺术家之外，更要紧的是普及可以享用艺术的普通人。而情感教育更深远和根本的目的，则在于使人的情感进化到一种圆满发达的状态——使人心中无忧无患。因此，情感教育就是要改造人们的人生观，在深层次上重塑人们对宇宙人生的看法，从而使人们积极进取，享有一种趣味化、艺术化的生活。三是情感教育的过程。梁启超认为，情感教育的施行过程是一个移情过程。这个过程由情感教育的实施者、中介和接受者三方面共同完成。情感教育的中介即是艺术，具体内容

① 刘彦顺：《中国美育思想通史》（现代卷），山东人民出版社 2017 年版，第 56 页。

包括音乐、美术和文学。关于情感教育的实施者，梁启超认为，有两种人承担着情感教育的工作，即艺术家和从事情感教育的教师。他们在情感教育中的具体分工不同，要求也有异。艺术家是艺术品的创造者，为情感教育提供施行中介，所以他们居于一种十分权威的地位，会对情感教育的过程和效果产生极大的影响。他认为，艺术家应当具有责任感，要提高自己的情感修养，要用“美妙的技术”将自己的情感、个性表现出来。不过艺术家还只是隐在的情感教育者。直接从事情感教育的是学校担任情感教育的教师。他认为，从事情感教育的人其性情应该与艺术的气质相近；作为教师，必须对自己所从事的教育职业有彻底的自觉，要使学生掌握欣赏艺术品的方法，要传予学生艺术创造的规矩。至于移情，在梁启超看来，它产生于艺术作品对世界的表现与人类的普遍心理需求之间的契合。美术、文学和音乐作品，都与欣赏者之间存在着这样的契合。在艺术家、情育教师、艺术品、情育接受者的共同努力下，一个情感教育过程就完成了。关于梁启超美育思想的特征，李开军认为有以下四点：一是突出美育的地位。他将情育与知育、意育置于同等的地位。他十分推崇情育，甚至到了对其他二者存而不论的地步。二是具有融合中西的理论视野和情怀。如在谈论情感教育的目的时，他将康德的知情意与孔子的智仁勇联系在一起，认为知情意三育所达到的圆满发达状态即智仁勇。三是表现出强烈的重行意识。他的美育思想表现出对施行的强烈关注。如他在论及美术学校的任务时，强调美术教育最要紧的是给受教育者一个“规矩”，即一套可以领会应用，进行表现练习的方法。四是表现出面向国民的普及倾向。他认为，美是人们生活的基本要素，任何一个人都应该也有可能体验到美，应当将鉴赏文学艺术的方法传授给多数人。李开军最后对梁启超的美育思想进行了总结，认为他并不是专门的美育家，但他从现实出发，在王国维、蔡元培等人的基础上，汲取中国古贤和西方哲人的思想资源，对美育的诸多问题进行了思考，但毕竟是因为处在中国文化的转型期，他的不少想法存在零散、粗浅，甚至偏颇之处。①

金雅也是梁启超美育思想领域研究的重要开掘者。她从“美趣”与“美情”、“移人”与“美术人”、“生命之迸合”与“生活的艺术化”等梁启超美育思想的重要范畴命题入手，对梁启超美育思想的基本内涵与致思路径进行了系统的探讨，指出其由前期对美育的社会功能的探讨转向后期对美育的人文价值的探寻，逐步深入并叩问了美育的人生意蕴及其诗性维度，具有鲜明的个体特色、时代特征和民族情韵。她认为，中国现代美学几乎所有重要的思想家都关注美育问题，倡导美育实践，将美学、美育的理论建设与生命、人生的审美建构相统一，体现出人生论美学与美育思想的鲜明特色。她指出，梁启超的美育思想以人生为中心，不仅涵容了美育与艺术教育实践，也涵括了广阔的人生实践。梁启超通过“情感教育”和“趣味教育”，来实现“移人”的目标与“美术人”的建构，憧憬在生命之“迸合”中最终达成“生活的艺术化”，从而有机地贯通了情感陶冶、人格美化和趣味升华，其最高的理想是要在生活实践和生命践履中，不仅成就审美的人格，也要成就艺术的人生。她强调这种提情为趣的美育路径，突出了美情在人格建构和生命涵育中的核心意义，在当下有其独特的人文价值。②

曾繁仁认为，梁启超的美育思想存在一个隐性的体系，这个隐性的体系就是以“新民”为其出发点，以“文学移人”“情感教育”“趣味教育”为其内容，以“美术”“生活艺术化”为其旨归，以新的艺术形式“小说”以及对于中国古代作品的现代阐释为其手段。这些内容与中国传统美育的“礼乐教化”和“诗教”“乐教”相比有着许多新的现代的而且是具有中国特点的元素，是比较新颖的，值得研究。针对有的学者将梁启超看成是功

① 李开军：《梁启超的美育思想及其特征》，《泰安教育学院学报岱宗学刊》1999 年第 3 期，第 53—56 页。

② 李荣有、郝赫：《“蔡元培梁启超美育艺术教育思想与当代文化建设”全国学术研讨会综述》，《艺术百家》2013 年第 2 期，第 252 页。

利主义的美学与美育理论家，曾繁仁指出，梁启超所倡导的“民族启蒙”是一种与中华民族命运紧密相连的宏大的民族功利，对于作为人文学科的美学与美育，这种宏大的功利主义不仅有着政治的意义，而且有着重要的学科建设的意义，直到今天仍然具有现实的价值。曾繁仁认为，梁启超的美育思想的基本观点现在看似乎没有什么特别新颖之处，但我们应该将其放到当时特定的时代背景之下审视其价值，而且更重要的是应发现它所给予我们的深刻启示。从这个角度出发，曾繁仁认为最重要的是梁启超美育思想所始终贯彻的民族启蒙精神，无论是“新民说”“少年中国说”“教育救国说”等等，都是如此。当然，曾繁仁也承认，梁启超的美育思想也不可避免地有其历史的、时代的与个人的局限性。他的改良主义政治观和历史唯心主义的哲学观决定了他的包括美育在内的文化研究都在很大程度上离开了经济与政治的改造，而将文化与审美强调到不适当的地步，难免有审美乌托邦之嫌。新民的塑造固然需要文化的维度，但最根本的还是离不开政治与经济的基础，如果政治制度得不到改进，经济得不到发展，国民性的改造根本不可能成为现实。①

3. 蔡元培的美育思想

蔡元培（1868—1940），中国近现代史上著名的教育家、思想家、美学家，也是重要的美育理论家。蔡元培的美育思想是我国美育学术研究的热点问题，在当代更是受到关注最多、持续时间最长、成果也最丰富的美育问题。原因在于蔡元培对于中国近现代美育作出的杰出贡献和产生的重大影响。有人称他为“美育的首倡者”，为我国近代史上提倡美育的“唯一中坚人物”②。有人赞其功绩“只要讲到中国的美学，就不论理论与教育两方面，均要首先提到先生(指蔡元培)”③，“中国人素讲智、德、体三育，

① 曾繁仁：《梁启超美育思想的贡献与启示》，《文艺争鸣》2008 年第 3 期，第 144—147 页。
② 舒新城：《近代中国教育思想史》，福建教育出版社 2007 年版，第 157 页。
③ 蔡尚思：《蔡元培学术思想传记》，棠棣出版社 1950 年版，第 319 页。

近人更倡群育、美育，而并称五育。美育即蔡元培所主倡”①。有人指出，“在整个20世纪的中国，倡导美育较早、用力最多、时间最长、影响最大并且身体力行者，是蔡元培”②。还有人指出，“蔡元培的美育思想极为深刻而丰富。就深刻而言，他对美育理论中的一些重大问题做出了独到且具有开创性的研究，尤其是提出了‘以美育代宗教’的命题；就丰富而言，他的美育思想涉及对……中西艺术的比较、各个艺术门类教育的不同功能与特点、美育与家庭、社会、学校中的实施、公共空间之中公共艺术的美育功能等等”③。有学者认为，从中国现代教育史上看，美育作为一种教育范式确立下来，这始于蔡元培。“美育第一次以教育宗旨的形式在中国现代教育史上得以建立，这在学科史上也具有开山的意义。”④

下面拟简要分析学界对蔡元培美育思想的理论基础、发展历程以及蔡元培关于美育内涵、美育目的、美育作用和“以美育代宗教”等方面的观点的认识和评价。

（1）关于蔡元培美育思想的理论基础

陈杰干、王延芝等认为蔡元培美育思想的理论基础主要是康德的哲学思想。康德将世界分为两个部分，即物自体和现象界。前者超越于自然界，不以人的意志为转移；后者是我们周围的自然界，它受必然规律的支配。人的理性的认识能力只能达到现象界，而不能达到物自体。在他看来，“现象世界”是人的理性所创造的，即人的主观理解力先天地具备了一些感性形式，如时间、空间等以及一些概念形式，如因果律、必然律等逻辑范畴，这些形式和范畴都是主观的，我们人把它赋予外物，外物方才具有这样或那样的形式。至于“物自体”，它超过了理性的范围，它不

① 《陈望道文集》第1卷，上海人民出版社1979年版，第455页。

② 杜卫：《审美功利主义——中国现代美育理论研究》，人民出版社2004年版，第65页。

③ 刘彦顺：《中国美育思想通史》（现代卷），山东人民出版社2017年版，第131页。

④ 杨平：《多维视野中的美育》，安徽教育出版社2000年版，第26—27页。

是理性所创造的，所以也就不能够认识了。又因为“现象界”与“自在之物”彼此独立，当中有一条不可超越的鸿沟。人的认识能力可以达到的仅是“此岸世界”，而永远不可能达到“彼岸世界”。康德这种唯心主义的二元论的哲学思想，他在本体上肯定“现象世界”是客观的，是唯物主义的观点。但在认识论上，他把世界分割为两个不可超越的世界，彼此没有联系，这又是唯心主义的。因为世界上任何事物间总是相互对立和相互联系的，它们之间存在着必然的内在的本质的联系，对立统一是事物间的普遍规律。康德把“彼岸世界”（精神、观念的世界）看作是不可知的“理想世界”，从根本上否定了存在与思维的辩证同一性，从而陷入了唯心主义不可知论的泥坑。蔡元培将康德的这种二元论观点继承过来并有所发挥，作为他的美育理论的基础。他受康德哲学观的影响，将世界划分为“现象世界”和“实体世界”。但他对康德的哲学又有所超越，他认为现象世界和实体世界是一个世界的两方面，不是互相截然冲突的两个世界。因此他要求人们必须超脱现象而达到实体世界。因为两个世界是可以联系在一起的，是可望可及、可思可达的世界。而美育能使人们从现象世界达到实体世界，因为美育是“介于现象世界与实体世界之间，而为津梁”。很明显，蔡元培的美育理论是建立在康德二元论哲学思想的基础之上。但他在认识论上摆脱了康德的不可知论的影响，具有朴素的唯物论的思想。同时，他们认为，蔡元培的美育的理论基础还包括古今中外众多的哲学、美学观，如席勒的美学观以及孔子、荀子及王国维等人的美育思想。①

（2）关于蔡元培美育思想的发展过程

关于蔡元培美育思想的发展过程，主要有两种观点。王列盈将蔡元

① 陈杰干：《蔡元培先生的美育思想》，《海南大学学报（社会科学版）》1985年第3期，第84—90页；王延芝、沈燕：《试析蔡元培美育思想的理论基础及其现实意义》，《黑龙江高教研究》1988年第1期，第36页。

培的美育思想发展分为三个时期：一是融合中西美学思想，形成比较系统的美育思想时期。这一时期大约从 1907 年到 1916 年底。此时期可分为三段：第一段从 1907 年 6 月至 1911 年底。他于 1907 年 6 月赴德国听课，广泛接受西方文化思想的影响，特别是哲学和美学思想的影响。第二段是 1912 年 1 月至 1912 年 7 月。他任教育总长期间，将美育列入教育方针，提出了美育救国的思想，明确了美育和其他各育的关系及美育在完全人格培养中的地位与作用。第三段为 1912 年 9 月至 1916 年底。他在强调美育在道德教育中的重要性的同时，也对科学在道德教育中的作用予以充分重视。二是将美育理论付诸实践以改造社会时期。这一时期大约从 1917 年 1 月至 1930 年。他历任北京大学校长、大学院院长、中研院院长三职，是名副其实的新文化建设的设计者和组织者。在此时期，他采取诸多具体措施推行其美育主张，提出了“以美育代宗教”和“文化运动不要忘了美育”的著名口号，积极探索美育理论和普及美育知识，界定了美育的内涵和外延，明确了美育和德育的关系，系统阐述了美育的内容和实施方法等，标志着蔡元培美育思想的完成。三是美育理论和实践的反思总结时期。这一时期大约从 1931 年起至逝世。这一时期他在美育方面将注意力主要集中在反思总结上，发表了《美育与人生》《二十五年来中国之美育》《我在教育界的经验》等一系列具有反思总结性质的文章。① 段虹也是将蔡元培的美育思想发展分为三个时期，但在具体时间划分上有一定差异。一是萌芽酝酿期（1908—1916 年）。这一时期从他 1908 年考入德国莱比锡大学到 1916 年就任北京大学校长前夕。他在留学德国期间主要研习心理学、哲学史和美术史、文学等课程，并对美学产生了浓厚的兴趣，深受康德关于美的超越性和普遍性思想的影响。任教育总长后将美育列入教育方针。同

① 王列盈：《蔡元培美育思想发展时期划分的探讨》，《湛江师范学院学报》1999 年第 3 期，第 101—104 页。

时着手构思美育理论、积极推进美育实践、撰写美育文章、编写美学教材和发表美学讲演等。二是发展实施期（1917—1926年）。这是他的美育思想的推广和实施时期。他发表了影响很大的著名论文《以美育代宗教》，积极传播美学思想，努力完善学校美育并普及社会美育。三是成熟深化期（1927—1940年）。在这一时期，蔡元培系统地阐述了美育的内容和实施方法。①

（3）关于蔡元培的美育内涵观

蔡元培在《教育大辞书》中对美育的解释是："美育者，应用美学之理论于教育，以陶养感情为目的者也。"②卢善庆认为这个定义将美学理论与美育联系起来，有一定的科学性。它一方面反映了美育语义学上的意义和历史，另一方面为美育提供了较广阔的天地。卢善庆又指出，这个定义也存在一定的缺陷，即只提到"陶养感情"。他认为，蔡元培在《以美育代宗教说》和《文化运动不要忘了美育》中关于美育的定义更为完整。《以美育代宗教说》一文中的定义是："纯粹之美育，所以陶养吾人之感情，使有高尚纯洁之习惯，而使人我之见、利己损人之思念，以渐消沮者也。"③《文化运动不要忘了美育》一文中的定义是："……美术的教育，提起一种超越利害的兴趣，融合一种划分人我的僻见，保持一种永久平和的心境。"④与美育内涵关系密切的一个问题是美育与其他几种教育的关系，因此卢善庆还对蔡元培关于美育与德育、智育、体育关系的观点进行了评价。他首先阐述了蔡元培在《对于教育方针之意见》一文中的观点。包括美育"毗于德育"；"修身，德育也，而以美育及世界观参之"；体育，"兵

---

① 段虹：《蔡元培与审美教育》，《北方论丛》1999年第3期，第159—162页。

② 高平叔编：《蔡元培教育文选》，人民教育出版社1980年版，第195页。

③ 俞玉滋、张援编：《中国近现代美育论文选（1840—1949）》，上海教育出版社1999年版，第43页。

④ 俞玉滋、张援编：《中国近现代美育论文选（1840—1949）》，上海教育出版社1999年版，第46页。

式体操，军国民主义也；普通体操，则兼美育与军国民主义二者”；智育，由于分科论述较散，有内容的美，有形式的美，均有贯穿其间。① 卢善庆认为，蔡元培的这些阐述，只是讲了四育之间的相互交叉点。关于美育与德育、智育的内在关系，卢善庆主要引用了蔡元培在《教育大辞书》中的论述：“人生不外乎意志；人与人互相关系，莫大乎行为；故教育之目的，在使人人有适当之行为，即以德育为中心是也。顾欲求行为之适当，必有两方面之准备：一方面，计较利害，考察因果，以冷静之头脑判定之；凡保身卫国之德，属于此类，赖智育之助者也。又一方面，不顾祸福，不计生死，以热烈之感情奔赴之；凡与人同乐、舍己为群之德，属于此类，赖美育之助者也。所以美育者，与智育相辅而行，以图德育之完成者也。”② 卢善庆不认同蔡元培的上述观点，认为它割裂了美育与德育、智育的关系，没有真正揭示三者之间的内在联系。③

（4）关于蔡元培的美育目的论

美育目的论是蔡元培美育思想的重要内容。陈杰干指出，蔡元培的美育目的与体育、智育、德育等诸育的目的完全一致，是他的教育的总目的的具体化，即养成健全的人格、发展共和的精神和养成学问神圣的风习。陈杰干认为，蔡元培提出美育目的的时候，他还没有认识到造成当时社会腐朽落后的根源，他试图沿用西方共和制以及空想社会主义者以教育等手段来改造社会现实的设想，这无疑是一种空想。但他把美育作为教育改革的一个重要内容，这对于当时兴起的“五四”新文化运动，无形中又起着积极的推动作用。特别是他第一次把美育提到教育方针的高度，作为学校教育的重要内容与手段之一，作为人才培养的一个重要环节，在中国的教

① 高平叔编：《蔡元培教育文选》，人民教育出版社 1980 年版，第 6—7 页。
② 高平叔编：《蔡元培教育文选》，人民教育出版社 1980 年版，第 195 页。
③ 卢善庆：《简论蔡元培的美育思想》，《厦门大学学报（哲学社会科学版）》1980 年第 3 期，第 102—110 页。

育发展史上还是首次，显示了一定的历史进步性。①

（5）关于蔡元培的美育作用观

蔡元培非常重视美育的作用并进行了深入的研究，提出了不少有价值的观点。高奇将蔡元培的美育作用观概括为以下方面：一是把美育看成是促进科学发展的一种思想动力。蔡元培认为通过美育可以培养一种超脱于现实的、泯灭人我之差别、幸福之营求、生死利害等等之关系的世界观。没有这样一种世界观或人生观，就不会有探险之精神、实践创造之志向。二是通过美育可以培养一种高尚的情操，能有远大的抱负，不为“小小的利害”而“牺牲主义”，不“放纵卑劣的欲望”，不会有了几次挫折就觉得没有希望，颓废下去甚至厌世。三是美育可以发展人们的个性，调剂人们的生活，给人以有益的消遣和娱乐。②

李范等主要从美育对改造社会和美育对人的发展的作用两个方面评述了蔡元培的美育作用观。他们指出，在蔡元培看来，要改造社会就要先培养革新人才。普通教育之宗旨在于养成健全的人格和发展共和精神。所谓健全的人格，就是体、德、智、美四项兼备。要达到这一培养目标，就要实行体育、德育、智育和美育。只有造就了全面发展的革新人才，才能改造社会，救国救民。因而他把美育看作是改进社会，挽救国家的工具。美育之所以具有这种改造社会的作用，这是由审美具有“普遍性”和“超越性”的特点所决定的。所谓“普遍性”是指美为人人所共同享用，对一切人一视同仁，没有任何人我之差别和偏袒。所谓“超越性”是指“超绝实际”的，“超脱利害”的，也即美育可以减少人的自私自利的愿望而发展创造精神。关于美育对人的发展的作用，他们认为，蔡元培主要关注美育对人的道德的影响。蔡元培认为要对青少年进行高尚道德的教育，培养青少年不顾祸

① 陈杰干：《蔡元培先生的美育思想》，《海南大学学报（社会科学版）》1985 年第 3 期，第 86 页。

② 高奇：《蔡元培的教育观》，《北京师范大学学报》1980 年第 2 期，第 48 页。

福、不计生死、与人同乐、舍己为群之美德，就需要“赖美育之助也”。①

我主要从美育与道德、美育与科学及美育与宗教的关系三个方面分析评价了蔡元培的美育价值观。美育与德育两者具有密切的关系，美育有助于道德的培养，这是蔡元培关于美育道德价值的基本思想。在蔡元培看来，要培养高尚的道德，塑造健全的人格，不仅要诉诸理性的训练，同时也有赖于美育对于感情的陶养。关于美育对科学的价值，蔡元培首先从心理学的角度分析了科学与美术在一个人的行为中的共同作用。他认为，人的心理可分为意志、知识与感情三个方面。意志的表现是行为，知识属于各门科学，而感情属于美术。人的行为不能撇掉知识与感情。科学知识使人认识事物发展的规律，培养科学的头脑，使得行为有科学的依据；而感情是行为的推动力，它能够引起和强化行为的兴趣。其次他从美育与智育的关系说明美术与科学是相互渗透的。智育中蕴含有美育的因素，美育又推动着智育的发展，两者相辅相成。在蔡元培看来，如果能以审美观点挖掘各门学科的审美因素，就能够培养和增强学习的兴趣，提高学习的效果。再次他从科学家与美术家的关系入手，阐明科学与美术是互为助力的。他要求人们在知识以外兼养感情，即在治科学以外兼治美术。这是由于他认为美术是一种高尚的消遣，能够丰富人们的感情，活跃人们的头脑；能使人们在科学研究中提起创造精神，保证旺盛的精力；扩展创造的冲动，保持顽强的进取精神。关于美育与宗教的关系，蔡元培明确指出：以美育代宗教。他认为，宗教是一种劣性刺激，对人起欺骗、毒害作用；而美育对人则是陶冶作用，是一种健康、有益的活动。因此，宗教最终必将由美育所取代。我还就蔡元培的美育价值思想进行了评价，认为蔡元培关于美育有助于道德的培养和人格的塑造，这已为教育理论与实践所

---

① 李范、张志建：《蔡元培和美育》，《青海师范学院学报（哲学社会科学版）》1980年第2期，第63—64页。

证明。尤为可贵的是，他没有停留在对现象的简单描述上，而是进一步探讨了美育培养道德和塑造人格的特殊性。他正确地认识到，美育培养道德和塑造人格主要是通过陶养感情来实现的。感情经过美育的陶养，其推动力就会增强，道德水平由此而得到提高。这是蔡元培探讨美育的道德价值取得的一个重要成果。蔡元培关于美育道德价值的另一个观点是，美育能够改良社会风气。他把当时社会上出现的不良风气归罪于社会及学校缺少正当的消遣和娱乐。他的这个看法具有一定的合理性。事实证明，社会风气的好坏在一定程度上确实跟社会及学校是否实施美育，即是否有正当的消遣与娱乐有一定的关系。但是，这个观点的片面性也是显而易见的。他过分夸大了美育的社会作用，企图通过实施美育，给社会及学校提供好的消遣和正当的娱乐，来杜绝不良社会风气，这是不现实的。蔡元培关于美育的科学价值的基本观点是，美育有助于智育的进行和科学的发展。他正确地揭示了美术与科学的不同特点，认识到美术是直观的，而科学是抽象的；前者通过具体形象认识世界，后者则主要以抽象概念的形式反映世界。他还认识到抽象思维和形象思维在认识世界过程中是互为补充的。他的这些观点在今天看来是有科学根据的。“以美育代宗教”是蔡元培研究美育价值所取得的又一个独具特色的成果。他的这一论点在当时具有很强的针对性。这一口号在一定程度上打击了帝国主义文化侵略的猖狂气焰，同时对启发人们摆脱宗教迷信和封建传统，也产生过积极的影响。因此，它具有反对宗教愚昧主义和封建专制主义的进步性质，我们应当肯定它的历史地位。当然，蔡元培以美育代宗教理论也有其缺陷，这主要表现在他对待宗教这个很复杂的问题有简单化的倾向。虽然他的美育价值论有不足之处，但对于他的开创之功和重要贡献，我们应当予以充分的肯定，批判地继承这份宝贵的遗产有助于建立现代美育理论体系。①

---

① 何齐宗：《蔡元培美育价值论述评》，《江西教育科研》1988 年第 1 期，第 33—37 页。

陈杰干将蔡元培关于美育作用的观点概括为以下五个方面：一是培养崇高的理想、观念和信仰。蔡元培认为，美育可以培养一种使人超越现实，泯灭人我之差别、现世幸福之营求之思想，确立人们崇高的理想、信念、信仰。而有了这种思想境界，人们就可以“杀身成仁，舍生取义也，舍己为群也”，牺牲自己“争一民族之自由”，“破利害之观念”，就有冒险的精神，远大之计划，实践创造之志向和坚忍不拔的事业心。二是提供正当的娱乐、助兴、消遣。蔡元培针对当时学校中学生多有玩麻雀、扑克或阅读恶劣小说等不正当之消遣，提出“吾人急应提倡美育，使人生美化，使人性寄托于美”。他主张在学校中设立各种美育课程，以克服学校中之不良风气和恶习，促进学生的身心健康。三是调剂学习情绪、提高学习效率。蔡元培认为，中小学各学科中“无不于智育作用中，含有美育之原素；一经教师之提醒，则学者自感有无穷之兴趣”。四是推动和发展科学。蔡元培主张“治科学的人”要“兼治美术”，“科学与美术，不可偏废”。他认为，治科学的人有了美术的兴趣，不但觉得人生很有意义、很有价值，就是治科学的时候，也一定添了勇敢活泼的精神。五是促进文化运动。蔡元培积极支持新文化运动，并告诫从事“文化运动不要忘了美育”，对于“文化进步的国民，既然实施科学教育，尤要普及美术教育”。如果忘了美育，新文化运动就不可能得到健康而蓬勃的发展。①

对于蔡元培关于美育作用的思想，有学者从消极的方面进行了分析。马兆掌认为，蔡元培过分夸大了美育的功能。他承认，美育有其独特的功能，这种独特的功能是德育、智育和体育所不能代替的。但是它的功能是否大到蔡元培所说的可以使人超越利害关系，破除人我僻见，保持永久和平的心境那样的程度呢？显然不是。这是因为无论什么人只要一来到世

① 陈杰干：《蔡元培先生的美育思想》，《海南大学学报（社会科学版）》1985 年第 3 期，第 87—88 页。

间，首先要解决的是吃、穿、住的问题，也即要解决生存所需的物质生活资料。社会之所以划分为阶级，这些阶级之间之所以有斗争，归根到底是环绕着争夺物质生活资料。在争夺物质生活资料这个问题上直接派生出来的利害关系，依靠人的审美活动无论如何是解决不了的，只能依靠在解决生产资料占有制的不合理状况之后的生产本身的发展。马兆掌认为，从这里出发考察蔡元培提出的美育功能观，可以断定他的观点是唯心主义的。正由于蔡元培持有否定美的功利性的美学观和无限夸大美育功能的美育观，使得他的美育思想具有很大的局限性。①

胡国枢也认为，蔡元培片面强调美感的“无杂念”“超功利”，不能从社会实践中去能动地把握美与美感的问题，也不能把美育看作是创造性地、艺术地认识世界、改造世界的一种手段。这样的美学观导致三个不可克服的缺陷：一是与事实不合。美感，即使是自然美，也不能完全超脱功利、超脱社会的影响。二是不能自圆其说。蔡元培在理论上宣扬美育的“超人我”“无利害”，而在美育的实施计划中却违反自己的理论原则。比如他在《美育实施的方法》中提出的实施全民美育的蓝图，就处处体现着功利性。三是散布消极情绪。人们如果真的接受他那种“无人我、超利害”的美育观，通过美的欣赏忘记现实、忘记人世、忘记功利、不讲得失，而昏昏然陶醉于“美感”之中，那么这样的美育“超脱性”与宗教的麻醉作用也就没有多大区别了。②

（6）关于蔡元培的以美育代宗教思想

说到蔡元培的美育思想，他提出的“以美育代宗教”的观点无疑是不可能绕开的话题。有人指出，蔡元培提出的“以美育代宗教说”是中国现

① 马兆掌：《论美育观上鲁迅对蔡元培的一点超越》，《绍兴师专学报》1991 年第 3 期，第 87—88 页。

② 胡国枢：《蔡元培的美学思想与美育实践述评》，《浙江学刊》1985 年第 4 期，第 76—78 页。

代美学中一个具有重大影响的理论命题，更是在中国社会转型期催生出的一个文化现代性主张。① 有人认为，蔡元培所提出的“以美育代宗教”是中国现代美学的第一观念，它确立了中国现代美学的价值内涵和实践方式。② 也有人评价说，在中国近现代以来，蔡元培提出的“以美育代宗教”思想是我国学界对世界思想史最重要的贡献。③ 还有人指出，蔡元培提出的“以美育代宗教”是中国美学史上第一个世界性的美学命题，而这一美学命题在百年中国的长盛不衰，证明这一美学命题在东方中国的强大生命力。④

正因为这一命题的重要性，所以自从它提出以来，人们就从不同的角度进行了大量的研讨，在当代更成为蔡元培美育思想研究的重点和热点问题。1979 年以来，专门研究或涉及“以美育代宗教”观点的著作有 10 余种、论文近 200 篇，其中仅论文题目中出现“以美育代宗教”字样的论文就达 100 余篇。可以说，在中国美育思想的发展历史上，从来没有哪一个美育论题像蔡元培提出的“以美育代宗教”这样受到长期持续而广泛的关注。

2017 年，为纪念蔡元培“以美育代宗教”提出 100 周年，首都师范大学美育研究中心、《郑州大学学报》编辑部在北京联合召开了“现代中国美育的百年省思——‘以美育代宗教’提出 100 周年学术座谈会”，来自北京、上海、浙江、山东、山西、吉林、河北、河南等地近 50 位学者出席会议。在座谈会上，与会学者围绕“以美育代宗教”命题的特殊意义与学术史价值、“以美育代宗教”的提出与中国美育思想的现代建构等问

① 潘黎勇：《蔡元培“以美育代宗教说”的价值结构分析》，《求是学刊》2010 年第 2 期，第 104 页。

② 王本朝：《以美育代宗教与中国现代美学的身份认同》，《艺术百家》2011 年第 5 期，第 44 页。

③ 刘彦顺：《中国美思想通史》（现代卷），山东人民出版社 2017 年版，第 156 页。

④ 潘知常：《“以美育代宗教”的四个美学误区》，《郑州大学学报（哲学社会科学版）》2017 年第 5 期，第 15—24 页。

题，进行了深度的学术交流，认为“以美育代宗教”作为一个兼具理论性与实践性双重品格的思想命题，以改造国民性和变革社会为旨归，体现了蔡元培“教育救国”的理想核心，是其展开现代思想启蒙的重点。以历史的眼光重新审视这一命题，应将其放在现代性语境中加以理解和阐释，看到其特定地内含着的功能论建构取向不仅深刻影响了同时期及以后中国美育思想的形成和实践选择，也极具代表性地体现了现代中国美学服务于人生美化与社会改良的精神基调，以及现代中国美学由知识叙事向美育价值叙事衍化的本土化建构策略。

从总体上看，学界对于蔡元培“以美育代宗教”观点的评价主要是肯定的，当然同时也有一些否定的意见。

胡国枢认为，蔡元培在当时提出“以美育代宗教说”有其历史进步性。这个主张是他的整个民主革命思想、进步教育思想的有机组成部分，带有反对帝国主义和封建主义的性质。当时正值袁世凯洪宪复辟，遗老遗少们大肆喧闹“立孔教为国教”，而帝国主义列强蚕食鲸吞，欲亡我中华之严重关头，蔡元培提出“以美育代宗教”，其积极意义不可低估。① 姚全兴指出，蔡元培的以美育代宗教说体现了他作为一个民主革命家敢于超越哲学藩篱，冲破封建网罗，破除宗教桎梏，寄希望于现实和未来的人生理想。他首先论述了蔡元培以美育代宗教说提出的时代背景。1840 年鸦片战争以后，帝国主义列强在对中国进行经济鲸吞的同时，又辅之以宗教的思想奴化教育。中国近代史上教案迭起，给披着宗教外衣的帝国主义以沉重的打击。即使清朝统治集团内也有少数官僚认识到传教的危险而予以反对和抵制。不少知识分子、学术刊物及组织以发表演说、论文和提案的方式抨击宗教，并爆发了非宗教教育和收回

① 胡国枢：《蔡元培的美学思想与美育实践述评》，《浙江学刊》1985 年第 4 期，第 76—78 页。

教育主权的运动。蔡元培的以美育代宗教说，正是上述非宗教思潮的产物。他多次发表演讲和论文，一以贯之地反对宗教势力，维护教育主权，提倡美感教育。姚全兴认为，以美育代宗教说有一定的时代意义和历史作用，它的出现并不完全是个人的意志和愿望，而是历史的必然，有其一定的社会基础。蔡元培揭露了宗教的本质和危害，认为宗教“攻击异派”“激刺人心”，是一种“厌世派”的哲学，它“以摆脱现世幸福为作用”。姚全兴指出，这实际上是一种精神世界的破旧立新，虽说不上是思想的革命，但不能不说是思想的进步。这种进步是建立在科学的基础之上的。①薛富兴认为，蔡元培提出“以美育代宗教说”的具体时代背景是 20 世纪早期的新文化运动。当时，美学、美育都是作为新生事物引进中国的，提倡美育正如提倡民主与科学一样，都服从于民智开发，是整个新文化运动之一部分。蔡元培把宗教看作是落后、愚昧的旧文化的代表，是科学与民主的对立物，而美育则是符合时代精神的新文化典型。他将美育与宗教并列，以批判宗教的形式提倡美育，有明确的时代目的，是要以批判宗教的形式批判旧文化，以提倡美育的形式传播新文化。显然，这是时代的特殊性、新文化运动之主题规范了蔡元培提倡美育的特殊方式，而非学理上严格论证的结果。不管这一主张在理论上是否完善，它对中国现代美学的理论建设和中国现代美育的实践开拓都作出了重大贡献。凭蔡元培的学术地位、社会威望和持久努力，“以美育代宗教”很快成为新文化运动中最有广泛社会影响力的一个口号，人们由此而知道了美学、审美与美育为何物，这也正是当代中国美学与美育的必要基础。②阎国忠也承认，“以美育代宗教”在当时是一个具有强烈的现实批判精神的口号。问题也许不在于它对宗教的欺骗性、偏狭性、陈腐性

① 姚全兴：《论蔡元培的美学和美育思想》，《社会科学》1980 年第 2 期，第 139—141 页。

② 薛富兴：《再论“以美育代宗教”——兼与李丕显、赵惠霞先生商榷》，《汕头大学学报》2004 年第 5 期，第 12—17 页。

的揭露，而在于对美育的“普遍性”与“超越性”的张扬。[①] 李丕显认为，“以美育代宗教”可以看作是具有当代价值的重要命题。他说，具有现代世界意义的一个紧迫课题就是如何塑造艺术化、审美化的人生，以解救和提升经常失落理想的现代人的灵魂。面对这一课题，首要的和根本的当然是社会实践中的创美活动。而艺术、审美活动本来是现实创美活动的集中反映和实施美育的主要途径，因此倡导以美育代宗教，通过艺术和审美活动建构人的感性生命和情感寄托，是对现代世界课题的积极回应，是对宗教双重性格的辩证扬弃，是对中国传统文化的创造性转换，在今天仍具有实践的和理论的双重意义。[②]

近年来，对于“以美育代宗教”命题的否定性评价不时出现。潘知常指出，尽管蔡元培提出“以美育代宗教”的美学命题已有百年，国内对于这一美学命题的研究也已经百年，但是在充分开掘这一世纪第一美学命题的价值与贡献之余，对于其各种误读却使得我们始终未能走得比蔡元培更远。这使得蔡元培所提出的这一世纪第一美学命题至今仍旧只是一个未完成的美学命题，一个待阐释的美学命题。不但其中的真正的美学价值至今未被完全揭示出来，而且其中的根本的美学缺憾、美学失误也仍旧未被彻底揭示出来。[③] 他甚至指出，“以美育代宗教”是“中国美学的百年迷途”，是一个美学的假问题。为什么这样说呢？潘知常认为，这一命题在逻辑上和学理上根本无法自圆其说，而在其中所暴露出来的对于美学与宗教问题的无知，又反而被作为某种无可质疑的前提予以盲目认同，由此导致了美学之为美学的百年停滞，也导致了对于宗教之为宗教的深刻意义的长期视而不见。它带给 20 世纪中国美学的，仍旧是“一个美学的假问题，而它

---

① 杨平：《多维视野中的美育》，安徽教育出版社 2000 年版，序第 1 页。

② 李丕显：《“以美育代宗教”的现代意义》，《文史哲》2002 年第 4 期，第 72 页。

③ 潘知常：《“以美育代宗教”的四个美学误区》，《郑州大学学报（哲学社会科学版）》2017 年第 5 期，第 15 页。

所导致的直接后果，就是美学失美，审美无美”①。在潘知常看来，“以美育代宗教”的观点对于宗教、信仰、审美和美育都存在误读的现象。②首先，关于宗教的误读。文艺复兴和宗教改革以来的历史证明，基督教（新教）对于现代社会的推动作用有目共睹，它与人类审美活动之间的血脉相连也十分密切。从西方来看，宗教在近代的衰微，只不过意味着宗教不再是人的生活无可争辩的中心和统治者，即这只是意味着基督教逐渐回到了真实的自身。③蔡元培误将在西方现代化道路上起根本推动作用的基督教等同于避之唯恐不及的瘟疫，并且将审美与基督教简单地对立起来，以至于错误地认定为前后相继的“取代”关系。其次，关于信仰的误读。潘知常指出，蔡元培误以为信仰只隶属于宗教，其实哲学、艺术的深层底蕴也应该而且必须是信仰。宗教（例如基督教）的退场，并非只需要简单地被美育取代即可，而是亟待信仰的出场。信仰是人类特有的自由选择与精神权利，它体现着对现实的超越和对未来的终极关怀。对于美育的认识也必须从信仰的高度来加以把握。在这方面，蔡元培对于美育的思考存在着明显的缺憾。他未能对于美育的信仰维度这一重大取向给以充分的关注。由此，蔡元培对于美育与艺术教育之间的区别，也就没有能够予以充分关注。再次，关于审美的误读。与宗教、信仰密切相关的是审美。能够取代宗教的应该是所谓的神圣之美。尽管蔡元培已经注意到了“以美育代宗教”与康德、席勒与中国美学之间的关系，但他却过多地强调了康德美学中存在对于作为审美的前提条件的“非功利”的强调方面，而忽视了康德

① 潘知常：《以美育代宗教：中国美学的百年迷途》，《学术月刊》2006年第1期，第120页。

② 潘知常：《“以美育代宗教”的四个美学误区》，《郑州大学学报（哲学社会科学版）》2017年第5期，第15—24页。

③ 关于蔡元培对宗教的误读或误解，成穷在此前也曾指出蔡元培的“宗教却绝对的保守”这个说法未免过于绝对。他通过历史的考察，说明宗教并不是绝对保守的，随时代的变迁也在逐渐变化，尽管这种变化的速度或许比较慢。（见成穷：《蔡元培“美育代宗教说”刍议》，《美与时代》（下）2010年第7期，第16—17页）

对于作为审美的根本目的的“人是目的”以及对于人的自由与尊严的呵护。其实，康德美学对于“非功利”的强调，只是在强调审美的前提条件，而不是强调审美的根本目的。至于审美的根本目的，则关系到康德美学的第二个方面，即“人是目的”和对于人的自由与尊严的呵护。蔡元培显然没有注意到这个区别，而是偏向到了“非功利”的一边。审美之为审美，势必孜孜以求于借助追问自由问题并殊死维护人之为人的不可让渡的无上权利、至尊责任这一唯一前提。在审美中，人之为人也势必从各种功利角色、功利关系中抽身而出，从关系世界中抽身而出，不再受无数他者的限制，不再是角色中、关系中的自己，而成为自由的自己、无角色无关系的自己，并且因此而获得精神上的自由和灵魂得救的自主权，从而以自由作为核心，以守护“自由存在”并追问“自由存在”作为根本追求，以尊重和维护每一个体的自由存在、尊重和维护每一个体的唯一性和绝对性、尊重和维护每一个体的绝对价值、绝对尊严作为自身使命。最后，关于美育的误读。潘知常指出，蔡元培的“以美育代宗教”在逻辑上是明显矛盾的，因为“美育”与“宗教”根本就不对等。尽管蔡元培自己也觉得其中存在矛盾，因此有时也会改为“以美术代宗教”“以艺术代宗教”，但他在正式的场合却始终坚持“以美育代宗教”。为了弥补漏洞，蔡元培的方法是将“宗教”理解为“宗教教育”，也就是把“宗教”的“教”理解为教育的“教”。于是，“以美育代宗教”就成了“以美学教育代宗教教育”，结果“以美育代宗教”也就成了一个教育学命题，而不再是美学命题。潘知常认为，审美（包括美育）与宗教之间并非取代与被取代的关系，而是都在从不同的角度共同为信仰的建构、终极关怀的建构各尽所能。成穷也曾表达过类似的观点。他认为，每一文化形态，包括每一意义形态，都有其不可替代的独特功能。它们彼此区别但又相互配合，共同服务于人的存在需要。美育和宗教虽同为求意义的活动，但它们所求取的“意义”和求取“意义”的方式却是不同的。宗教满足的是人的终极关怀的需要，而审美满足的则是人的次级关怀的需要。潘知常最后就美育能否代宗教的问题作了回答：美育观审的对象是“有”，宗教信仰的对象是“无”；美育观审中产生的是自然的“愉悦感”，宗教信仰中产生的是神秘的“敬畏感”；美育满足的是人的“求乐”的审美需要，宗教满足的是人的“求安”的信靠需要。美育和宗教虽同为人求意义的活动，但由于它们在所求意义的对象上，在所生感受的性质上以及在对人生基本需求的满足上都不相同，所以两者是不能相互取代的。

郭勇健对于蔡元培的“以美育代宗教”思想也提出了批评。他认为，蔡元培的这个学说，至少有四处混淆：一是在论域上混淆了教育学与美学。“以美育代宗教”的说法在形式上不协调，或者说它在逻辑上似乎“不通”。宗教是一种文化形式，而“美育”并不是一种文化形式，它如何能够取代宗教？蔡元培混淆了“以艺术代宗教”和“以美育代宗教”。他也认为，“以美育代宗教”是教育学的命题，而非美学命题。但蔡元培无意中把教育学命题当作美学命题来处理和论证了。他并不是用“美育”本身来论证其必然替代宗教，而是用“美”或“美感”的性质特征来论证“美育代宗教”。二是本体层与作用层的学理混淆。“美是什么”“审美是什么”“艺术是什么”等属于本体层的研究；美的功能、审美的功能、艺术的功能则属于作用层的研究，蔡元培关心的只是美的功能、效果、作用。三是欧洲与中国的语境混淆。蔡元培主要是以基督教在欧洲现代社会的衰颓来论证美育取代宗教的必然性。按照他的说法，宗教之成为过去是科学之崛起使然，这当然只是发生在欧洲的事情。然而，蔡元培是在中国提倡美育，主张“以美育代宗教”的。中国的情况不同于欧洲的情况。宗教隐退是欧洲现代性的一个症状，而在20世纪初现代性在中国尚未发生。同时，中国不属于基督教文化圈，在这里不存在基督教衰颓的问题，因而也不存在“以美育代宗教”的现象。四是理论与实践的性质混淆。他的“以美育代宗教说”，呼吁和宣传的意味要大于理论的意味，与其说是一种理论或知识，不如说是一种姿态或立场。蔡元培的“美育”严格说来是一种美育实践，而非教育理论或美学知识的探索。①

有学者表达了不同的观点，主张不是从学理上而是从其他角度来评价蔡元培这一观点的意义。如杨平指出，蔡元培针对中华民族的现实处境提出美育代宗教的主张，这与他的教育救国、美育救国的信念是一致的。如果研究者试图从理论的角度彰显它的价值，那么这种努力是徒劳的。在很大程度上，这种主张是一种文化策略，从宏观的角度来引领那个时代的文化潮流与校正文化前进的方向。因此，他认为，这种主张的价值不在于严谨的学理探讨，或许从文化史或者社会史的角度，我们更能看清这一命题的真正意义。② 彭锋在谈及这一观点的现实性时指出，由于蔡元培忽略了宗教在西方现代性进程中所扮演的重要作用，他的“以美育代宗教说”在现代化伊始的中国是不切实际的。但是，随着现代化使命的完成，随着审美化时代的来临，新型社会具备了以美育代宗教说所需要的现实基础，蔡元培的主张在今天仍具有现实意义。③

同时，有学者对于“以美育代宗教”这一观点是否存在美育与宗教的论域错位以及美育能否取代作为信仰的宗教本身也有不同的意见。王文革指出，蔡元培这里所说的宗教，主要关注的是宗教作为教育的“教”，也就是强调宗教在知识教育、道德教化和情感教育方面的作用，而不是信仰方面的作用。他看到了宗教在这些方面的衰颓以及在情感教育方面所存在的弊端，加上当时中国社会所存在的大量与宗教相关的迷信活动，所以便不遗余力地倡导美育，将美育提高到替代宗教的高度予以重视。这样，美

① 郭勇健：《蔡元培美育思想批判》，《郑州大学学报（哲学社会科学版）》2016 年第 5 期，第 16—23 页。

② 杨平：《“美育代宗教说”的论争及其意义》，《北京第二外国语学院学报》2009 年第 6 期，第 41 页。

③ 彭锋：《重思“以美育代宗教”》，《美术》2018 年第 2 期，第 6 页。

育的社会价值就得以彰显。他认为，蔡元培所谓的“美育”与我们现在所使用的“美育”一词的含义，是有所不同的。蔡元培所说的“美育”是指包含各种审美活动在内的一种教育活动，而我们现在更趋向于从狭义的角度即学校美育的角度来使用“美育”一词。考虑到美育的范围以及宗教作为教育之“教”的作用，蔡元培的“以美育代宗教说”将“美育”与“宗教”并列，在逻辑上就应当属于同一个层面的概念，不存在论域错位的问题。那么，美育能否取代作为信仰的宗教呢？王文革指出，宗教不仅仅是教育之“教”，也是一种信仰之“教”。宗教的本质是信仰，所要解决的是精神寄托与灵魂安顿的问题。“以美育代宗教说”提出以美育取代宗教，其逻辑上潜在地包含了美育也具有培养信仰、替代信仰的功能。但美育能否承担起这样的功能呢？王文革的回答是肯定的。他认为，中国哲学中的境界思想以及张世英所提出的美的神圣性思想，也许可以对这个问题做出肯定回答。冯友兰提出四个境界，从低到高分别是自然境界、功利境界、道德境界和天地境界。他在论及蔡元培“以美育代宗教说”时认为审美活动所达到的境界是“一种最高的精神境界”①。冯友兰这里所说的最高精神境界，应当指的是他所说的天地境界。这个最高的精神境界，张世英称为审美境界。张世英把人的生活境界分为四个层次，即欲求境界、求知境界、道德境界和审美境界。张世英的境界说与冯友兰大体相似。张世英也认为，在审美的境界，“美既超越了认识的限制，也超越了功用、欲念和外在目的以及‘应该’的限制，而成为超然于现实之外的自由境界”②。最高层次的美（感），指向人生的终极意义，指向心灵的自由解放，其超验性、形上性与宗教信仰相类，具有信仰的特点与作用。王文革还引用王元骧和聂振斌的观点作了进一步的说明。王元骧也认为，美与艺术能够取代宗教而具

① 冯友兰：《中国现代哲学史》，广东人民出版社 1999 年版，第 61 页。

② 张世英：《万有相通的哲学》，《光明日报》2017 年 6 月 26 日。

有宗教的功能，艺术作为审美客体之所以能取代宗教，从根本上说不是它的感性外观，而恰恰在于它的内在精神，在于它的超验性和形上性。因为美与艺术具有超验性和形上性，与宗教的信仰相类，于是以美代宗教便具有了可能性。① 聂振斌提出，“蔡元培的‘以美育代宗教说’，充分说明了中国文化的理想境界是艺术—审美而非宗教；中国人的道德人格培养是靠内省的，完全是自由自觉的，毫无外在的强迫。这两个方面都是靠艺术—审美教育来完成的”②。王文革最后总结道：如果考虑到中国传统文化中修养、审美、生活常常是一体化的这个特点，那么，我们就可以说“以美育代宗教”是有其逻辑、有其理据的。③

有学者从现代中国美学精神发生的高度对蔡元培的这一著名思想进行了评价，认为作为中国社会现代进程中最具精神召唤力的思想主张之一，“以美育代宗教”也成为具体引导中国人从生活改造的实践意愿出发，谋划现实社会与人生发展前景的一种思想逻辑——现实生活中我们既然不能直接由传统接续出足以保持人的精神持久的内在信仰，而精神信仰的有无却决定着生活现实乃至整个人生实践的方向性差异，那么，为现实中的中国人和中国社会寻找可以加以实践的精神持久之道，就是有效改造生活现实、不断完善中国人精神结构的必然。将蔡元培的这一思想主张及其内在逻辑放到现代中国美学精神的发生问题上来看，可以认为，“以美育代宗教”的提出实际内含着特定的功能论思想建构模式，它深刻影响了同时期及以后中国美育思想的形成及其实践选择，并且也极具代表性地体现了现代中国美学的特定精神旨趣。④

---

① 王元骧：《评蔡元培“以美育代宗教说”》，《社会科学战线》2013 年第 7 期，第 161—162 页。

② 聂振斌：《蔡元培的美育思想及其历史贡献》，《艺术百家》2013 年第 5 期，第 157 页。

③ 王文革：《关于蔡元培“以美育代宗教”的思想及其逻辑可能性》，《北方工业大学学报》2018 年第 4 期，第 36—38 页。

④ 王德胜：《功能论思想模式与生活改造论取向——从“以美育代宗教”理解现代中国美

即使是对这一命题持批评立场的学者也充分肯定它的重大意义和深远影响。比如潘知常就指出，“以美育代宗教”是中国美学史上第一个世界性的美学命题，也因为是非西方的中国所提出的第一个克服虚无主义的美学方案而得以永垂青史。这一美学命题在中国百年长盛不衰。“以美育代宗教”在百年前被提出，正是从20世纪初开始的这样一个意义重大的提问与思考的开始。当然，它并不完美，但是却也因此而堪称一个完美的开始，更因此而堪称一个可以永远“接着说”的开始。我们完全可以预见的是：在未来的新的百年，“以美育代宗教”也仍旧还是一个可以永远“接着说”的开始，更仍旧还是一个永远也“说不完”的开始。①

4. 陶行知的美育思想

陶行知（1891—1946）是我国现代著名思想家和教育家。他的美育思想是其整个教育思想的重要组成部分，他对美育的本质、目的与实践等问题进行了深入的研讨。学界对陶行知美育思想的研究主要涉及他的美育思想的理论基础、美育本质观、美育目的观和美育实践观。

关于陶行知美育思想的理论基础，阎喜杰指出，陶行知的“生活美学观”易使人想到19世纪俄国车尔尼雪夫斯基“美是生活”的美学论断，虽然没有材料表明陶行知曾研究过“美是生活”的唯物主义美学观，但他关于美与生活的关系的认识充分体现了他的生活美学观，即凡是前进的、创造性的生活及表现这种生活的东西，都包含着美的原质，都是美的。②还有学者指出，陶行知的美育观深受西方哲学与中国传统哲学的双重影响，认为西方文化中的科学主义与实用主义、中国本土文化中儒家的“尚

学精神的发生》，《郑州大学学报（哲学社会科学版）》2017年第5期，第5页。

① 潘知常：《说不尽的百年第一美学命题——纪念蔡元培提出“以美育代宗教”一百周年》，《中国矿业大学学报（社会科学版）》2017年第6期，第59页。

② 阎喜杰：《陶行知先生与审美教育》，《佳木斯教育学院学报》1989年第3期，第53页。

用观”，对陶行知美育观的形成起到直接的促进作用。其中，科学主义与实用主义是当时的中国知识分子探索救国方略得出的结论，“尚用观”则是作为一种潜质发生作用，决定了陶行知吸收何种哲学来改变中国落后的面貌。这两者构成了陶行知美育思想的出发点和归宿点。①

关于陶行知的美育本质观，周红指出，美育的本质要回答“美育是什么”，即美育的“实然”问题。她将陶行知的美育本质观概括为“知情意合一”，即美育既是情感教育，又是情感教育与理性教育的融合。学界一般将陶行知的美育观概括为“生活美育观”。在哲学渊源上，“生活美育观”直接来源于陶行知的“生活美学观”。在陶行知看来，理性教育与情感教育并非两个东西，而是一个事物的两个方面。因此，美育在本质上是“知情意合一”的教育。从这一点出发，陶行知开创了认知、审美与道德合一，理论与实践结合的美育道路。②

关于陶行知的美育目的观，肖晓玛将其概括为以下两个方面：首先，美育是为了艺术的生活。在陶行知看来，美育并不是把学生都培养成画家、音乐家，主要是为了陶冶他们的精神情操和品德，最终目标是使人人都能诗意般地生活。陶行知曾对育才学校文学组说过：我要以诗的真善美来办教育，我并不是要学生每个人都成为诗人，但我却要由我们学校做起，使每个学生、先生、工友都过着诗的生活，渐渐地扩大去，使每个中国的人民、世界的人民，都过着诗的生活。陶行知主张不断地发现与利用自然之美，使生活充满诗意。他在办学的过程中不仅重视利用自然美，而且也重视秉着美术的精神改造学校的环境。按照陶行知的观点，创造美的过程本身就是一种艺术的享受，而所创造的结果带给人的是一种诗意的生活。其次，美育重在培养艺术兴趣。按照陶行知的观点，学校的

① 吴春香：《陶行知审美教育思想探析》，《湖北函授大学学报》2009 年第 4 期，第 70 页。
② 周红：《陶行知美育思想研究述评》，《江苏师范大学学报（哲学社会科学版）》2017 年第 6 期，第 142—143 页。

艺术教育所追求的是注重培养孩子的艺术兴趣，使孩子的休闲时间变得充实、愉快。为了培养育才学校师生们的艺术兴趣，陶行知在该校设置了音乐、绘画、舞蹈、戏剧等艺术教育课程，还先后成立了音乐组、绘画组、戏剧组和舞蹈组。在陶行知看来，儿童是有创造力的，但孩子的创造力需要精心的培育和启发。因此，陶行知在美育实践中特别重视激发儿童的艺术创造，尤其注重从创造态度、创造环境及奖励艺术创造等方面进行。①

关于美育实践观，周红将其概括为三个方面：首先，多方推行美育。陶行知主张“寓教于美”，多方推行美育。（1）在校内外环境、学校各种活动中潜移默化地进行美育。陶行知将校园环境视为无声的教科书，选择校址时注意自然风光之美。同时，倡导师生自己动手创造优美的校园环境、校容和校风。（2）在学校的非艺术课程中渗透美育。陶行知认为，非艺术学科中潜含着审美因素，如生物课隐含着自然美，政治课隐含着社会美，因此非艺术学科也是重要的美育渠道。（3）通过在学校设立戏剧、绘画、音乐、舞蹈等艺术课程来实施美育。再次，革新艺术教育。艺术教育是实施美育的最主要途径。陶行知认为，当时中国的艺术教育存在两大弊端：一是受“老八股”的影响，生动活泼的艺术教育变成了机械单调的操练；二是受“洋八股”的影响，艺术教育全盘西化。为了革新中国的艺术教育，陶行知提出了五个变革思路：走中国的艺术教育之路；艺术教育的目的不在于培养少数艺术天才，而是陶冶个体情操，培养健康人格与崇高心灵；艺术教育要有懂得艺术的教师及合适的教材与课程；艺术教育要重视科学的训练；在进行艺术教育的同时还必须创设艺术的环境。同时，他还强调艺术教育的实践性、直接性与大众性，注重个体的全面发展，重视

① 肖晓玛：《陶行知先生的美育理念及其实践》，《苏州科技学院学报（社会科学版）》2011 年第 4 期，第 66—69 页。

发挥艺术教育的多种功能尤其是服务社会的功能。最后，重视音乐教育。在艺术教育中，陶行知强调音乐教育，将音乐作为大众教育的重要内容，强调音乐为民族和人民的根本利益服务，主张在音乐艺术实践中培养艺术人才。①

5. 丰子恺的美育思想

丰子恺（1898—1975），中国现代画家、文学家和艺术教育家。他一生都在从事艺术教育事业，在长期的美育实践中形成了独到而深刻的美育思想。叶朗评价道："在中国现代，除了朱光潜、宗白华，还有一位在美育领域做出很大贡献的人物应该提到，那就是丰子恺。丰子恺是大画家，同时又是音乐教育家、文学家。他在美育、美术教育、音乐教育等方面写了大量的普及性的文章和著作，哺育了一代又一代的青少年。"②学界对丰子恺的美育思想的研究主要涉及其美育地位观、美育任务观和美育实践观。

关于丰子恺的美育地位观。丰子恺高度重视美育在人格成长中的重要地位。他说："知识、道德、艺术，三者共相造成崇高的人格，一面偏废，就不健全。故学校中有知识科、训育科，同时必有艺术科。所以说：艺术教育，是人生很重大的一种教育，非局部的小知识、小技能的传授。"③他还进一步指出："艺术教育（美的教育，情的教育）与道德教育（善的教育，意的教育），科学教育（真的教育，知的教育）成鼎足之势。鼎缺一足，必不能立。教育缺一方面，亦不能成圆满之人格。盖善者必真且美，真者必美且善，美者必善且真也。"④从中可以看出，丰子恺强调在国民教

① 周红：《陶行知美育思想研究述评》，《江苏师范大学学报（哲学社会科学版）》2017 年第 6 期，第 143—144 页。

② 叶朗：《美学原理》，北京大学出版社 2009 年版，第 9—10 页。

③ 丰陈宝等编：《丰子恺文集》第二卷，浙江文艺出版社、浙江教育出版社 1990 年版，第 226 页。

④ 丰子恺：《艺术教育：第一讲》，海豚出版社 2015 年版，第 3 页。

育中，艺术教育、道德教育、科学教育三者是缺一不可的“鼎足关系”。他认为，这三种教育之功能在于：“科学教育致知，道德教育励心，艺术教育陶情，完成圆满之人格，三者各有其任务。而艺术教育之特色在于感化”①。有学者认为，这一具有系统互补、相依相成关系的“三鼎足”教育理念，是丰子恺在长期的艺术教育实践中总结、形成的文艺审美教育观，蕴含着深厚的东西方优秀科学文化及人文艺术精神内涵。② 丰子恺为什么重视美育在教育中的地位？有学者指出，这主要有两方面的原因：一方面与他对教育的理解有关。他认为教育不能局限于知识的灌输与累积，而应注重完美人格的培养和高尚精神的养成。这种注重人格与精神养成的教育，最直接有效的手段当然是艺术教育。另一方面与他对艺术教育的理解有关。丰子恺认为，艺术教育是情的教育，这种教育最能直抵人的内心、打动人的情感。比起其他几育，美育更能发挥其陶情养性、培铸人格的效果。③

关于丰子恺的美育任务观。杜卫将丰子恺的美育任务思想概括为两个方面，即塑造高尚人格和培养形象直觉能力。丰子恺常称美育为“艺术教育”，认为其任务是“教人用像作画、看画的态度来看世界；换言之，就是教人绝缘的方法，就是教人学做小孩子。学做小孩子，就是培养小孩子的这点‘童心’，使长大以后永不泯灭”④。这即是丰子恺美育思想中的“童心说”，是他的美育思想的一大特色。丰子恺认为，“童心”是最可宝贵的，“童心”纯洁、率真、充满热情，不像大人已经染上了尘世的脏物。

---

① 丰子恺：《艺术教育：第一讲》，海豚出版社 2015 年版，第 3 页。

② 罗明：《启民智 · 敦教化 · 厚人伦——简析丰子恺的“三鼎足”文艺审美教育观》，《嘉兴学院学报》2016 年第 4 期，第 30 页。

③ 刘秀峰：《仁心育人，艺术兴学——论丰子恺的美育思想》，《美育学刊》2015 年第 1 期，第 95 页。

④ 丰陈宝等编：《丰子恺文集》第二卷，浙江文艺出版社 1990 年版，浙江文艺出版社、浙江教育出版社 1990 年版，第 253 页。

他的童心说把培养童心作为美育的主要任务，包括造就纯正、高尚人格的理想。杜卫对此进行了评价，认为丰子恺培养童心的美育思想包含他对黑暗现实的批判和通过美育改善人心从而改良社会的愿望，表现出他对美育的陶冶之功与感化之力是有充分认识的，这是他的美育思想的进步性。但是，他没有认识到崇高人格的造成有赖于社会的彻底变革。在黑暗的社会现实里要想以美育来造成崇高人格，这实际上是一种幻想。片面夸大美育的功能，以致美育同改造社会的革命实践脱节，这会使美育丧失坚实的现实基础。丰子恺的“童心”除了具有伦理上的价值之外，还具有丰富的想象力和大胆的创造力，不像大人那样被许多清规戒律束缚了手脚。在丰子恺看来，人们不仅要具备抽象的理性思维能力，而且还需要具备形象的感性直觉能力。因此，通过理性寓于感性之中的审美活动，把儿童的那种形象直觉能力加以保持和发展，以求得形象直觉能力与抽象思维能力的平衡发展，是美育的又一特殊而重要的任务。形象直觉能力实质上就是形象思维能力。丰子恺多次提出，学生除了要受抽象思维能力训练之外，还要训练形象直觉能力。他认为，除了音乐、美术这些专门的艺术科目外，文学、数学、物理、地理等科目也应该有丰富的形象性。杜卫认为，丰子恺的这些思想，在一定程度上符合全面发展的人的培养要求，也反映出他对美育在促使学生形象思维发展方面的功用有充分的认识，这是值得珍视和借鉴的。同时，杜卫又指出，丰子恺对形象直觉的理解也有不足之处。他受主观唯心主义美学观的影响，把审美理解为纯粹的感性直观活动，抽去形象直觉中现实的、理性的内容，所以他认为人们有了与现实生活矛盾“绝缘”的“童心”，就可以得到美的滋润了。他的培养“童心”的美育，偏重于与世无争的审美态度的培养，不强调审美的现实意义，不注重现实美的创造，这又是他的美育思想的局限之处。杜卫认为，审美活动虽然确实存在非功利的静观现象，但这是同理性的、功利性的内容紧密联系着的，是同现实生活紧密联系着的，而不是“绝缘”的。所以教人懂得审美的目的不是为了提供一个超脱尘世苦难的境地，而是引导人们去创造美、消灭丑，这是美育的积极的社会功能。①

罗明从启民智、敦教化和厚人伦三个方面进一步分析了丰子恺的美育任务观。关于“启民智”，罗明指出，这既是当时国民教育的当务之急，也是艰巨的启蒙重任，它是丰子恺文艺审美教育和文艺创作中贯穿的重要主题。丰子恺秉持审美教育是“人生的很重大的很广泛的教育”，是“教人以这艺术的生活的”②坚实理念，以文艺审美教育开启民智。20世纪二三十年代，“美学”及“艺术教育”等开始引入中国，在国民教育中属新的社会科学、人文艺术学科。但这一时期，相关的美学及艺术教育书籍引入国内，更多的则是从日本的相关书籍翻译介绍进来的。为使国内的读者能学习现代美学、文艺理论、艺术教育理论、音乐普及知识、现代艺术知识等，丰子恺在20年代后期引进翻译介绍了不少日本的相关书籍。丰子恺在文艺审美教育的文论撰写中，贴切恰当地沟通中西语言与文化，构成了其文论独特的语言文化符号元素的民族性、平易性特征，增强了文论话语的大众理解接受度。这是向大众普及文艺审美知识、开启民智的前提和基础。关于“敦教化”，罗明指出，丰子恺在引进介绍国外艺术理论、文艺思想的同时，强调国民要树立民族优秀传统文化的自信。其“三鼎足”的文艺审美教育观，糅合“温柔敦厚”“文质彬彬”等民族审美教育精神，以及西方多种人性的“善”与“美”之审美教育理念于其中。他倡导融人性美的涵育养成、艺术化的生活、美育化的人生为一体的审美理想追求。应用艺术于日常生活中的涵育教化，正是以文艺审美敦教化，促进审美教育美化人的生活之功能。他致力于多种人性美的涵育，生活艺术化的开凿，侧重于人性的“真率”“童心”“同情”等文艺审美教育范畴，努力开

① 杜卫：《试论丰子恺的美育思想》，《浙江师范学院学报》1984年第3期，第34—37页。

② 丰子恺：《关于学校中的艺术科——读〈艺术教育论〉》，载《丰子恺文集》第二卷，浙江文艺出版社、浙江教育出版社1990年版，第226页。

拓人性的美。关于“厚人伦”，罗明认为，丰子恺的“三鼎足”文艺审美教育观蕴涵儒家的传统人伦思想。儒家的道德伦理思想核心是“仁”学。丰子恺文艺审美教育观有关“艺术以仁为本，艺术家必为仁者”的诸多论述，对儒家传统伦理道德和人伦思想的可取成分予以汲取和应用。艺术家作为审美主体的“护生仁心”，有一定的高度，其胸襟、境界和层次皆应达至博爱的人伦关怀，与吃斋念佛的一般老百姓有区别；艺术家把握的审美观照对象，不论是有感情的人类、某些有感情的动物或无感情的天地万物，应一概予以人性化的护生关爱，以同情对待，这一博大的人伦精神应推及天地万物。他认为，文艺审美创作的目的，不能仅仅满足局限于创作出的艺术作品本身，而是要借艺术审美创作表现艺术家的自我心灵——护生仁心，并能陶冶他人的心，甚或作品的审美功能可美化人类的生活。①

关于丰子恺的美育实践观。对于丰子恺的美育实践思想，杜卫着重提到了他的美育普及和重视艺术实践活动的主张。杜卫指出，丰子恺把美育的普及大众化作为己任。他关于美育大众化的思想，首先反映在他的编译的“教材”中。他编译的审美普及性读物既不失其科学性，又简明扼要，通俗易懂，一般文化程度的读者都能理解。丰子恺强调美育的普及性还把普及的重点放在少年儿童身上，他认为少年儿童时期是实施美育的黄金时期，“童心”的培养应从儿童开始。丰子恺对社会美育也很热心，主张把美传播到大众中去，美化社会的各个方面，造成爱美的风气。杜卫还指出，丰子恺美育思想的另一个显著特色是重视艺术实践活动。丰子恺将艺术实践分为两类，即欣赏和创造。他以音乐为例，认为音乐实践活动需要经过“实习”，而实习又包括两种，即自己唱奏和听别人唱奏。杜卫认为，丰子恺这里虽然说的是培养音乐鉴赏能力，实际上审美鉴赏能力的培

① 罗明：《启民智·敦教化·厚人伦——简析丰子恺的“三鼎足”文艺审美教育观》，《嘉兴学院学报》2016 年第 4 期，第 28—34 页。

养也是同样的道理。所谓“自己唱奏”，就是学习者亲自动手动口的模仿性活动，其中多少包含着创造性成分。所谓“听别人唱奏”，就是艺术欣赏，自己用心去体验艺术。杜卫指出，丰子恺与他同时代的美育倡导者相比，他的美育理论不太系统完整，其影响也远不如蔡元培等人。然而，他作为一个有成就的艺术家，一位从事艺术教育几十年的实践者，他在怎样认识美育的特殊性、怎样把美育理论应用于具体实践、怎样将美育普及大众化、怎样有效地提高人们的审美能力等方面都有自己独到的见解。这些见解直接来源于他的美育实践，因此特别值得我们珍视。①

刘秀峰重点分析了丰子恺关于美育途径和美育融入生活的思想。他指出，丰子恺认为美育不应局限于艺术科，而应弥漫于教育的方方面面，“学校的艺术教育，是全般的教养，是应该融入各科的，不是可以机械地独立的，也不是所谓艺术科的图画与音乐所能代表全权的。即美的教育、情的教育，应该与道德的教育一样，在各科中用各种手段时时处处施行之”②。关于丰子恺的美育融入生活的思想，刘秀峰指出，丰子恺认为艺术因人生的苦闷而起，每个人也都需要艺术来发泄人生的苦闷，每个人都需要享有艺术的生活。那么一个人怎样才能过上艺术的生活呢？丰子恺认为最重要的是要保存一颗仁爱的童心，他认为艺术心就是广泛的同情心，即仁爱心，而这种仁爱心与童心又是相似的。因此，在丰子恺那里童心、仁心、艺术心是等同的。丰子恺认为艺术并未局限于所谓的艺术家，只要心有仁爱，人人都可成为艺术家。“‘艺术家’不限于画家，诗人，音乐家等人。广义地说，胸怀芬芳悱恻，以全人类为心的大人格者，即使不画一笔，不吟一字，不唱一句，正是最伟大的艺术家”。③只要一个人存童心，

---

① 杜卫：《试论丰子恺的美育思想》，《浙江师范学院学报》1984年第3期，第37—40页。

② 丰子恺：《废止艺术科》，参见俞玉滋、张援编：《中国近现代美育论文选（1840—1949）》，上海教育出版社1999年版，第176页。

③ 丰子恺：《桂林艺术讲话之一》，参见《丰子恺文集》艺术卷四，浙江文艺出版社、浙

守护仁心，即是艺术家，即能发现生活中的美，创造美，过上“艺术的生活”。

6. 朱光潜的美育思想

朱光潜（1897—1986），我国现当代著名美学家、文艺理论家和教育家。他的美育思想非常丰富，正如有人所指出的：“朱光潜写了大量美学论著，也翻译和介绍了大量西方美学论著，他是一位美学家，这是毋庸置疑的。但是，朱光潜的美学理论在很大程度上是一种美育理论，他是20世纪中国研究美育最深、成果最多的理论家。”① 还有学者认为，朱光潜是我国现代以来最为著名的美学大师，他在进行美学研究及译介的同时，一直极为关注并参与教育实践，其美育思想在美学思想之中占有极为重要的地位。② 当代学界对朱光潜美育思想研讨的重点是其关于美育本质、地位与功能的观点。

关于朱光潜的美育本质观。朱光潜从人的心理功能着手探索了情感与美育的联结点。他说：“世间事物有真善美三种不同的价值，人类心理有知情意三种不同的活动。这三种心理活动恰和三种事物价值相当：真关于知，善关于意，美关于情。……求知、想好（即向善，引者注）、爱美，三者都是人类天性；人生来就有真善美的需要，真善美具备，人生才完美。”③ 教育则是使上述天性得以调和发展的手段，因而相应地产生了智育、德育和美育三种教育方式。“物有真善美三面，心有知情意三面，教育求在这三方面同时发展，于是有智育，德育，美育三节目。”④ 因此，朱

江教育出版社1990年版，第16页。

① 杜卫：《朱光潜论美育》，《美育学刊》2010年第1期，第31页。

② 刘彦顺：《中国美育思想通史》（现代卷），山东人民出版社2017年版，第433页。

③ 《朱光潜全集》编辑委员会编：《朱光潜全集》第四卷，安徽教育出版社1988年版，第143页。

④ 《朱光潜全集》编辑委员会编：《朱光潜全集》第四卷，安徽教育出版社1988年版，第143页。

光潜指出："美感教育就是情感教育。"① 陈涵平认为，在朱光潜的理论探索中，尽管他确认美育就是情感教育，但他认为美育并非涉及所有情感，而仅关涉审美情感（美感）。在审美情感的作用下，人和外部世界的距离已被消融，宇宙是人化的宇宙，人是对象化的人。人在感受对象中认识了自己、肯定了自己；人又在情趣对象化的过程中伸张了自己、提高了自己。在阐释了审美情感的特点之后，朱光潜对情感在审美教育中的作用也有明确的认识。既然审美教育是情感教育，那么审美教育的主要目的就在于陶养审美情感。这种"陶养"一方面是"感"的能力的培养，它使人们在审美时学会从寻常事物中感觉出不寻常的意义，从一草一木中感受到生气和人情；另一方面是促成"情"的内蕴的完美，使人们在审美中观照自身的本质力量，在精神愉悦中使心灵得到净化和升华。陈涵平指出，朱光潜关于审美教育是情感教育的观点尽管不是审美教育的完整定义，但他这种抓住情感来阐释美育的思路却容易通向美育的本质之途，并为我们指明了解决美育理论中许多难解之迷的方向。陈涵平认为，朱光潜的这一探索对我们具有重要的启示：美育与情感是密不可分的，审美教育就是审美情感的教育。审美情感作为人类心灵的自由活动，既排除了自然的必然性对人的控制，又舍弃了社会的道德性对人的约束，从而为人的精神活动辟出了一方纯粹感性自由的沃土。陈涵平同时也指出，朱光潜在美育范围中的情感探索也有一些偏颇。情感并不如朱光潜所说仅是美育的目标，而且还是美育的手段，这主要是由情感自身的层次性决定的。作为手段的情感主要依赖感受能力的活动为美育提供实施途径；作为目标的情感则主要依据情感质量的优化为美育提供效用标志。如果说智育以知育人，德育以理服人，那么美育则是以情动人，更确切地说是以情养情，因此情感在美育中

① 《朱光潜全集》编辑委员会编：《朱光潜全集》第四卷，安徽教育出版社 1988 年版，第 145 页。

实际上处于手段和目标的双重位置。①

关于朱光潜的美育地位观，刘彦顺主要从他对于美育在现实中的遭际的认识角度进行了分析。朱光潜对德、智、美三育之间关系的看法是——“三育对于人生本有同等的重要”②。但是“在流行教育中，只有智育被人看重，德育在理论上的重要性也还没有人否认，至于美育则在实施与理论方面都很少有人顾及”③。刘彦顺指出，虽然朱光潜并没有直接对智育、德育受到重视的原因进行探讨，但是可以看出，他的确揭示出这一历史性的普遍规律——教育的内容，如智育、德育、美育、体育之间的关系，虽然在义理上是平等的，而且诸育之间和谐均衡的发展才可以导致人格发展的完善，但是在其各自的内在价值上有着迫切与超越、功利与非功利之分。很显然，人类对智育、德育、体育的需求是最为迫切、功利的，而对审美的需要则要超越得多，也就是说，科学的发达可以带来物质生活的丰饶、人类的健康与长寿等等，伦理道德规范可以协调人与人之间的利害关系，体育则直接给人类的身体带来福祉，而审美需要尤其是对于纯粹的艺术品的需要则微弱得多，因而在历史上往往存在忽视美育的事实。④刘彦顺还提到朱光潜关于片面教育的危害以及全面发展教育的意义的观点。朱光潜认为，执着于人格之中的某一种因素进行孤立、片面的发展，只会带来人格发展的病态。他说：“人好比一棵花草，要根茎枝叶花实都得到平均的和谐的发展，才长得繁茂有生气。有些园丁不知道草木之性，用人工去歪曲自然，使某一部分发达到超出常态，另一部分则受到压抑摧残。这种畸

① 陈涵平：《朱光潜美育思想中的情感论》，《广东教育学院学报》1998年第3期，第33—36页。

② 《朱光潜全集》编辑委员会编：《朱光潜全集》第四卷，安徽教育出版社1988年版，第144页。

③ 《朱光潜全集》编辑委员会编：《朱光潜全集》第四卷，安徽教育出版社1988年版，第144页。

④ 刘彦顺：《中国美育思想通史》（现代卷），山东人民出版社2017年版，第438页。

形发展是不健康的状态，在草木如此，在人也是如此。理想的教育不是摧残一部分天性而去培养另一部分天性，以至造成畸形的发展；理想的教育是让天性中所有的潜蓄力量都得尽量发挥，所有的本能都得平均调和发展，以造成一个全人。”[①]正是基于这种认识，朱光潜指出，全面发展的教育非常迫切，“教育必以发展全人为宗旨，德育、智育、美育、群育、体育五项应同时注重”[②]。

关于朱光潜的美育功能观，聂振斌从“人性的解放”的视角进行了分析。[③]他指出，朱光潜重视美育的道德意义，认为美育是德育的基础，但又认为美育的功能与价值不限于此，它更给人以自由，使人性得到解放。朱光潜关于人性的解放的观点表现为三个方面：一是本能冲动和情感的解放。朱光潜认为，人类生来有许多本能冲动和附带的情感欲望，它们都需要活动，需要发泄和满足。但在实际生活中，它们会受到社会的压抑或为自己的道德观念所克制。而本能冲动和情欲只能暂时压抑而不能永久消灭，如勉强压下去久而久之就会变成为种种变态心理，成为精神病的根源。幸好人类创造了文艺和审美活动，给了本能冲动和情欲发泄的机会。文艺和审美活动能把人类低级的本能冲动和情欲提到一个较高尚较纯洁的境界去活动，所以有升华作用。二是眼界的解放。朱光潜所说的“眼界”，实际是指人的审美能力或者说是人的审美眼光。审美能力的提高和审美眼光的开阔，当然要通过审美教育才能获得。朱光潜说，宇宙人生是无限的和变动不居的，每时每刻都会有无量的新鲜有趣的东西可以“见”到。但一般人却常常“见”不到。原因何在？这是因为一般人只囿于实用的界域

① 《朱光潜全集》编辑委员会编：《朱光潜全集》第四卷，安徽教育出版社 1988 年版，第 144—145 页。

② 《朱光潜全集》编辑委员会编：《朱光潜全集》第四卷，安徽教育出版社 1988 年版，第 28 页。

③ 聂振斌：《朱光潜的美育思想及其时代特征》，《求是学刊》1998 年第 4 期，第 74—75 页。

之内，而没有审美眼光。因此，要提高审美能力和开阔审美眼光，必须通过艺术欣赏和审美活动。审美能力提高了，眼界解放了，自然会发现人生世相的丰富华严，觉得生活有意义，有价值，有趣味，使我们不断增添新的生命力。三是自然限制的解放。就物质方面而言，人对于自然是非常渺小的，绝无违抗自然法则的力量。但是在精神方面，人通过艺术创造可以跳开自然的圈套而征服自然，可以在自然世界之外另在想象中造出较合理慰情的世界。在艺术创造和审美活动中，人可以玩弄自然，主宰自然，剪裁它，锻炼它，重新给它生命与形式。所以，朱光潜认为，多受些美感教育，就是多学会如何从自然限制中解放出来，充分地感觉人的尊严。

杜卫和杨迪芳重点从“人生的艺术化”的视角解析了朱光潜的美育功能观。他们都充分肯定“人生的艺术化”在朱光潜美学和美育思想中的重要地位。

杜卫认为，“人生的艺术化”是朱光潜美学研究的根本宗旨，也是他的美育理论的根本宗旨。① 在朱光潜看来，作为人生的一种最高境界，艺术化的人生是真善美的高度融合，也是由人的生命史构成的一件艺术品。首先，完美的人生就像一件艺术品那样是完整人格的表现，每一细小处都可见出整体人格的表现。其次，艺术化的人生是“至性深情的流露”，即真性情的表现。真性情就是生命的本然，这种生命流露于语言文字，就是好文章；流露于言行风采，就是美满的生命史。因此他说“所谓艺术的生活就是本色的生活”。再次，艺术化的人生是既严肃又超脱的人生。朱光潜一向主张审美态度是一种超脱物欲和小我的人生态度，同时他也反复地说，审美的人生态度是彻底认真的。大到“富贵不能淫，威武不能屈”，小到一个字、一个举动，就像艺术家在创作时那样一丝不苟，处处体现出

① 杜卫：《朱光潜论美育》，《美育学刊》2010 年第 1 期，第 35—36 页。

严肃认真的人生态度。这同他一贯倡导的“以出世的精神做入世的事业”是一脉相通的。最后，艺术的人生是至善的人生。朱光潜指出，从狭义上讲，艺术与道德有明显的区别；但从广义上看，善就是一种美。审美的态度是“无所为而为的玩索”，即无利害考虑的观照，艺术的人生就是在这种审美态度引导下的生活，而这种生活与“至高的善”是内在一致的。①朱光潜将“人生的艺术化”最后归结为“人生的情趣化”。他说：“艺术是情趣的活动，艺术的生活也就是情趣丰富的生活。……情趣愈丰富，生活也愈美满，所谓人生的艺术化就是人生的情趣化。”②在朱光潜的美学理论中，情趣或趣味的意义是丰富的：它既是一种审美的态度和选择偏爱，又是一种审美的能力。作为审美态度，它是超脱的，也就是脱俗的。作为审美的选择偏爱，它是追求较高艺术境界的审美价值取向。作为审美能力，它是能够见出世界中一切生命之映现的观照力和创造力。上述几个方面又是内在联系在一起的，其核心是回归生命本体和发挥生命的创造力。所以“情趣”既是生命表现的生动样态，即人的一种清新、自由、纯真的生存方式；又是生命的创造，即人生新境界的生成。既然趣味（情趣）就是生命力的表现、体悟和创化，那么人生的情趣化也就是生命力得到表现、体悟和创化的人生。杜卫认为，以当代眼光来审视朱光潜的美育思想，我们固然可以发现他有时以审美主义的立场来阐发美育的功能，未免夸大美育的作用，对于美育的具体实施研究也不多，但值得我们学习、研究和借鉴之处很多。第一，美育研究的出发点应该是“人生”。朱光潜继承了王国维开创的人生论美学。从审美和艺术的人生价值出发来讨论美育的基本性质和功能，为美育确立了一个合适的理论前提。与认识论美学和实践论美

① 《朱光潜全集》编辑委员会编：《朱光潜全集》第二卷，安徽教育出版社 1987 年版，第 95—96 页。

② 《朱光潜全集》编辑委员会编：《朱光潜全集》第二卷，安徽教育出版社 1987 年版，第 96 页。

学相比，人生论美学更适合作为美育研究的逻辑起点，从人生论出发的美育理论也更有利于吸取中国本土美育传统的思想资源。第二，辩证、全面地把握“情”与“理”、美育与德育的关系。朱光潜非常强调审美对于高尚、完美人生的重要意义，但他也并不否认理性对于人生的价值，而是在感性与理性“协调”“融合”这个大前提下阐述它们之间的关系，从而提出了“以情为本”的思想，主张人生修养从颐养性情做起，把美育作为人格教育的基础。这种思想对于克服当前动辄以德育替代美育，或者排斥德育而只强调美育的片面认识是有帮助的。第三，朱光潜在20世纪前半叶就提出美育的“解放说”，把美育作为一种使人生获得自由，发展人的个性和创造潜能的独特教育形式，这是难能可贵的。艺术一直被古今中外诸多有识之士看作是最具有个性和创造性的活动，所以，美育当然应该对于受教育者个性的成长和创造性的发展有所助益。第四，朱光潜把实现“人生艺术化”作为美育的目的，这个思想对于今天身处大众文化的中国人来说也是独具意义的。如何在追求物质利益的同时关心自己生活的精神价值，如何在发展儿童和青少年的认识能力、生存技能、竞争意识等社会适应性的同时，发展他们内心爱美、向善的本性，朱光潜的美育思想对我们是有启示的。

关于朱光潜“人生艺术化”的思想，杨迪芳也给予了充分的肯定。他指出，“人生的艺术化”是朱光潜美学思想的出发点和旨归，理解“人生的艺术化”是了解朱光潜美学思想的钥匙。朱光潜的“人生的艺术化”的命题蕴含着深刻的美育思想。首先，“人生的艺术化”是指导现实人生的命题。朱光潜基于教育救国的理想主义心态和强烈的社会责任感，试图通过“怡情养性”来“洗刷人心”，使人心净化和美化。他揭示了美对于人生的意义，认为只有美才能使人以出世的精神做入世的事业。其次，“人生的艺术化”指出了通过对人的心灵的审美改造来达到改造社会的目的。朱光潜认为，作为艺术创造的美提供了与实际生活不同的理想世界，使人们在对这种意象的欣赏中进入一个新的理想世界，获得新的走向现实的力量。再次，“人生的艺术化”是通过个体在具体的审美活动中产生的审美经验来实现的。在朱光潜看来，个体应从对一首诗、一幅画或是一片自然风景的欣赏中获得亲身经历和体验（即审美经验），然后再以美感的态度推到人生世相方面去。杨迪芳认为，这其实是为我们指出了一条美育的途径：主体在艺术美的观照中，获得超越实用的精神愉悦和满足的情感体验。这种伴随着具体审美活动过程而发生在主体身上的审美经验，使人们在日常生活中不知不觉地远离了那些不良的、低级的、丑恶的东西，慢慢地使自己变得完美起来。所以，它不是一种说教，而是一种润物细无声式的引导，是一个培植有益情感、消除有害情感的过程。杨迪芳还认为，朱光潜当年提出的“人生的艺术化”命题，随着时代的发展越来越凸显出积极的现实意义，对我国当前的审美教育具有重要的启示和借鉴作用。首先，它有助于反思当代人的生存方式。通过“人生的艺术化”，可以对当代中国人的生存方式作出反思，可以提升人的生存意境，重返高尚的情趣和理想。其次，审美教育应以情感教育为中心。美感活动无功利目的，是超越环境需要的自觉自愿的活动。这启示我们，审美活动必须超越功利，不能脱离具体可感的形象。审美教育是一种情感教育，只有个体亲历具体的审美活动，内心被激起美感体验、感悟想象，才能发挥作用。再次，“人生的艺术化”在于造就和谐发展的人。在朱光潜看来，当一个人把自己所从事的学习、工作当作艺术作品去看，觉得有趣味，用一股热忱去欣赏、创造，生活就美满了。“人生的艺术化”在于培养造就一个身心健康、全面发展的全人。这正是当前素质教育对人才培养所提出的要求，也是以人为本、建设和谐社会的时代呼唤。[①] 姚全兴也认为，朱光潜的“人生艺

---

① 杨迪芳：《朱光潜“人生的艺术化”的美育思想及当代意义》，《教育评论》2006 年第 2 期，第 93—94 页。

术化”观点在美育上具有重要的意义。他指出，正像朱光潜所说的那样，人生本来就是一种广义的艺术。如果说艺术是美的表现，那么人生的艺术化就是人生的美化，而人生的美化正是人类向往、追求和创造的目标。不论是从每个人的生命史看，还是从人类的发展史看，人生的艺术化或美化都是必需的。否则，人生就不仅枯燥无味，而且黯淡无光，人生也就不是人类留恋的有价值的人生了。①

还有学者对朱光潜的“怡情养性”思想进行了专门的评析。杨平指出，朱光潜坚信情感比理智重要，要“洗刷人心”一定要从“怡情养性”做起。美感教育的功用就在于怡情养性。审美超脱和个性解放最终还是要皈依到人生上面，美感教育的落脚点就在这里。虽然美感教育的取材是广泛的，但朱光潜还是偏重以文学艺术来达到美感教育的目的。怡情养性将艺术与人生紧紧地结合起来，怡情养性就是人生艺术化。杨平认为，这是朱光潜提倡美感教育的出发点与归宿。怡情养性可谓人生旨趣，朱光潜特别强调不要把艺术与人生割裂开来，他甚至认为人生本来就是一种广义的艺术，每个人的生命史就是他的作品。②聂振斌认为，“怡情养性”是朱光潜美育思想中的一个中心概念，它是美感教育的出发点，又是美感教育的归宿，贯穿于美感教育过程的始终。在朱光潜看来，性情在怡养的状态中必定是健旺的，生发的，快乐的。但怡养只有在超越现实的利害关系和实际生活的牵绊的情境下才成为可能。朱光潜十分重视文艺的怡情养性作用。在文艺的各个门类中，他更重视文学的美育功能，认为文学是一种与人生最密切相关的艺术。朱光潜提倡“怡情养性”的目的在于，指导人们追求一种高尚的精神，进入一种理想境界。③

---

① 姚全兴：《中国现代美育思想述评》，湖北教育出版社 1989 年版，第 335 页。

② 杨平：《多维视野中的美育》，安徽教育出版社 2000 年版，第 178—180 页。

③ 聂振斌：《朱光潜的美育思想及其时代特征》，《求是学刊》1998 年第 4 期，第 75—76 页。

三、中国美育思想的比较分析

从比较的角度研究中国美育思想是当代学界认识和把握中国美育思想的一种新的尝试。通过对不同美育思想流派或不同教育家的美育思想的比较，可以更好地理解其美育思想的实质和特点。

（一）儒家与道家美育思想的比较

儒家和道家是先秦诸子百家中两个重要的学派。有学者指出，“从中国思想史和美学史的发展角度看，儒家和道家美学不仅是中国古代艺术思想的源头，也是中国古代美育思想的核心来源”①。它们的美育理论对于后世的美育思想产生了重大而深远的影响。正如曾繁仁所指出的：“中国古代美育思想，从先秦起就交织着儒道两家的争鸣，汉代以后基本上是在儒道既相互论争、消解，又相互影响、促进的情况下不断发展的。儒道两家在中国古代思想、文化、文艺、教育等方面互渗互补，不断滋润着中国人的心灵，不断产生出新的文化艺术因子，建构了中国文化传统的整体景观。”②当代学者对这两个学派美育思想的比较既有自己的重点和特色，也存在一定的交叉和重合之处。

郭守运等认为，这两个学派关于美育的思想有共同之处，具体体现在以下三个方面：其一，都基于人格教育。从孔子的“游艺”到庄子的“游心”，都是对人格的思考与探索。庄子“游于心”的美育观念，不仅是一种超脱于现实的审美境界，也是一方自由而宁静的天地。在这方天地中，人的心胸豁然开朗，心灵自由遨游，“独与天地往来”。道家这种超然物外的精神，不仅能塑造道家的“至人”，而且有助于培养个体的正确的人生

① 郭守运、李泽冰：《“游心”与“游于艺”：儒道美育观念的分野与融合》，《安徽理工大学学报（社会科学版）》2019年第6期，第67页。

② 曾繁仁：《中国美育思想通史》（先秦卷），山东人民出版社2017年版，“总序”第13—14页。

观、价值观与世界观。而儒家美育思想中所提倡的“游于艺”，亦是其对理想人格的探索。孔子倡导以礼乐等较高范畴的“艺”为手段，塑造其理想人格——“文质彬彬”的君子，使个体逐渐往“成人”的方向发展。虽然儒家和道家所塑造的理想人格有所差异，但二者都试图通过美育的手段，对人格进行完善和升华。其二，都具有完善社会关系的目的性。道家认为，世间万事万物不仅有其自身存在的价值，而且也有符合其自身发展的规律。唯有顺应自然，人与自然才能更好地和谐相处。儒家美育思想则较侧重于礼乐的教化作用。孔子致力于通过礼乐来规范社会的道德伦理，维系人与人之间的关系，并使君子之言行“文质彬彬”，合乎社会的要求。其三，都重视美育的愉悦功能。儒家认为，美育具有娱乐性，能为人带来感官、情感的愉悦。道家主张的“游心”使人在寂静空灵之境中，涤除其内心的污垢，获得自由的愉悦。①

如果说郭守运等人主要是阐述儒道两个学派美育思想的共同点的话，那么，其他学者则更为重视分析它们的不同之处。

如祁海文对这两个学派美育思想的差异从四个方面进行了比较分析。② 首先是对礼乐教化美育作用的认识。他认为，儒家美育继承和发展了古代的礼乐教化的美育传统，以《诗》、礼、乐为审美教育的基本实现途径，而道家美育则批判、否定礼乐教化的美育作用。从老子到庄子，道家很少谈《诗》、礼、乐，即使偶尔谈到也多是持批判态度。当然，这并不影响道家思想中客观上包含着非常深刻的美学、艺术精神，并且在中国文艺发展史上发挥了重要作用。但是，很明显，无论是老子还是庄子都没有把艺术作为审美教育的实现途径。其次是对待社会性礼乐教化的态度。儒家美育非常关注社会性的礼乐教化问题，从孔子到荀子以至《礼记·乐

① 郭守运、李泽冰：《“游心”与“游于艺”：儒道美育观念的分野与融合》，《安徽理工大学学报（社会科学版）》2019 年第 6 期，第 71 页。

② 祁海文：《中国美育思想通史》（先秦卷），山东人民出版社 2017 年版，第 273—274 页。

记》的以“人伦”教育为中心的社会性的礼乐教化始终是儒家美育的一个重点，并且儒家所强调的美育对个体人格的道德修养的作用在根本上也是服从和服务于社会性的政治、伦理教化的，而道家，尤其是庄子则根本不关注审美教育的政治、伦理等社会性问题，个体人格的精神自由与解放、个性的自由发展才是道家美育的重心。并且，同样是注重个体人格的培养，道家美育突出了个体人格的超越社会政治规范和道德伦理价值的审美特征。这是道家美育的核心问题。再次是对美育培养人格倾向的看法。儒、道美育都以“天人合一”为人格修养的最高境界，都是一种自由和谐的审美境界，都表现为一种审美愉悦状态，这种最高层次的人格可以说都是一种审美人格。但是，如果说儒家美育的核心是道德人格的培养，那么道家美育的核心则是自然人格、审美人格的培养。因而，儒家美育的关键是人自身的感性与理性，也就是人的意愿、情感（人）与社会性的道德伦理规范（天）的融合统一，这就是荀子所说的“美善相乐”①，而道家美育的关键在于人的纯真素朴的本性自然（人）与宇宙本体的自然（天）的融合统一，用庄子的话来说，就是“以天合天”。最后是对美育培养人的主体性和个性的认识。儒、道美育虽然都落实在情感教育上，但是儒家美育的目的是在主体的道德自觉的前提下，以社会政治原则和道德伦理价值来规范、塑造、升华人的情感，使后者服从前者，并最终达到两者的统一。因而，作为儒家美育的理想的“中和”是寓多样性于统一性的和谐；而道家美育的目的则强调个体人格的意志独立，反对任何外在的规范对人的个性和精神自由的约束、限制，主张个性的自由发展和人的精神的自由解放。因而，作为道家美育的理想的“和”或“天和”是寓统一性于多样性的和谐。

彭修银等也从美育的目的、原则、方法与手段等方面对儒道两家美

① 《荀子·乐论》。

育思想的不同特点进行了剖析。[①]（1）美育目的的差异。他们认为，在美育目的上，儒家讲究成人入世，道家强调培养人的自由心性。儒家美育偏重于人与社会关系的把握，其终极目标就是通过美育的塑造与规范“成人”——成为一个体现“礼仁”的人，强调个体对集体和社会的责任并适应服务于这个社会。而先秦以老庄为代表的道家美育则偏重于人与自然关系的把握，其目的不是个体如何去适应社会，而是如何回归到人的自然本性，实现精神的解放和心灵的自由，以颐养生命为目的，追求超越社会政治规范和道德伦理观念的自由和谐的理想人格。（2）美育原则的差异。在美育原则上，儒家强调“里仁为美”，道家要求“道法自然”；道家求真，儒家求善。儒家在进行美育的时候，主张与德育相结合，文质统一。诗乐都要符合“善”才可作为美育工具。在孔子那里，美育只是实现德育的手段，并未提到本体的地位。与儒家不同的是，道家的美育原则为“道法自然”，追求质朴。“道法自然”是为了回归自然，追求本真，而不是简单地符合社会伦理规范。“自然”就是指“道”的不加任何强制、不依靠外因，自发生、自存在的一种性质和状态。这一范畴既反映了道家哲学对必然性、个体自主性、独立性的认识，也反映了他们对精神自由和自然之美的追求与欣赏。道家的美育注重求真，真就是道，就是天，就是自然无为。郭守运等人在谈及两个学派关于美育实施的思想时也表达了同样的观点。他们认为，道家较强调发挥个体的主观能动性，自觉以“自然”为标准要求自己；儒家则侧重于利用外界的规范“礼乐”教化世人，由此达到美育的目的。（3）美育方法的差异。先秦儒家认为，感情的陶冶主要通过艺术审美来实现。在这个过程中注重陶冶，就是通过审美来教化、塑造人，使人适应社会的规范。儒家美育的实施

① 彭修银、张宏亮：《论先秦时期儒道美育思想的特质及其当代意义》，《陕西师范大学学报（哲学社会科学版）》2010 年第 5 期，第 125—129 页。

是渐进的、具体的，任何人只要浸润其中，都可以获得精神人格的陶养，它是积极、进取而又合乎人性的，不像道家的唯美人生，仅是少数人可以习得。先秦道家非常强调个体审美感受的直接性，道家教育思想是“反智”的，并追求“不言之教”。(4) 美育手段的差异。在美育手段上，以孔子、孟子和荀子为代表的儒家以诗、乐为首要手段，以自然为次要手段；而在以老庄思想为代表的道家美育中，美育以自然为首要手段，以技术为次要手段。孔子试图通过礼乐教化来实现理想人格的培育，老子虽也重视理想人格的培养问题，但他所主张的理想人格的培养恰恰没有礼乐教化的位置。

单世联等主要从美育功能的视角分析了以孔子为代表的儒家与以庄子为代表的道家美育思想的区别：① 第一，孔子一派主张美育在成人，强调美育与社会政治伦理道德的联系，强调理智（社会）对情感（个体）的规范和制约，赞赏美与善的协调统一；庄子一派则主张美育在通道，强调美育在沟通作为宇宙生命力的道与个体自然物的内在生命力的联系中的作用，赞赏个体意识情感不受约束的自然流露和个体人格的自由追求，赞赏美与真的和谐统一。第二，孔子与庄子虽然都重视人格美的培养，但是孔子一派强调的是仁义道德伦理属性的充实之美，赞赏的是“博学于文，约之以礼”② 的彬彬君子；而庄子强调的是人的内在生命的充实性和人格精神的解放，赞赏的是“德全而神不亏”③ 的圣人、神人、至人。庄子一派注重研究人的精神现象，探索人的内心世界，强调人格独立，强调主体意识，使得道家美育在中国美育史上独树一帜。

关于儒道两家的通过美育培养人格美的思想，丁钢也指出，在先秦，无论儒家或道家，他们所追求的人格美，重心都在一种内在的精神之美。

---

① 单世联、徐林祥：《中国美育史导论》，广西教育出版社 1992 年版，第 77 页。
② 《论语・雍也》。
③ 《庄子・刻意》。

所不同的是，儒家主张通过人为培养与自我充实两个方面加以实现，并且体现为一种社会道德精神；道家则认为这完全在于个人的体验观照而致，而且不受任何社会道德的影响。乍看起来，似乎一个是积极入世的，一个是消极避世的，自然从各自阶级根源来看也有所根据。然而他们都体现为一种人本主义精神，共同开创了中国古代教育史上重视人的精神美的优良传统，这份宝贵遗产剔其糟粕，存其精华，是可以为我们今天所承继的。①

（二）王国维与蔡元培的美育思想比较

关于王国维与蔡元培美育思想的比较，学界主要有两个角度，即他们美育思想的来源和美育功能观。刘晓峰主要比较分析了王国维与蔡元培美育思想的来源。②他指出，王国维与蔡元培都受过中国传统文化的滋养，他们的旧学根底都很深厚，他们的美育思想深受传统思想文化的影响。后来王国维东渡扶桑求学，之后穷数年之力研究西方哲学，而蔡元培更曾多次出国，在国外留学、研究、著述的时间长达10年之久，研究的重点之一就是哲学和美学，因此西方哲学对他们的美育思想也都产生过重要的影响。（1）中国传统文化的影响。王国维、蔡元培都是中国近现代史上的国学大师。王国维是史学、文字学、甲骨学、敦煌学等众多学术领域的开拓者和拓展者。然而，对中国古学中儒道两大传统，他更喜欢道家哲学。道家哲学对现实采取一种超越态度和批判精神，反对用仁义道德限制个体的审美自由，提倡自然无为的“大美”。王国维吸取了道家以自由为美的观点，提倡美育之目的在于培养审美主体之自由和独立精神，超越世俗观念的束缚，达到人格的最高境界，把真作为美的本质规定，认为审美教育必须超越现实的利害关系，这样的审美活动才是真正自由的美的活动。同时，王国维强调审美活动是属于精神范畴的，它应该超越物质利益，美育

① 丁钢：《儒与道：两种美育理论的评判》，《教育评论》1989年第1期，第56页。

② 刘晓峰：《王国维与蔡元培美育思想来源比较研究》，《嘉兴学院学报》2007年第2期，第23—26页。

应以培养人的品德美、精神美为根本。因此，他得出了美育的本质在于超功利性，目的在于培养完全之人物的结论。这说明王国维在吸收中国古代美学思想的营养时，主要选取的是道家传统，而不是儒家正统。蔡元培是一个旧学深沉的知识分子，他深受古代传统文化，尤其是儒家的文化与思想的熏染。儒家重视礼教，希望人们的行为完美崇高，心灵纯洁无私，实际上就是向人们提出的美的要求。蔡元培十分推崇古人的做法，因而也就毫不犹豫地继承这些传统。（2）西方思想文化的影响。在西方思想对王国维的影响中，以康德、席勒、叔本华最为突出。王国维最初由康德开始接触西学。康德对王国维的影响主要是美学和美育的一些基本理论，如美育的性质、范畴等观点，同时他又用这些基本理论、研究方法联系实际进行分析。王国维的嗜好说受到席勒游戏说的影响，席勒的审美游戏说是由康德的超利害、天才论发展而来的。所谓游戏冲动，是人从事功利活动而剩余的一种精力（即势力），因而游戏是一种超厉害的、自由的活动，它既不受自然力量和物质需要的强迫，也不受理性法则的约束。因而游戏是一种自由超功利的活动，它本身是审美的。蔡元培在研究美学时，汲取了西方丰富的美学理论，尤其是康德的美学思想。康德哲学是德国古典哲学的杰出代表，康德美学作为其哲学思想的重要组成部分，在西方美学思想发展史上占有重要的地位。蔡元培留学欧洲多年，对康德哲学作过深入的学习和研究，尤其是康德的美学理论，蔡元培更是十分推崇和赞赏。他完全接受了康德的美的普遍性和超脱性的论点，并以之作为他倡导美育的理论依据。因此，完全可以说，西方美学理论，尤其是康德美学，也是蔡元培美育思想的重要源泉。

包莉秋主要就王国维和蔡元培的美育功能思想进行了比较。① 她指出，

① 包莉秋：《论王国维、蔡元培美育思想中的审美与功利性》，《扬州大学学报（人文社会科学版）》2007 年第 3 期，第 47—50 页。

王国维和蔡元培都承认美育具有双重功用，即集超功利（即审美）与功利于一体。他们认为美育既具审美性又有功利性，其超功利性在于它超越了政治的、能直接见效于现实社会的实际效用，它的目的是使人放弃欲望的纠缠而获得纯粹的快乐，通过纯审美而令人愉悦；美育的功利性在于它和教育挂钩，作为教育的一种旨在培养人们的情感，以帮助塑造完美人格。因而美育具有功利性和超功利性的双重属性，同时美育自身自然而然地成为两者的统一体。功利性离不开超功利性，因为塑造人的完美人格首先要教育人有美的情感，如此才能达到完满人格之境界。功利性必须要以超功利为前提，也就是说离开超功利性，美育也就无法真正实践。故审美与功利的折中便成为他们的最佳选择，他们巧妙地利用了“利”这一驱动力，甚至于天衣无缝地将功利与审美对接起来，找到了功利与审美的最佳结合点。但在对美育功能的具体理解上却存在较大的差异：王国维认为美育的目的是使人放弃欲望的纠缠而获得纯粹的快乐和愉悦；蔡元培以为美育的目的在于辅助德育和智育，从而帮助教育塑造完美人格。

（三）鲁迅和蔡元培的美育思想比较

鲁迅（1881—1936），中国著名文学家、思想家和教育家。唐沪娟对鲁迅和蔡元培的美育思想进行了比较分析。① 她首先认为，对鲁迅和蔡元培的美育思想进行比较具有客观的基础：一是他们两人基本上可以说是同时代的人，都是受过封建教育的知识分子，而且都从事过教育工作，一起在南京政府的教育部任过职，都积极提倡美育；二是两人都有美育方面的论著；三是他们都接受过近代西方文明，深感旧中国的腐败，都立志改革社会，积极介绍和宣传新思想；四是在中国美学作为一门独立的科学的发展过程中，他们都是开拓者和奠基人。唐沪娟接着从两个方面比较了鲁迅

① 唐沪娟：《鲁迅和蔡元培的美育思想比较——兼评〈鲁迅美学思想浅探〉一书发掘和探索鲁迅美育思想的得失》，《江淮论坛》1985 年第 3 期，第 81—84 页。

和蔡元培美育思想的异同。第一，他们提倡美育都是为了抨击封建教育制度，改良中华民族的精神素质，改良人生。但他们的立足点却不同，鲁迅着重在现实主义的批判上，而蔡元培则站在纯美育的立场上。改良人生、培养高尚人格是他们的共同目的。但各自的立足点和侧重点却有差异。鲁迅重在“破旧”，主要是对于人民大众有害的审美观念进行批判。同时他也注意宣传进步的美育思想，阐明美育对儿童精神发展的重大作用。蔡元培则提倡纯粹的美育，认为通过美育能“提起一种超越利害的兴趣，融合一种划分人我的偏见，保持一种永久平和的心境”①。这种美育观带有明显的超阶级、超现实、超时代的色彩。第二，他们都能联系现实，以其美育思想影响大众，但鲁迅在审美趣味上主要提倡雄壮的战斗的美，蔡元培则更趋向温和、优雅的美。鲁迅要求做“觉悟的人”，主张在社会的斗争中培养一个人健康的体魄和情操。蔡元培则更多地提倡平和之美，重在陶冶爱的情感，培养安宁的精神。在唐沪娟看来，鲁迅和蔡元培的美育思想出发点基本相同，而提倡的侧重点和审美趣味却迥异，对现实的影响也不同。相比之下，蔡元培的美育思想具有普遍性、一般性和纯粹化的特点，在当时中华民族充满内忧外患，各种矛盾斗争相当激烈的时代带有空想色彩，脱离了当时中国的实际，尽管他的理论本身的启蒙意义是不能抹杀的。而鲁迅的美育思想则离现实较近，他那力主抗争，提倡和推崇壮美，希望唤起人们“对自己力量”的坚强的信心，对当时无产阶级和大众的革命事业具有积极的作用。为什么鲁迅与蔡元培的美育思想存在差异？唐沪娟认为，原因主要有两点：一是生活环境和个人气质不同。鲁迅出生在一个破落的封建士大夫家庭，小时候从“小康之家坠入困顿”，而看见了“世人的真面目”。青年时代受新学教育，并怀着“科学救国”的愿望东渡日

① 蔡元培：《文化运动不要忘了美育》，参见俞玉兹、张援编：《中国近现代美育论文选（1840—1949）》，上海教育出版社 1999 年版，第 46 页。

本学医，后目睹旧中国的腐败，决定弃医从文。以后的几十年，鲁迅在笔尖的围剿中发展，在斗争中求生存，所有这些养成了他深沉稳重又严谨的气质。蔡元培与鲁迅是同时代人，他出身于祖、父辈皆经营钱庄的家庭，在青年时代就沿着科举的道路，一步一步地顺利地登上了清政府的最高学府——翰林院，成为上层封建文人学士阶层中的一员。由于时代的感召和他强烈的民族自尊心和爱国正义感，使他很快冲出了这个阶层，投身到革命中去，后来一直从事教育事业，也积极参加各种革命活动，曾担任中华民国临时政府教育总长、中央研究院院长等职，可以说他的政治地位、社会地位一直是高高在上的。作为教育界的元老，多年来养成了他耿直、开明的气质，他主张折中、调和，忽视斗争的思想与此有很大关系。二是思想发展不同。青年鲁迅曾受过尼采哲学的影响，也相信过进化论，但在革命斗争中都一一加以扬弃了。后来逐步达到了辩证唯物主义和历史唯物主义的高度。他清醒地认识到那个时代是“能杀才能生，能憎才能爱，能憎能爱才能文”。因此，只有坚持坚韧战斗，才能生存和发展，美就是生活、行动、斗争。蔡元培经历了戊戌变法、辛亥革命、五四运动、抗日战争等重大历史事件，他也从一个封建社会的上层文人成为一个较典型的资产阶级民主派。由于他的生活环境和气质，很容易接受康德的思想，形成了他的唯心主义世界观。由于他的哲学思想上的折中调和，使他在政治上强调改良而忽视斗争，他提倡自由、平等，却不希望用激烈的方式达到这个目的，因而带有很大的空想色彩。这影响到他的美育思想，主张美感是普遍与超脱，提倡以美育代宗教等观点。

孙世哲对鲁迅和蔡元培美育思想的比较，首先分析了两者的特点和差异。他指出，蔡元培的美育思想一出台就是较为完整的，有自己的系统性，并融合古今中外，具有一定的理论深度，又是作为“方针”“宗旨”的有机组成部分出现的，因此造成了极大的社会影响。这个历史的巨大的推动作用，奠定了蔡元培在现代美育史上敢领风骚的主帅地位。如果说蔡元培当时提倡美育立足在建设，并带有一种从容不迫、超然物外的特点的话；那么，同时代的鲁迅提倡美育则着眼于变革，有一种意气风发、振聋发聩的现实性品格。鲁迅的美育思想与他的自觉的政治热情、变革现实的战斗要求是紧紧联系在一起的。正是由于鲁迅把美育与启蒙心灵、解放个性、变革社会联系在一起，这是以美育作为通向实体世界“津梁”的蔡元培所无法媲美的。但是，因为鲁迅早期美育思想是从思考文学艺术的社会作用为其发端的，不像蔡元培那样是从人类的智力、道德、情感的全面的教育与培养来研究美育问题，这就决定了它的理论深度、完整性、系统性都远逊于蔡元培，更不要说社会影响了。但是孙世哲又指出，鲁迅总是把改革教育与改造社会紧密地联系起来，站在革命全局的高度来思考教育问题。“立人”，是为了立国；“救救孩子”，是为了摧毁旧的社会制度及其意识形态。而蔡元培却陷在康德“超功利”的美学观中不能自拔。孙世哲认为，鲁迅把教育作为社会整体的一部分，并指出一定的教育总是与一定的政治相联系，这样论述教育问题自然比蔡元培的超阶级、超政治的教育主张要深刻得多，也高明得多。鲁迅致力于“国民劣根性”的改造，要着手美化人的心灵，这是鲁迅对于现代美育所作的独特而又十分重大的贡献。① 其次，孙世哲又分析了两者美育思想的共同之处。② 他认为，鲁迅和蔡元培的美育思想有诸多共识。一是都主张美育是情感教育。在蔡元培看来，要培养、陶冶高尚的情感，除了美育别无他途。鲁迅也是情感论者，他肯定文学艺术的美感作用，肯定文学艺术教育在美育中的重要地位，认为文学艺术的任务在于作用于人的精神，美化人的行动。二是认为美育具有形象性、愉悦性和普遍性。蔡元培指出，“哲学之理想，概念也，理想也，皆毗于抽象者也。而美学观念，以具体者济之，使吾人意识中，

① 孙世哲：《蔡元培鲁迅的美育思想》，辽宁教育出版社 1990 年版，第 119—129 页。

② 孙世哲：《蔡元培鲁迅的美育思想》，辽宁教育出版社 1990 年版，第 139—145 页。

有所谓宁静之人生观”①。鲁迅对美育的形象性问题，曾生动而准确地以人在大海中游泳令人心旷神怡来打比。蔡元培和鲁迅都认为美育具有愉悦性，在美育的整个过程中必然始终充满着愉悦。美育的愉悦性决定了美育过程必然是以一种富有个性的自由形式，在潜移默化中不知不觉地来完成。蔡元培和鲁迅都主张尊重人的个性，反对美育的单一模式和强制灌输。在他们看来，美育无时不有，无处不在，这即是美育的普遍性。孙世哲认为，蔡元培献身教育，为发展美育事业死而后已；鲁迅穷其一生研究“立人”问题，为人的精神的美化孜孜以求，这与他们对美育的普遍性的深刻理解是分不开的。三是认为美育要从小抓起并顺应儿童的天性。美育为什么要从小抓起？蔡元培认为：“儿童时代，形成概念之力尚弱，则尤倾于直观。故无论开智陶情，均以利用美术为宜。”②他主张根据小孩子好美的天性，使他们从小养成好美的习惯。鲁迅在回忆童年私塾读书时的情景时也表达了同样的思想。他主张教育孩子要顺其自然，不要拂逆他们的喜爱，教育的形式要生动活泼。四是主张美育是全社会的事业，但基础在学校。在蔡元培和鲁迅看来，美育的最后目的在于美化人们的灵魂，美化人们的生活，推动社会的进步和发展。它的广泛性、深刻性决定了美育的实施必须动员全社会来参与。就美育的实施范围来说，蔡元培将其分为家庭美育、学校美育和社会美育，但学校美育却处于基础地位。他说：“美育的基础，立在学校”③。孙世哲认为，鲁迅为艺术教育奔走呼号，给美术青年办木刻讲习会，并亲自当翻译，其拳拳之意也在于此。

（四）蔡元培与杨贤江的美育思想比较

杨贤江（1895—1931），又名李浩吾，马克思主义教育理论家，著有

① 高平叔编：《蔡元培美育论集》，湖南教育出版社 1987 年版，第 10—11 页。

② 高平叔编：《蔡元培美育论集》，湖南教育出版社 1987 年版，第 290 页。

③ 高平叔编：《蔡元培美育论集》，湖南教育出版社 1987 年版，第 229 页。

《教育史ABC》《新教育大纲》等教育著作。屠文淑对蔡元培和杨贤江的美育思想进行了比较分析。[①] 她指出，蔡元培和杨贤江两人的人生阅历大相径庭，思想发展的脉络颇有差异。然而，他们的美育思想又不乏相同之处。蔡元培的美育理论探及社会的各个领域，人生的方方面面，博大详尽，系统周密。杨贤江的美育理论贯透于对青年进行“全人生指导”的教育思想的主体之中，他强调美育对人生全面发展的重要性，对青年群体具有很强的针对性。蔡元培的美育思想带有明显的西方美学理论的印迹，特别受到康德美学思想的极大影响，提出“超功利”的美学观，即美具有社会存在的普遍性，又具有超越社会的特殊功能。蔡元培看到人的道德认知必须是在道德情感的催动下，才会转化为道德信念，从而产生相应的道德行为。但是，屠文淑认为，社会是极其复杂的，社会存在以各种方式对人的认知、情感、意志、行为产生作用，仅仅借助美育的力量抵制社会的负面因素，培养人的英雄气概、坚定意志、勇敢精神显然是远远不够的。不可否认，蔡元培社会美育的思想中存有夸大美育超社会效能的因子，他的美育实践的设想也不无理想憧憬的色彩，有些实践方法与中国实际国情、中国社会发展状态存在较大的距离。杨贤江的美育思想则具有鲜明的时代特征，贴近青年教育的现状，发掘青年的美感追求，理论指导集客观性、实践性和操作性为一体，切实可行。他一再强调美育要贯穿于青年的学习中，告诫青年不要读死书，要有关于游戏、戏曲、音乐、艺术等方面的知识。杨贤江的美育理论还延伸到对青年身心健康问题的研究，他提出增进艺术美感可以愉悦心境、激发情感、有益心理健康。屠文淑最后总结道：蔡元培和杨贤江的美育理论历经大半个世纪的沧桑变迁，仍然闪耀着熠熠光辉，成为中国当代教育的一份宝贵遗产。

---

① 屠文淑：《蔡元培与杨贤江的美育思想比较》，《宁波大学学报（教育科学版）》2004年第2期，第65—66页。

（五）王国维、蔡元培、梁启超、鲁迅的美育思想比较

当代学界对中国教育家和思想家的美育思想的比较大多是两两比较，即对两个教育家或思想家之间进行比较，但也有学者同时对多个教育家或思想家的美育思想作了比较研究。如潘知常在评述近代美学思潮时就对王国维、蔡元培、梁启超、鲁迅的美育思想进行了比较。① 关于王国维的美育思想，潘知常指出，王国维以“调和感情”作为“第一目的”，以“陶冶意志”作为“第二目的”。两者相比，“自以前者为重”，亦即美育不仅是超功利的，而且是超概念的。因此他认为审美、艺术都应以自身为目的。他虽承认美育“又为德育与智育之手段”，但只应属于在“第一目的”的完满实现中不期然而然的次要的结晶品，故谓之“第二目的”。潘知常指出，蔡元培对“美育”范畴的阐释较之王国维有了较大的发展。首先，蔡元培提倡美育，是借非功利的口号，把美育作为一种冲破封建束缚、争取个体自由的武器。蔡元培指出，“美术之所以为高尚的消遣，就是能提起创造精神。美术一方面有超脱利害的性质，一方面有发表个性的自由。所以沉浸其中，能把占有的冲动，逐渐减少；创造的冲动，逐渐扩展。”② 潘知常认为，这种看法与王国维显然不同。具体而言，王国维希望通过审美而绝对弃绝功利，遁离生活；而蔡元培则希望通过这种自由的审美状态，使意志的主动性直接地重新作用感性世界。在这一点上蔡元培的进步性远远超过了王国维。其次，在美育实践上，一反王国维以古雅教育众庶的传统偏见，蔡元培把目光转向人民大众，倡导美育走向普及。这种使审美教育从狭隘、自私走向博大、普遍，从“身体的美、个人的美”走向公共的美、社会的美，反映出资产阶级革命的平等观念和要求用美育“改进

---

① 潘知常：《从“教化”到“美育”——近代美学思潮札记》，《云南社会科学》1987 年第 4 期，第 88—92 页。

② 蔡元培：《在爱丁堡中国学生会及学术研究会欢迎会演说词》，《蔡元培全集》第四卷，浙江教育出版社 1997 年版，第 341 页。

社会”的愿望，与王国维的“教育众庶”不可同日而语。梁启超作为资产阶级改良派的主要代表，他从社会生活、政治生活的需要出发去研究美育问题，主张美是人类生活最重要的要素，因而力倡美育。他认为，美育的功能在于“复原爱美胃口”，“令他能常常吸收趣味的营养，以维持增进自己的生活健康”。循此推理，很自然便得出了“小说救国”的结论。潘知常不同意这种观点，认为美育毕竟不同于认识教育或道德教育，它不是对于人的理性的社会性而恰恰是对人的感性的社会性的塑造。因此，一切成功的文艺作品，其中具有普遍性的、深刻的、社会的东西，只有渗透在个体的欲望、需求、情感时，才可能是美的，才能具有审美教育的功用。说到鲁迅，潘知常认为，早期的鲁迅尚未完全摆脱王国维、蔡元培、梁启超的影响。但是鲁迅有其独特的思想道路，使得他能够较为正确地解决“美育”问题。这就是激进的人道主义思想。这样一种思想使他在思想探索的起步之初便超越了同时代的理论家，不再满足于科学进步，也不再满足于排满革命，而瞩目于如何改造“国民性”。他主张美育的核心是“美善吾人之性情崇大吾人之思理”，就是“致人性以全”，努力塑造新型的理想人格，使人的精神获得彻底解放，从而最终变“沙聚之邦”“转为人国，人国既建，乃始雄厉无前，屹然独见于天下”①。而在美育的实施途径上，鲁迅也有独到之处，这就是美育的“不用之用”。他提出：理想人格的建立，关键在“自觉”，“自觉至，个性张”。只有把社会的要求、理性的规范落实到个体、感性之中，成为自觉的行动，理想人格才能建立起来。因此，在这里无需认识，也无需道德，只需审美。所谓美育的“不用之用”，一方面无助于衣食、宫室，另一方面，又可能“斯益人生”。但又不是一般的“斯益人生”，而是在“自觉勇猛发扬精进”方面“斯益人生”，这正是美育的“大用”。潘知常认为，这种观点使得鲁迅在整体上深刻区别于王

---

① 鲁迅：《文化偏至论》，《鲁迅全集》第一卷，人民文学出版社 2005 年版，第 57 页。

国维、蔡元培，也区别于梁启超，认定美育虽不期以直接的物质效应，而只能陶冶人的性情，塑造理想人格，然而经由人的精神境界的提高，却可以反过来改造社会。潘知常最后总结道：从近代美学史中美育思想的演变来看，鲁迅的美育思想无疑吸取了诸说的精华，但又显然超出了诸说。王国维希望美育成为慰藉“烦闷”的药方，成为脱离人生苦海的“息肩之所”，甚至成为一个小小的“人生涅槃”。鲁迅则剔除了王国维片面强调美育超人生、超功利的一面，突出强调了美育的“斯益人生”。较之蔡元培，鲁迅有着更为明确的改进社会的目的。蔡元培主张美育“陶养性情”，但却反对“激刺感情”，而鲁迅所讲的“陶冶”，却恰恰主要是指“激刺”。而“陶冶性情”的结果，蔡元培认为应该使人们融合一种划分人我的僻见，保持一种永久平和的心境，而鲁迅则主张破除“污浊之平和”。至于与梁启超所提倡的“小说救国”的美育观，鲁迅与之区别更甚。他坚决反对以“功利为鹄”，指出“文章之用”，“以能涵养吾人之神思耳”。

第二节　外国美育思想研究

当代学界对外国美育思想研究的范围很广，研究的对象也很多。这里拟从外国美育思想的整体研究和外国美育思想的个体研究两个方面予以述评。外国美育思想的整体研究方面包括外国美育思想发展的特点，外国美育思想的个体研究方面主要评介学界关注相对较多的教育家和思想家的美育思想，具体对象包括柏拉图、亚里士多德、席勒、马克思主义（马克思和恩格斯）、杜威和斯霍姆林斯基等。

一、外国美育思想的整体评析

当代学界对外国美育思想的整体研究相对较少，成果自然也不是很多。从现在所掌握的资料来看，该领域的成果主要有两个方面：一是对西方（主要是欧洲）美育思想发展过程的回顾；二是对外国美育思想发展特点的分析。

陈育德对外国美育思想的发展过程进行了简要的评介。① 他认为，古希腊罗马时期是西方美育思想史的光辉开端，其主导倾向是从“美在和谐”的思想出发，以培养“既美且善”的人作为美育的目的。而中世纪的美育思想浸透着神秘主义、来世主义、禁欲主义，成为宗教神学的附庸。但这并不意味着古代人本主义美育思想到中世纪就“中断”了。随着世俗的内容在宗教教育中曲折、潜隐地发展起来，美育思想也逐渐摆脱神学的羁绊，显露出人性的闪光。但丁的出现预示文艺复兴时期人文主义美育思想的诞生。文艺复兴是新兴的资产阶级反对封建制度和宗教神学的思想解放运动，其巨大贡献在于重新发现了人，以“人权”反对“神权”，以“人性”反对“神性”，高扬人文主义的旗帜，把人视为宇宙的精华，万物的尺度。当时许多思想家、艺术家、教育家无情地批判了腐朽的封建教育，主张实行“自由教育”“通才教育”，把德育、智育、体育、美育结合起来，以培养心身和谐、乐观进取、多才多艺的“完人”。他们重视学生的审美活动和艺术教育。陈育德指出，文艺复兴的人文主义美育思想虽然缺乏系统的理论，却大大拓展和丰富了美育的内容，为近代美育思想的发展提供了历史前提，打下了基础。到了近代，随着教育学、美学作为独立学科的建立，美育思想才形成相对独立的理论体系。1750 年，德国哲学家鲍姆嘉通出版了《美学》，第一次将美学作为一门研究感性的独立科学提了出来，被称作“美学之父”。1795 年，德国美学家、诗人席勒发表《美育书简》，首次提出“美育”的概念，并对美育的性质、特点及其社会作用进行了系统的分析，使之具有相对独立的思想体系，因此被称为“第一部美育的宣

① 陈育德：《西方美育思想简史》，安徽教育出版社 1998 年版，“前言”第 1—5 页。

言书”。马克思主义的诞生实现了西方美育思想史的根本变革。马克思、恩格斯根据历史唯物主义的基本原理，在批判地吸取了一切美育思想遗产中的优秀成果的基础上，第一次科学地揭示了人类审美活动的社会历史根源，并将美育与人的全面发展同消灭资本主义私有制、实现共产主义理想联系起来。他们主张审美教育与生产劳动、社会实践相结合，极大地拓展了美育的内容和领域，并把“按照美的规律”塑造全面发展的新人作为美育的根本任务，为审美教育奠定了科学的基础。陈育德最后总结说：从古希腊罗马时期到近代社会漫长的历史过程中，西方美育思想积累了非常丰富的内容和积极成果，其总的趋势是美育由进行知识、道德教育的辅助手段逐渐转变为一种具有独特功能的教育方式，特别是近代美育把个性的自由解放、培养综合的心理能力、促进人的全面发展提到了历史日程。马克思主义的诞生，为美育奠定了科学理论基础，指出了明确的方向。

朱立元主要分析了外国美育思想发展的特点。他将外国美育思想的发展特点概括为两点，即阶段性和曲折性。① 关于西方美育思想发展的阶段性，朱立元指出，从古希腊罗马开始，经中世纪、文艺复兴，一直到18世纪末席勒提出现代审美教育概念、范畴和理论，对美育的认识大体上经历了从不自觉到自觉，从将美育置于教育系统中被德育、智育支配的从属地位，到逐步提高对美育重要性的认识，直至赋予它与德育、智育、体育并列的地位，促使美育学成为一门独立的现代学科这样一个漫长的过程。19世纪以后，现代美育思想得到了新的多元开展。他认为，美育思想的这个发展历程可以分为几个大的阶段：古希腊罗马时期，美育的实践相当丰富，但是基本上作为培育道德高尚的公民的手段和方式，美育思想处于孕育阶段；中世纪在宗教和神学意识形态统治下，美育思想以曲折、冲突

① 朱立元：《对〈西方美育思想史〉书写的几点思考》，《美育学刊》2017年第5期，第6—7页。

的方式艰难发展；文艺复兴使美育实践全面勃兴，也推动了美育思想日趋活跃和多样化；17、18世纪在经验主义和理性主义的反复争论中美育思想逐渐走出古典，走向现代，趋于成熟；到19、20世纪，美育理论虽然没有重大推进，但在美育实践得到广泛、普遍、多样发展的基础上也有所拓展和深化。关于西方美育思想发展的曲折性，朱立元认为，从总体上说，2000多年来西方美育思想不是直线演进的，而是充满矛盾、曲折和起伏，甚至有局部的逆转或倒退。古希腊柏拉图的美育思想也是充满矛盾的，他的主要方面恐怕是反对美育的，他担心艺术会煽动情欲、毒害公民的心灵，要把诗人逐出城邦。中世纪更为复杂，在某种意义上是对古希腊罗马美学、美育思想的倒退。在宗教神学和禁欲主义的统治下，艺术和审美的地位无疑是卑微的，有时候甚至遭到镇压和迫害。朱立元认为，古希腊以来，对“美育”的内涵可以从两个层面考虑：一是艺术、审美的直接熏陶；二是道德提升与人性拓展。第一层面在中世纪的表现之一就是宗教音乐，格力高里咏叹调等教堂音乐对身处教堂中的教徒来说是有很强感染力的，这可以属于艺术教育的内容；但第二层面，中世纪的宗教神学普遍被认为是反人性的，这就与旨在改善人性的“美育”理念存在差异和矛盾。比如，中世纪基督教艺术全盛期的哥特式教堂，外观上以整体向上腾飞的超越动势、内部的巨大空间、彩色玻璃的镶嵌画和神秘的光照设计等，烘托出一种庄严崇高的神圣和神秘的气氛，使教徒们的灵魂不由自主地得到升华和净化，这当然是中世纪富有特色的美育方式之一。但是，12世纪基督教西都会领袖圣伯尔纳却对教堂建筑中的绘画和雕塑装饰竭力反对，他严厉指责当时的哥特式教堂“升腾入云的高度，超乎寻常的长度，和毫无必要的宽度”，以及充斥其间的昂贵装饰和簇新的画像等，只能满足人们的眼福，却把对上帝的虔诚信仰抛诸脑后。圣像艺术本是中世纪宗教神学提倡的，但是公元8—9世纪的圣像破坏运动却反其道而行之，在实践上是反美育的。我们应如实反映中世纪美育实践的这种内在矛盾，而不应该回避。这既显示出中世纪存在着某些反美育的倾向，相对于古希腊罗马的美育思想在某些方面、某种程度上有所倒退；同时也表现出中世纪美育思想是在激烈的矛盾冲突中曲折前行的。朱立元指出，我们对中世纪美育思想发展过程中的矛盾冲突也不能过分夸大，因为中世纪宗教神学传统建立在上帝是至高的善、至高的美的前提下，基于这个前提完全可以、事实上也确实大量使用了艺术、戏剧等手段来表现这种最高的善和美，来对人进行教化，提升宗教感情，这也是美育的一个方面，是以一种很特殊的方式实施美育。

二、外国美育思想的个体研究

（一）关于柏拉图的美育思想

柏拉图（Plato，前 427—前 347），古希腊哲学家、思想家和教育家。他的美育思想主要体现在《理想国》一书中。

1980 年，赵祥麟在《美育纵横谈》一文中简要地论及柏拉图的美育思想。[①] 他指出，柏拉图将文学和音乐作为教育的基础。他在《理想国》一书里主张理想国的保卫者的教育是“对于身体用体育，对于心灵用音乐，而音乐应该在体育之前”。理由是节奏和乐调具有最强烈的力量，能渗入心灵的最深处，美化心灵，使性格变得高尚优美。所以他说，最高的境界是“心灵的优美与身体的优美和谐一致”。柏拉图非常强调艺术的社会功用，主张儿童从摇篮开始就要进行文艺教育。

陈育德主要评析了柏拉图关于美育的目的、内容和原则等方面的思想。[②] 他指出，柏拉图清楚地知道艺术具有强烈的感染力量，美对人的心灵可以产生很大影响。因此，审美活动和艺术教育在他所设计的“理想国”

---

① 赵祥麟：《美育纵横谈》，《华东师范大学学报（自然科学版）》1980 年第 6 期，第 71 页。

② 陈育德：《西方美育思想简史》，安徽教育出版社 1998 年版，第 34—38 页。

教育方案中占有相当重要的位置。他提出的教育方案主要是两个方面：一是体育，二是音乐教育。这里的“音乐”除狭义的音乐外，还包括诗歌、悲喜剧等。在审美教育中，柏拉图特别重视音乐的作用，认为音乐教育比其他教育都重要得多。其理由是，音乐有强烈的艺术感染力和渗透力，可以美化人的心灵，使人厌丑爱美，培养高尚完善的性格。柏拉图由于重视音乐教育，在论及体育时主张把两者很好地结合起来。在他看来，体育的任务不能只限于锻炼体力，如果只是专心于体育，不顾及美育，特别是音乐教育，就会使人陷于固执和粗暴。这两方面教育恰当的配合，才能培养出心身和谐的人。柏拉图还认为，美育应当从小抓起，这对一个人美好性格的形成非常重要。他在《会饮》篇中提出，审美教育是一个循序渐进的过程。第一步从只爱某一个形体开始；第二步了解此一形体和彼一形体以至一切形体美是贯通的，这就是在了解个别形体美的基础上，通过比较、综合，进一步掌握美的普遍性；再深入一步，就要学会“把心灵的美看得比形体的美更为珍贵”，并进而由“行为和制度的美”到“各科学问知识”的美，最后达到理念美的境界。柏拉图把审美活动看作是一个由个别到一般、由现象到本质的过程，是一个由浅到深、由低级到高级、不断提升到庄严华美的最高境界的过程。陈育德认为，如果我们扬弃其中的唯心主义和神秘色彩，对于开展审美教育活动还是具有启发的意义。

蔡正非主要从美育心理学的角度分析了柏拉图的美育思想。他认为，在西方美学史上，柏拉图是最早的具有开创性的大美学家。从美育思想史的发展角度看，柏拉图也可以说是全面探讨美育心理学的第一人。① 他在《柏拉图文艺对话集》和《理想国》中对美育心理学进行了探讨。柏拉图十分强调美的教育作用，他不仅看到了美对人的心灵会产生极大的感染作

① 蔡正非：《古代美育思想三题》，《云南师范大学学报（哲学社会科学版）》1988 年第 3 期，第 39—41 页。

用，而且对如何正确地实施美育进行了描绘。首先，柏拉图肯定艺术作为美的一种最高形式，它的任务就是感动心灵，使人受到美的熏陶和教育。为了达到感动心灵的目的，有必要对人的心灵进行仔细的分析。其一，应对人的心灵作精确的描绘，看它是纯一的还是杂多的。其二，要弄清楚心灵在哪些方面是积极的，能够对不同的事物产生影响；在哪些方面是被动的，会承受哪些方面的影响。其三，应研究不同的美的艺术与不同心灵类别之间的对应关系，弄清楚某类艺术适宜于某类心灵，某种原因的影响会使某类艺术征服某类心灵而对另一种心灵则引起疑心。接着，柏拉图对人的心理状态作了具体的探索和分析。柏拉图认为，人除了平时正常的心理状态，还常常进入一种类似灵魂附体的心理状态，他称之为“迷狂”。“迷狂”呈现为四种不同的类型，其中第四种是美的迷狂或爱的迷狂，这是最好的一种迷狂。人一旦进入了这种迷狂，他便可以既见到尘世的美，又回忆起上界的真正的美，从而高升到上界，达到美本身。蔡正非还对柏拉图关于审美教育与人的心灵之间的关系的思想进行了概括分析。他指出，首先，柏拉图特别强调美育与心理的密切关系。柏拉图指出，“音乐教育比起其他教育都重要得多”①，因为音乐的节奏与和谐能够浸入人的心灵深处，使人的心灵得到美化。这样，人通过审美教育构筑起了完美的审美心理结构，他就具备了强烈的审美感受力和敏锐的审美判断力。他不仅能够分清对象的美丑，赞赏美的事物，厌恶丑的事物，而且能够快乐地把美吸收到心灵之中，使自己的心灵变得更完美、更高尚。其次，柏拉图进一步指出，要真正达到使心灵既美且善的目的，必须选择有利于心灵美的好的音乐，必须让艺术家创作健康优美的作品，而决不能让那些软绵绵的靡靡之音泛滥。至于那些在绘画和雕刻作品中描绘邪恶、放荡、卑鄙和龌

---

① ［古希腊］柏拉图：《柏拉图文艺对话集》，朱光潜译，人民文学出版社 1959 年版，第 50 页。

龊的坏精神，则更是不能允许，否则人们的心灵便会在耳濡目染中不知不觉地铸成大错。柏拉图十分重视美育的方法，强调应针对不同的心灵采用不同的美育方式。一方面，审美教育者应清醒地“知道心灵有哪些种类”，并且应该根据不同的心灵对象在审美教育过程中选择不同的教育方法。如“哪时应该说话，哪时应该缄默，哪时应该用简要格，悲剧格，愤怒格，以及原先学过的一切风格，哪时不应该用”①。只有这样才能够真正打动人的心灵，实现审美教育的目的。另一方面，审美教育还必须注意到心灵的发展变化。蔡正非还分析了柏拉图关于儿童早期美育的思想。柏拉图认为，要真正铸造出美的心灵，必须从小注重用美好的东西去塑造儿童的心灵，以培养儿童对美的热爱，使他们“在心灵里有内在的精神状态的美，在有形的体态举止上也有同一种的与之相应的调和的美”②。柏拉图指出，对儿童的美育必须注意他们独特的心理特点，儿童的心灵是幼小柔嫩的，有较大的可塑性，最容易接受陶冶和塑造，因而必须予以慎重地对待，应力求用最优美高尚的故事去进行陶冶和培养。由于美育的对象是幼小柔嫩的心灵，因此决不能用强制、生硬、粗暴的方法，而必须使受教育者“如坐春风如沾化雨，潜移默化，不知不觉间受到熏陶，从童年时，就和优美、理智融合为一”③。蔡正非认为，柏拉图的美育思想是古希腊近于没落时期的产物，具有较大的历史局限性。但是他的开创性贡献，尤其是对美育心理的探讨，是一份宝贵的思想资料，值得我们认真研究和借鉴。

（二）关于亚里士多德的美育思想

亚里士多德（Aristotle，前384—前322），古希腊哲学家、思想家和

① ［古希腊］柏拉图：《柏拉图文艺对话集》，朱光潜译，人民文学出版社1959年版，第130页。

② ［古希腊］柏拉图：《理想国》，郭斌和、张竹明译，商务印书馆1986年版，第109页。

③ ［古希腊］柏拉图：《理想国》，郭斌和、张竹明译，商务印书馆1986年版，第107页。

教育家。他的美育思想主要体现在《政治学》《诗学》《形而上学》等著作中。

赵祥麟在《美育纵横谈》一文中也谈到了亚里士多德的美育思想。[①]他指出，亚里士多德在《政治学》里把文学艺术作为“自由教育”的主要组成部分。他详细论述了音乐的功能，认为音乐之所以必须学习，不是只为了一种益处，而是为了许多益处：一是为了教育；二是为了心灵的“净化”；三是为了理智的享受，为了紧张的劳动后精神的松弛和休养。他特别强调学习音乐，并认为学习音乐不是为了追求一种职业，而是因为它是高贵的、自由的；如果为了有用，就不能形成自由高贵的心灵。

陈育德主要从美育的目的、内容和原则等方面评析了亚里士多德的美育思想。[②]他指出，亚里士多德重视审美教育的情感作用，主张通过情感的陶冶、净化，发挥理智的节制、协调作用，使人性得以全面和谐的发展。他把人分为肉体和灵魂两大部分，灵魂又分为非理性和理性两部分。前者主要表现为情感、欲望，后者主要表现为思维、理性和道德意志。两者都是人性所固有的，因此人只有把感性与理性统一起来，情感受到理性节制转化为行动，才能形成完美的人格，才能获得幸福。要把人追求美善的本性变为现实，则主要依靠教育。而合理的教育应该根据人的自然本性及其发展程序，把体育、德育、智育、美育结合起来。他认为，人的身体发展在先，灵魂的培养在后，美育则贯穿于整个教育过程。对青少年首先要实施体育，而体育必须结合美育，既要使他们体格健壮，又要优美。同时，美和艺术既可使人求知、向善，又能给人以快感，既作用于感情，又影响着理智，因而美育与智育、德育密不可分。关于美育的内容，陈育德指出，亚里士多德十分重视音乐的教育作用，认为音乐学习适宜于青少年时期。一方面，年轻人不能忍受没有乐趣而

---

① 赵祥麟：《美育纵横谈》，《华东师范大学学报（自然科学版）》1980年第6期，第72页。

② 陈育德：《西方美育思想简史》，安徽教育出版社1998年版，第45—51页。

喜爱甜美的任何事物，音乐具有一种自然而甜美的曲调和节奏，他们是乐于接受的。更主要的是，音乐是最富于摹仿的艺术，能够直接反映人的内心情绪和道德情感，几乎可以诉诸人的心灵的各个方面，相应于心灵的理性部分，可以启迪人的智慧；诉诸心灵的实践要求，可以提高人的道德品行；诉诸心灵的理性部分，可以得到娱乐和享受。在亚里士多德看来，同音乐相比，绘画和雕塑就不那么重要，而居于次要地位。因为绘画、雕塑不能像音乐那样直接反映人的道德性格，因而是“狭小而肤浅的”，但它们毕竟摹仿了自然，也有一定的教育意义。关于美育的原则，陈育德将其概括为“美善相乐”。亚里士多德在《政治学》中说：“美是一种善，其所以引起快感正因为它是善。”①美善不仅是一种美德，而且是美与善相互渗透中形成既美且善的完整的人。因此，美善相乐是审美教育的一个基本原则。

亚里士多德在美育心理方面也有深刻的思考，提出了一些有意义的观点。蔡正非对此进行了评述。②他认为，在亚里士多德的美学思想中，“净化”是一个核心概念，他对美育心理的分析也是围绕“净化”学说而进行的。亚里士多德认为，净化是美对心灵的一种教育，也即通过审美教育（如音乐等）的途径，使人的心灵得以协调，使理性、情感和生命冲动之间的关系得以和谐，从而使灵魂中潜在的和谐与美质得到陶冶而趋于完善，并使心灵按其自然本性得到健康完美的发展。“教育的目的及其作用有如一般的艺术，原来就在效法自然，并对自然的任何缺漏加以殷勤的补缀而已。”③对心灵的自然尤应如此。也即美育的目的在于“激发情感，各各

① 北京大学哲学系美学教研室编：《西方美学家论美和美感》，商务印书馆1980年版，第41页。

② 蔡正非：《古代美育思想三题》，《云南师范大学学报（哲学社会科学版）》1988年第3期，第41—42页。

③ ［古希腊］亚里士多德：《政治学》，吴寿彭译，商务印书馆1997年版，第405页。

在某种程度上祓除了沉郁而继以普遍的怡悦”①。亚里士多德还对美育心理的核心——快感进行了细致的心理分析。他把快感分成三个不同的层次：1. 嗅觉、味觉、触觉的快感；2. 听觉、视觉的快感；3. 心灵的快感。在这三个不同的心理层次中，1. 是低级快感；2. 已接近于人的心灵；3. 则是真正属人的高级的快感，其实这也是美育心理的核心——审美快感。亚里士多德认为，审美教育的目的便是通过艺术等途径适当地满足于人的快感，从而实现人的心灵的快感——美感。他说：“精神方面的享受是大家公认不仅含有美的因素，而且含有愉快的因素，幸福正在于这两个因素的结合，人们都承认音乐是一种最愉快的东西，无论是否伴着歌词。”②在诸多快感中，人的最大快感是“自我觉识”。这种自我觉识，是指人在审美过程中通过对审美对象观照而获得的美感中，精神得到了升华和净化，看到了自己的理性、道德、才能和智慧。③蔡正非指出，亚里士多德不仅对美育心理的一般规律作了分析，而且探讨了具体的美育过程。（1）他分析了审美教育过程中不同的心理反应。他认为，审美教育与人的性格和情感是密切相关的。具体到音乐方面，不同的音乐可以引起不同的心理感受，从而对人的情操和性格产生不同的影响。因此，在审美教育中，必须根据不同的心理对象、不同的审美情境和不同的审美需要选择和利用具有不同特色和风格的乐调与韵律，方能产生最佳的审美教育效果，使人们养成快乐的感觉和确当的爱憎。（2）他分析了对不同年龄的人进行审美教育的心理问题。亚里士多德指出，由于儿童正处在身体和心灵的发育与未成熟期，还缺乏成年人那样的理智和思辨能力，因此对儿童的审美教育就必须注意他们的生理和心理特点。首先注意他们的身体，其次留心他们的情感，最

---

① ［古希腊］亚里士多德：《政治学》，吴寿彭译，商务印书馆 1997 年版，第 431 页。

② 北京大学哲学系美学教研室编：《西方美学家论美和美感》，商务印书馆 1980 年版，第 45 页。

③ 参见阎国忠：《古希腊罗马美学》，商务印书馆 2015 年版，第 158 页。

后才触及他们的灵魂。这样，通过内含有益的教训并可培养秩序的曲调，让儿童在甜蜜而怡悦的审美欢乐中使情感和心灵得到训导和教育。同时，在培养儿童掌握音乐或乐器等的技能时，也应根据他们的心理特点采取循序渐进、从易到难的方法，逐渐培养他们对音乐和美好事物的鉴赏能力。对年轻人来说，根据他们的心理特点，审美教育宜选择高亢的乐曲，以利于形成和保持平和健康的心理。其三，亚里士多德对审美教育产生的心理效应也作了分析。他指出，审美教育的积极的心理成果便是激发情感，产生愉悦，使心灵得到净化，从而保持心灵的纯洁和情感的自然平衡。蔡正非指出，亚里士多德的美育思想是对柏拉图美育思想的继承和发展，对美育心理学的发展作出了重要的贡献。

（三）关于席勒的美育思想

席勒（Johann Christoph Friedrich von Schiller，1759—1805），德国著名哲学家、诗人和戏剧家。他的美育思想主要体现在《关于对人进行审美教育的书简》（通常译为《美育书简》或《审美教育书简》）一书中。学界对席勒美育思想的研究主要集中在其美育思想产生的基础、美育功能观、美育目的观、美育心理思想以及对他的美育思想的评价等方面。

关于席勒美育思想产生的基础。黄健云认为，席勒美育思想产生的基础主要是两个方面：一是对现状的不满和对古希腊的崇敬。席勒生活的时代，是一个酝酿着革命风暴的时代。政治经济落后的德国处于腐朽的封建专制的统治之下，资本主义的发展严重受阻。他对法国大革命曾抱有很大期待，但结果却使他深感失望和不满。美丽的幻想开始破灭，他又陷入更深刻的痛苦中。这一方面是当时德国思想家们政治上的软弱和妥协所致；另一方面，也是作为天才的思想家的席勒深刻地预见到了法国大革命所建立起来的资产阶级社会并不能达到真正的自由。革命之后又一个新的矛盾重重的社会和更污浊的现实带给席勒这样的思考：人怎样才能达到真正的自由？这是法国革命所提出来而并未得到解决的问题。席勒的最终答案是：采取超现实的方式来解决现实的问题，彻底摆脱现实的政治经济的要求，即通过美与艺术来改造人的灵魂，实现人的内在心灵自由，从而达到建立一个和谐完美的社会的目的。而席勒对古希腊的社会结构及艺术是以一种几乎是虔诚的心情和笔调来描述的：古希腊人的生存方式是一种审美的生存方式，人的生活世界是一个诗性的世界，人性是一种自由完善的人性。从席勒对现代生活的失望和对古希腊的社会生活方式及其艺术的崇拜情感中可以看出，席勒是怀着拯救人类的急切心情来构建他的审美教育思想体系的。二是哲学思想的影响。黄健云指出，席勒美育思想的形成也得益于哲学思想的影响，包括西方的哲学传统和康德哲学思想的直接影响。从古希腊经文艺复兴到近代，强调人的自由，张扬人的个性，作为一个永恒的主题在西方哲学史上延续了 2000 年。建立在这种人论基础上的西方育人观念和美育实践，自然是沿着从灵魂净化到人性解放这一轨迹向前演进的。对席勒的美育思想体系的建立起着深刻影响的是康德哲学。康德的《判断力批判》给了席勒启示，使他跟随康德到审美活动之中寻找肉体和精神的平衡而使人达到完整。①

关于席勒的美育功能思想。黄健云认为主要包括两个方面：一是可以拯救日益败坏的人类的心灵。席勒在《美育书简》第 5 封信中指出，时代正陷入两种弊端之中：一方面下层阶级沦为粗野；另一方面上层阶级则表现出懒散和腐化。而艺术、审美教育的使命就是使人从这双重混乱中恢复原状，为了完成这一使命，艺术本身应该保持各种力量的平衡。席勒在《美育书简》第 16 封信中把现实中的美分为两种："融合性的美"和"振奋性的美"。"融合性的美"表现出两种不同作用：首先是使物质、感性的人在注重饮食男女之外，也关注一下精神、气质、形式，不再显

---

① 黄健云：《席勒的美育思想及其价值》，《吉首大学学报（社会科学版）》2005 年第 4 期，第 62—63 页。

得那么粗俗；其次是使那些善于抽象思辨的人恢复其感性欲望，增加些生活乐趣，不至于像机器人那样枯燥乏味。“融合性的美”，其总的作用亦即使片面追求感性的人向理性提升，使过于拘执理性的人向感性回归，其最终目的都是使感性和理性得到和谐与统一。至于“振奋性的美”，它所针对的主要是所谓“有教养的时代”，正是“教养”把人变得文雅了，其代价是人格精神趋于萎靡。在这样的时代，人们看到的往往是把温情变成虚弱，把坦率变成肤浅，把精确变成空虚，把自由性变成随意性，把敏捷变成轻浮，把安详变成冷漠，而最令人鄙视的讽刺画与最美好的人性混为一谈。黄健云认为，席勒在这里所揭示的有教养的现代人的弱点，其实质就在于用理性的规范压抑了人的感性欲望，这正是席勒对人的感性生存的肯定，这也正是席勒超越康德的地方。二是实现自由人性。席勒认为，审美教育的最终目的是使人从必然王国进入自由王国，即使人性得以自由、健康地发展。在审美活动中，“游戏冲动”是非常重要的活动。“游戏冲动”是指消除了感性的片面性自由，使之与理性相协调；同时又消除了理性的强制性法则，使之与感性相一致的一种冲动，它是感性冲动与形式冲动斗争结合的产物，它能够使人达到自由的本性。这说明游戏冲动既避免了单纯感性冲动或理性冲动的片面性，又恰到好处地让两种冲动结合的双重天性发挥出来，此时的人才是一个充分意义上的完整的人。①

蔡正非从美育的作用、目的与美育心理等三个方面分析了席勒的美育思想。② 他指出，席勒十分重视美育的作用。他说：“有促进健康的教育，有促进认识的教育，有促进道德的教育，还有促进鉴赏力和美的教育。”③

---

① 黄健云：《席勒的美育思想及其价值》，《吉首大学学报（社会科学版）》2005 年第 4 期。

② 蔡正非：《美育心理发展史上的二杰：论席勒、赫尔巴特的美育心理思想》，《云南师范大学学报（哲学社会科学版）》1989 年第 4 期，第 43—46 页。

③ ［德］席勒：《美育书简》，徐恒醇译，中国文联出版社公司 1984 年版，第 108 页。

这最后一种教育便是审美教育。在席勒看来，人要成为真正的人，只有当他真正进入审美的王国之时，而进入这一王国意味着“人应该只同美游戏”。由此，他提出了一个著名的命题：“只有当人在充分意义上是人的时候，他才游戏；只有当人游戏的时候，他才是完整的人。”① 正是在这种审美的游戏状态中，人才能真正实现人的完美的天性。然而，人要进入这样的境界，并不是天生而就的，虽然每个人都具有实现这种理想的潜能，但要使这种潜能变成现实，唯一的途径是通过审美教育。只有通过审美教育，才能使人在美的王国所及的领域中成为审美的人。这样，审美教育就被提升到一个培养我们的感性和精神力量的整体达到尽可能和谐的极端重要的地位。一句话，审美教育对人性自由的实现具有至关重要的意义。在谈到席勒的美育目的思想时，蔡正非指出，席勒认为美育的目的在于实现精神的自由和人格的完美。具体来说，美育的目的又分为三个层次：第一，美育应该培养人高度的审美感受力，使人能够用审美的眼光去观看事物，用审美的心灵去感受世界。席勒认为，感受力的培养是时代最急迫的任务。对于缺乏这种审美感受力，仅仅知道“获取物品的辛劳和实际的利益之外不知道有别的价值尺度”②，即完全不知道有审美尺度的人，席勒感到深深的惋惜，他认为这正是社会忽视美育的恶果。而这种恶果所带来的必然是“把人性撕成碎片”，从而导致整个人性的堕落和社会的颓败。因此，席勒认为培养人的审美感受力是审美教育的当务之急。第二，审美教育的具体成果必须是形成精神能力协调和幸福完美的人。席勒认为，审美感受力不仅仅是人的外部感官的能力，而其依据和基础只能是人内在心灵各种精神能力的协调与和谐统一。然而现代社会的发展，却使人的这种内在的精神统一遭到破坏，人性的内在纽带断裂了，致命的冲突开始

① ［德］席勒：《美育书简》，徐恒醇译，中国文联出版社公司 1984 年版，第 90 页。

② ［德］席勒：《美育书简》，徐恒醇译，中国文联出版社公司 1984 年版，第 67 页。

了，人的心灵于是变得要么冷漠，要么狭隘，人终于“把自己变成一个断片了”①。审美教育的任务，就是要重建人的和谐的心灵世界，使人的精神重新成为一个多样统一的丰富的世界。第三，审美教育的最终目的是使人达到自由。席勒认为，人和其他的物品一样，都是大自然的产品，大自然并不比给予人比其他物品更多的优惠。然而，人之所为人，人之所以区别并高于其他的自然产品，关键在于人不满足于停留在自然界所造成的样子上，而是通过自己的努力和作为摆脱盲目的必然性的统治，从而把人自身从大自然强制的作品转变成人自由选择的作品。要达到这个目的，唯一的途径只有通过审美教育，使人进入审美的国度。在这个审美的王国中，人不像在力量的王国中活动受到限制，在伦理的王国中意志受到束缚，而是在审美自由的前提下达到人性自由的境界。“通过自由去给予自由，这就是审美王国的基本法律。”②蔡正非还具体分析了席勒的美育心理思想。他指出，席勒将人的心灵活动表现分为两种冲动：一是感性冲动，也可称为生命冲动；二是理性冲动，也可称为形式冲动。感性冲动产生于人的自然本性，它是人对外界感知的基本动力和源泉。通过感知世界，人不断扩大自己感知的范围，在更宽广的领域中把握世界。感性冲动要求活动与变化，追求丰富与多样，但却受到时间、空间等自然必然法则的限制。理性冲动则产生于人的自由本性，它为人提供理想和法则，指导人作出一切内心的选择。理性冲动为多样的感性冲动制定合适的尺度，从而使丰富的感性冲动趋于统一。席勒认为，正是在理性冲动的规范和指导下，感性冲动才不至于失去控制而泛滥成灾。两种冲动是对立统一的关系，审美教育的任务就是要使人能够确定这两种冲动各自的界限，并努力使二者达到和谐统一。席勒还分析了审美活动中的想象力问题。他认为，想象力虽然是人

① ［德］席勒：《美育书简》，徐恒醇译，中国文联出版社公司 1984 年版，第 51 页。

② ［德］席勒：《美育书简》，徐恒醇译，中国文联出版社公司 1984 年版，第 145 页。

的心灵所独具的，它在活动的过程中已经摆脱了外在的规律，从而接近了审美的自由。但是如果想象力仅仅从属于感性冲动，那么这种缺乏理性冲动介入的活动还仅只属于人的动物性生活。因为这种想象活动纵然已经从外在的强制中解放了出来，但却还没有达到创造的程度，而审美则是与创造密不可分的。因此，要使人的想象力上升为审美的自由运动，还必须前进一步，即在想象力中加入一种“全新的力量”，让立法的精神（人的形式、理性冲动）参与其中，使“想象力的任意活动服从于它的永恒不变的统一”①，脱离盲目而走向自由。只有在这二者的高度统一中，人的想象力才可能完成向审美自由的飞跃。

以上所述主要是学界对于席勒美育思想内容的基本看法。那么，我们应当如何评价席勒的美育思想？《美育书简》的中译者徐恒醇在“译者前言”中对于《美育书简》的评价，实际上也可以看成是对席勒美育思想的评价。他指出，席勒的《美育书简》在德国古典美学中占有独特的地位。它不仅是第一部美育宣言书，而且还是一本对美的本质特征作了深入哲学探讨的难能可贵的著作。尽管由于它的开创性质和理论上的不成熟，造成某些思想概念的含混不清，表述也不免晦涩难懂，但从这一著作问世到目前为止的近二百年中，它的影响一直很大，它的重要性得到一致肯定。我们从黑格尔到马克思的美学思想中都可以发现这本著作的思想痕迹。因此，不论研究美育学说发展史，还是探讨马克思美学思想的发展，都不可避免地要涉及这一著作。②

黄健云对席勒美育思想的价值也给予了充分的肯定。他说，第一，确立了美育的独立地位。席勒在《美育书简》的第二封信中提到：“我们为了在经验中解决政治问题，就必须通过审美教育的途径，因为正是通过

---

① ［德］席勒：《美育书简》，徐恒醇译，中国文联出版社公司 1984 年版，第 142 页。

② ［德］席勒：《美育书简》，徐恒醇译，中国文联出版社公司 1984 年版，“译者前言”第 1 页。

美，人们才可以达到自由。”① 这是世界美学史上“审美教育”问题的第一次提出。它对促进美育理论的完善，以及从历史的高度去全面阐释审美教育问题都具有划时代的意义。可以说，从席勒开始，美育才真正逐渐确立了它的独立地位。第二，明确了美育的目标和实施的途径。席勒在《美育书简》中一再强调美育的目标是拯救人类日益堕落的心灵和构建自由的人性。用我们现在的话语说就是通过艺术之美来熏陶人、陶冶人，使人成为人格健全、思想健康的人，这是非常有意义的。第三，席勒的美育思想具有承上启下的桥梁作用。一方面，他继承了柏拉图、亚里士多德、贺拉斯和锡德尼的美育思想，他不仅强化了他们的艺术功能的理论，更重要的是他认为艺术不仅仅是影响人的情感，还关系到人性的完善。从这个角度说，席勒的美育思想就把美学和人紧密地联系起来了，他的美育思想标志着审美人类学思想的初步形成，这是非常了不起的贡献。另一方面，又影响了卡尔·荣格、萨特、苏珊·朗格，还影响了马克思美育思想的某些方面。正如雷纳·韦勒克在《近代文学批评史》第一卷中所指出的，卡尔·荣格关于人格的“内倾”“外倾”说，萨特关于艺术的源泉“存在于人类的自由之中”的思想，以及苏珊·朗格的《感情与形式》等，都打上了席勒美学和美育思想的印记。马克思关于人及劳动的异化的思想、关于人的全面和谐发展的思想、关于美产生于人的自由自觉的劳动活动的思想等等，与席勒的《美育书简》有着惊人的相承相沿的密切联系之处。②

高迎刚也分析了席勒美育思想的持久影响和当代价值。他引用了美国学者雷纳·韦勒克的如下观点：“席勒的理论是后来一切德国批评理论的源头。施莱格尔兄弟、谢林和索尔格的著述中继续运用了席勒的方法，不

---

① ［德］席勒：《美育书简》，徐恒醇译，中国文联出版社公司 1984 年版，“译者前言”第 39 页。

② 黄健云：《席勒的美育思想及其价值》，《吉首大学学报（社会科学版）》2005 年第 4 期，第 64—65 页。

过形式有所改变；由于柯勒律治的介绍，它又传到英国；集大成者是黑格尔，而他又深刻地影响了后来许多19世纪的批评家，例如俄国的柏林斯基，意大利的德·桑克蒂斯以及法国的泰纳。”①高迎刚认为，不仅如此，在20世纪的许多美学家那里，我们依然可以看到席勒美学的影子，比如雷纳·韦勒克所提及的荣格、萨特，以及苏珊·朗格等人的美学思想，也都与席勒的美学思想有着千丝万缕的联系。在席勒影响深远的众多美学观点中，其美育思想显然是最为引人注目的。不仅在欧美国家，在我国，自从20世纪初“美育”这一概念被介绍进来以后，席勒美育思想就一直是我国美学界颇为关注的内容之一。从早期的王国维、蔡元培、梁启超，到后来的朱光潜、李泽厚、蒋孔阳，他们都非常重视对席勒美育思想的吸收和发挥。到了20世纪中后期，由于席勒美育思想与马克思“异化”观念之间联系的被重新发现和日益受到重视，席勒的美育思想又一次成为人们关注的对象。那么，席勒的美育思想为什么会引起人们如此持久而强烈的兴趣呢？高迎刚认为，其中最主要的原因就是，席勒所关心的造成人性分裂的社会原因始终未曾真正消除，他所期望的和谐统一的人性、理想的国家社会制度也始终未曾真正实现。如何解决这些现实问题，如何实现席勒为人们勾画的生活图景，依然是摆在美学家、教育家们面前的一道难题。在席勒去世之后的200多年时间里，人们面对的造成人性分裂的诸种原因也在不断地发生着变化。而且，随着社会的持续发展，造成人性分裂的原因也变得越来越复杂多样，因而最终实现和谐的人性状态、理想的社会制度的希望也显得更为遥不可期。这不能不引起人们越来越深沉的忧虑。面对人性分裂的现实，席勒开出的药方是“审美教育”。然而，两百多年过去了，西方国家人性分裂的情况不仅未能改变，反而愈演愈烈。时至今

① ［美］雷纳·韦勒克：《近代文学批评史》第一卷，杨岂深、杨自伍译，上海译文出版社1987年版，第307页。

日，人性的“异化”与社会的“病态”已经是一个极为普遍的现象。显然，面对人性的分裂或者异化，仅仅依靠“审美教育”一种手段并不足以解决所有问题。我们需要根据不同的社会发展情况和存在的实际问题，综合运用各种方式，才有可能对解决问题有所帮助。只有多管齐下，才有可能全面地解决我们所面对的诸种社会问题。在这诸种手段之中，席勒所提出的审美教育也必然包括在内。在培养人们的审美能力，陶冶人们的高尚情操，养成和谐健康的人性方面，审美教育依然具有其他任何方式都无法取代的价值。不过，面对我们今天所处社会的诸种人性和社会领域的现实问题，仅靠审美教育一种方式是远远不够的。①

黄健云也指出了席勒美育思想的局限。他指出，席勒的游戏冲动本意是要指出一条改造人的新路，即通过审美教育使人获得自由。然而恰恰在这一点上，席勒的主张是苍白无力的。他的游戏冲动显然不是指资本主义现实中某种具体的审美活动，而是指一种纯粹的或理想的审美活动。因为按照他的论述，一个人必须先成为完全自由的，然后才能去审美；分裂的现代人是无法进行审美的。这里就出现了一个问题，即自由是审美的结果还是审美的前提？如果是前者，那么现实中就必须先要有许多美的对象供人们每天去观赏。而这些美的对象是哪里来的？自然生成的，还是人创造出的（席勒认为自然不会自动生成美）？如果是后者（因为人的自由是审美能否产生的条件），那么人就根本无须再用审美来改造和拯救自己了。所以，不论哪一种假定都背离现实，作为改造社会的药方，其主张是完全不切实际的虚幻空想。既然感性和理性的尖锐对立是由社会的全部活动造成的，那么就不可能仅仅通过审美去统一它们。在私有制社会里，不去变革社会关系，而只靠美育来拯救人性，这是难以做到的。另外，席勒

① 高迎刚：《席勒美育思想的当代价值》，《上海大学学报（社会科学版）》2015 年第 2 期，第 99—101 页。

的美育观本想给人类指明一条完善自由人性的光明大道，即通过审美教育使人获得自由，然而他却忘了重要的一点，那就是现实基础。马克思主义认为人性总是随历史的发展而变化的，人性分裂不仅是感性冲动和形式冲动的冲突，它根源于私有制造成的异化劳动。黄健云指出，感性与理性的对立，起源于社会分工和发展，我们不能仅用审美去把它们统一起来。此外，人的道德状况的变化从根本上说是由社会的变革决定的，人类由物质的人上升为道德的人，主要是通过人类实践活动。人只有在生产斗争和社会斗争中改造自然、改造社会并改造自我，在现实活动中取得实际的自由，才有可能在审美中获得真正的自由，达到完美人性的提升。然而，在席勒的美育观中却把审美教育作为实现人的自由的唯一途径，过于夸大审美教育的功能，带有一定的虚幻空想的成分。①

（四）关于马克思主义的美育观

马克思（Karl Marx，1818—1883）和恩格斯（Friedrich Engels，1820—1895）是马克思主义的创始人，因此这里所说的马克思主义的美育观是指马克思和恩格斯的美育思想。有学者指出，马克思和恩格斯虽然没有撰写过教育和美育的专著，但他们关于美育的言论，在革命性、科学性和深刻性上却远远超过历史上的任何一部优秀的教育和美学论著。这不仅是指其片断言论的整体构成一定的系统性，从而具有科学的理论基础和方法论的意义，而且就教育和美育的许多基本理论问题来说，也只是在他们这里才最终得到了正确的科学的透彻的解答。马克思主义关于美育的理论与历史上其他美育思想的根本区别在于，将美育作为共产主义教育的一部分，真正使美育的完整实施由空想变为现实，由假设变为科学。② 还有学者指出，马克思、恩格斯根据历史唯物主义的基本原理，在批判继承历史

① 黄健云：《席勒的美育思想及其价值》，《吉首大学学报（社会科学版）》2005 年第 4 期，第 65 页。

② 涂途：《欧洲美育思想简史》，暨南大学出版社 1995 年版，第 235—237 页。

上优秀美育思想遗产的基础上，第一次揭示了人类审美活动的本质及其产生和发展的历史根源，将人的全面发展、审美能力的高度发达同消灭资本主义、实现共产主义理想联系起来。他们的美育思想开创了美育思想史的新纪元，为社会主义审美教育奠定了科学理论基础，具有鲜明的实践性、战斗性和强大的生命力，指出了人类美育实践的正确道路和发展方向。① 当代学者关于马克思主义美育思想的研究主要涉及马克思主义美育观的内涵、本质与特点，马克思主义关于美育的目的与科学定位以及青年马克思的美育哲学思想等内容。

董学文对马克思主义美育观的内涵、本质与特点进行了系统的评析。他指出，马克思主义美育观是马克思主义经典作家关于美育的思想体系，是马克思主义美学思想和教育思想结合的一个组成部分。马克思主义美育观是一种大美育观，因为它突破了以往狭隘美育理念的局限，它主张通过审美地认识、把握、改造主客观世界来实现人的自由而全面的发展，实现人的美感能力的提高。与此同时，马克思主义美育观也体现了其中哲学、美学、社会学、历史学和经济学思想的强力综合。马克思主义经典作家并没有给我们留下关于"美育"的定义以及美育实施方法的系统论证与阐释，人们也无须把经典作家有关"美育"的深刻思想简单看成是对这一学科所产生的各种问题的现成答案。但是，马克思主义的学说中包含了对美育各种问题或显性或潜在的创造性解答。关于马克思主义美育观的本质，董学文指出，马克思主义经典作家的美育理想同他们的社会理想是一致的，那就是把人的自由全面的发展看成人类解放的最终目标。而要实现这一目标，他们认为其必备条件就是对社会关系的改造与发展。马克思主义创始人在美育观上的最大功绩，不在于他们是否描绘出了一幅令人神往、高度曼妙的美育图景，而在于他们超越前人探索了实现美育理想的最佳途径。

① 陈育德:《西方美育思想简史》，安徽教育出版社 1998 年版，第 258 页。

在董学文看来，马克思主义经典作家的美育理想就是摆脱先前社会所造成的人的发展的不平衡状态，通过实践培育出在肉体和精神两方面都得到完美发展的人。马克思把包括美育在内的一切教育方式都提高到了人类发展和需求的历史必然性的高度。社会愈进步，现代化程度愈高，日常生活审美化趋势愈明显，要求人的属性就愈加完整和全面，美育也就愈发显示出它的突出地位和关键作用。关于马克思主义美育观的特点，董学文主要从三个方面进行了分析：一是高度重视历史和社会生活对人的美育作用。马克思主义经典作家从来不是就美育谈美育，不是把美育事业孤立起来，而是把美育事业放到社会变革的大背景下去考察和把握，把美育事业与整个人类的社会改造事业紧密地联系在一起。他们认识到人的精神和美感的解放同人的社会和历史解放具有某种同步性，美育理论本身也带有反对各种旧社会观念和矛盾的使命。用马克思的话说，如果仅仅把人从消融在“自我意识”中的词句和观念的统治下解放出来，那么“人”的“解放”并没有前进一步。只有在现实的世界中并使用现实的手段才能实现真正的解放。美育也是一种“解放”——一种人的审美能力的解放，它必须植根于人的“历史活动”之中。重视历史和社会生活对人的美育作用，这是马克思主义美育观的核心部分，也是其唯物史观在美育领域的直接反映。二是高度重视生产劳动在美育中的作用。董学文认为，根据马克思主义创始人的思想，我们似乎可以提出“劳动美育”的观点。劳动是改造人的最基本的方式。马克思、恩格斯认为，在未来的社会，生产劳动已不是负担，而是给每一个人提供全面发展和表现自己全部的能力的主要机会。劳动创造了美的事物，创造了人类世界。因之，认识劳动的价值和意义，认识劳动与美感的辩证法，养成热爱劳动和尊重劳动的个人习惯和社会风气，这是美育的一个极其重要的环节，也是需要大大拓展的审美领域。三是高度重视美育的人民性问题。马克思主义经典作家重视艺术教育，而且他们对艺术教育的重视更多是从面向广大人民群众出发的，他们希望无产阶级和劳动群众能得到应有的从事艺术的机会和审美权利，并把全民的审美教育和文化教育提到社会进步标准的高度。马克思曾指出："由于分工，艺术天才完全集中在个别人身上，因而广大群众的艺术天才受到压抑。……在共产主义社会里，没有单纯的画家，只有把绘画作为自己多种活动中的一项活动的人们。"①如何使人民群众受到艺术的和美感的教育，如何使审美文化真正为广大人民群众服务，如何使美育真正成为人民自己的事业，这是马克思主义美育观与其他阶级的美育观的重大分野。董学文强调，马克思主义美育观是无产阶级的美育观，它所倡导的美育既是美感的教育，也是综合性的教育。实践越来越证明，在全球化和信息化时代的今天，马克思主义美育观依然具有真理性、现实感和生命力。我们应当以马克思主义美育观为指针，站在新的历史高度，以创造的精神来研究美育理论，规划和设计美育实施方案。②

赵利民等从美育思想的立足点、美育的目的和美育的科学定位三个方面评析了马克思和恩格斯的美育思想的特质。③他们认为，马克思和恩格斯美育思想的第一个特质在于，其立足点是社会理想与人的理想的统一。在共产主义时代，社会生产力得到极大提高，必要劳动时间大大缩短，人们可以自由地支配的闲暇时间增多。特别是由于社会生产方式的改变，分工消失，人们具有了按照其天性自由选择他们所喜爱的审美创造活动的可能，人们可以自由地发挥他们的审美创造潜力。他们指出，从这个意义上讲，马克思和恩格斯的社会理想与人的理想是完全统一的，共产主义时代的人是全面发展的人，也是具有高度审美素质的人。他们还指出，马克思和恩

① 《马克思恩格斯全集》第3卷，人民出版社1960年版，第60页。

② 董学文：《论马克思主义美育观的本质和特征》，《廊坊师范学院学报（社会科学版）》2014年第5期，第5—11页。

③ 赵利民、李孝弟：《论马克思恩格斯美育思想特质》，《齐鲁学刊》2001年第2期，第81—84页。

格斯美育思想的第二个特质在于，认为审美教育的目的是培养全面发展的人。马克思和恩格斯没有明确把美育列为个人全面发展教育的组成部分，但从他们的整个思想体系和他们的美学及艺术思想来考察，完全可以认为，马克思主义不仅为审美教育提供了坚实的理论基础，而且也提出了全新的审美教育观。其理由是，马克思在《资本论》中曾指出，教育与生产劳动相结合不仅是提高社会生产的一种方式，从更高的角度来看，它是造就全面发展的人的重要方法。教育只有与生产劳动相结合，才能为一个更高级的、以每个人的全面而自由的发展为基本原则的社会创造现实基础。共产主义教育的根本目标就是培养全面发展的人，美育是应该包含在其中的。首先，共产主义“创造着具有丰富的、全面而深刻的感觉的人”，而人的审美感觉能力显然是马克思所说的“感觉”中的最重要内容之一。其次，共产主义教育使每个人都能全面发展，个人才能得到充分发挥，由于分工而造成的人的片面性得以消除，在共产主义社会里没有单纯的画家，只有把绘画作为自己多种活动中的一项活动的人们。如上所述，共产主义的人的理想的实现本身就是一个伟大的过程，要实现以上所规定的人的特点显然是离不开审美教育的。赵利民等认为，马克思和恩格斯美育思想的第三个特质是对美育的科学定位，他们只是把审美教育看作是实现人的全面发展的重要手段而不是唯一手段。从根本上讲，人的全面发展的实现，仅仅靠包括审美教育在内的教育是不行的，它必须以消灭私有制、克服异化劳动为条件。实现人的真正的本质，造就全面发展的人必须依赖于对私有制的扬弃，共产主义社会是人的类的本质向至今仍发展着的全部丰富性的复归。

潘立勇重点评析了青年马克思《1844年经济学哲学手稿》（以下简称《手稿》）中的美育哲学思想。① 他评析的视角包括两个方面：一是审美与

① 潘立勇：《青年马克思美育哲学二论》，《中共福建省委党校学报》1993年第7期，第42—46页。

现实自由。他认为，由于《手稿》所涉及的美育思想主要是带根本性的原理、途径，其审美是一种历史的哲学的人本价值与社会理想，因而其美育不是一般意义的具体的审美欣赏和审美教育及其方法，而是一种美育哲学。在青年马克思看来，人的审美状态和审美自由可以成为证实人性自由与完善的某种绝对尺度或标志。然而，人的审美状态和审美自由的获得还需要一个前提或中介，那就是现实自由，也即现实地解放人的本质力量。这是因为，就客体而言，只有“随着对象性的现实在社会中对人来说到处成为人的本质力量的现实，成为人的现实，因而成为人自己的本质力量的现实，一切对象对他来说成为他自身的对象化，成为确证和实现他的个性的对象”，人才能“不仅通过思维，而且以全部感觉在对象世界中肯定自己”。① 只有客体成了属人的现实，人才能在其上面肯定自身、观照自身，使其成为确证自身本质力量的审美对象；就主体而言，“只是由于人的本质客观地展开的丰富性，主体的、人的感性的丰富性，如有音乐感的耳朵，能感受形式美的眼睛，总之，那些能成为人的享受的感觉，即确证自己是属人的本质力量的感觉，才一部分发展起来，一部分产生出来”②。只有随着主体的社会实践的发展及社会关系解放等“属人的本质的客观地展开的丰富性”，人才能产生、发展或丰富着能够确证自己属人的本质力量的审美能力。在青年马克思看来，是现实自由决定了人性的自由和审美自由，是现实的社会生产力和社会生产关系的解放决定着人的感性的解放，而不是相反。在私有制和异化劳动下，社会只是非人的社会，人也是非人的社会存在，无产者和资产者都丧失了审美状态。私有制下的异化劳动，使人与劳动产品对立，使人与劳动本身对立，使人与类本质对立，使人与他人对立。一句话，私有制下的异化劳动及其分工，造成了人的全面

① ［德］马克思：《1844 年经济学哲学手稿》，人民出版社 2000 年版，第 86—87 页。

② ［德］马克思：《1844 年经济学哲学手稿》，人民出版社 2000 年版，第 87 页。

异化，人的本质的全面丧失，如此不仅不可能获得全面的审美能力和充分的审美自由，而且连原有的稚朴的感性也可能丧失。由于共产主义对私有财产的积极扬弃，从而能够恢复使人成为社会存在物，它解放了人，解放了人的感觉能力和审美能力。二是审美教育与人的解放。青年马克思科学地、辩证地分析了审美教育在人的解放中的地位与作用。他认为人的解放是建立在社会现实解放的基础上的真正的现实的自由。潘立勇在综合考察青年马克思在《手稿》中对审美教育在人的解放中的地位与作用的思想后指出，有三个方面值得我们重视：一是在美育作用上，既强调人的解放的历史先决条件，反对美育救世主义，又肯定和重视美育在人的本质力量的现实生成中的能动作用；二是在美育方位上既没有像席勒那样持美育复古主义，也没有因论证了人的解放有待于社会现实解放而持美育未来主义，而是把它看作动态生成过程中的辩证中介；三是在美育范围上，既赋予美育以内在规定，又没有把美育窄化为单纯的艺术教育。青年马克思强调了客体的解放是主体解放的先决条件，政治自由是审美自由的先决条件。但他也没有因这种先决条件而否定美育的能动作用，他是从主客体之间辩证对应的建构关系来解决这个问题的。一方面，固然是客体的解放决定着主体的解放；而另一方面，主体的解放也必将促进客体的解放，这就是精神变物质的力量。青年马克思的美育方位是向前的，是为了促进“创造着具有人的本质的这种全部丰富性的人，创造着具有丰富的、全面而深刻的感觉的人”①，是为了促进人的本质在更高层次上的生成。在美育的范围上，青年马克思从共产主义社会革命的历史高度提出了通过各种社会实践来培养和发展全面的、完整的人的思想。在青年马克思看来，美育决不限于艺术教育，在物质和精神生产的许多领域里，存在着多种多样的美育途径。

---

① ［德］马克思：《1844 年经济学哲学手稿》，人民出版社 2000 年版，第 88 页。

（五）关于杜威的美育思想

约翰·杜威（John Dewey，1859—1952），美国著名哲学家、教育家和心理学家。他的著述宏富，涉及科学、艺术、宗教、伦理、政治、教育、社会学、历史学和经济学等诸多方面。其教育著作也很多，代表作有《学校与社会》《民主主义与教育》《经验与教育》等，其美育思想则主要蕴含在《民主主义与教育》《艺术即经验》等著作中。不少学者指出，杜威在其著作中虽然没有直接提及美育但却蕴含着深刻的美育思想。从美育的角度理解杜威的教育思想，其思想的精华及其对未来教育的指导意义可以更加清晰地显示出来。

当代学界从杜威美育思想形成的背景、美育思想在杜威教育思想中的地位、杜威关于美育的目的、美育的实施以及兴趣的地位、游戏的性质和想象的作用的观点等多个角度评析了他的美育思想。

关于杜威美育思想形成的背景。刘雅倩认为，杜威美育思想的形成由多方面的因素所催发。① 其中较显著者有三：首先，美国工业化进程的全面展开，在提高人们物质生活水平的同时，也严重异化了人。杜威严肃地批评道："人所造成的环境，在现代工业的影响下，提供的是比任何以前的时代所提供的更少的满足、更多的厌恶。" ② 这时，机械性立于与审美性正相对立的另一极，商品的生产成为机械的，使从事手工劳动的手工艺人所具有的选择的自由随着机器的普遍使用而几乎消失殆尽。那些拥有在一定程度上生产表现个人价值的有用商品的能力的人，在直接经验中所欣赏的对象的生产，成为一种背离了一般生产趋向的专门化的事情。杜威认为，这一事实也许是当今文明中影响艺术地位的最重要的因素。在这样的情形下，审美教育如果不因工业化的社会情势发生相应的变革，就无法回应现

① 刘雅倩：《杜威美育思想内涵与功用》，《重庆社会科学》2015 年第 5 期，第 124—125 页。
② ［美］杜威：《艺术即经验》，高建平译，商务印书馆 2007 年版，第 380 页。

实对艺术的挑战，对人生的意义也就会大打折扣。其次，当时美国的教育存在不少问题，亟须在美育方面有所改善。有研究者指出，在当时的美国，“学校对于儿童来说，从来就没有什么乐趣。同样，对于家长来说，学校往往被看作是一个异己的世界，对于它所教育的人来说似乎充满了敌意或冷淡”①。而且工业文明要求大量的劳动者，教育必须为生产合格的劳动者而服务。于是，即便是艺术教育也带有很强的目的性，美育功能已经丧失，蜕变为增长技能的工具课。因此，杜威提倡学校的各种实际活动与艺术相结合，让学生在生活中体验到美，并且在生活中去发现美和创造美。再有，艺术的博物馆化严重地阻碍了艺术与生活间的生动联系。资本主义的生长使博物馆成为艺术品的合适的家园，对于推进艺术与日常生活分离的思想，都起着强有力的作用。因为作为资本主义制度的重要副产品的新贵们，特别热衷于在自己的周围布置起艺术，这些物品由于稀少而变得珍贵。典型的收藏家也就是典型的资本家，他们为了证明自己在高等文化领域的良好地位而收集绘画、雕像，以及艺术的小摆设。因此，杜威强调，必须在美育上下功夫，努力恢复审美经验与生活的正常过程间的连续性。②

美育思想在杜威的整个教育思想体系中处于什么地位？庞飞认为，“教育即审美”是贯穿杜威一生的教育理想。③杜威于1897年发表的《我的教育信条》中就提出了这方面的理念：教育就是一种艺术，教师就是艺术家。他宣称“这样形成人类的各种能力并使它们适应社会事业的艺术是最崇高的艺术；能够完成这种艺术的人，便是最好的艺术家”④。在同年的全美教育学会上，杜威作了题为《教育中的审美因素》的报告，他在报告

① ［美］S.鲍尔斯·金蒂斯：《美国：经济生活与教育改革》，王佩雄等译，上海教育出版社1990年版，第53—54页。

② ［美］杜威：《艺术即经验》，高建平译，商务印书馆2007年版，第9页。

③ 庞飞：《教育即审美——杜威的美育思想新论》，《美育学刊》2013年第2期，第18—20页。

④ 赵祥麟、王承绪编译：《杜威教育名篇》，教育科学出版社2006年版，第10页。

中重点阐述了审美因素在教育中的功能和作用，提出所谓的“教育中的审美因素”，不仅指从特定的学科中去寻找审美的因素和作用，而是指在所有的教育中都应当包含审美的因素。因此，从这个意义上来说，杜威理想中的教育应当是审美教育。庞飞认为，专门的艺术学科的教育不是杜威想要的艺术教育，他所追求的“教育即审美”所指的是教育的全过程应当就是一种艺术的活动，是能提高审美能力与审美经验的活动。1926年，在《教育中的艺术与艺术中的教育》一文中，杜威依然坚持教育与艺术一体化的主张，并且更加明确地提出艺术本质上就是教育，教育就是一种艺术活动的主张。杜威于1934年出版的《艺术即经验》一书是他多年来所坚持的“教育即审美”观念的全面体现。所以有的学者才会说：“即使没有明确地提及‘教育’这个词，如果仔细地阅读《艺术即经验》，仍会从中发现有关教育的许多有益启示，甚至可以说，从整体看，这本书正是一部审美教育的著作。”[①] 在庞飞看来，杜威是现代哲学家中最重视教育问题的，也是现代教育家中最重视审美教育问题的。杜威的教育理论，就是把教育当作一种能够改善和促进人类经验的艺术活动的理论。在杜威的思想体系中，哲学、艺术、教育等都是一个连贯的整体，这个整体的核心就是经验，能够贯穿于他的各种思想之间的主线就是艺术。其次，“教育即审美”的目的在于改善人类的生活。庞飞指出，经验可以看成是杜威哲学体系的核心观点，而艺术活动则在杜威的经验理论中占据着最高峰的位置。在杜威看来，通过艺术活动而实现的圆满经验，是经验活动的最高境界。将艺术作为经验的最高峰，是因为在艺术活动中获得的审美经验最符合杜威所说的经验的圆满状态，艺术活动的兴盛与否，也是检验社会改造成功与否的最终标准，“艺术的繁盛是文化性质的最后尺度”[②]。通过艺术活动，

① 李媛媛：《杜威美学思想论纲》，中国社会科学出版社2010年版，第145页。

② ［美］杜威：《艺术即经验》，高建平译，商务印书馆2005年版，第383页。

人们可以直接地通过感觉提升直接的社群和生活经验。“我们从其含蓄的意义方面来讲，把经验当作是艺术，而把艺术当作是不断地导向所完成和所享受的意义的自然的过程和自然的材料。”①“人类经验的历史就是一部艺术发展史。”②在这个意义上，艺术就不再仅是一种提高我们人文修养和审美趣味的工具，而应当就是我们的生活。庞飞认为，由此我们可以看到在以经验为核心的哲学体系和社会改革的基本思路中，杜威赋予了教育和艺术非常重要的地位。它们承载着共同的使命——改善人类的经验，提高人类的生活质量。再次，“教育即审美”是异于专科审美教育的审美化教育。庞飞认为，杜威的“教育即审美”的新型审美教育理论的伟大之处就在于，他不仅在以经验为核心的教育和艺术观念上达到了高度的统一，而且他在教学实践上将这种艺术即教育、教育即审美的观念贯彻到底，从课程设置到教材内容的选择上，他都提出了一套截然不同的审美教育的新方法。在学科设置上，杜威提出，真正的审美教育体现在整个教育活动之中，而不是教育活动的一部分。审美教育并不是在现有的学科体系、科目教育中增加几种如绘画、音乐、舞蹈等艺术类课程，使得它们像装饰品一样成为教育活动的点缀。按杜威的设想，学校教育的所有课程、所有活动都必须以能给学生提供直接经验为目的，欣赏不是艺术课程的特有目的，“每门科目在它发展的某个阶段，对和它有关的个人来说，应该具有审美的性质”③。庞飞最后总结道：杜威的教育理论本质上就是一种审美教育，他并不特意强调专门的艺术教育在审美教育中的作用，而是一种非常宽泛的审美教育。在杜威眼中，艺术就是教育，教育就是艺术，是强调教学、质疑、指导、思维、讲授的艺术。教师应当成为艺术家，教学方法是一种艺术的方法，教育就是一种艺术活动。

---

① ［美］杜威：《经验与自然》，傅统先译，江苏教育出版社 2005 年版，第 228 页。

② ［美］杜威：《经验与自然》，傅统先译，江苏教育出版社 2005 年版，第 246 页。

③ ［美］杜威：《民主主义与教育》，王承绪译，人民教育出版社 2001 年版，第 267 页。

邹华从兴趣的地位、游戏的性质和想象的作用等几个方面评析了杜威的美育思想。① 关于兴趣的地位，他也认为，杜威所主张的教育是一种美育化的教育，是以“兴趣”或以美感为中心的教育，这种美育并不局限于艺术，而是覆盖全部的教育领域，贯穿所有的教育科目，因而是一种“大美育”。杜威的教育理论体系由教育性质论、教育过程论和教育价值论三个部分组成，其中教育过程论是这个体系的主体部分，包括目的论和方法论；而“兴趣”作为最重要的美育概念，渗透在教育过程论的各个方面。兴趣的教育作用在于，它和训练有机地结合在一起，能够积极有效地实现教育的目的。关于游戏的性质，邹华认为，“主动作业”（Active Occupation）是杜威教育理论中与兴趣同等重要的概念。兴趣是教育的特殊目的，在方法论范畴中，兴趣转化为教材、教法和课程，转化为活动，转化为“从做中学”，转化为主动作业，或者说转化为游戏或美育的实施。以主动作业为中心的课程论，是杜威教学论的主体。在杜威看来，整个教学过程就是提供作业、设置情境、开展活动和取得经验的过程。主动作业的实质是一种与艺术创造过程相似的自由活动。它的美育特性在于，儿童是在一种感性具体、生动直观的环境中兴趣盎然地全身心地投入活动的。作为美育范畴，游戏具有自由的特性，并体现在所有的科目中。杜威说，主动作业“在性质上真正是具有使人自由的作用的”②，而所有的课程“应该同时既是有用的，又是自由的”③。关于想象的作用，邹华指出，游戏活动是一桩富于想象的事情，杜威把想象视为对全部情境的热情的和亲切的认识。在杜威看来，想象的领域十分广阔，想象不是艺术的专利，不能把想象和虚构等同起来。同时，杜威认为也

---

① 邹华：《杜威美育思想简论》，《首都师范大学学报（社会科学版）》2010 年第 5 期，第 65—68 页。

② ［美］杜威：《民主主义与教育》，王承绪译，人民教育出版社 2001 年版，第 217 页。

③ ［美］杜威：《民主主义与教育》，王承绪译，人民教育出版社 2001 年版，第 276 页。

不能把想象或游戏活动看作仅仅适合于儿童的东西。在他看来，游戏和严肃工作之间的区别不是想象力的有无，而是从事想象的材料的不同；即使是纯粹的“事实”，只有包含想象力的个人反应才可能真正感到有价值。想象力是在每一个知识领域中能够欣赏的媒介。任何活动都必须运用想象力，才不致流于机械的性质。①

（六）关于苏霍姆林斯基的美育思想

瓦·阿·苏霍姆林斯基（Васи́лий Алекса́ндрович Сухомли́нский，1918—1970），苏联著名教育理论家和实践家。他对美育问题发表了许多深刻的见解，并且开展了卓有成效的美育实践活动。当代学界主要从美育的地位与功能、美育过程的本质特点及美育实践观等方面评析了苏霍姆林斯基的美育思想。

关于苏霍姆林斯基的美育地位思想，杜殿坤指出，苏霍姆林斯基充分肯定美育的重要地位，他认为美是道德纯洁、精神丰富和体魄健全的源泉。美育的最重要的任务是，教给儿童通过周围世界的美、人的关系的美而看到精神的高尚、善良和诚挚，并在此基础上确立自己美的品质。他要求学校早在童年时代就要使美成为道德教育的强大手段，成为真正的人性的源泉。他认为，学校必须开展积极的美育工作，使学生从事认识美和创造美的活动，从而丰富他们的精神生活。在苏霍姆林斯基看来，美育和德育具有密切的联系。在关于人的美的观念中，他把精神美——忠于信念、有人性、对恶的毫不妥协——置于首要的地位。他强调道德理想与审美理想的统一，在道德教育中也常常要依靠学生对高尚道德品质的审美评价和审美情感，才能可靠地达到预期的目的。苏霍姆林斯基指出，智育是美育的必要条件，审美能力需要具备各方面的知识。对美的感知和理解，是审美教育的核心，是审美修养的要点，没有这种修养，人的情感对于生活中

① ［美］杜威：《民主主义与教育》，王承绪译，人民教育出版社 2001 年版，第 254 页。

一切美好和高尚的东西就会无动于衷。① 陈望衡在谈及苏霍姆林斯基美育地位思想时也指出，苏霍姆林斯基将美育与德育、智育等并列，认为美育是培养全面发展的人的不可缺少的组成部分。他认为，学校教育的理想是培养全面和谐发展的人，而要实现这个目的就要使智育、体育、德育、劳动教育和审美教育深入地相互渗透和互相交织，使这几个方面的教育呈现出一个统一的完整过程。他明确指出，没有可能也没有必要规定出，在这个和谐中什么是主要的，什么是次要的。我们只能说，全面发展的个别方面，对于人的整个精神世界的影响，可能比别的方面大一些。陈望衡认为，苏霍姆林斯基的这个观点是符合实际的，也是很辩证和有科学根据的。德、智、美三育都属于人的精神方面的教育。一般将人的心理功能分为知、情、意三个方面。知求真，意求善，情求美。这三项内容对于培养全面和谐发展的人缺一不可，人的文化心理结构缺少了任何一项都不完全。而且由于人的文化心理结构是一个整体，某一方面不完善也会影响其他方面。陈望衡指出，苏霍姆林斯基不仅从人的生理——心理结构及其功能的有机整体性入手说明美育在全面教育中应占有与德育、智育、体育并列的地位，而且还从学校的功能方面说明，美育活动应成为学校生活不可缺少的一环。苏霍姆林斯基要求学校应当像一块磁石，以自己有趣而丰富的生活吸引学生，其中应有多种多样的审美活动。②

关于苏霍姆林斯基的美育功能思想，胡继渊等将其归纳为以下方面：一是美能育德。苏霍姆林斯基认为，美感教育与形成学生道德品质密不可分，它应当成为德育的有力手段。他强调，对周围世界的美感能陶冶学生的情操，使他们变得高尚文雅，富有同情心。二是美能启智。苏霍姆林斯

① 杜殿坤：《瓦·阿·苏霍姆林斯基的美育理论和实践》，《外国教育资料》1981 年第 2 期，第 21—24 页。

② 陈望衡：《论苏霍姆林斯基的美育思想》，《华南师范大学学报（社会科学版）》1986 年第 3 期，第 60—61 页。

基确信，一个人的审美观，他认识美和创造美的水平，总是和他的智力程度和智慧发展水平直接相关的。他特别强调美育在培养学生的观察力、思维力、想象力等智力因素中的作用。他认为，通过引导学生到自然中去观察美，把观察的技能和方法教给学生，就能提高学生的观察力。他还认为，儿童的思维是艺术的，儿童思维的天性本身要求富有诗意的创造，各种艺术创作能唤起学生的想象力，发展他们的思维力。三是美能健体。他认为，美育有利于增进学生的身体健康。在他看来，人不仅应当健康，而且应当俊美；而美又与健康、与机体的和谐发展密不可分。四是美能辅劳。他认为，劳动活动也是一种培养美感的活动，劳动教育同时也是审美教育。①

关于苏霍姆林斯基的美育过程本质特点的思想，陈望衡将其概括为审美教育既是认识过程也是情感过程。苏霍姆林斯基指出，在审美教育过程中，概念、观念、判断，即全部思维的这个方面与体验和情感的另一个方面是紧密相连的。审美教育就是人对美的事物的一种认识和反映。在这个过程中，人们同样遵循着认识论的规律：在实践的基础上由感性认识到理性认识，再到实践。但是审美绝不只是认识，它作为特殊的认识方式，其特点在情感。即审美将认识的过程演变为一种情感流动的过程，在情感的流动中认识，或者说将认识寓于情感之中。美感虽然是感知、思维、想象、情感等多种心理功能综合统一的过程，但本质特点是情感。陈望衡指出，苏霍姆林斯基正确地把握了美感的这一特质，强调美育的情感性的本质特点。与此同时，美育虽以情感为特点，但绝不只是情感。在情感这个细胞之中有感知，也有思维。审美情感作为一个流动的过程，前奏是审美感知，后奏是审美思维。苏霍姆林斯基正是在这一基础上提出，美育能

① 胡继渊、沈正元：《苏霍姆林斯基美育思想的浅析和借鉴》，《外国中小学教育》1996年第4期，第32—33页。

够促进智力发展，提高学习效率，又能培养学生高尚的道德情操和净化心灵。①

关于苏霍姆林斯基的美育实践观，陈望衡主要就其美育途径思想进行了评析。他将苏霍姆林斯基关于美育途径的思想概括为以下几个方面：一是在劳动中进行美育。苏霍姆林斯基认为，生产劳动是向学生进行审美教育的最根本的手段，通过劳动可以使学生感受劳动之乐的同时培养学生的创造精神，可以使学生获得美的享受的同时塑造他们的美的心灵。二是在自然美的欣赏中进行美育。苏霍姆林斯基认为，人是大自然之子，因此应当利用他同大自然的血肉联系来向他介绍精神文化财富。他经常带学生到自然界去欣赏自然美，在自然美的欣赏中注意培养孩子们对故乡的感情和对祖国的热爱。三是在艺术美的欣赏中进行美育。苏霍姆林斯基非常重视艺术美的教育，他广泛而详尽地谈到了各种艺术门类的欣赏规律和它们对孩子们身心发展的影响问题。四是在社会生活中进行美育。美存在于生活中，因此生活本身是进行美育的主要手段。苏霍姆林斯基特别重视人与人之间的交往关系及其对人的发展的影响作用。②

杜殿坤还具体总结了苏霍姆林斯基在他所领导的帕夫雷什中学开展美育实践的举措：一是认识自然美。在帕夫雷什中学，教师经常带领学生到自然界去参观、旅行。面对自然美景，师生们一起朗诵著名作家的诗文，用自己的语言描绘眼前的景物，抒发各自的思想和感情。二是懂得音乐美。在帕夫雷什中学，音乐课是真正的美育课。儿童不仅学习一些音乐知识，而且还欣赏著名的乐章。此外，学校还经常举行音乐会，开设了专门的“音乐室”，并且鼓励每一个学生学会演奏一种乐器。三是绘画的欣

① 陈望衡：《论苏霍姆林斯基的美育思想》，《华南师范大学学报（社会科学版）》1986 年第 3 期，第 61—62 页。

② 陈望衡：《论苏霍姆林斯基的美育思想》，《华南师范大学学报（社会科学版）》1986 年第 3 期，第 63—66 页。

赏和创作。绘画作品对学生具有同样强烈的感染力。反复观赏著名的绘画作品，能够丰富和发展他们的情感记忆，通过敏锐的美的感知使他们受到教育。此外，还应当鼓励学生自己画画。学生通过绘画能丰富他们的精神生活。四是文学作品的欣赏和创作。在阅读文学作品时，不仅要求有理智的评价，而更为重要的是要有情感的评价。这种情感的评价能打动学生的心，促使他们思考自己的行为和生活道路。帕夫雷什中学很重视让学生朗读和欣赏文艺作品。苏霍姆林斯基注意严格挑选供学生阅读的书目。此外，学生进行创作的尝试（诗歌、童话、短篇小说及作文）也是美育的重要领域之一，可以培养学生的审美情感和表现能力。五是学校的环境美。帕夫雷什中学是一所农村学校，学校优美的环境使学生感到心旷神怡，受到精神上的陶冶。教室的布置也都别具匠心，教室墙壁挂上油画，窗台和讲台摆上鲜花。六是仪表与服饰美。苏霍姆林斯基认为，师生的仪表和服装在美育中起着重大的作用，其基本要求是朴素和雅致。七是人的关系的美。苏霍姆林斯基始终把道德教育和美育有机地结合起来，主张从美的观点来审查人的道德关系。他认为，学校应当注意从学生对人的态度和相互关系中进行情感的教育，以便培养真正的道德美。①

---

① 杜殿坤：《瓦·阿·苏霍姆林斯基的美育理论和实践》，《外国教育资料》1981 年第 2 期，第 22—24 页。

第十章　中国美育学术发展的前瞻

在改革开放以后我国美育学术发展的40余年历程中，我们既取得了不少有价值的成果，但也还存在一些不容忽视的问题。我们应当理性正视和审慎处理美育学术发展中存在的问题，对美育学术的重要课题进行前瞻性的思考，探索美育学术未来发展的努力方向，争取在已有成果的基础上不断推动美育学术的进步，着力将美育学术水平提升到更高的层次。

第一节　关于美育理论研究

美育学术研究主要包括美育理论、美育实践和美育历史（主要是美育思想史）三个具体的领域。美育理论是整个美育学术研究中具有基础性地位的重要组成部分，对美育实践和美育历史的研究具有引领和导向的作用。未来的美育理论研究需要深化美育基本理论的认识和重视促进美育学的学科发展。

一、深化美育基本理论认识

美育基本理论是美育学的重要内容，在整个美育学知识体系中处于基础性和根本性的地位。只有把握了美育基本理论，才能更好地认识、理解和合理地阐释、处理其他美育问题。美育基本理论主要包括美育的本质、美育的特征、美育的地位、美育的功能、美育的任务等问题。40多年来，学界对上述问题都进行了较多的探讨，有的问题甚至成为研究的热点，一大批学者给予了关注和参与了讨论，也确实取得了不少有价值的成果。但是应当承认，我们对这些美育基本理论问题的认识尚不够深入，其中一些问题还远未达成共识。因此，在未来的美育学术研究中，美育基本理论仍然是需要重点关注和研讨的课题。

（一）继续审视美育的本质

有学者指出，对于美育本质的思考仍然是美育研究中的重要话题。长期以来，美育的现实地位不高，常常被边缘化、被异化。这既有唯知识的应试教育环境的影响，也有人们对美育本质理解不清或认识偏差的原因，致使美育被窄化为艺术教育、艺术教育又被降格为艺术技法教育。所以今天我们需要进一步澄清美育的本质是什么，它与艺术教育的关系。只有在观念层面澄清，才有可能真正在实践中落实美育，并且在正确的轨道上实施美育。① 其实，深化美育本质的认识不只是为了更好地指导美育实践，同时也是美育理论自身发展的需要。美育本质可以说是美育基本理论中的核心问题，在美育基本理论的发展中起着引领的作用。正因为如此，学界对该问题的讨论和争鸣持续了很长的时间，并先后提出了十余种不同的观点。勿庸置疑，这些观点对于我们理解美育的本质具有重要的作用。但是，在这样一个根本性的美育问题上认识分歧这么严重，至今没有达成共识，的确值得我们深思。未来的美育本质研究需要进一步思考以下两个问题：其一，美育只有一个本质还是有双重本质或多重本质？本质是指一种事物区别于其他事物的根本性质。同理，美育的本质是指美育区别于其他教育的根本性质。既是这样，美育的本质就只有一个，否则就不是美育的本质。在关于美育本质的讨论中提出的所谓双重本质和多重本质，其实它

① 易晓明：《当代美育复兴的意义及其研究趋向》，《美育学刊》2019年第2期，第6页。

们并非美育的根本性质，而只是美育的某些非根本的属性。其二，我们应当如何去考察美育的本质？黑格尔在其《美学》中谈到对美的认识的分歧时曾指出："乍看起来，美好像是一个很简单的观点。但是不久我们就会发现：美可以有许多方面，这个人抓住的是这一方面，那个人抓住的是那一方面；纵然都是从一个观点去看，究竟哪一方面是本质的，也还是一个引起争论的问题。"① 其实人们对于美育本质的认识又何尝不是如此呢！美育本质认识上的争论，主要原因在于大多不是基于美育的整体而只是从美育的某个或某些方面去考察其本质，就如盲人摸象只是接触到了大象的局部特征，并没有掌握大象的整体状貌。另一个原因在于没有看到美育区别于其他教育的根本所在，只是抓住美育不同于其他教育的某个或某些非根本的属性。因此，我们揭示美育的本质首先要从美育的整体出发，提高其综合性和抽象水平；其次应抓住美育区别于其他教育的最根本、最关键的性质。

（二）统整美育特征的观点

美育特征是美育区别于其他教育的特点，是对美育内涵与本质的更为具体的揭示。因此，关于美育特征的研究，对于深入理解美育的内涵与本质无疑具有重要的意义。现在的问题在于，学界对于美育特征的认识较为杂乱。据不完全统计，人们先后提出的美育特征共有二十余个。除了具有较多共识的形象性、自由性、情感性、愉悦性等特征以外，还提出了数量繁多的其他特征，如广泛性、深远性、普遍性、终身性、渗透性、体验性、实践性、过程性、陶冶性、教育性、思想教育性、潜移默化性、益智性、自发性、主动性、人文性、超越性、非实用性、节奏性、个体性、创造性等等。这种情况不免使人产生眼花缭乱、目不暇接之感。未来关于美育特征的研究，要对以往关于美育特征的各种不同的认识进行一定的统

① ［德］黑格尔：《美学》第一卷，朱光潜译，商务印书馆 1979 年版，第 21 页。

整。首先，可以考虑对美育的特征进行适当的分类。如从宏观上可将其分为普遍（或整体）特征与领域（或局部）特征，或共有特征与专属特征；从微观上可以考虑从美育的主体、目的、内容、手段、过程、途径、效果等不同角度予以分类。其次，可以考虑对美育的特征进行分层。比如将美育的特征分为主要特征与次要特征。再次，可以考虑对内涵相同、相近或相似、交叉的特征予以归并，同时剔除重复性、与美育关联度不高的特征。

（三）深度思考美育的地位

可能有人认为，美育地位在国家的教育方针中已被明确肯定，近年来又一直处于稳定状态并且还不断受到强化，因此这个问题没有必要再进行研讨了。其实不然，在美育地位这个问题上至少还有以下几个方面需要进一步研究：一是美育独立地位的必然性。众所周知，美育在我国现当代教育中的地位可谓是命运多舛，处于尴尬的摇摆状态，有时得到承认，有时又被忽视，有时甚至遭到诘难和批判。出现这种情况固然主要是政治或政策的原因，但教育学和美育学界自身也要进行反思和反省。美育的独立地位有时不被承认和不够稳定，恐怕也有美育理论研究自身的原因，也就是说我们没有真正从理论上说清楚这个问题。如果认识上的问题没有从根本上予以解决，美育地位的稳定性就难以得到有效的保证。有鉴于此，我们应当对这个问题继续进行深度的思考。我们要充分运用教育学、美学、艺术学、哲学、伦理学、逻辑学、文化学、人类学、经济学、心理学、生理学等多学科的理论，从历史的、比较的、逻辑的、现实的和未来的等多个角度，对为什么将美育纳入全面发展教育的组成部分和将美育列入国家的教育方针中，进行更为全面和更加透彻的论证。二是美育独立地位的相对性。美育具有独立的地位，但其独立性却不是绝对的，而只是相对的。对于这一点可以说学界基本上形成了共识。但是，当我们说美育在全面发展教育中具有相对独立地位的时候，究竟是什么意思？我们不能满足于这个看上去辩证但却较为笼统的结论，对于这个问题还应有更为具体的考量。美育独立的相对性，意味着美育与其他教育并不是绝然分开的，美育不可能脱离其他教育而完全独立地存在，也不存在与其他教育完全没有任何关系的纯粹的美育。我们将全面发展教育划分为德育、智育、体育、美育和劳动教育几个部分，这只是根据它们各自承担的主要任务而进行的一种大致的划分，同时也是为了理论分析和实践落实的方便，而并不意味着它们在现实中是互不关联、绝对分离的。在一定意义上，美育与其他教育是一种“你中有我，我中有你”的互通互融、共生共荣的关系。换句话说，其他各种教育在一定程度上都可以也应该体现美育的要求，与此同时，美育在某种意义上也多少会渗透甚至包含其他教育的成分。“每一种教育形态都只是以促进受教育者某一方面的发展为主要目标的，同时，每一种教育形态也必然对整体人格产生影响。个体的某一方面的发展与其他方面的发展是相互联系、互为条件的，所以，每一种教育形态对于培养全面完整的人格而言也是互为条件的。我们一方面应该对美育的特殊性有充分认识，同时也要研究美育同其他各种教育形态之间的联系。”①应当承认，以上分析也主要还是属于哲学层面，仍然显得较为抽象。更为具体的、科学层面的分析，尤其是落实和操作层面的问题还需要作进一步的思考。总之，在美育与其他教育的关系问题上，我们应该追求的是各种教育互惠互利、合作共赢的效果或境界。至于如何才能达成此种效果或境界，这也是需要我们关注和研讨的重要课题。当前，与美育地位相关的一个问题是所谓“五育融合”问题。究竟什么是“五育融合”？“五育融合”与以往提的“五育并举”是什么关系？为什么要提倡“五育融合”？“五育”能不能融合？“五育融合”需要什么样的体制和机制？“五育融合”应当采取什么样的路径？等等。

---

① 杜卫:《论中国美育研究的当代问题》，《文艺研究》2004 年第 6 期，第 5 页。

（四）拓展美育功能的视域

当代学界对于美育功能的研究重点是美育的个体功能，而对于美育社会功能的研究则相对较少。虽然也有学者关注美育与经济、美育与文化、美育与生活、美育与宗教、美育与环境等的关系，并取得了一些有价值的成果，但毕竟参与者少，势单力薄，难以形成大的气候。有鉴于此，易晓明呼吁，“如今随着审美、艺术与社会发展的关系越来越紧密，我们还需要站在社会发展的立场思考美育在政治、经济、文化以及环境保护等方面所应发挥的积极作用”①。她认为，伴随着社会发展，一些与时代紧密关联的话题应该纳入当代美育研究的视野。关于这个主题的研究，她认为可以思考这样一些论题：审美经济的发展需要我们加大学校艺术设计教育的研究，探索中小学设计教育有效开展的路径；随着审美、艺术在文化表达、保存和传播方面的重要价值日益凸显，我们要探讨如何积极发挥艺术课程在培养学生的文化理解和表达能力以及通过艺术推动社会文化发展的重要作用。今天，我们尤其要积极探索中华独特的审美、艺术文化传承与树立民族文化自信之间的关系。另外，随着日常生活的审美化、大众文化的繁荣，美育也需要去关注当代的审美文化现象、特征和问题，提出美育的对策。此外，美育在促进社会变革，实现民主生活中的重要作用也值得我们关注和思考。环境问题是困扰当代人的一个重要社会议题，环境美学、生态美学正是从美学的视角思考人与环境的关系，这些研究也将促进生态美育的理论和实践探索。② 当然，我们倡导加强美育社会功能的研究，并不意味着美育个体功能的研究已经达到完善的境界，更不意味着从此可以轻视美育个体功能的研究。事实上，美育个体功能的研究也需要进一步予以拓展。比如以下问题就值得我们思考：美育个体功能是否具有不同的性

---

① 易晓明：《当代美育复兴的意义及其研究趋向》，《美育学刊》2019 年第 2 期，第 6 页。

② 易晓明：《当代美育复兴的意义及其研究趋向》，《美育学刊》2019 年第 2 期，第 6—7 页。

质？如何发挥美育的正向功能和规避其负向功能？美育个体功能实现的条件或者说影响美育个体功能发挥的因素有哪些？美育个体功能是否存在时代的区别？不同的美育内容、形式与途径在实现美育个体功能中各自发挥什么样的作用？如何才能充分发挥它们的作用？等等。

（五）关注美育的时代使命

美育除要承担培养审美观、审美能力、审美创造力和引导审美生活等一般性的任务以外，在新的时代还应担当起新的使命。当今美育究竟应当担负什么样的新的使命？这是美育学界应当思考和回答的一个重要课题。在这个问题上，学界形成了一些重要的共识，当然在观点的具体表述上也存在一定的差异。

易晓明认为，当前我国美育的基本目标是促进国民审美素养的发展。她指出，亟待提高的国民审美素养与时代发展需要之间的巨大落差是当前美育面临的主要问题，所以促进国民以艺术素养为核心的审美素养的发展应该是当前我国美育的基本目标。艺术素养是审美素养的重要组成部分或者说是核心表现，它是超越艺术技能的概念，更突出一个人由于追求艺术怡情养性、表达交流等内在价值而表现出的对艺术的持久热爱和参与，它是艺术能力与人文精神的整合。当今美育更需要关注受教育者的情感、想象力的激发和丰富，促进他们形成独特的想法，培养他们通过一定的媒材将创意、想法表达和创造出来的能力。在艺术欣赏、创作和表现能力提高的同时，引导受教育者形成通过艺术创意和艺术活动参与社会发展的意识和能力。随着国民艺术素养的形成和提高，这种素养也会迁移到他们的学习和生活中，也会促进他们对生活美、自然美的感悟与创造，从而使整体审美素养得以发展和提升。① 徐晟进一步指出，美育最终的目的是追求人生的艺术化。通过美育将自己的个性艺术化，并寓于生活之中，继而完成

① 易晓明：《当代美育复兴的意义及其研究趋向》，《美育学刊》2019年第2期，第6页。

生活的艺术化，最终将会达到人生的艺术化。美育的目的就是让每个个体都成为生活和人生的艺术家，过上艺术化的生活，完成符合自己情趣和审美的生活创造，最终实现人生艺术化这一境界。①

袁济喜将当代中国美育的重要任务概括为两个方面：一是启悟人生价值。他认为，当代美育要承担起人性价值启蒙的重任，唤醒人们从过分物欲化的人生中超脱出来，为他们描绘出新的人生乐趣的画卷，使人们知道除了有形的物质幸福之外，还有更高级的精神文化的价值所在，启发人为改变自己的命运而去创造，在不断的创造中实现自己的价值。二是提升人格境界。他认为，由于市场经济受制于商业利益——适者生存、优胜劣汰是市场经济的铁定法则，它使人性与人格都成为它的臣民。教育是人格提升的关键，美育应当培养人格的超越品质，向往理想的人生境界。② 王元骧也指出，自改革开放以来，我们在物质生活方面有了很大的提高，但很多人在物欲的驱使下反而变得更缺乏同情心和敬畏感。今天社会中之所以出现那么多匪夷所思的恶行，说到底都是只紧盯住经济指标放松了对人的灵魂的塑造而导致的结果。他认为，在当今科技理性和物质文明所导致的人的不断物化和异化的险境中，通过美育培养爱与敬的情感，不失为对被物欲所扭曲的人性的一种拯救。③ 罗筠筠更是直接将拯救感性沉沦中的大众看成是当代美育的使命。她认为，美育的当务之急是如何正确引导大众走出感性沉沦的"误区"，超越单纯的追求感性快感享乐，向感性与理性的协调发展，最终培养生活的审美态度。具体而言即是使人的感性需求由仅仅满足于自发、本能的层次，上升到文化的、审美的层次；使更多的人意识到感性需求不应仅仅停留于肉体的、生理的、个人的层面上，而应该逐渐自觉将其纳入理智的、心理的、社会的层面；使更多的人懂得感性的

① 徐晟：《当代美育之追求：人生艺术化》，《教育导刊》2019 年第 5 期，第 17 页。

② 袁济喜：《当代中国美育的悲壮使命》，《学术研究》2000 年第 2 期，第 83—87 页。

③ 王元骧：《拯救人性：审美教育的当代意义》，《文艺研究》2012 年第 3 期，第 12 页。

满足不应仅仅是为了一时的快乐、发泄与自我释放，而应该通过这种满足使自己的感性世界更加丰富多彩，以更多的感情（包括亲情、友情）和爱去对待生活。①

以上关于美育的时代使命的各种观点，从表面看似乎差异较大，但实质上却毫无疑问是一致的。只是他们看问题的角度不完全一样，有的是从正面入手倡导美育的新的使命，如提高人的审美素养、启发人生价值、提升人格境界、实现人生艺术化；有的是从负面，即当前面临的挑战或危机入手，提出要拯救扭曲的人性、拯救人的沉沦感性。但上述观点殊途同归，其最终的落脚点都在于倡导通过美育提高人的审美素养，协调人的感性与理性的发展，追求更高的人生价值，提升人生的境界。

有的学者提出，目前美育研究中对于感性教育的探讨，尤其是对于感性教育究竟有无规律可循，是否具有可操作性，对于各种不同年龄、性别、文化水平、社会群体的受教育者，何种教育方式最容易实施并获得最佳的效果这些方面的研究还很不够。② 这里所说的感性教育研究存在的问题，从某种意义上说也就是美育的时代使命研究存在的问题。未来关于美育时代使命的研究需要进一步将美育与人、美育与人生紧密地联系起来，着力探讨美育对于人、对于人生的意义及其达成的路径、方式与方法。

当然，美育的时代使命除了要关注人、关注人生以外，还要继续关注生态、生命和科技等问题。对于美育与生态、美育与生命、美育与科技、美育与网络、美育与闲暇等的关系以及这些问题与人、与人生的关系，同样也要继续予以充分的关注。

---

① 罗筠筠：《美育的当代使命：拯救感性沉沦中的大众》，《北京大学学报（哲学社会科学版）》1996 年第 2 期，第 68—69 页。

② 罗筠筠：《美育的当代使命：拯救感性沉沦中的大众》，《北京大学学报（哲学社会科学版）》1996 年第 2 期，第 70 页。

二、促进美育学的学科发展

（一）增强美育学的学科自我意识

美育学的学科自我意识是指对于美育学自身建构与发展的思考。从总体上看，美育学的学科自我意识还比较淡漠，对于美育学建构与发展的关注不够，成果自然也较少。为了保证美育学的健康发展，我们有必要对该学科的知识体系进行不断的反思和重构。正如有的学者所指出的，“只有当科学对其自身的发展过程及现状、发展机制及内部结构作了认真的反思、形成明晰而准确的自我意识时，它才能自觉地寻找自己继续发展的方向，增强发展的自控能力，并减少发展过程中的盲目性，少走弯路，使自己进入‘自为’的状态”①。一般的科学发展如此，美育学的发展也是同样的道理，也需要具有明晰的自我意识，需要经常对自身的发展状况进行反思和反省。当前美育学学科发展需要思考的问题主要有：如何评价我国美育学学科发展的整体状况？美育学的建设与发展取得了哪些成绩？美育学在发展中还存在哪些问题？有哪些因素影响美育学的发展？解决美育学的发展问题需要采取什么路径和方法？如何把握该学科的未来发展趋势？等等。只有高度重视和认真研究这些问题，美育学才能朝着正确的方向稳步发展，其水平和层次才能不断向上提升。

（二）完善美育学的学科知识体系

40 多年来，我国虽然出版了多部以“美育学”命名的著作，但大多都是出版于 20 世纪八九十年代，也就是说这些著作的出版时间已经过去了 20 余年，有的甚至达 30 余年。新世纪以来出版的美育方面的著作并不多，以美育学冠名的著作则更少，这说明我国美育学著作的更新和发展较

① 叶澜：《关于加强教育科学“自我意识”的思考》，《华东师范大学学报（教育科学版）》1987 年第 3 期，第 24 页。

慢。从已有的这些美育学著作来看，美育学的学科知识体系还存在不少问题，有待进一步改进和完善。

一是要厘清美育学的学科边界。有不少美育学著作没有将自身与美学相区分，模糊甚至混淆了两者的关系，将不少属于一般的美学内容纳入其中。大量的美育方面的著作中充斥着基本的美学常识，即使是以“美育学”冠名的著作也有不少存在同样的问题。如有一部美育学著作的主要篇幅是谈论一般的美学问题或其他内容，包括什么是美、人格修养、生活的艺术、艺术美的欣赏等，而关于美育本身的论述反倒既不系统，也欠深入。① 另一部美育学著作也将一般的美学内容，如美、审美鉴赏标准、审美心态等，纳入其中。② 如果说上述著作的作者这样做可能是无意识的话，这里还要提到的一部美育学著作则显然属于有意为之。因为作者清楚地意识到该书的大部分内容属于一般的美学范畴，并且在该书的前言中自己还作了具体的交代。该书前言说：“绪论、第一、二章是审美教育学的基本理论，第三、四章主要介绍美学的一般理论常识。第五章是审美理论问题。从第六、七、八章开始介绍美学三大范畴理论（即自然美、现实美和艺术美及其欣赏——引者注）。第九至第十二章分别介绍语言艺术、表现艺术和造型艺术、综合艺术的美与审美问题。第十三章主要是谈生活美学问题。”③ 显而易见，该书虽然冠之以美育学之名，但却完全名不副实，美育内容在全书中所占的分量很轻，可以说是成了美学常识的尴尬陪衬。

有人为了突出美育理论研究需要向实践深化而否定美育学具有自身的学科边界。如杜卫认为，“它的学科边界随着实际问题和研究需要的变化而变化，因此，它本身没有一整套固定的范畴和方法，不可能也没必要形成具有体系性的知识”。他还为此举例说，席勒“美育理论就体现了多学

---

① 谷辅林主编：《美育学》，中国广播电视出版社 1991 年版。

② 向东方：《学校美育学》，西南师范大学出版社 1993 年版。

③ 尚德平：《审美教育学》，大连出版社 1997 年版，“前言”第 3 页。

科参与的应用性研究的特点，它本身没有体系，而是针对问题展开研究；不是以建构完整知识体系为目的，而是以问题的解决为导向”①。这种观点的片面性是显而易见的。美育学的学科边界固然可以而且也有必要随着美育理论与实践的发展而发生一定的变化，但是我们却不能由此而否定学科应有自己的边界和应具有自身的体系性知识。否则我们如何判定美育学的学科独立性呢？没有自身学科边界、没有自身的体系性知识的美育学还是一门独立的学科吗？这样的学科还能存在或还有存在的价值吗？此外，席勒的美育理论真的没有体系吗？判断一种美育理论是否有体系的标准是什么？再说美育理论体系难道只有一种模式吗？事实上，美育理论与其他任何理论一样，也会具有多种多样的模式，有的美育理论体系可能很完整、很严密，有的美育理论体系则可能没有那么全面，看上去显得较为松散。但是，既然被称为一种美育理论，总是有自己的一定的体系的。退一步说，即使席勒的美育理论没有体系，也不能得出我们的美育理论同样不需要体系这样的结论。因为席勒的美育理论只是众多美育理论中的一种，尽管应当承认是很重要、很有价值的一种，但却并不一定很完美，也不能代表全部的美育理论。对于席勒的美育理论，我们当然要学习和继承，但不能只是简单地模仿，而应在其基础上有所创新、有所超越。一句话，我们固然不能否定没有体系的美育理论的意义，但是也不能、甚至更不能贬低有体系的美育理论的价值。这里还需要指出的是，美育学与一般的美育理论毕竟还有所不同，一般的美育理论对于建构知识体系可能没有要求，但作为一门学科就应当拥有区别于其他学科的、具有自己特色的知识体系。其实，在美育学术研究中，体系建构与问题研究并不矛盾，我们不能将两者人为地对立起来，它们完全可以并存，甚至是可以互相促进的。不过，杜卫后来在这个问题上的立场也发生了转变，强调并尝试建构现代美育学

① 杜卫：《论现代美育学的理论构架》，《文艺研究》1993 年第 5 期，第 5 页。

的知识体系。对于这一点，下文中将会提到。

二是要构建美育学的基本范畴体系。任何一门学科都具有自己的基本的范畴体系，这也是一门学科能够成为独立学科的标志。美育学当然也不例外，构建基本的范畴体系是该学科建设和发展的重要任务。但是，当代学界对于美育学的范畴体系问题并未引起足够的关注，简单照搬美学范畴的现象较为普遍。早在30年前，就有学者指出了这个问题："相当数量的美育著作在很大程度上都还表现为对美学基本原理与基本范畴的平面移植，而没有显示出美育本身的质的规定性。"①针对这种情况，曾繁仁指出，建设具有中国特色的社会主义美育理论体系，建立具有中国特色的美育学科的范畴体系，是摆在我们面前的十分急迫的任务。为此，他还提出了达成这个目标的路径建议，即走中西统一、古今结合的道路，探索中西、古今美育范畴的交融、转换与整合。为了提高美育学的学科发展水平，我们要重视美育学范畴的研究，着力建构具有美育学自身特点的、科学合理的范畴体系。

三是要注重美育学内容的逻辑关系。这里所说的美育学内容逻辑关系主要是指美育学内容的编排问题。不少美育学著作都存在内容安排不合逻辑的问题，较为随意，不够严谨。如有的美育学著作将美育学的内容分为审美教育的基本理论、审美教育的媒介和审美教育的途径三个部分，其实美育学内容的划分可以进一步提高抽象的程度，也即可以将审美教育的媒介和审美教育的途径合在一起，称为"审美教育的实践"或"审美教育的实施"。同时，在安排具体内容时又将本属于审美教育实践的审美教育实施原则置于审美教育的基本理论之中。此外，又将本应放在审美教育基本理论前面的美育的地位和作用而置于该部分的后面，并在该部分的最后插入"师范教育必须重视和加强美育"这个与前后文没有内在关联的内容。

① 左健：《美育研究的现状与拓展》，《理论学习月刊》1992年第1期，第63页。

上文说过，该书的第二编“审美教育的媒介”属于审美教育实施的范畴，但却论及本属于审美教育理论范畴的各种美的美育功能问题。① 再如一部美育学著作在阐述学校美育的隐性形态时，将教学过程的审美感、文科教学中的美育、理科教学中的美育、体音美教学中的美育、各种教育活动中的美育等并列在一起。② 显然，这些内容从逻辑上讲并不都是并列的关系，有的是包含和被包含的关系，如教学过程的审美感与文科、理科及体音美教学中的美育就是这种关系，而文科教学中的美育、理科教学中美育与体音美教学中的美育则属于交叉关系。③ 另一部美育学著作的内容包括审美教育的学科性质、审美教育的基本特征、审美教育的历史沿革、审美教育的具体内容、审美教育在家庭中的实现、审美教育在教学实践中的实现、审美教育中的情与理、实施审美教育的基本途径、审美教育风格的形成，其中的逻辑关系也较为混乱。“实施审美教育的基本途径”与“审美教育在家庭中的实现”“审美教育在教学实践中的实现”这几个内容显然不是并列关系，而是包含和被包含的关系，也即前者包含后两者。将“审美教育的历史沿革”和“审美教育中的情与理”插在其他内容中间，同样不符合逻辑的要求。此外，其中还存在文字表述问题，如“审美教育的学科性质”这个说法也是错误的。④ 审美教育是一种活动，它的所谓学科性质从何而来？只有一门学科才存在学科性质问题，所以它的正确表述应该是“审美教育学的学科性质”。还有一部影响较大的美育学著作将属于美育实践范畴的“美育的操作原则”归于美育基本理论中，而美育途径部分则将不同审美形态的美育、艺术美育、景观美育、人文学科的美育、自然学科的美育、校园文化的美育等并不全是并列关系的

① 王秀芳、张永昌主编：《美育学教程》，北京广播学院出版社 1992 年版。

② 向东方：《学校美育学》，西南师范大学出版社 1993 年版。

③ 向东方：《学校美育学》，西南师范大学出版社 1993 年版。

④ 祁嘉华：《审美教育学》，西北大学出版社 2000 年版。

内容放在一起，此外还将属于美育理论范畴的“教师的审美修养”归于美育活动之中。①

这里还要指出一个值得重视的相关逻辑问题，即以美育代替美育学或将美育看成是一门学科的问题。有人曾对这个问题提出了批评，认为在新时期美育理论的探讨中大多是以“美育”来代替美育学或者美育理论。②但美育或审美教育是一种教育活动，而美育学才是对于这一活动内在规律的研究。③这种批评当然是正确的。美育是一种教育活动或者说是教育的一个组成部分，与德育、智育、体育、劳动教育相并列，它们都是培养人的具体方式。而美育学则是研究美育这一活动规律的理论或学问。一句话，美育是一种活动，而美育学才是一门学科。之所以长期以来一直出现普遍将美育说成美育学的乱象，恐怕主要是人们在使用时未加思考而人云亦云的结果。

---

① 杜卫主编：《美育学概论》，高等教育出版社 2001 年版。

② 事实的确如此，这种以美育代替美育学的现象相当普遍，如仇春霖主编的《美育原理》（中国青年出版社 1988 年版）指出，“美育，是一门科学。它是‘应用美学之理论于教育，以陶养感情为目的’的科学；是培养和提高人们的审美理想和审美能力、创造美的能力，引导人们按照美的规律来塑造自己心灵的科学；是关于人类自由美化的科学”。（见该书第 3 页）王善忠的《美感教育研究》（吉林教育出版社 1993 年版）认为，“美育作为一门独立的科学，虽然是门年轻的科学，但美育现象的存在却是悠久的，而有关美育的种种见解也散见于古今中外一些学者的书信、言论、文章和著作中。事实上，美育作为科学存在自有它在科学知识体系中的位置”。（见该书第 34 页）杨咏祁等主编的《美育辞典》（江苏美术出版社 1993 年版）指出“美育是一门尚在发展中的科学，有许多理论范畴、概念术语的内涵都还在摸索之中”。（见该书第 425 页）曹廷华、许自强主编的《美学与美育》（高等教育出版社 1997 年版）提出，“美学和美育是相关而不相同的两门学科。从理论形态看，美学是人类审美实践活动的概括和总结，而美育是人类运用审美原理在教育方面的一种实践及其概括和总结。从学科性质看，美学是具有自身独立完整性的理论学科，而美育则是美学与教育学交叉渗透产生的应用学科”。（见该书第 1 页）曾繁仁在《走到社会与学科前沿的中国美育》（载《文艺研究》2001 年第 2 期）一文中也指出，“美育是介于教育学、美学、心理学、社会学、思维科学以及脑科学之间的一门综合学科”。（见该文第 13 页）

③ 刘彦顺：《走向现代形态美育学的建构》，山东文艺出版社 2007 年版，第 190 页。

（三）发展美育学的分支学科

众所周知，一个学科之下的分支学科的发展状况对于其母学科的整体水平具有较大的影响，母学科的发展有赖于其各分支学科的繁荣与壮大。美育学也不例外，其分支学科的发展同样有助于促进美育学的深化与拓展。不可否认，40 余年来，我国美育学的分支学科发展起步较早，并取得了不少有价值的成果。比如美育心理学，早在 20 世纪 80 年代就有人开始研究，发表了多篇论文，并出版了 1 部相关著作。在 20 世纪 90 年代，除继续关注美育心理学并出版了多部相关著作以外，教师美育学和语文美育学也逐步发展起来，并分别出版了几部相关的著作。进入 21 世纪以来，美育哲学、艺术教育论、生态美育论、生命美育论、人格美育论、礼仪美育论和媒介美育论等新的美育分支学科又受到关注。但是，我们也要看到，美育学各个分支学科的发展水平存在较大的差异，只有美育心理学、艺术教育学、教师美育学、语文美育学等少数分支学科发展相对较好，而其他分支学科的成果较少，水平也亟待提高。以学科美育学为例，除语文美育学以外，其他学科的美育学的关注度较低，发展相对滞后。美育哲学、人格美育论、生态美育论、生命美育论、美育生理学等分支学科的发展同样面临这个问题。还有一些美育分支学科则很少有人或甚至无人涉及，如美育社会学、美育经济学、美育文化学、美育人类学、比较美育学、家庭美育学、社会美育学、美育管理学等。未来的美育研究除要继续关注和深化基础较好的分支学科外，对于其他分支学科也应予以重视，也需要投入必要的力量进行研究。

第二节　关于美育实践研究

美育学不是一门纯理论的学科，它与美育实践有着紧密的联系，具有很强的实践性，这一点已得到美育学界的公认。既是如此，美育实践就应当作为一个重要问题纳入到美育研究之中。正如有的学者所指出的，美育的理论认识来源于实践，然而这些理论又怎样返回实践，去支持和指导实践，提高实践的质量，这是美育研究的一个重要课题。①

一、增强美育研究的实践性

不少学者认为，当前我国美育研究的一个突出问题正在于理论与实践的严重脱节。杜卫指出，这个问题的具体表现是两个意义的"抽象"。一是逻辑层面上的抽象，即缺乏理论的具体性。一些美育研究满足于用几个美学和教育学概念来概括和阐述美育问题，并未深入到美育的特殊性质和规律中去，更不能回答当前美育实践所面临的问题。这种与实践脱节的"理论"本身也不可能是真正意义上的美育理论。另一种是经验层面上的抽象，即缺乏应有的理论高度。一些美育研究局限于对个别事例的经验性归纳和描述，忽视了对美育活动的一般性质和规律性的探索。这种似乎与实践贴得很紧的研究实则带有相当的盲目性和随意性。他认为，现代美育学一方面应具有理论品格，另一方面应突出实践性，这两个方面是辩证统一的。对现实问题的发现、概括和解答永远是理论研究的动力和核心，也是理论与实践结合的要义所在。同时，对具体实践问题的研究离不开深刻的理论思维的统摄。坚持理论与实践相结合原则的关键是确立从理论到实践的一系列中介环节，从而把"自上而下"的理论思辨和"自下而上"的经验分析相互沟通。② 杜卫的这一观点具有很强的现实针对性。在美育研究中，坚持理论与实践相结合的原则确实很重要，我们不能将美育实践研究简单地停留在一般的经验层次。但事实上，的确有不少所谓美育实践的

① 赵伶俐、余立新：《当代美育研究的主要课题与问题》，《西南师范大学学报（哲学社会科学版）》1998 年第 1 期，第 77—78 页。

② 杜卫：《论现代美育学的理论构架》，《文艺研究》1993 年第 5 期，第 5 页。

研究成果，只是简单的经验总结或者浅层次的感想与体会。这个问题在学科美育研究中尤为严重。40 多年来，学科美育方面的著作不少，论文的数量更是惊人，表面看起来很繁荣，实则这只是一种假象，原创性严重不足，低水平重复现象十分普遍。美育实践研究一定要有理论的指导，要有理论的考量、提炼和概括。

二、关注当前美育现实问题

（一）研制美育质量标准

这里所说的美育质量标准首先是和主要是指学校美育的质量标准，因为学校是美育实施的主要阵地和基本渠道。为了保证学校美育的质量，有必要研究制定学校美育的质量标准。有了美育质量标准，学校美育才有追求的目标和努力的方向，学校美育质量也才有衡量和评价的依据。有学者就学校美育质量标准提出了如下建议：① 第一，在国家层面，用国家学生艺术素养标准，确保所有青少年在不同学段都能够达到与其匹配的审美和人文素养基本要求。第二，以艺术类课程教学为根本，用义务教育和普通高中阶段音乐、美术和艺术综合学科课程标准，确保美育课程教学高质量发展。第三，用国家学生艺术特长认定标准衡量学习者的艺术特长水平，肩负起课外和校外美育活动以美育人的任务，取消名目繁多、混乱不堪、价值偏离、应试严重的各类艺术考级。第四，以优秀美育师资国家标准为基础，确保高素质专业化美育教师队伍的整体规格和职业精神。第五，以校园文化艺术学习环境国家标准为保障，立足学习者中心，以丰富多样的校园文化艺术学习环境促进学生的成长和发展。上述学校美育质量标准涉及学校美育的目标、过程和保障等诸多方面，可以作为学校美育质量标准

① 许洪帅：《改进学校美育——改革开放 40 年学校美育重大政策研究》，《美育学刊》2018 年第 6 期，第 24 页。

进一步研究的基础和参考。这项工作未来的任务在于，深入探讨确立学校美育质量标准的依据，在此基础上研制出具有科学性、合理性和可操作性的各级各类学校的美育质量的具体标准。

（二）建构美育课程体系

美育课程是为实现各级各类学校美育目标而规定的美育学科及其目的、内容、范围与进程的总和，它包括学校所教授的各门美育学科和各种美育活动。当前我国各级各类学校美育的课程体系尚不完善，急需进行专门的研究。

基于这种情况，有学者就建构多维立体的美育课程体系提出如下建议：(1) 基于审美能力培养定位，开设艺术审美和感知相关的体验课程。学校美育课程应首先保证国家规范艺术课程，即音乐、美术两类基础艺术课程，尤其要重视体验、欣赏类课程与知识技能类课程的平衡，充分保障学生体验和感受直观艺术作品之美的条件；其次可以开展特色艺术审美与感知体验课程，例如开展各类音乐的集中欣赏、地方传统戏曲或民族音乐作品欣赏等课程，有效提升学生体验各类艺术的条件；最后应合理设计现场体验性美学课程，如中小学校的音乐教育可以组织适量的音乐现场表演欣赏类课程，使学生在完整的体验、情境性参与条件下实现对个体审美感受的强化，刺激学生审美意识和能力的深层次发展。(2) 基于艺术评价与创造能力培养定位，构建理论与实践相融合的专业课程。学校美育课程要有足够比例的美的技能实践教育内容，主要包括音乐和美术赏析、评论、创作实践等，以及根据学生艺术认知发展特殊倾向而在音乐教学中开展西方传统音乐、西方现代音乐、中国传统戏曲、地方音乐和民族音乐作品的表演、评论与创作，还可以建立跨学科融合的美学实践课程，例如在语文教学中渗透音乐审美教育等。(3) 基于实质美育的实践需求，创设具身审美实践性课程。学校美育应重视非理论类实践课程，从学生具身审美体验和发展的需求出发，开展更多样化的生活性、社会性体验与实践性审美学习活动，使学生在此类体验和实践中真正获得个体化的审美体验。①

樊美筠等就美育课程的分类提出了设想。他们将美育课程分为四种类型。一是活动类课程。包括体育、舞蹈、游戏、手工、郊游等，适宜在幼儿园和小学高年级开设。这类课程基本上属于感性教育的范畴，旨在提高学生对美的感受与欣赏能力。二是赏析类课程。包括美术经典欣赏、音乐经典欣赏、建筑经典欣赏、影视经典欣赏等。这种系统的欣赏基本应在大学前完成。这类课程属于趣味教育的范畴，旨在让学生系统地欣赏人类历史上的艺术经典，培养高尚的审美趣味。三是理论类课程。包括美学理论、美育理论、艺术史、美学史、艺术评论等。这类课程宜在中学高年级和大学开设，旨在提高学生对美的认识与分析能力，树立正确的审美观和审美理想。四是渗透类课程。这是指在学校其他课程中加入审美的内容。他们还建议组织编写一套完整的、贯穿学校教育全过程的美育教材。幼儿园的美育教材包括小班、中班和大班的手工、游戏、音乐、舞蹈、图画等，小学一至六年级的美育教材包括音乐、美术、舞蹈、手工等，中学一至六年级的美育教材包括音乐、美术以及适当的理论类课程等，大学的美育教材包括美学、美育、美学史、艺术史等。②

上述关于学校美育课程体系的观点和建议，虽然看问题的视角有差异，但都具有各自的意义。学校美育课程体系实际上主要包括两个问题：一是各级各类学校分别应开设哪些美育课程，包括各门美育课程的地位、性质和任务等；二是这些美育课程是什么关系，包括不同类型的美育课程之间的横向关系和不同层次的美育课程之间的纵向关系等。我们未来探讨和建构学校美育课程体系，可以从这两个方面进一步思考。

---

① 胡樱平：《新时代中小学美育的三大实践路径》，《中国教育学刊》2018 年第 10 期，第 79—80 页。

② 樊美筠、罗筠筠、王德胜：《21 世纪我国学校美育的操作设计》，《北方论丛》2002 年第 4 期，第 118—120 页。

（三）整合美育的原则

美育原则是指在美育的实施过程中应当遵循的基本要求。当代美育学界对于美育原则问题非常关注，有很多学者参与了研讨，提出了一些具有科学性和针对性的美育原则。同时，也还存在不少需要进一步思考的问题，主要表现在美育原则繁多杂乱，有些原则带有明显的随意性。据不完全统计，迄今为止人们提出的美育原则数量多达近三十条，主要有：审美观照与操作相结合、理论与实践相结合、多样性与渐进性相结合、思想性与科学性相结合、思想性与艺术性相结合、正确引导与积极接受相结合、肯定性与诱导性相结合、激发情感动力和传授表现技能相结合、普及与提高相结合、认识和情感的统一、内在美与外在美的统一、真善美统一、审美主体与客体相适应、相互交流性、情境创设性、协调性、诱导性、阶段性、自由性、交流性、体验性、整体性、深远性、场效应、以活动为中心、立体化、因材施教与循序渐进，等等。这些美育原则真可谓五花八门，令人眼花缭乱。从文字表述看，一是字数不一，多的近二十个字，少的只有3个字；二是风格各异，有的美育原则称什么与什么“结合”（或“统一”“适应”），有的则称什么“性”，还有的称什么“化”等等。从适用范围看，有大有小，有的是适应整个美育活动或过程，有的则可能只适应美育的某个环节或方面。从逻辑规范看，上述原则分属于不同的美育要素，这些要素大致包括美育的主体、条件、目的、内容、方法、方式、手段、途径或效果等，将它们都说成是美育原则显然不妥；有的明显违背了逻辑要求，如多样性与渐进性、因材施教与循序渐进等原则，它们根本就不是一个维度的问题，怎么能将两个不同维度的东西放在一起相提并论呢？又怎么谈得上两者的结合、统一或适应呢？还有的美育原则与美育特征相混淆，如体验性、自由性、阶段性、交流性等，这些本是美育的特征，怎么同时又成为美育的原则呢？在美育原则问题上，未来的研究需要探讨以下几个问题：一是美育原则的依据。任何一条美育原则都不能随意地提出，也即我们提出的美育原则都应当有充分的依据，包括理论依据、实践依据和心理依据。二是美育原则的数量。上文说过，美育原则是美育的基本要求，而不是所有与美育有关的任何要求。既然是基本要求，在数量上就肯定不能太多。当然，美育原则也并非越少越好。美育原则的数量到底以多少为宜，不能凭主观臆断，应当在对美育实践活动的实际需要进行全面考量的基础上作出选择。三是美育原则的表述风格。美育原则的文字表述风格应尽量做到具有一致性，不能多种表述方式混杂在一起，否则就会给人以无序之感。四是美育原则的逻辑规范。每一条美育原则都应当遵守基本的逻辑规范要求，避免出现矛盾的现象。

（四）探讨美育的方法

不可否认，美育作为教育的组成部分之一或者说作为教育中的一种，它无疑会有跟其他教育一起共用的方法。但它作为一种相对独立的教育，也应当具有体现自身特色的教育方法。在美育的实施过程中，当目标和内容确定以后，方法就显得非常重要。美育方法是影响美育实施效果的重要因素，如果方法得当美育就能收到事半功倍之效，反之则会有事倍功半之忧。正因为如此，很有必要研讨美育的方法。但美育方法基本上还是一个空白，迄今尚未见到专门探讨美育方法的成果。只有极少数论文在谈及个别学科的美育问题的时候对美育方法稍有涉及。有鉴于此，应尽快将美育方法问题纳入研究的视野。既要探索美育区别于其他教育的独特的方法，也要研讨与其他教育共用的方法的具体使用策略。因为即使是与其他教育共用的方法，由于美育自身的独特性而在实际使用时也会有不同的要求，这些不同的要求同样需要我们去研究。

（五）关注美育的评价

教育评价对于教育的发展具有重要的意义，它直接影响教育发展的方向。正因为如此，近年来教育评价问题受到各方面的高度重视。但是，

“在教育评价越来越受推崇的同时，美育评价却没有得到应有的重视”①。这里所说的未得到重视，其中当然也包括美育理论界。事实的确如此，在当代中国美育学术研究中美育评价的探讨显得相当薄弱，直到今天这方面的成果也还是非常缺乏。正如教育评价在教育中占有重要的地位一样，美育评价对于美育的开展也具有重要的影响，会在较大程度上制约美育的发展方向。因此，未来的美育学术研究需要将美育评价作为一个重要的课题纳入进来。

有学者认为，美育以活动为中心，对美育活动的评价需要考虑以下几个问题：为什么要开展这样的活动？即活动目的以及主体对这一目的的认识；活动如何开展？即主体为活动的顺利开展所提供的条件和对活动的组织；活动是否达到主体的预期目标？即活动的实际效果。根据这样几个问题，叶碧将高校美育评价的主要内容概括为思想认识评价、条件建设评价、活动组织评价、活动效果评价等四个方面。②她在这里虽然说的是高校美育评价的主要内容，其实对于其他阶段学校美育的评价也具有参考的价值。

还有学者提出，为了充分发挥评价在学校美育中的导向功能，应当从以下方面着手：(1) 立足美育本质目标，建立动态和开放的评价体系。首先，应建立动态评价机制，破除传统应试评价方法和内容固化的问题，根据学生发展、国家美育理念、美学领域的综合发展现状，采取与理论和实践性教学内容匹配、与时代性美育要求相匹配的评价模式，提供更完善的美育发展指标评价条件；其次，应丰富评价主体与内容，要从应试评价向多元主体评价转换，引入教师、管理人员、学生父母、社会群体、学生集体等评价主体，这样会进一步优化美育发展评价的指标，能更有效地检验美育对学生发展的效果。(2) 把握个体审美差异，提供多元化的美育学习

① 叶碧：《高校美育评价的内容与方法》，《江苏高教》2009年第4期，第125页。
② 叶碧：《高校美育评价的内容与方法》，《江苏高教》2009年第4期，第126页。

评价。学生的审美存在差异，且这种差异会对学校美育产生影响，因此需要提供多元评价要素。按照美育评价的基础指标、学业指标和发展指标三个类型进行分类评价，其中基础指标分为艺术学科、融合学科两部分，前者用于检验学生基础审美体验能力，学生至少应当在一门学科内形成对多数基础艺术形式的欣赏和鉴别能力，后者仅评价学生使用某一种艺术形式进行自然美表达的能力；学业指标分为艺术学科、融合学科和活动类课程三部分，均考查美育学习任务的参与度和完成质量；发展指标则采用多元评价，以生活化实践类课程评价为主，主要检验学生行为美与心灵美的实践。上述三类评价指标的权重平均分配，由此平衡普适性评价与个体评价比重，使学生差异化审美能力的发展成果均可被有效识别。(3) 有效利用评价激励，激发学生的审美创造力。艺术是审美领域最基础和最直观的部分，艺术教育中的创造力培养自然也成为审美教育的终极目标之一。因此美育应当重视对学生审美创造力的有效激发。例如增加学生自主创作的作品在学业评价中的分值比重、对有艺术创新和创作意识的学生给予更明显的赞赏和鼓励等。①

关于美育评价的上述探讨无疑具有重要的意义。在美育评价的关注度较低的情况下，他们进行的研讨和提出的思路更值得重视，可以为未来的美育评价研究提供有益的参考和启示。当然，关于美育评价（主要是学校美育评价）还有不少问题需要进一步研究。任何评价都包括谁来评、评什么及如何评这几个基本要素。谁来评，即评价的主体；评什么，即评价的内容；如何评，即评价的方法。同样的道理，美育评价也是由这三个要素构成。从评价主体来看，教师自然是美育评价的主体，但除了教师以外还有哪些人可以担负学校美育的评价工作？各类评价主体以什么方式参与学

① 胡樱平：《新时代中小学美育的三大实践路径》，《中国教育学刊》2018 年第 10 期，第 78—81 页。

校美育评价？他们各自在学校美育评价中处有什么地位或发挥什么作用？从评价内容来看，美育评价到底应当从哪些方面或环节进行？如何建构科学合理的美育评价指标体系？从评价方法来看，是采用定性评价还是定量评价或定性评价与定量评价相结合？除了定性评价和定量评价以外，是否还有其他的评价方式？等等。

第三节 关于美育思想研究

当代学界对于美育思想的研究主要包括中国美育思想研究、外国美育思想研究和中外美育思想比较研究等三个方面。40 多年来，我国的美育思想研究成为整个当代美育学术研究的重要组成部分，取得的成果非常丰硕。在美育思想研究领域，除发表了大量的相关论文以外，还出版了一批具有较高质量的著作。当然，在美育思想研究领域也还有一些需要改进之处。对美育思想研究存在的问题进行梳理和反思，并在此基础上提出相应的对策，将有助于促进该领域的研究。

一、强化美育思想边界意识

当代中国美育思想研究的学科边界意识还较为淡漠，将美育思想研究与美学思想研究或艺术思想研究相混淆的现象还较为常见。以中国美育思想史方面较有代表性的多卷本著作《中国美育思想通史》为例，该丛书的主编曾繁仁在总序中明确指出："从内容上说，本书力图做到写得像美育思想史，有美育思想史的特色，以区别于通常的中国美学史。"① 不过从各卷著作的实际内容来看，美育思想史的特色体现得还不是很充分。从全书

① 祁海文：《中国美育思想通史》（先秦卷），山东人民出版社 2017 年版，"总序"第 1 页。

来看，它的中国美学史的味道还是相当浓厚，有不少地方所讲的并不是美育思想而是美学思想，也就是说该书离“区别于通常的中国美学史”这个目标还存在差距。朱立元在谈及《西方美育思想史》的书写时，也特别强调要将美育思想史与美学（思想）史予以区分，并将它作为书写西方美育思想史需要把握的四个重要问题之一。他明确提出，要避免用“美学史”或者“美学思想史”的模式来编写“美育思想史”，要严格区分美育思想史与美学史或者美学思想史的书写，不能将它们混为一谈。我们最需要避免和克服的是，用美学史的写法来写美育思想史。① 他认为，这是我们最容易陷入的老思维习惯，同时也是最容易落入的陈套。比如我们完全可能驾轻就熟地直接套用西方美学史的框架结构，以各个时代的美学思潮、流派或者代表人物为基本叙述线索，以其哲学、美学思想为叙述背景，重点提炼、发掘有关代表人物的美育思想、观念，加以梳理、概括和评价。这种写法对于我们来说是最为容易和轻松的，但也是学术价值最低的。因为这实际上只是把过去美学史书写不太关注，或有所忽视，或轻描淡写、一笔带过的美育思想部分凸显出来，加以重点书写而已，其美学史叙述的基本格局并没有根本改变。所以，我们决不能采用这种偷懒的写法。② 朱立元本人主持了 2015 年度国家社会科学基金重大项目“西方美育思想史”的研究，但至今尚未见到最终的研究成果。我们期待他在西方美育思想史研究方面能取得较大的突破，写出异于西方美学史的真正的西方美育思想史著作。

二、加强外国美育思想探讨

外国美育思想是人类美育思想的重要内容，也是我国美育理论发展过

① 朱立元：《对〈西方美育思想史〉书写的几点思考》，《美育学刊》2017 年第 5 期，第 1—3 页。

② 朱立元：《对〈西方美育思想史〉书写的几点思考》，《美育学刊》2017 年第 5 期，第 4 页。

程中曾经学习和借鉴过、未来仍然还要继续学习和借鉴的重要资源。因此，有学者强调："当代中国美育建设应该通过中西交流对话的途径，我们既要立足于中国本土的现实，着重于民族美育理论的继承，同时也要借鉴西方美育资源。"①40多年来，在我国的美育思想研究中，存在着较为严重的"厚中薄外"现象。与中国美育思想研究相比，外国美育思想的研究显得相当薄弱，这方面的成果无论是数量还是质量都有十分明显的差距，研究的范围也不够广泛。迄今为止，外国美育思想研究的著作只看到3种，分别是涂途的《西方美育史话》和《欧洲美育思想简史》、陈育德的《西方美育思想简史》，且出版的时间均较早——都是20世纪八九十年代面世，距今已有二三十年之久。② 此外，这几部著作的篇幅都不长，从书名就可以看出，它们对于外国美育思想的认识还比较简单，只能算是初步的探讨。关于外国美育思想的期刊论文也仅有50余篇，平均每年只有1篇多。与此形成鲜明对照的是，这一时期关于中国美育思想的著作达30余部，期刊论文更是多达近400篇，平均每年有近10篇。从硕士与博士学位论文来看，这种差距同样也十分明显。在此期间，关于美育思想的硕士与博士学位论文共有200余篇，其中关于中国美育思想的硕士与博士学位论文达160余篇，而关于外国美育思想的硕士与博士学位论文却只有30余篇，只占总数的1/5左右。从研究的范围来看，外国美育思想的研究主要限于欧美国家的思想家和教育家，对于其他地域的美育思想关注很少；而且研究的对象过窄，主要集中于席勒，对其他人物的美育思想则涉及较少。朱立元曾对这个现象作过具体的分析。他说，西方美育思想史应该是西方美学史或者西方美学思想史的一个重要组成部分；还认为完整的美学

---

① 岳友熙：《西方美学、审美教育与生态美学——曾繁仁教授学术访谈》，《甘肃社会科学》2008年第4期，第82页。

② 涂途：《西方美育史话》，红旗出版社1988年版；涂途：《欧洲美育思想简史》，暨南大学出版社1995年版；陈育德：《西方美育思想简史》，安徽教育出版社1998年版。

史应该包括美育思想史的内容，不包括美育思想史在内的美学史是不完整的美学史。然而，遗憾的是，迄今国内外的大量美学史著作，包括我们自己编写的几部美学史或者美学思想史著作在内，论及美育思想的内容都十分薄弱，除了席勒以外，即使写到一些美育内容的，也或者比较简单、零散，或者一笔带过，使美育思想的历史演进成为美学史书写中的一大“短板”。① 显然，朱立元在这里所说的美育思想的历史，指的是外国美育思想史。这说明，外国美育思想研究落后的问题已引起有关专家的重视，未来应当有更多的学者关心并投入到外国美育思想的研究中，也期待这方面的研究能取得新的进展。

三、重视美育思想比较研究

比较研究法是一种重要的科学研究方法，在各个学科的研究中都广为运用。这种研究方法是指对两个或两个以上的事物或对象加以对比，以找出它们之间的相似性与差异性的一种分析方法。在美育思想的研究中，同样要重视运用比较研究法。综观我国当代的美育学术研究，可以发现比较研究法运用得还比较少。美育思想比较研究也是我国当代美育学术研究的一个明显的“短板”，具体体现在这方面的成果数量较少，比较对象偏窄，质量也亟待提升。从成果数量来看，只有极少数著作属于比较研究的范畴，论文成果的数量也比较少。从比较对象来看，大多属于我国不同教育家和思想家的美育思想的比较，而中外教育家和思想家美育思想的比较以及外国教育家和思想家美育思想的比较则较少，这方面的专著更是尚未见到；即使是我国美育思想的比较，从研究对象上看也只是限于少数几个教育家和思想家。从研究质量来看，现有的美育思想比较研究在系统整理、深度开掘和提炼概括上还不够。在未来的美育学术研究中，美育思想的比

① 朱立元：《对〈西方美育思想史〉书写的几点思考》，《美育学刊》2017 年第 5 期，第 4 页。

较研究亟待加强。我们在继续深化和拓展中国美育思想的比较研究的同时，更要着力强化中外美育思想和外国美育思想的比较研究。

第四节　关于美育研究方法

采用科学合理的研究方法，是提高美育学术研究水平的重要保证。从总体上看，不少美育研究成果还存在规范性不够和方法欠科学等问题。同时，我国美育研究方法的自觉程度也较低，主要体现在关注美育研究方法的人很少，当然这方面的成果也不多见。美育研究方法的改进是一个复杂的问题，这里不打算进行全面的阐述，只是从宏观方面结合当代美育学界的相关认识予以简要阐述。

一、提高美育研究的科学化水平

科学性是学术研究的基本要求，也是衡量学术成果水平的重要标准。赵伶俐等人指出，一切研究皆在于抓住现象寻找支配这种现象存在及发展的原因或规律，而要从现象中准确地找出规律必须依凭科学化的研究方法。他们认为，要使美育理论和实践能在教育系统中拥有其本来应当拥有的地位，充分体现其价值，美育研究方法的科学性就是重要保证。① 冉祥华也提出，当代中国美育研究要有所建树，不仅取决于美育观念的转变、对美育功能的认识程度和进行美育实践的勇气，而且更取决于美育研究方法的科学化。② 在谈及美育学学科的人文性与科学性的关系时，曾繁仁也

① 赵伶俐、余立新：《当代美育研究的主要课题与问题》，《西南师范大学学报（哲学社会科学版）》1998 年第 1 期，第 77 页。

② 冉祥华：《当代中国美育研究的发展趋势及主要课题》，《山东社会科学》2008 年第 6 期，第 135 页。

指出，美育学是一门人文学科，主要应从人文的层面来探索。但在当代，人文与科学是无法分开的，当代人文学科区别于古代人文学科的最主要特点是当代的人文学科是经过科学洗礼的人文学科。因此，他认为，美育研究也应该注入科学的要素。他说，美育与人的大脑活动关系密切。目前对于审美的脑活动机制有一些研究成果，我们在美育研究中要借助这些研究成果。例如美育的开发右脑功能，大脑皮质调节包括杏仁核在内的边缘系统机制对美育的启示以及脑内吗啡肽的研究对美育作用认识的深化等。还有弗洛伊德精神分析心理学中有关原欲“升华”的理论，对于基因与文化遗传的关系的探讨等等。当然他也明确指出，自然科学的探讨只是为美育的研究提供理论素材，而最后还是要归结到美育作为人文学科本体的研究之中，绝不能以自然科学研究代替美育作为人文学科本身的研究。①

我们应当如何落实美育研究的科学化？赵伶俐提出，“科学化”的概念在通常的意义下至少包括三个要素：一是数字化，即现象的数据化和按照数学模型进行的推论，从而找出如同数学那样严谨的规律或结论；二是实验化，即所有关于原因和规律的假设都必须通过实验加以验证；三是概念化和理论化，即对现象进行精确的本质的概括，对现象的本质进行严格的定义，并以概念间的关系揭示和表述现象之间联系的规律。她认为，美育理论研究通常采用哲学思辨、逻辑论证、理论概括等“形而上”的方法，这些都属于“科学化”中第三个要素的范畴，即概念化和理论化。然而，在美育研究中却很少采用科学化的第一个要素，也是最为关键的要素，即数字化（量化）。她认为，美育研究要有充分的说服力，就必须科学化，其中包括必须达到一定的量化程度。② 赵伶俐等人在美育实验研究中采用了

① 岳友熙：《西方美学、审美教育与生态美学——曾繁仁教授学术访谈》，《甘肃社会科学》2008 年第 4 期，第 82—83 页。

② 赵伶俐：《当代美育研究的主要课题与问题》，《西南师范大学学报（哲学社会科学版）》1998 年第 1 期，第 77 页。

量化的方法，利用量的确切性和在一定范围多级性的特点，来反映美育及有关现象在一定量的范围内质的特性和伸缩度。例如，她的研究小组设计的《审美欣赏能力测试问卷》在项目设计和评分标准上，都采用了这种确切性和多级性相结合的办法，尝试了审美活动及欣赏能力量化描述的方法。

于建玮等人结合当代西方美育理论研究的趋势，阐述了他们关于美育研究科学化的观点。他们指出，随着美学研究更加注重科学化、实证化，美育研究也受到了这种影响，DBAE 理论①、多元智能理论、儿童创作发展论等当代西方美育理论研究表现出注重心理因素特别是认知过程的理论特色。他们认为，以通过研究审美认知模式及功利性来探讨审美过程中的神经机制、心理机制的认知美学，为美育研究的科学化与实证化提供了全新的视角，它会引发以培育审美知觉模式为重点的美育研究的认知转向。他们还提出了三个需要重视的问题，即学生审美知觉模式的形成过程、学生的生活经验和让学生分析审美对象的功利性因素。②

在当代中国美育学术研究中，实验研究一直非常薄弱，实验研究法运用得很不够。迄今为止，只有赵伶俐、白天佑等少数学者开展了一些美育实验研究。显然，美育实验研究投入的力量还太少，应当有更多的新的力量加入进来。只有更多的学者投身到美育实验研究中，我国美育实验研究

① “DBAE”指多学科艺术教育模式，是英文“discipline-based art education”的缩写。这是兴起于第二次世界大战之后，将艺术史、艺术批评、艺术创造和美学四门学科整合到一起的一种美育理论。就教育心理而言，它注意到各种认知因素在审美时的作用，特别是这些认知因素的发展过程，用这种发展去指导美育的实施；就学科而言，在 DBAE 理论看来，各个学科不是各自为战，而是互相影响的，如艺术史课程可以影响到创作、评论等课程，美学又能够对评论产生影响。在具体的教学环节上，DBAE 理论主张美育要分为以下五个阶段：一是让学生活动、感受；二是让学生感知形式、技巧等因素；三是学习艺术史；四是欣赏作品和学习美学理论；五是对作品进行评论、分析。（参见王柯平等：《美国艺术教育新台阶》，四川人民出版社 2006 年版，第 56—66 页）

② 于建玮、赵丽丽：《美育研究的认知转向》，《美育学刊》2014 年第 4 期，第 66—72 页。

的整体水平才有可能得到提升。

我们未来在提高美育学术研究的科学化水平方面，还有不少问题需要思考和探索。如究竟应当如何看待美育学术研究的科学化？什么是美育学术研究的科学化？如何处理美育学术研究中科学取向与人文取向的关系？我们在美育学术研究科学化方面取得了哪些成绩、还存在哪些问题？数字化和实验化在美育学术研究的科学化中占有什么地位？美育学术研究的科学化究竟具有哪些衡量的指标？我们在美育学术研究科学化方面应当和可以有什么作为？美育学术研究科学化的重点和难点是什么？我们应当采取哪些策略和举措来突破这些重点与难点？等等。

二、开展多学科的协同合作研究

前面说过，美育学是一门涉及多个学科的交叉性学科。既是如此，要想提高该学科的学术水平，就不能仅凭自身单打独斗，而要联合其他相关学科开展协同合作研究。

在这个问题上，曾繁仁的观点具有针对性和深刻性，值得我们进一步思考和探索。他指出，美育学科要有新的突破必须依靠美学、教育学、心理学、社会学、思维科学和脑科学等多学科的联合攻关。他说，当代西方已有许多教育学家、心理学家和脑科学家关心参与美育理论研究，而我国活跃在美育研究领域的主要仍是美学与艺术教育工作者。教育学和心理学界都极少有人参与研究讨论，至于脑科学方面的专家，更少听到有参与研究的信息。这就不免使美育的研究极大受限，难有突破。为此，他呼吁，美育研究应更进一步引起与之密切相关的美学、教育学、心理学、社会学、思维科学和脑科学各行专家学者的重视，从各个不同的角度进一步深化研究，联合攻关，取得突破。[①] 几年后，他在接受访谈时再次重申了

① 曾繁仁:《走到社会与学科前沿的中国美育》，《文艺研究》2001 年第 2 期，第 18 页。

这个观点。他认为，新时期以来我国对美育的研究有所拓展，从单纯的美学角度扩展到美学、教育学与心理学三个角度，但三者之间的结合融通不够，因而没有取得更理想的突破。他期望今后三个学科、甚至更多的学科参与到美育研究之中，以争取美育研究的更大突破。[①] 也就是说，我们的美育学术研究应当持开放的立场，应当欢迎而不是拒斥其他学科的参与。除了曾繁仁提及的那些学科以外，事实上还有一些学科也与美育学存在这样或那样的关联，如艺术学、哲学、人学、文化学、人类学，甚至是经济学、生态学、伦理学、政治学等，这些学科也是美育学术协同研究的重要对象，也应当将他们吸收进来。与此同时，从事这些学科研究的学者也可以主动地参与到美育学术研究中来。只有众多相关学科一起协同合作研究，美育学学科的发展才能不断迈向新的繁荣！

---

① 岳友熙：《西方美学、审美教育与生态美学——曾繁仁教授学术访谈》，《甘肃社会科学》2008 年第 4 期，第 82 页。

责任编辑：赵圣涛
封面设计：胡欣欣

图书在版编目（CIP）数据

改革开放以来中国美育学术发展研究 / 何齐宗 著 . — 北京：人民出版社，2023.8

ISBN 978 − 7 − 01 − 025660 − 3

I. ①改… II. ①何… III. ①美育 − 学术研究 − 中国 − 现代 IV. ① G40-014

中国国家版本馆 CIP 数据核字（2023）第 079230 号

改革开放以来中国美育学术发展研究

GAIGE KAIFANG YILAI ZHONGGUO MEIYU XUESHU FAZHAN YANJIU

何齐宗 著

人民出版社 出版发行
（100706 北京市东城区隆福寺街 99 号）

中煤（北京）印务有限公司印刷 新华书店经销

2023 年 8 月第 1 版 2023 年 8 月北京第 1 次印刷
开本：710 毫米 ×1000 毫米 1/16 印张：31.25
字数：480 千字

ISBN 978 − 7 − 01 − 025660 − 3 定价：129.00 元

邮购地址 100706 北京市东城区隆福寺街 99 号
人民东方图书销售中心 电话（010）65250042 65289539